KB273129

고용, 이자, 화폐의 일반이론

THE GENERAL THEORY OF EMPLOYMENT, INTEREST AND MONEY

고용, 이자, 화폐의 일반이론

The General Theory of Employment Interest and Money

존 메이너드 케인스 지음 | 이주명 옮김

필맥

고용, 이자, 화폐의 일반이론

지은이 | 존 메이너드 케인스
옮긴이 | 이주명

1판 1쇄 펴낸날 | 2010년 4월 1일
2판 6쇄 펴낸날 | 2024년 2월 20일

펴낸이 | 문나영

펴낸곳 | 필맥
출판신고 | 제 2021-000073호
주소 | 경기도 고양시 덕양구 중앙로 542, 910호
홈페이지 | www.philmac.co.kr
전화 | 031-972-4491   팩스 | 031-971-4492

ISBN 978-89-91071-76-6 (03320)

이 책은 주로 나와 동료인 경제학자들을 독자로 보고 쓴 책이다. 나는 경제학자가 아닌 사람들에게도 이 책이 이해될 수 있기를 바란다. 그러나 이 책의 주된 목적은 이론의 어려운 문제들을 다루는 것이며, 이론을 실천에 적용하는 것은 그 다음 순서로 다루어질 뿐이다. 왜 이렇게 하느냐면, 만약 정통 경제학에 잘못이 있다면 그와 관련된 오류는 경제학자들이 논리적 일관성에 크게 신경을 쓰면서 세운 이론의 상부구조에서 찾아야 할 게 아니라 그 토대가 된 전제가 명료함과 일반성을 갖고 있지 못한 데서 찾아야 하기 때문이다. 따라서 매우 추상적인 논의와 더불어 많은 논쟁을 하지 않고서는 경제학자들로 하여금 그들의 기본적인 가정들 가운데 일부를 비판적으로 재검토하도록 설득한다는 나의 목적을 달성할 수 없다. 내가 논쟁을 덜 할 수 있었으면 좋았을 것이다. 그러나 나의 관점을 설명하기 위해서뿐만 아니라 나의 관점이 어떤 측면에서 지배적인 이론으로부터 벗어나는지를 보이기 위해서도 논쟁을 하는 것이 중요하다고 생각했다. 예상컨대 내가 '고전파 이론'이라고 부르게 될 것에 강하게 집착하는 사람들은 내가 완전히 잘못된 생각을 하고 있다는 믿음과 내가 새로운 것은 아무것도 말하고 있지 않다는 믿음 사이를 오락가락할 것이다. 이 두 가지 믿음 가운데 어느 하나가 옳은지, 아니면 둘 다와 다른 제삼의 믿음이 옳은지는 그들이 아닌 다른 사람들이 판단해야 할 문제다. 내가 논쟁을 하는 부분의 구절들은 이에 대해 답변을 하는 데 필요한 자료를 어느 정도 제공하는 것을 목적으로 하고 있다. 그리고 내가 확실한 구별을 추구하는 과정에서 나의 논쟁 자체가 너무 날카롭게 됐다면 나로서는 용서를 구해야 할 것이다. 나 자신도 지금 내가 공격하는 이론들을 여러 해 동안 확신하면서 받아들여 갖고 있었고, 내가 그 이론들의 강점을 모르고 있지 않다고 나는 생각한다.

이 책에서 논의되는 문제들은 더 과장할 수 없을 정도로 중요하다. 그렇다고 해도 내가 하는 설명이 옳다면 내가 가장 먼저 납득시켜야 할 상대는 일반 대중이 아니라 나와 동료인 경제학자들일 것이다. 일반 대중이 토론에 참여하겠다면 환영할 일이긴 하지만, 지금의 논의단계에서는 일반 대중은 단지 동료 경제학자들 사이의 심각한 의견분열에 대해 하나의 결말을 짓고자 하는 한 경제학자의 시도를 지켜보며 엿듣는 입장일 뿐일 것이다. 그 의견분열은 지금까지 경제이론의 실천적 영향력을 거의 다 파괴했고, 그것이 해결되기 전에는 앞으로도 계속해서 그럴 것이다.

이 책과 내가 5년 전에 펴낸 《화폐론》의 관계는 아마도 다른 누구보다 나 자신이 분명하게 알고 있을 것이다. 그런데 내가 여러 해에 걸쳐 추구해온 사고의 맥락 안에서 자연스럽게 이루어진 진화라고 나 자신은 생각하고 있는 것이 독자에게는 헷갈리는 견해의 변경으로 비치는 경우도 때로는 있을 것이다. 나는 용어에 변화를 주지 않으면 안 되겠다고 느끼게 되어 그렇게 했지만, 그렇게 한 것이 방금 말한 난점을 완화시키지는 않았

다. 이리한 언어상의 변화에 대해서는 내가 이 책에서 서술을 해나가는 과
정에서 하나하나 가리켜가며 설명하겠지만, 두 책 사이의 일반적인 관계
에 대해서는 여기서 다음과 같이 간단하게 말해둘 수 있겠다. 나는 《화폐
론》을 쓰기 시작했을 때에는 여전히 화폐의 영향을 말하자면 일반적인 수
요공급 이론과 따로 떨어진 어떤 것으로 간주하는 전통적 사고의 맥락을
따라 움직이고 있었다. 그러나 그 책을 쓰는 일을 마쳤을 때에는 내가 화
폐와 관련된 이론을 다시 생산 전체와 관련된 이론으로 되돌리는 방향으
로 어느 정도의 진전을 이룬 상태였다. 그러나 이제는 나에게 그 저서 가
운데 이론적인 부분(즉 3부와 4부)의 두드러진 결함으로 보이는 것, 즉 내
가 생산수준 변화의 효과를 완전하게 다루지 못했다는 점에서 당시에 내
가 선입관념으로부터 풀려나지 못했다는 사실이 드러난다. 나의 이른바
‘균형방정식’은 생산량이 일정하게 주어졌다는 가정 아래 찍은 순간포착
사진과 같은 것이었다. 그런데도 나는 생산량이 주어졌다고 가정할 때 이
윤불균형을 초래하는 힘들, 따라서 생산수준의 변화를 요구하는 힘들이
어떻게 전개될 수 있는지를 그 균형방정식을 가지고 보여주려고 했다. 그
러나 순간포착 사진과는 분명히 다른 그러한 동적인 과정에 대한 설명은
불완전하고 대단히 혼란스러운 상태로 남았다. 반면에 이 책은 주로 생산
과 고용의 전체 규모에 일어나는 변화를 좌우하는 힘들에 대한 연구로 귀
결됐다. 또한 이 책에서는 화폐가 이론적 경제구조에 본질적인 요소로, 그
리고 특이한 방식으로 도입된다는 점이 눈에 띄겠지만 화폐와 관련된 기
술적인 세부사항은 명시적으로 다루어지지 않는다. 우리가 알게 되겠지
만, 화폐경제는 근본적으로 미래에 대한 견해의 변화가 고용의 변화방향
에만 영향을 미치는 것이 아니라 고용의 양에도 영향을 미칠 수 있는 경제
다. 그러나 미래에 대한 생각의 변화로부터 영향을 받으면서 현재에 이루

어지는 경제적 행동을 분석하는 우리의 방법은 공급과 수요의 상호작용에 의존하는 방법이며, 이런 방식으로 우리의 기본적인 가치이론과 연결된다. 이리하여 우리는 우리에게 익숙한 고전파 이론을 하나의 특수한 경우로 포함하는 보다 일반적인 이론에 도달하게 된다.

이 책과 같은 책을 쓰는 사람은 익숙하지 않은 길을 걸어가야 하므로 너무 많은 오류를 저지르지 않으려면 비판을 듣고 대화를 하는 데 크게 의존하지 않을 수 없다. 사람이 너무 오래 혼자서만 생각하다 보면 얼마나 어처구니없는 것을 일시적으로 믿게 될 수 있는지를 보면 놀랍다. 사람의 생각을 형식적인 검증이든 실험적인 검증이든 확정적인 결론을 내주는 검증에 붙이는 것이 불가능한 경우가 많은 경제학에서는 특히 더 그렇다(다른 인문과학의 경우에도 마찬가지이긴 하지만). 이 책을 쓰면서 나는 R. F. 칸 씨의 끊임없는 조언과 건설적인 비판에 의존했는데, 아마도 《화폐론》을 쓸 때보다 훨씬 더 그랬던 것 같다. 이 책에는 그의 제안이 없었다면 지금의 형태를 갖추지 못했을 것이 아주 많이 들어있다. 또한 나는 조앤 로빈슨 여사, R. G. 호트리 씨, R. F. 해러드 씨의 도움을 많이 받았다. 이 세 분은 교정쇄를 끝까지 읽어주었다. 찾아보기는 케임브리지대학 킹스 칼리지의 벤수전-버트 씨가 작성해주었다(이 번역서의 찾아보기는 옮긴이가 작성했다—옮긴이).

지은이에게 이 책을 쓰는 일은 탈출을 위한 기나긴 고투, 즉 습관적인 사고방식과 표현방식에서 탈출하기 위한 고투였다. 이 책의 독자들 대부분에게도 만약 그들에 대한 지은이의 공격이 성공을 거두려면 이 책을 읽는 일이 마찬가지로 탈출을 위한 고투가 돼야 할 것이다. 내가 매우 공을 들여 이 책에 표현해놓은 생각은 사실 지극히 단순하고 명백한 것으로 여겨질 것이다. 어려움은 새로운 생각을 하는 데 있는 것이 아니라 낡은 생

각에서 벗어나는 데 있다. 우리 대부분이 길러진 방식 그대로 길러진 사람
들에게는 낡은 생각이 정신의 구석구석에까지 가지를 뻗치고 있기 때문
이다.

존 메이너드 케인스

1935년 12월 13일

차례

1부

서론

1장
일반이론

나는 이 책에 《고용, 이자, 화폐의 일반이론》이라는 표제를 붙이면서 '일반'이라는 말을 접두사처럼 써서 강조했다. 표제를 이렇게 정한 목적은 그와 같은 주제에 대한 나의 논의 및 결론을 고전파[1] 이론의 논의 및 결론과 대비시켜 그 성격을 분명히 하려는 데 있다. 고전파 이론은 내가 성장하는 데 학문적 토대가 된 것이었고, 지난 백 년 동안과 마찬가지로 지금의 세대에도 정부와 학계에 속한 사람들의 경제사상을 실천적으로나 이론적으로나 지배하고 있다. 나는 고전파 이론의 여러 공준이 일반적인 경우가 아닌 특수한 경우, 다시 말해 가능한 균형상태의 한 극단이라고 고전파 이론이 간주하는 상황에만 적용될 수 있다는 주장을 펼 것이다. 게다가 고전파 이론이 가정하는 그런 특수한 경우의 특징은 우리가 실제로 살아가는 경제사

---

[1] '고전파 경제학자들'은 마르크스가 리카도와 제임스 밀, 그리고 이 두 사람의 선배들을 두루 가리키기 위해, 즉 리카도의 경제학에서 절정에 이르게 된 이론에 토대를 놓은 사람들을 가리키기 위해 만들어낸 호칭이었다. 아마도 상궤를 벗어나는 것이겠지만 나는 리카도의 후계자들, 이를테면 존 스튜어트 밀, 마셜, 에지워스, 피구 교수를 포함해 리카도의 경제학 이론을 받아들여 완성시킨 사람들도 '고전파'에 포함시키는 습관을 갖게 됐다.

회의 특징과 같지 않다. 그러므로 만약 우리가 경험적인 사실에 고전파 이론을 적용하려고 하면 그 이론의 교리가 우리를 잘못된 길로 이끌거나 파멸적인 결과를 가져올 것이다.

2장
고전파 경제학의 공준

가치이론과 생산이론에 관한 논문의 대부분은 고용되는 인적 자원과 사용되는 물적 자원의 양이 일정하게 주어졌다고 할 때 그 자원이 상이한 여러 용도에 어떻게 배분되는지, 그리고 자원이 그렇게 고용되거나 사용됐다고 할 때 각 자원에 돌아가는 상대적 보수와 각 생산물의 상대적 가치를 결정하는 조건이 무엇인지를 주로 다루고 있다.[1]

또한 고용될 수 있는 인구의 규모, 부존자원의 양, 축적된 자본설비라는 의미에서 본 가용자원의 크기라는 문제도 그동안 서술적으로는 종종 다루

---

1 이는 리카도적 전통에 속한다. 왜냐하면 리카도는 국민분배분의 분배에 대해서와는 달리 국민분배분의 양에 대해서는 그 어떤 관심도 갖기를 명시적으로 거부했기 때문이다. 이 점에서 그는 그 자신이 제시한 이론이 갖고 있는 성격을 정확하게 평가하고 있었다. 그러나 그보다 덜 명석한 그의 후계자들은 부의 원천에 대한 논의에 고전파 이론을 사용했다. 1820년 10월 9일에 리카도가 맬서스에게 보낸 편지에 들어있는 다음과 같은 구절을 보라. "당신이 생각하는 정치경제학은 부의 본질과 원천에 대한 연구이지만, 나는 그것이 근로에 의한 생산물의 형성에 동참한 계급들 사이의 생산물 분배를 결정하는 법칙에 대한 연구라고 불려야 한다고 생각합니다. 양에 관해서는 그 어떤 법칙도 수립될 수 없지만, 비율에 관해서는 어느 정도는 정확한 법칙이 수립될 수 있습니다. 먼저 언급한 연구는 헛되며 현혹의 원인이 되고, 나중에 언급한 연구만이 학문의 진정한 대상이 된다고 나는 날마다 더 확신하게 됩니다."

어졌지만, 가용자원이 실제로 고용되거나 사용되는 수준을 결정하는 것이 무엇인가에 관한 순수한 이론이 자세하게 검토된 적은 거의 없다. 그러한 이론이 전혀 검토된 적이 없다고 한다면 그것은 물론 터무니없는 말일 것이다. 왜냐하면 자원이 고용되거나 사용되는 수준에 일어나는 변동에 대해서는 그동안 많은 논의가 있었고, 그런 논의는 모두 그에 관한 순수한 이론과 무관하지 않았기 때문이다. 내가 말하고자 하는 바는 그동안 그러한 주제가 간과됐다는 것이 아니라 그 바탕에 깔린 기본적 이론이 아주 단순하고 명백하다고 간주됨에 따라 거의 언급조차 되지 않았다고 할 정도에 그쳤다는 것이다.[1]

I

고전파의 고용이론이 단순하고 자명하다고들 하지만, 내가 보기에 그것은 두 개의 기본적인 공준에 근거를 두어왔다. 사실상 논의도 거의 없이 전제된 그 두 개의 공준은 다음과 같다.

1. 임금은 노동의 한계생산과 같다.

말하자면 고용된 사람의 임금은 고용이 한 단위 줄어든다고 할 때 상실

---

1 예를 들어 피구 교수는 《후생의 경제학》(4판, 127쪽)에 이렇게 썼다(강조 표시는 내가 한 것이다). "이 논의의 전체에서 자원의 일부가 일반적으로 그 소유자들의 의사에 반해 고용되지 않은 상태에 있다는 사실은 무시된다(이에 반대되는 진술을 명시적으로 하는 경우를 제외하고는). 이렇게 하는 것은 논의의 전개를 단순화시키지만 논의의 내용에는 영향을 미치지 않는다." 여기서 볼 수 있듯이 리카도는 국민분배분 전체의 양을 다루려는 그 어떤 시도도 명시적으로 거부한 반면에 피구 교수는 다름 아닌 국민분배분이라는 문제를 논의하고자 쓴 책에서 다소간의 비자발적 실업이 존재하는 경우에도 완전고용의 경우와 똑같은 이론이 성립한다고 주장한다.

될 가치(생산의 감소로 인해 절감되는 다른 모든 비용은 빼고)와 같다는 것이다. 다만 경쟁과 시장이 불완전하다면 그러한 균형이 어떤 원리에 따라 교란될 수 있다는 단서가 붙는다.

2. 특정한 양의 노동이 고용돼있을 때 임금의 효용은 그 양에 상응하는 고용의 한계비효용과 같다.

말하자면 고용된 사람의 실질임금은 실제로 고용된 양만큼의 노동이 제공되도록 하기에 꼭 알맞은 수준(고용된 사람들 자신이 보기에)이라는 것이다. 다만 첫 번째 공준에서 경쟁의 불완전성이라는 제약조건이 작용하는 것과 비슷하게 여기서는 고용될 수 있는 노동단위들이 서로 결속하는 것이 개별 노동단위들 사이의 균등성을 교란시킬 수 있다는 단서가 붙는다. 여기서 비효용이란 임금이 어떤 최저한의 효용보다 더 낮은 수준의 효용만을 가져다주는 것으로 보인다면 어느 한 사람이나 어느 한 무리의 사람들이 그 임금을 받아들이기보다는 노동을 철회하게 할 수 있는 모든 종류의 이유를 다 포괄하는 개념으로 이해돼야 한다.

두 번째 공준은 '마찰적' 실업이라고 부를 수 있는 것과 양립할 수 있다. 왜냐하면 두 번째 공준을 현실적으로 해석하려고 한다면 완전고용이 계속 유지되는 것을 방해하는 갖가지 부정확한 조정이 있을 수 있음을 인정하는 것이 타당하기 때문이다. 예를 들어 부문별로 특화된 자원들의 상대적인 양이 잘못된 계산이나 끊어졌다 이어졌다 하는 수요의 결과로 일시적으로 균형을 잃는 탓에 실업이 발생하기도 하고, 예기치 못한 변화의 결과로 시간적 지연이 일어나는 탓에 실업이 발생하기도 한다. 그런가 하면 고용의 전환에는 어느 정도 시간이 걸릴 수밖에 없으므로 정지된 사회가 아닌 한 어느 사회에서나 항상 인적 자원의 일부는 고용되지 못하고 '일자리들 사이'에 존재하기 마련이라는 사실로 인한 실업도 있다. 두 번째 공준은 '마찰적' 실업과 양립할 수 있을 뿐만 아니라 '자발적' 실업과도 양립할 수 있다. 여기서 자발적 실업이란 입법, 사회적 관행, 단체교섭을 위한 결속, 변화에 대한 느린 반응 등으로 인해, 또는 단지 인간으로서의 고집으로 인해 노동단위가 자신의 한계생산성에 대응하는 생산물의 가치와 같은 만큼의 보수를 받아들이기를 거부하거나 받아들이지 못하는 탓에 발생하는 실업을 가리킨다. 그런데 '마찰적' 실업과 '자발적' 실업이라는 두 가지 실업의 범주가 모든 실업을 다 포괄하는 것으로 돼있다. 고전파의 공준은 세 번째 실업의 범주, 다시 말해 뒤에서 내가 '비자발적' 실업이라고 규정하려고 하는 실업의 개념이 성립할 가능성을 용납하지 않는다.

고전파의 이론에 따르면 이러한 제약조건 아래 위와 같은 두 개의 공준에 의해 자원이 고용되는 양이 적절하게 결정된다. 고용과 관련해 첫 번째 공준은 수요표를 제공해주고, 두 번째 공준은 공급표를 제공해준다. 그리고 고용의 양은 한계생산물의 효용이 한계고용의 비효용과 균형을 이루는 지점에서 결정된다. 이로부터 고용을 늘릴 수 있는 수단은 다음 네 가지뿐이라는 결론이 도출된다.

(a) 조직을 개선하거나 예견을 개선하는 것. 이렇게 하는 것은 '마찰적' 실업을 줄인다.
(b) 노동의 한계비효용을 감소시키는 것. 이렇게 하는 것은 노동이 추가로 공급되게 하는 수준의 실질임금을 실현시키며, '자발적' 실업을 줄인다.

(c) 임금재산업에서 노동의 한계물적생산성을 증대시키는 것(여기서 임금
　　재산업은 피구 교수의 편의적인 용어이며, 바로 그 임금재산업의 가격
　　이 화폐임금의 효용을 좌우한다).
(d) 임금재의 가격에 비해 비임금재의 가격을 상대적으로 더 많이 상승시
　　키는 것. 비임금소득자들의 지출을 임금재로부터 비임금재로 옮겨가
　　게 하면 이렇게 된다.

　내가 이해하는 한 바로 이것이 피구 교수의 저서인 《실업의 이론》의 내
용이다. 이 저서는 고용에 대한 고전파의 이론을 자세하게 설명한 유일한
책이다.[1]

$$\mathrm{II}$$

일반적으로 사람들이 현재의 임금수준에서 일하고자 하는 만큼 일하기가
어렵다는 사실을 감안할 때 위에서 본 범주들이 모든 경우를 다 포괄한다
고 말할 수 있을까? 이런 질문을 던지게 되는 것은 현재의 화폐임금에서도
노동에 대한 수요만 있다면 대개는 더 많은 노동이 공급될 것이 분명하기
때문이다.[2] 고전파는 이러한 현상이 자신들의 두 번째 공준과 어긋나지 않
음을 보이기 위해 다음과 같이 주장한다. 즉 현재의 임금수준에서 기꺼이
일하고자 하는 사람들이 모두 다 고용되기 전에 그 임금수준에서 나타나는

1　피구 교수의 《실업의 이론》은 뒤에 나오는 19장의 추가논의에서 보다 자세하게 검토된다.
2　앞의 18쪽 각주에 인용된 피구 교수의 구절을 참조하라.

노동에 대한 수요가 모두 다 충족될 수도 있겠지만 이는 노동자들 사이에 임금을 덜 받고는 일하지 않는다는 공공연한 합의나 암묵적인 합의가 존재하기 때문에 빚어지는 상황이며, 만약 모든 노동자가 화폐임금의 인하에 동의한다면 더 많은 고용이 실현되리라는 것이다. 이런 주장이 맞는다면 그러한 실업은 겉으로는 비자발적인 실업으로 보일지 모르지만 꼭 그렇지는 않으며, 오히려 앞에서 본 단체교섭 등의 효과로 인해 나타나는 '자발적' 실업의 범주에 속하는 것으로 분류돼야 한다.

여기서 두 가지 관찰이 필요하게 된다. 그 가운데 하나는 실질임금과 화폐임금 각각에 대한 노동자들의 실제 태도와 관련이 있는 관찰이다. 그런데 실질임금에 대한 노동자들의 실제 태도는 이론상 근본적인 문제를 제기하지 않지만, 화폐임금에 대한 노동자들의 실제 태도는 이론상 근본적인 문제를 제기한다.

여기서 잠시 이런 가정을 해보자. 즉 노동자들이 화폐임금을 더 적게 받고서는 일할 의사가 없으며 화폐임금 수준이 지금보다 더 낮아지면 현재 고용돼있는 노동이 파업이나 그 밖의 다른 방식으로 노동시장에서 철수하는 결과가 초래될 것이라고 가정해보자는 것이다. 이런 가정으로부터 현재의 실질임금 수준이 정확하게 노동의 한계비효용을 반영하고 있다고 추론할 수 있을까? 반드시 그렇지는 않을 것이다. 왜냐하면 화폐임금이 지금보다 낮은 수준으로 떨어지면 노동의 철수가 초래될 것이라고 해서, 임금재의 가격이 상승한 탓에 임금재로 측정한 화폐임금의 가치가 떨어지는 경우에도 노동의 철수가 초래될 것이라고 말할 수는 없기 때문이다. 다시 말해 어느 정도의 범위 안에서는 노동자들이 요구하는 것이 최저 실질임금이 아니라 최저 화폐임금인 것이 사실이다. 고전파는 이런 사실 때문에 자신들의 이론을 크게 변경해야 할 필요는 없을 것이라고 암묵적으로 가정해왔다.

　그러나 그것은 그렇지 않다. 왜냐하면 노동의 공급이 실질임금만의 함수가 아니라면 그들의 논의는 완전히 무너져 내리고, 실제의 고용이 어떤 수준에서 결정되느냐는 문제에 대한 해답이 존재하지 않게 되기 때문이다.[1] 노동의 공급이 실질임금만의 함수가 아니라면 물가가 변동할 때마다 그들의 노동공급 곡선이 통째로 움직이게 된다는 점을 그들은 깨닫지 못한 것 같다. 이처럼 그들의 방법은 그들 자신이 설정한 매우 특별한 가정에 얽매여있고, 보다 일반적인 경우를 다루는 데 적용하기 위해 그들의 방법을 적절히 수정하기란 불가능하다.

　그런데 우리의 일상적인 경험에 따르면 노동자들이 고용계약의 조건으로 실질임금보다는 화폐임금을 기준으로 한 임금지급을 요구(일정한 한도 안에서)하는 것이 단지 가능한 상황이기만 한 게 아니라 정상적인 경우라는 데 의문의 여지가 없다. 화폐임금의 하락에는 노동자들이 대체로 저항하겠지만, 임금재의 가격이 상승할 때마다 노동을 철회하는 것은 그들의 관행이 아니다. 노동자들이 화폐임금의 하락에는 저항하면서 실질임금의 하락에는 저항하지 않는다면 그것은 비논리적이라고 흔히 지적되고 있다. 그러나 뒤에서 제시하게 될 이유들(29~30쪽)을 감안하면 그것은 처음 보기에 그런 만큼 비논리적이지 않을 수 있으며, 우리가 역시 나중에 보게 되겠지만 다행히 그것이 비논리적이지 않은 게 사실이다. 그리고 그것이 논리적이든 비논리적이든 노동자들의 실제 행동은 바로 그러함을 경험이 입증해준다.

---

1 이 점은 뒤에 나오는 19장의 추가논의에서 자세히 다루어진다.

또한 불황의 특징인 실업은 노동자들이 화폐임금의 인하를 받아들이기를 거부하기 때문에 초래된다는 주장은 사실에 의해 뒷받침되지 않는 것이 분명하다. 1932년에 미국에서 실업이 늘어난 것이 노동자들이 화폐임금의 인하를 받아들이기를 완강하게 거부했기 때문이라거나 노동자들이 경제 구조의 생산성이 제공할 수 있는 수준을 넘는 실질임금을 완강하게 요구했기 때문이라고 주장하는 것은 그다지 설득력이 없다. 노동자들이 요구하는 바의 실질적 최저수준이나 노동자들의 생산성에 별다른 변화가 없는데도 고용의 양이 크게 변동하는 현상을 우리는 흔히 경험한다. 호황 때에 비해 불황 때에 노동자들이 더 투쟁적인 것도 아니다. 결코 그렇지 않다. 호황 때에 비해 불황 때에 노동자들의 물적 생산성이 더 낮은 것도 아니다. 경험으로 확인되는 이러한 사실들은 고전파의 분석이 적절한가 하는 의문을 제기하는 데 우선적인 근거가 된다.

화폐임금의 변화와 실질임금의 변화 사이에 실제로 존재하는 관계를 통계학적으로 탐구해본 결과를 살펴보는 일은 흥미로운 작업일 것이다. 특정한 한 산업의 변화만을 본다면 실질임금과 화폐임금이 같은 방향으로 변화하는 현상을 확인하게 될 것으로 예상할 수 있다. 그러나 전반적인 임금수준의 변화를 본다면 화폐임금의 변화와 관련된 실질임금의 변화가 대체로 같은 방향이기는커녕 거의 언제나 상반되는 방향임이 확인될 것이라고 나는 생각한다. 다시 말해 화폐임금이 오를 때에는 실질임금이 떨어지는 것으로 확인될 것이고, 화폐임금이 떨어질 때에는 실질임금이 오르는 것으로 확인될 것이다. 그 이유는 단기에는 화폐임금의 하락과 실질임금의 상승이 서로 다른 이유로, 그러나 동시에 고용의 감소에 수반될 가능성이 높다는 데 있다. 고용이 줄어들 때에는 노동자들이 임금의 인하를 보다 쉽게 받아들인다. 하지만 똑같은 상황에서 실질임금은 필연적으로 상승하는데,

이는 생산이 줄어들면서 일정하게 주어진 자본설비의 한계수확이 커지기 때문이다.

만약 실질임금이 더 낮아진다고 해도 이미 고용된 노동보다 더 많은 노동이 공급되는 일은 결코 없을 것이라는 의미에서 현재의 실질임금이 최저수준인 것이 정말로 사실이라고 한다면 마찰적 실업이라면 몰라도 비자발적 실업은 존재하지 않을 것이다. 그러나 상황이 항상 이럴 것이라고 가정하는 것은 터무니없는 일일 것이다. 왜냐하면 임금재의 가격이 오르고 있고 따라서 실질임금이 하락하고 있다고 하더라도 대개는 현재 고용돼있는 노동보다 더 많은 노동이 기존의 화폐임금 수준에서 고용될 수 있는 상태로 존재하기 때문이다. 이 말이 맞는다면 기존의 화폐임금을 임금재로 환산한 가치는 노동의 한계비효용에 대한 정확한 측정치가 되지 못하며, 따라서 고전파의 두 번째 공준은 성립되지 않는다.

그러나 이보다 더 근본적인 반론이 있다. 고전파의 두 번째 공준은 노동자들이 기업가들과 벌이는 임금교섭에 따라 노동자들의 실질임금이 결정된다는 생각으로부터 도출된 것이다. 임금교섭이 실제로 화폐임금을 기준으로 이루어진다는 점과, 더 나아가 노동자들이 받아들일 수 있는 실질임금은 상응하는 화폐임금의 수준과 전혀 무관하지는 않다는 점은 물론 인정할 수 있다. 그렇지만 바로 그렇게 해서 실현된 화폐임금이 실질임금을 결정한다고 간주하는 것은 문제가 있다. 고전파의 이론은 이런 식으로 노동자들이 언제나 화폐임금의 인하를 받아들이는 것을 통해 실질임금을 떨어뜨리는 선택을 할 수 있다고 가정한다. 실질임금이 노동의 한계비효용과 같아지는 경향이 존재한다는 공준은 노동자들이 특정한 실질임금 수준에서 실현되는 고용의 양을 결정하지는 못하더라도 그들 자신이 일하는 대가로 받을 실질임금은 결정할 수 있는 입장에 있다는 전제를 깔고 있는 것이 분명하다.

간단히 말해 전통적인 이론은 기업가들과 노동자들 사이의 임금교섭이 실질임금을 결정하며, 따라서 고용주들 사이에 자유로운 경쟁이 존재하고 노동자들 사이에 자유로운 경쟁을 제약하는 결속이 존재하지 않는다고 가정한다면 노동자들이 원하기만 하면 고용주들이 제공하는 고용의 양에 대응하는 노동의 한계비효용과 일치하게끔 자신들의 실질임금을 조정할 수 있다고 주장한다. 만약 이런 주장이 옳지 않다면 실질임금과 노동의 한계비효용이 같아지는 경향이 나타날 것이라고 예상할 이유가 더 이상 없게 된다.

고전파의 결론은 노동자들 전체에 그것을 적용하려는 의도를 내포하고 있다는 점을 기억해야 한다. 그 결론은 어느 한 개인 노동자가 동료인 다른 노동자들은 받아들이기를 거부하는 화폐임금의 인하를 받아들이면 일자리를 얻을 수 있게 된다는 의미만을 가진 것이 아니다. 그 결론은 열린 체제에 적용되는 것과 마찬가지로 닫힌 체제에도 똑같이 적용된다고 상정된다. 그 결론은 열린 체제의 특징에 의존하는 것도 아니고, 어느 한 나라에서 화폐임금이 하락하는 것이 그 나라의 대외무역에 미치는 효과(이는 물론 우리의 논의범위를 크게 벗어나는 주제다)에 의존하는 것도 아니다. 또한 그 결론은 화폐임금 기준으로 볼 때 낮은 임금으로 인해 은행제도와 신용상태에 어떤 반응이 일어나는 간접적인 효과(이에 대해서는 19장에서 자세히 살펴볼 것이다)에 토대를 둔 것도 아니다. 그 결론은 닫힌 체제에서는 화폐임금의 전반적인 수준이 하락하면 적어도 단기에는, 그리고 그리 중요하지 않은 제약조건만 충족된다면 실질임금의 하락이 항상 비례적인 정도는 아니더라도 어느 정도는 수반된다는 믿음에 토대를 둔 것이다.

그런데 전반적인 실질임금의 수준이 고용주들과 노동자들 사이의 임금 교섭에 의해 좌우된다는 가정은 옳지 않은 게 분명하다. 이런 가정을 입증하거나 반박하려는 시도가 그동안 거의 이루어지지 않았다는 점은 실로 기이한 사실이다. 왜냐하면 물가는 화폐단위로 본 한계주요비용에 의해 좌우되고, 한계주요비용은 대체로 화폐임금에 의해 좌우된다고 믿도록 우리를 가르쳐온 고전파 이론의 전반적인 취지에 그 가정이 전혀 부합하지 않기 때문이다. 고전파의 가르침대로라면 화폐임금이 변화하면 물가도 거의 같은 비율로 변화함으로써 실질임금과 고용수준에는 사실상 변화가 없을 것이라고 그들이 주장하리라고 누구나 당연히 예상할 것이다. 그리고 그 과정에서 노동자들이 조금이라도 이익이나 손실을 본다면 그것은 변화 없이 유지되는 다른 한계비용 구성요소들의 희생이나 이득과 같을 것이라고 그들이 주장하리라고 누구나 예상할 것이다.[1] 그러나 그들은 이런 식으로 사고하는 길을 벗어난 것으로 보인다. 그 이유는 부분적으로는 노동자들이 그들 자신의 실질임금을 결정할 수 있는 입장에 있다는 신념이 고전파의 머릿속에 자리 잡은 데 있고, 부분적으로는 아마도 물가가 화폐의 양에 의존한다는 생각이 그들을 사로잡은 데 있을 것이다. 그리고 노동자들은 언제나 그들 자신의 실질임금을 결정할 수 있는 입장에 있다는 명제를 그들이 일단 믿게 된 뒤에는 그러한 명제가 완전고용, 즉 주어진 실질임금과 양립할 수 있는 고용의 최대량에 상응하는 실질임금이 어떤 수준인지를 노동자들이 언제나 판단할 수 있는 입장에 있다는 명제와 혼합됨으로써 그러

---

[1] 나중에 19장에서 우리가 밝히게 되는 대로 화폐임금의 변화가 가져오는 결과의 전부는 보다 복잡하지만, 사실 이런 주장에는 커다란 진리의 요소가 담겨 있으리라고 나는 생각한다.

한 믿음이 유지됐다.

요약해 말하자면 이렇다. 고전파 이론의 두 번째 공준에 대해서는 두 가지 반론이 있다. 첫 번째 반론은 노동자들의 실제 행동과 관련이 있다. 화폐임금에는 변화가 없는 가운데 물가상승으로 인해 일어나는 실질임금의 하락은 해당 시점의 임금에서 이루어지는 가용노동의 공급을 물가상승 이전의 실제 고용량보다 낮은 수준으로 감소시키지 않는 것이 보통이다. 가용노동의 공급을 그렇게 감소시킨다고 가정하는 것은 해당 시점의 임금에서 기꺼이 일하고자 함에도 실업상태에서 벗어나지 못한 사람들 모두가 조금이라도 생계비가 오르면 자신의 노동을 공급하려는 생각을 버릴 것이라고 가정하는 것과 같다. 그런데 피구 교수의 《실업의 이론》[1]에는 이런 이상한 가정이 밑바탕에 깔려 있는 것이 분명하고, 정통파에 속하는 사람들 모두가 암묵적으로 이런 가정을 하고 있다.

그러나 우리가 뒤에 이어지는 여러 장에 걸쳐 전개할 보다 근본적인 두 번째 반론은 실질임금의 전반적인 수준이 임금교섭의 성격에 의해 직접적으로 결정된다는 가정에 대한 우리의 반박으로부터 도출된다. 고전파는 임금교섭이 실질임금을 결정한다고 가정함으로써 현실적으로 타당하지 않은 가정을 한 셈이다. 왜냐하면 노동자들 전체로서는 전반적인 화폐임금 수준의 임금재 환산치를 현재의 고용량에 대응하는 노동의 한계비효용과 일치시키기 위해 이용할 수 있는 방법을 갖고 있지 않다고 말할 수 있기 때문이다.

노동자들 전체가 화폐임금을 기준으로 기업가들과 다시 교섭을 벌여 자

---

1 19장의 추가논의를 참조하라.

신들의 실질임금을 어떤 특정한 수준으로 낮출 수 있는 방법은 존재하지 않는다고 볼 수 있다. 이것이 바로 우리가 주장하는 바가 될 것이다. 우리는 실질임금의 전반적인 수준을 결정하는 주된 요인은 이와는 다른 어떤 힘들임을 보이려고 할 것이다. 이 문제를 해명하려는 시도가 우리의 주된 주제들 가운데 하나가 될 것이다. 우리가 그 속에서 살아가는 경제가 이런 측면에서 실제로 어떻게 작동하는지에 대해 그동안 근본적인 오해가 있었다고 우리는 주장할 것이다.

Ⅲ

개인들 사이나 집단들 사이의 투쟁이 실질임금의 전반적인 수준을 결정한다고 믿는 사람들을 종종 보게 되지만, 사실 그러한 투쟁은 그런 것과는 다른 목적과 관련된 것이다. 노동의 이동성이 불완전하기 때문에, 그리고 임금이 상이한 직업들 사이에 순이득이 정확하게 같아지게끔 변화하는 경향을 갖고 있지는 않기 때문에 어떤 개인이나 집단도 다른 개인이나 집단에 비해 상대적으로 화폐임금을 적게 받는 데 동의한다면 실질임금의 상대적인 하락을 겪게 될 것이다. 이런 점은 화폐임금의 하락에 대한 저항을 정당화하기에 충분한 근거가 된다. 그러나 다른 한편으로는 노동자들 모두에게 똑같이 영향을 미치는 화폐의 구매력 변화에 기인하는 실질임금의 하락에 대해 그때마다 일일이 저항하는 행동은 실행되기 어렵다. 그리고 사실 이런 식으로 일어나는 실질임금의 하락은 극단적인 정도로 진행되지 않는 한 저항의 대상이 되지 않는 것이 보통이다. 게다가 실질임금의 하락에 대해 그때마다 일일이 저항하는 행동은 극복되기 어려운 장벽을 세워 총고용의 증가를 가로막는 결과를 가져오겠지만 특정한 몇몇 산업에만 한정된 화폐임금의 하락에 저항하는 행동은 그와 같은 장벽을 세우지 못한다.

다시 말해 화폐임금과 관련된 투쟁은 주로 상이한 노동자집단들 사이에 총 실질임금이 어떻게 배분되는가에 영향을 미칠 뿐 고용단위당 실질임금의 평균금액에는 영향을 미치지 않으며, 고용단위당 실질임금의 평균금액은 우리가 나중에 보게 되겠지만 이와는 다른 힘들의 집합에 의존한다. 어느 한 노동자집단이 결속하는 것의 효과는 그들의 상대적 실질임금이 보호되는 것이다. 실질임금의 전반적인 수준은 경제체제 안의 다른 힘들에 의존한다.

따라서 노동자들이 스스로 의식하지는 못하더라도 본능적으로 고전파보다 더 분별 있는 경제학자라는 점은 다행스럽다. 왜 이렇게 말할 수 있느냐면 노동자들은 실질임금이 기존의 고용량에 대응하는 노동의 한계비효용보다 낮은 수준으로 떨어지려고 할 정도가 되지 않는 한 실질임금의 하락에는 저항하지 않는 반면에 화폐임금의 실질임금 환산치가 기존의 고용량에 대응하는 노동의 한계비효용을 웃돈다고 하더라도 화폐임금의 하락에는 저항하기 때문이다. 실질임금의 하락은 상대적 화폐임금에는 변화를 일으키지 않으면서 총고용의 증가를 수반하는 반면에 화폐임금의 하락은 경제 전체와 두루 관련되는 전반적인 성격을 거의 또는 전혀 갖고 있지 않다. 화폐임금이 아무리 작은 폭으로라도 인하되는 데 대해서는 어떤 노동조합이라도 얼마간의 저항은 할 것이다. 그러나 생계비가 오를 때마다 파업을 벌이기를 꿈꾸는 노동조합은 없을 것이고, 따라서 고전파가 총고용의 증가를 가로막는 장애물이 세워지는 것을 노동조합 탓으로 돌렸지만 노동조합이 실제로 그런 장애물을 세우지는 않는다.

IV

이제 우리는 실업의 세 번째 범주, 즉 엄밀한 의미의 '비자발적' 실업을 정의해야겠다. 고전파의 이론은 이런 실업의 범주가 성립될 가능성을 인정하지 않는다.

우리가 단지 일할 능력이 아직 소진되지 않은 상태로 존재하는 것을 '비자발적' 실업이라는 말로 가리키는 것이 아님은 분명하다. 인간이 하루에 열 시간 동안 일할 능력이 있다고 해서 그보다 길지 않은 하루 여덟 시간의 노동이 실업이 되는 것은 아니다. 또한 어느 한 노동자집단이 특정한 수준보다 낮은 실질임금에서는 일하기를 선택하지 않고 자신들의 노동을 철회하는 것을 우리가 '비자발적' 실업으로 간주해서도 안 된다. 더 나아가 '마찰적' 실업은 '비자발적' 실업에 대한 우리의 정의에서 배제하는 것이 편리할 것이다. 그렇다면 우리의 정의는 이렇게 된다. 화폐임금에 비해 상대적으로 임금재의 가격이 조금이라도 상승하는 경우에 그때의 화폐임금을 받고 기꺼이 일하고자 하는 노동의 총공급과 그 화폐임금에서 존재하게 되는 노동에 대한 총수요가 둘 다 기존의 고용규모보다 커지게 된다면 사람들이 비자발적인 실업의 상태에 있는 것이다. 이와는 다르지만 그 내용은 같은 또 하나의 용어정의가 다음 장(43~44쪽)에서 제시될 것이다.

이런 정의로부터 당연히 도출되는 바는 고전파의 두 번째 공준이 당연시하는 명제, 즉 실질임금이 고용의 한계비효용과 같아진다는 명제는 현실적으로 해석하면 '비자발적' 실업이 존재하지 않는다는 주장과 다르지 않다는 것이다. 그 명제가 상정하는 상태를 우리는 '완전'고용이라고 부를 것이며, 이렇게 정의된 '완전'고용의 상태에서도 '마찰적' 실업과 '자발적' 실업은 존재할 수 있다. 우리가 앞으로 보게 되겠지만, 이런 사실은 완전고용 상태에서 성립하는 분배에 관한 이론으로 간주하는 것이 가장 좋을 고전파 이론의 다른 특징들과도 부합한다. 고전파의 두 가지 공준이 타당하게 성립하는 경우에는 위와 같은 의미의 비자발적 실업이 발생할 수 없다. 그러므로 그런 경우에 실업으로 보이는 것은 '일자리들 사이'에 존재하는 유형의 일시적 실직에 따른 결과이거나, 고도로 특화된 자원에 대한 끊어졌다 이어졌다 하는 수요의 결과이거나, 노동조합의 클로즈드 숍이 비조합 노동의 고용에 미치는 영향의 결과일 수밖에 없다. 따라서 고전파의 전통에 속하는 저작자들은 그들 자신의 이론을 떠받치는 특수한 가정을 간과한 채 실업으로 보이는 것(예외로 인정되는 것들을 제외하고)은 근본적으로는 고용되지 못한 요소가 자신의 한계생산성에 상응하는 보수를 받아들이기를 거부한 데 기인한 것일 수밖에 없다는 결론(이는 그들 자신의 가정 위에서는 완전히 논리적인 결론이다)으로 이끌려 갈 수밖에 없었다. 고전파 경제학자가 화폐임금의 인하를 받아들이기를 거부하는 노동자들에게 동조할 수도 있고, 일시적인 상황에 맞춰 타협을 하는 것은 현명하지 않은 행동일 수 있다고 인정할 수도 있을 것이다. 그러나 그가 학자로서의 성실성을 잃지 않았다면 그럼에도 불구하고 바로 그러한 거부가 문제의 뿌리에 해당한다고 선언하지 않을 수 없을 것이다.

그렇다고 하더라도 고전파의 이론이 완전고용의 경우에만 적용될 수 있다고 한다면 비자발적 실업이라는 문제에 고전파의 이론을 적용하는 것은 오류가 될 것이 분명하다. 물론 비자발적 실업이라는 것이 존재한다면 그렇다는 말이지만, 그러한 것이 존재한다는 사실을 과연 누가 부인할 수 있겠는가? 고전파의 이론가들은 마치 비유클리드 세계에 들어간 유클리드 기하학자와 닮았다. 비유클리드 세계에 들어간 유클리드 기하학자가 서로 평행하는 것으로 보이는 직선들이 종종 만난다는 것을 경험으로 알게 되면 그 직선들이 직선의 형태를 유지하지 않는다고 탓할지도 모른다. 그에게는 눈앞에서 일어나는 직선들의 만남이라는 유감스러운 문제에 대한 유일한 해결책은 직선들이 직선의 형태를 유지하는 데 있을 것이기 때문이다. 그러나 사실은 평행선에 관한 공리를 내던져버리고 비유클리드 기하학을 수립하는 것 말고는 해결책이 없다. 오늘날 경제학에서도 이와 유사한 것이 요구된다. 우리는 고전파 이론의 두 번째 공준을 내던져버리고, 엄밀한 의미에서 비자발적 실업이 존재할 수 있는 체제의 행태에 관한 이론을 새로 수립할 필요가 있다.

V

우리는 지금 고전파의 체계에서 우리가 이탈하는 지점이 어디인지를 강조하고 있지만, 이와 동시에 우리가 동의하는 중요한 지점을 간과하지 말아야 한다. 왜냐하면 우리는 고전파의 첫 번째 공준을 지금까지 유지해왔는데 앞으로도 고전파의 이론에서와 똑같은 제약조건만 부과한 채 그것을 그대로 유지할 것이기 때문이다. 여기서 우리는 잠시 걸음을 멈추고 우리가 이렇게 하는 데 내포된 의미를 살펴봐야겠다.

그 의미는 조직, 설비, 기술이 일정하게 주어졌다면 실질임금과 생산량 사이에(따라서 실질임금과 고용량 사이에도) 일대일의 상관관계가 존재하며, 따라서 일반적으로 고용의 증가는 실질임금률의 하락과 동반해서만 일어날 수 있다는 것이다. 이처럼 나는 고전파 경제학자들이 폐기될 수 없는 것이라고 주장해온(이런 그들의 주장은 옳다) 이러한 긴요한 사실에 대해 이의를 제기하지 않는다. 조직, 설비, 기술이 주어진 상태에서 하나의 노동단위가 버는 실질임금은 고용량과 일대일의 상관관계(역방향의 상관관계)를 갖는다. 따라서 고용이 증가하면 단기에는 임금재로 측정한 노동단위당 보수는 일반적으로 하락하고 이윤은 증가한다.[1] 이는 설비 등이 불변이라고 가정되는 단기에는 산업이 수확체감 법칙의 제약 속에서 가동된다는 우리에게 익숙한 명제를 거꾸로 뒤집은 것일 뿐이다. 수확체감 법칙에 따르면 고용이 증가하면 실질임금을 좌우하는 임금재 산업의 한계생산이 필연적으로 줄어든다. 사실 이런 명제가 성립하는 한 고용을 증가시키는 수단은 그것이 무엇이든 동시에 한계생산의 감소를 초래할 수밖에 없고, 따라서 한계생산으로 측정되는 임금률의 하락을 초래할 수밖에 없다.

그러나 고전파의 두 번째 공준은 우리가 이미 내던져버렸으므로 고용이 감소하는 것은 노동자들이 더 많은 양의 임금재에 해당하는 가치의 임금을 받는 것과 필연적으로 연관되기는 하지만 반드시 노동자들이 더 많은 양의 임금재를 수요하기 때문에 그런 것은 아니라고 봐야 한다. 그리고 노동자들이 기꺼이 화폐임금의 인하를 받아들이는 것이 반드시 실업에 대한 치유책이 되는 것은 아니다. 여기서 우리는 고용과 관련된 임금이론이라는 문제에 부닥치게 됐지만 19장과 그 장의 추가논의에 이르기 전에는 이 문제에 대한 완전한 해명이 가능하지 않다.

---

1 이에 대한 논증은 다음과 같다. n명이 고용됐을 때 n번째 사람이 하루당 1부셸의 곡물을 수확에 추가한다면 하루당 임금은 1부셸의 구매력을 갖는다. 그러나 $n+1$번째 사람은 하루에 단지 0.9 부셸만을 추가하게 된다. 그러면 하루당 임금이 0.9부셸의 구매력을 갖게 되도록 곡물의 가격이 임금에 비해 상대적으로 높아지지 않는 한 고용은 $n+1$명까지 늘어날 수가 없다. 곡물의 가격이 그렇게 변한다면 총임금이 이전에는 n부셸이었지만 이제는 $\frac{9}{10}(n+1)$부셸이 될 것이다. 따라서 한 사람이 추가로 고용된다는 것은 실제로 그러한 일이 일어난다면 그동안 고용돼 일하고 있던 사람들로부터 기업가들에게로 소득이 이전되는 결과를 필연적으로 초래할 것이다.

VI

세(Say)와 리카도의 시대부터 고전파 경제학자들은 공급은 그 자신의 수요를 창출한다고 가르쳐왔다. 그들의 이런 가르침은 어떤 중대한 의미에서, 그러나 명확하게 정의되지는 않은 의미에서 생산비용의 전부가 직접적으로나 간접적으로나 생산물을 구입하는 데 필연적으로 지출될 수밖에 없다는 말이다.

이런 이론은 존 스튜어트 밀의 《정치경제학의 원리》에 다음과 같이 명확하게 개진돼있다.

상품을 구매할 때 지급수단이 되는 것은 간단히 말해 상품이다. 각각의 개인이 다른 사람의 생산물을 구매할 때 사용하는 지급수단은 그 각각의 개인이 소유하고 있는 것들로 구성된다. 모든 판매자는 불가피하게, 그리고 판매자라는 말 자체의 의미상 구매자가 된다. 우리가 갑자기 나라의 생산력을 두 배로 증대시킬 수 있다면 모든 시장에서 상품의 공급이 두 배로 늘어나게 되겠지만, 그와 동시에 구매력도 두 배로 늘어나게 될 것이다. 모든 사람이 두 배의 공급을 하게 되는 동시에 두 배의 수요를 갖게 되고, 모든 사람이 두 배의 구매를 할 수 있게 된다. 왜냐하면 모든 사람이 구매의 대가로 제공할 수 있는 것을 두 배만큼 갖게 되기 때문이다.[2]

이와 같은 이론에서 파생되는 생각으로, 개인이 소비를 절제하는 행위는

---

2 《정치경제학의 원리》, 3부 14장 2절.

모두 다 그에 따라 소비를 충족시키는 역할에서 풀려나는 노동이나 상품이 필연적으로 자본적 부의 생산에 투입되는 결과로 이어지거나 그렇게 되는 것과 다름없는 결과를 낳는다고 가정돼왔다. 마셜의 《국내가치의 순수이론》[1]에 나오는 다음과 같은 구절은 전통적인 접근방식을 잘 보여준다.

> 개인의 소득은 전부 다 용역과 상품을 구입하는 데 지출된다. 개인은 자신의 소득 가운데 일부를 지출하고 그 나머지는 저축한다고 흔히들 말하는 게 사실이다. 그러나 개인은 그의 소득 가운데 지출한다고 일컬어지는 부분을 가지고 노동과 상품을 구매하는 것과 꼭 마찬가지로 그가 저축한다고 일컬어지는 부분을 가지고도 노동과 상품을 구매한다는 것이 우리에게 익숙한 경제학의 공리다. 개인이 구매하는 용역과 상품에서 현재의 즐거움을 얻고자 할 때 그 개인은 지출한다고 일컬어진다. 개인이 구매하는 노동과 상품을 부의 생산에 투입하고 미래에 그 부로부터 즐거움을 얻을 수단을 끌어낼 수 있게 되기를 기대한다면 그 개인은 저축한다고 일컬어진다.

마셜이 그 뒤에 쓴 저작[2]과 에지워스 또는 피구 교수의 저작에서는 사실 이와 유사한 구절을 인용하기가 쉽지 않을 것이다. 오늘날에는 이 이론(공

---

1 34쪽.

2 홉슨(J. A. Hobson) 씨는 자신의 저서인 《산업의 생리학》(102쪽)에서 밀의 저작으로부터 위의 구절을 인용한 다음에 마셜이 그의 저서인 《산업의 경제학》 154쪽에서 그 구절에 대해 다음과 같은 말을 했다고 지적한다. "그러나 사람들이 구매력을 갖고 있음에도 불구하고 그것을 사용하기로 하는 선택을 하지 않을 수도 있다." 홉슨 씨는 계속해서 이렇게 말한다. "그러나 마셜은 이런 사실의 결정적인 중요성을 파악하지 못하고 있으며, 이런 사실의 작동을 '공황'의 시기에 국한시키는 것으로 보인다." 마셜의 이후 저작에 비추어볼 때 이것은 공정한 논평이었다고 나는 생각한다.

급은 그 자신의 수요를 창출한다는 이론—옮긴이)이 결코 위와 같이 거친 형태로는 진술되지 않는다. 그렇지만 이 이론은 여전히 고전파의 이론 전부를 떠받치고 있고, 이 이론이 없다면 고전파의 이론 전부가 무너질 것이다. 밀의 이론에 대해 동의하기를 주저할 수도 있는 현대의 경제학자들도 밀의 이론을 전제해야만 성립하는 결론을 받아들이기는 주저하지 않는다. 예를 들어 피구의 거의 모든 저작을 관통하는 신념, 즉 화폐는 마찰적인 차이를 제외하고는 그 어떤 실질적인 차이도 만들어내지 않고, 생산이론과 고용이론은 밀이 그랬듯이 '실물'의 교환에 근거를 두고 수립할 수 있으며, 화폐는 그렇게 한 다음에 기계적으로 도입하면 된다는 신념이 바로 고전파 전통의 현대적 형태다. 오늘날의 사고도 사람들이 각자 자기가 갖고 있는 화폐를 어떤 방식으로든 결국은 전부 다 지출하게 된다는 관념에 여전히 깊이 빠져있다.[3] 그러나 사실 일차대전 이후의 경제학자들은 이런 관점을 일관되게 유지하는 데 별로 성공하지 못했다. 이는 이전에 그들이 갖고 있었던 견해와 너무나도 명백하게 어긋나는 반대경향과 경험적 사실들이 오늘날 그들이 갖고 있는 사상에 너무나도 많이 스며들어 있다는 사실로 미루어 알 수 있다.[4] 그런데 그들은 그동안 그런 것들로부터 충분히 폭넓은 적용범위를 가진 결과를 도출하지도 않았고, 그들의 기본적인 이론을

---

3 앨프레드 마셜과 메리 마셜의 저서인 《산업의 경제학》의 17쪽을 참조하라. "빠르게 낡아지는 재료로 옷을 만드는 것이 옷에 대한 수요를 늘리는 데 도움이 되는 것은 아니다. 왜냐하면 사람들이 갖고 있는 돈을 새 옷을 사는 데 지출하지 않는다면 그것을 어떤 다른 방식으로 노동에 일자리가 제공되도록 지출할 것이기 때문이다." 독자는 지금 내가 다시 마셜의 초기 저작에서 인용을 하고 있다는 사실을 알아차렸을 것이다. 《원리》에서는 마셜이 매우 조심스럽고 얼버무리는 것처럼 보이기에 충분할 정도로 회의적인 태도를 취하게 된다. 그러나 그의 사상에 깔린 기본적인 가정으로부터 이전의 관념이 배척되거나 근절된 적은 전혀 없다.

4 로빈스(Robbins) 교수는 거의 혼자서 일관된 사고체계를 계속 유지한다는 점에서 특이하며, 그 결과로 그의 실천적 권고는 그의 이론과 같은 체계에 속한다.

수정하지도 않았다.

먼저 지적할 수 있는 점은 교환이 존재하지 않는 일종의 로빈슨 크루소 경제로부터 잘못된 유추를 한 탓에 우리가 실제로 그 속에서 살아가는 종류의 경제에 위와 같은 결론들이 적용됐다고 볼 수 있다는 것이다. 로빈슨 크루소 경제에서는 각 개인이 자신의 생산활동에 따른 결과로 소비하거나 보유하게 되는 소득은 실제로, 그리고 전적으로 바로 그 생산활동이 가져다주는 실물의 생산물이다. 그런데 이와는 별도로, 생산비용은 언제나 그 전부가 수요가 가져다주는 판매수입에 의해 메워진다는 결론은 대단히 그럴듯해 보인다. 왜냐하면 이런 결론은 비슷하게 보이고 의문의 여지가 없는 또 다른 명제, 즉 전체적으로 보아 생산활동과 관련이 있는 공동체의 요소들 모두에 의해 창출된 소득은 필연적으로 생산된 것들과 정확하게 같은 가치를 갖는다는 명제와 구별되기 어렵기 때문이다.

이와 비슷하게, 겉으로 보아 분명히 다른 누구의 어떠한 것도 빼앗지 않으면서 자신의 부를 늘리는 개인의 행동은 공동체 전체의 부도 늘리는 것이 틀림없다는 가정이 당연하게 여겨진다. 그래서 방금 인용한 마셜의 구절에서처럼 개인이 저축을 하는 행동은 투자를 하는 행동을 가져온다고 여겨지는 것이다. 왜냐하면 다시 이야기하는 것이지만, 개인들의 부에 추가되는 순증가분의 합은 공동체의 부에 추가되는 순증가분 전부와 정확하게 같을 수밖에 없다는 데 의문의 여지가 없기 때문이다.

그러나 이런 식으로 생각하는 사람들은 본질적으로 서로 다른 두 가지 행동을 동일한 행동으로 보게 만드는 착시현상에 속아 넘어간 것이다. 그들은 현재의 소비를 절제하기로 하는 결정과 미래의 소비를 위해 저축을 하기로 하는 결정을 하나로 이어주는 줄이 있다는 잘못된 가정을 하고 있다. 이런 가정과 달리 미래를 위해 저축을 하기로 하는 결정을 규정하는 동기는 현재의 소비를 절제하기로 하는 결정을 규정하는 동기와 그 어떤 단순한 방식으로도 연결돼있지 않다.

그렇다면 고전파 이론의 '평행선 공리'로 봐야 할 것은 생산물 전체의 수요가격과 그 공급가격이 같다는 가정일 것이다. 이것이 인정된다면 그 나머지 모두, 즉 개인적 절약과 국가적 절약의 사회적 이점, 이자율에 대한 전통적인 태도, 고전파의 실업이론, 화폐수량설, 대외무역과 관련해 자유방임주의가 무조건 유리하다는 주장 등이 그것으로부터 저절로 도출되지만, 우리는 그 모두에 대해 의문을 제기해야 할 것이다.

VII

이 장의 여러 곳에서 우리는 고전파 이론이 다음과 같은 세 개의 가정에 의존한다는 사실을 차례로 확인했다.

 (1) 실질임금은 현재의 고용에 대응하는 한계비효용과 같다는 가정.
 (2) 엄밀한 의미의 비자발적 실업이라는 것은 존재하지 않는다는 가정.
 (3) 생산과 고용의 모든 수준에서 총수요가격과 총공급가격이 같다는 의미에서 공급은 그 자신의 수요를 창출한다는 가정.

그러나 이 세 개의 가정은 그 가운데 어느 하나는 논리적으로 다른 두 개를 내포하므로 동시에 성립하거나 동시에 붕괴한다는 의미에서 결국은 동일한 가정이다.

3장
유효수요의 원리

I

우리는 우선 몇 가지 용어를 필요로 한다. 다만 정밀한 정의는 나중에 하도록 하겠다. 기술, 자원, 비용의 상태가 주어졌을 때 어느 한 기업가가 일정한 양의 노동을 고용하려면 두 가지 종류의 지출을 해야 한다. 첫째, 기업가가 생산요소들(다른 기업가들은 제외)의 당기 기여에 대한 대가로 지급하는 금액이 있다. 이것은 해당 생산요소들을 고용하거나 사용하는 데 따르는 비용이며, 우리는 이것을 요소비용이라고 부르겠다. 둘째, 기업가가 다른 기업가들로부터 구매하는 것에 대한 대가로 다른 기업가들에게 지급하는 금액과 기업가 자신이 설비를 놀리는 대신에 사용함으로써 스스로 감수하는 희생이 있다. 이것은 해당 구매나 사용에 따르는 비용이며, 우리는 이것을 사용자비용[1]이라고 부르겠다. 그리고 그 결과로 생산되는 것의 가

---

[1] 사용자비용에 대한 정밀한 정의는 6장에서 제시될 것이다.

치 가운데 해당 요소비용과 사용자비용의 합계를 초과하는 부분은 이윤이며, 우리는 이것을 기업가소득이라고 부르겠다. 기업가의 관점에서 본 요소비용은 물론 생산요소들이 자신들의 소득으로 간주하는 것과 같다. 따라서 요소비용과 기업가이윤은 우리가 총소득이라고 정의하게 될 것, 즉 기업가가 생산요소를 고용하거나 사용한 결과로 생겨나는 소득을 구성한다. 이렇게 정의된 기업가이윤은 당연히 기업가가 생산요소를 얼마나 많이 고용하거나 사용할 것인가를 결정할 때 그 양을 극대화하고자 하는 것이다. 기업가의 관점에서 보면 주어진 양의 고용에서 생겨나는 총소득(요소비용과 이윤의 합계)을 그러한 고용에 따르는 판매수입이라고 부르는 것이 때로는 편리하다. 다른 한편으로 주어진 양의 고용에서 나오는 생산물의 총공급가격[2]은 그러한 양의 고용을 하는 것을 기업가에게 가치 있는 것이 되게 하는 판매수입에 대한 기대치다.[3]

---

2 이 용어를 통상적인 의미로 본 생산물 한 단위의 공급가격과 혼동해서는 안 된다(뒤에 나오는 설명을 보라).

3 내가 주어진 생산량의 판매수입과 총공급가격 둘 다로부터 사용자비용을 차감하고 있음을 독자는 알아차렸을 것이다. 따라서 이 두 가지 항목은 사용자비용이 제외된 것으로 해석돼야 하는 반면에 구매자들이 지급하는 총액은 물론 사용자비용이 포함된 것으로 봐야 한다. 이렇게 하는 것이 편리한 이유는 6장에서 제시될 것이다. 그 핵심은 사용자비용을 차감한 총판매금액과 총공급가격은 유일하고 모호하지 않게 정의될 수 있는 반면에 사용자비용은 어느 정도나 산업이 통합돼있고 어느 정도나 기업가들이 서로에게서 구매를 하는가에 의존하는 것이 분명하므로 사용자비용을 포함해 구매자들이 지급하는 총액을 그러한 요인들과 무관하게 정의할 수는 없다는 것이다. 개별 생산자에 대해 통상적인 의미의 공급가격을 정의하는 데도 이와 유사한 어려움이 따르고 생산물 전체의 총공급가격의 경우에는 중복이라는 심각한 난점이 개재되지만 그동안 이런 문제가 언제나 적절하게 처리되지는 않았다. 만약 총공급가격이라는 용어가 사용자비용이 포함된 것으로 해석된다면 소비재를 생산하느냐 자본재를 생산하느냐에 따른 기업가들의 집단별로 통합성의 정도가 어떠한가에 관한 특별한 가정(그 자체가 모호하고 복잡하며 사실에 부합하지도 않는)을 하는 것에 의해서만 그러한 난점이 극복될 수 있다. 반면에 총공급가격이 사용자비용이 제외된 것으로 정의된다면 그러한 난점은 생기지 않는다. 그러나 독자로서는 6장과 그 추가논의에서 이루어질 보다 완전한 논의를 기다리는 게 좋겠다.

따라서 기술과 자원, 그리고 고용단위당 요소비용이 일정하게 주어졌다면 개별 기업이나 개별 산업에서도 그렇지만 전체적으로도 고용의 양은 기업가들이 그 양의 고용에 대응하는 생산으로부터 거두게 되리라고 예상하는 판매수입의 규모에 의존한다.[1] 왜냐하면 기업가들은 판매수입 가운데 요소비용을 넘는 부분이 극대화되리라고 예상하는 수준에서 고용의 양을 결정하고자 할 것이기 때문이다.

기업가들이 N명의 사람을 고용해서 만들어낸 생산물의 총공급가격을 Z라고 하면 Z와 N의 관계는 $Z=\phi(N)$으로 표현될 수 있고, 우리는 이것을 총공급함수라고 부를 수 있다.[2] 이와 비슷하게 기업가들이 N명의 사람을 고용해서 거두게 되리라고 기대하는 판매수입을 D라고 하면 D와 N의 관계는 $D=f(N)$으로 표현될 수 있고, 우리는 이것을 총수요함수라고 부를 수 있다.

그런데 만약 N의 값이 주어졌고 예상되는 판매수입이 총공급가격보다 크다고 하면, 즉 D가 Z보다 크다고 하면 기업가들로 하여금 고용을 N명 이상으로 늘리게 하는 유인이 존재하게 되고, Z가 D와 같게 되는 지점까지 N의 수치가 늘어나기 전에는 서로 생산요소를 차지하려는 경쟁으로 인해 필요하다면 더 많은 비용을 지출하게 하는 유인이 존재하게 된다. 이리하여

---

1 자신의 생산규모에 대해 현실적인 결정을 해야 하는 기업가는 물론 특정한 생산량의 판매수입이 얼마가 될 것인지에 대해 한 가지 예상만 하고 그 예상에 대해 의심을 하지 않기보다는 확률과 확실성의 정도가 다양한 여러 가지 가설적 예상을 하게 된다. 그러므로 판매수입에 대한 기업가의 예상이라는 말로 내가 의미하는 것은 기업가가 결정을 내릴 때 그가 갖게 되는 예상의 상태를 실제로 구성하는 모호하고 보다 다양한 일련의 가능성들의 묶음이 유도하는 행동과 똑같은 행동을 그로 하여금 하게 할 판매수입에 대한 그의 예상(그가 이런 예상을 확고하게 갖게 된다고 한다면)이다.

2 이것과 밀접하게 관련된 함수가 20장에서 고용함수로 불리게 될 것이다.

고용의 양은 총수요함수와 총공급함수가 교차하는 지점에서 결정된다. 왜냐하면 바로 그 지점에서 이윤에 대한 기업가들의 기대치가 극대화될 것이기 때문이다. 총수요함수와 총공급함수가 교차하는 지점에서 총수요함수 D가 갖는 값을 우리는 유효수요라고 부르겠다. 이것이 바로 우리가 앞으로 상세하게 설명할 주제인 고용의 일반이론에서 핵심이 되는 것이며, 따라서 앞으로 이어질 여러 장은 대체로 총수요함수와 총공급함수가 의존하는 여러 가지 요인들을 살펴보는 데 바쳐질 것이다.

한편 '공급은 그 자신의 수요를 창출한다'는 말로 단정적으로 표현돼왔고 지금도 계속해서 모든 정통 경제이론의 바탕에 깔리는 고전파 이론은 이 두 가지 함수의 관계에 대한 특별한 가정을 내장하고 있다. 왜 이렇게 이야기할 수 있느냐면, '공급은 그 자신의 수요를 창출한다'는 말은 N의 모든 값에서, 즉 생산과 고용의 모든 수준에서 $f(N)$과 $\phi(N)$이 같으며, N이 증가함에 따라 $Z(=\phi(N))$이 증가하면 필연적으로 $D(=f(N))$도 그만큼 증가한다는 뜻일 수밖에 없기 때문이다. 다시 말해 고전파 이론은 총수요가격(또는 판매수입)은 언제나 총공급가격에 맞게 스스로 조정되며, 따라서 N이 어떤 값을 취하더라도 판매수입 D는 N에 대응하는 총공급가격 Z와 같은 값을 갖는다고 가정한다. 말하자면 유효수요는 어떤 유일한 균형값을 갖는다기보다는 모두 동등하게 인정될 수 있는 값들이 무한하게 존재하는 어떤 범위를 갖게 되고, 고용의 양은 노동의 한계비효용이 상한선을 설정해주지 않는 한 어느 하나의 값으로 정해지지 않는다.

이것이 사실이라면 기업가들 사이의 경쟁은 언제나 고용의 확대를 가져오지만 그 결과로 마침내는 생산물의 공급 전체가 탄력성을 잃게 되는 지점, 다시 말해 유효수요의 값이 증가해도 생산이 더 이상 증가하지 않는 지점에 이르게 된다. 이렇게 되는 것은 결국 완전고용 상태가 되는 것과 같은 게 분명하다. 앞장에서 우리는 노동의 행태라는 측면에서 완전고용에 대한 정의를 제시했다. 그것과 내용상 같은 것이기는 하지만 또 하나의 기준은 우리가 지금 도달한 것, 즉 생산물에 대한 유효수요의 증가에 대해 총고용이 비탄력적인 상황이 된다면 그것은 완전고용의 상황이라는 것이다. 따라서 생산물 전체의 총수요가격은 생산물의 양과는 상관없이 그 총공급가격과 같다고 하는 세의 법칙은 완전고용에 대한 장애물은 존재하지 않는다는 명제와 같은 것이다. 그러나 만약 이것이 총수요함수와 총공급함수를 옳게 연관시키는 법칙이 아니라면 경제이론에서 매우 중요한 한 장이 아직 씌어지지 않은 것이고, 그 장이 씌어지지 않은 상태에서는 총고용의 양에 관한 모든 논의는 쓸모없는 것이다.

Ⅱ

앞으로 여러 장에 걸친 논의를 통해 수립될 고용이론을 여기서 미리 간략하게 요약해보자. 이런 요약은 지금의 단계에서 독자들에게 완전히 이해되지는 못하더라도 아마도 도움이 될 수는 있을 것이다. 이 요약에서 사용되는 용어들은 앞으로 적절한 곳에서 보다 신중하게 정의될 것이다. 이 요약에서 우리는 고용된 노동의 단위당 화폐임금과 그 밖의 모든 요소비용은 불변이라고 가정하겠다. 그러나 단순화를 위한 이런 가정은 오로지 설명을 쉽게 하려는 목적에서만 도입되는 것이고, 나중에는 제거될 것이다. 우리가 하는 논의의 본질적인 성격은 화폐임금 등이 쉽게 변하든 그렇지 않든 정확하게 똑같다.

　우리의 이론은 그 개요를 다음과 같이 표현할 수 있다. 고용이 증가하면 총실질소득이 증가한다. 총실질소득이 증가하면 총소비가 증가하지만 총

실질소득이 증가하는 만큼 증가하지는 않으며, 이는 공동체의 심리가 그렇게 돼있기 때문이다. 그러니 증가된 고용의 전부가 당장의 소비를 위해 증가된 수요를 충족시키는 데에만 투입된다면 고용주들은 손실을 보게 될 것이다. 따라서 어떤 주어진 양의 고용이 정당화되려면 총생산 가운데 그러한 고용의 수준에서 공동체가 소비하기로 선택한 부분을 제외한 나머지 부분을 흡수하는 데 충분한 양의 투자가 당기에 존재해야 한다. 왜냐하면 그러한 양의 투자가 존재하지 않는다면 기업가들의 수입이 그들로 하여금 주어진 양의 고용을 제공하게 하는 데 필요한 수준을 밑돌 것이기 때문이다. 그러므로 우리가 공동체의 소비성향이라고 부르게 될 것이 주어졌다면 고용의 균형수준, 즉 고용주들 전체로 하여금 고용을 늘리게 할 유인도, 줄이게 할 유인도 존재하지 않는 상태의 고용수준은 당기 투자의 양에 의존할 것이다. 그리고 당기 투자의 양은 우리가 투자유인이라고 부르게 될 것에 의존할 것이고, 이어 투자유인은 자본의 한계효율표와 만기 및 위험도가 다양한 여러 가지 대부에 적용되는 이자율들의 복합체 사이의 관계에 의존하는 것으로 나타날 것이다.

따라서 소비성향과 새로운 투자율이 주어졌다고 한다면 균형에 부합하는 고용수준은 오직 하나뿐일 것이다. 왜냐하면 그 밖의 고용수준은 모두 생산물 전체의 총공급가격과 총수요가격을 달라지게 만들 것이기 때문이다. 균형에 부합하는 수준의 고용은 완전고용 상태의 고용보다 더 클 수 없고, 이는 곧 실질임금이 노동의 한계비효용보다 작을 수 없다는 뜻이다. 그러나 일반적으로 균형에 부합하는 수준의 고용이 완전고용 상태의 고용과 같을 것이라고 기대할 근거는 없다. 완전고용과 연관되는 유효수요는 소비성향과 투자유인이 서로 특별한 관계를 갖게 될 때에만 실현되는 특수한 경우다. 소비성향과 투자유인 사이의 그런 특별한 관계는 곧 고전파 이론의 가정에 상응하는 관계이며, 어떤 의미에서는 최적의 관계다. 그러나 그러한 관계는 완전고용으로부터 나오는 생산물의 총공급가격 가운데 공동체가 소비에 지출하기로 선택한 부분을 넘는 나머지와 정확하게 같은 금액에 해당하는 수요를 당기의 투자가 우연히 또는 계획적으로 제공하게 될 때에만 존립할 수 있다.

이 이론은 다음과 같은 명제들로 요약될 수 있다.

(1) 기술, 자원, 비용의 상태가 주어졌다고 할 때 소득(화폐소득과 실질소득 둘 다)은 고용 N의 양에 의존한다.

(2) 공동체의 소득과 공동체가 소비에 지출하리라고 예상되는 금액(D_1으로 표시) 사이의 관계는 공동체의 심리적 특성, 즉 우리가 공동체의 소비성향이라고 부르게 될 것에 의존할 것이다. 다시 말해 소비성향에 어느 정도의 변화가 일어나는 경우를 제외한다면 소비는 총소득의 수준에 의존하며, 따라서 고용 N의 수준에 의존할 것이다.

(3) 기업가들이 고용하기로 결정하는 노동의 양(N)은 다른 두 개의 양, 즉 공동체가 소비에 지출하리라고 예상되는 금액(D_1)과 공동체가 새로운 투자에 투입할 것으로 예상되는 금액(D_2)의 합계(D)에 의존한다. D는 위에서 우리가 유효수요라고 불렀던 것이다.

(4) 총공급함수를 ϕ라고 하면 $D_1 + D_2 = D = \phi(N)$이고, 우리가 위의 (2)에서 보았듯이 D_1은 소비성향에 의존하면서 N의 함수가 되므로 $\chi(N)$이라고 쓸 수 있다. 그러므로 결국 $\phi(N) - \chi(N) = D_2$가 된다.

(5) 따라서 균형상태의 고용량은 (i) 총공급함수 ϕ, (ii) 소비성향 χ, (iii) 투자량 D_2에 의존한다. 이것이 고용의 일반이론에 핵심이 된다.

(6) N의 모든 값에 대해 임금재 산업에서 그것에 대응하는 노동의 한계생

산성이 존재하며, 실질임금을 결정하는 것은 바로 이것이다. 그러므로 (5)는 N의 값이 실질임금을 떨어뜨려 노동의 한계비효용과 같아지게 만드는 수준을 넘을 만큼 커질 수 없다는 조건에 의해 제한된다. 이는 곧 D의 모든 변화가 다 화폐임금이 불변이라는 우리의 잠정적인 가정과 양립할 수 있는 것은 아니라는 뜻이다. 따라서 우리의 이론을 완전하게 다 진술하려면 이런 가정을 제거하는 것이 반드시 필요하게 된다.

(7) N의 모든 값에 대해 $D = \phi(N)$이라고 보는 고전파 이론에 근거하면 N이 그 최대값보다 낮은 수준에서는 N의 모든 값에 대해 고용량이 중립적 균형의 상태에 있게 된다. 따라서 기업가들 사이에 작용하는 경쟁의 힘이 N을 그 최대값으로 밀어 올릴 것이라고 예상할 수 있다. 고전파 이론에 근거하면 N이 최대값이 되는 지점에서만 안정적 균형이 존재할 수 있다.

(8) 고용이 증가하면 D_1이 증가하지만 D가 증가하는 만큼 증가하지는 않는다. 왜냐하면 우리의 소득이 증가하면 소비도 증가하지만 소득이 증가하는 만큼 증가하지는 않기 때문이다. 우리의 실제 문제를 들여다보기 위한 열쇠는 바로 이런 심리법칙에서 찾아야 한다. 왜냐하면 고용의 양이 늘어날수록 그에 대응하는 생산물의 총공급가격(Z)과 기업가들이 소비자들의 지출로부터 회수하기를 기대할 수 있는 금액(D_1) 사이의 격차가 더 커질 것이라는 결론이 바로 그 심리법칙으로부터 도출되기 때문이다. 그러므로 소비성향에 아무런 변화가 없다면 D_2가 동시에 증가해 Z과 D_1 사이에 점점 더 커지는 격차를 메워주지 않는 한 고용이 증가할 수 없다. 고전파 이론에 따르면 고용이 증가할 때에는 언제나 Z과 D_1 사이에 점점 더 벌어지는 격차를 충분히 메울 정도로 D_2

를 증가시키는 어떤 힘이 작용한다고 한다. 그러나 위와 같이 보면, 고전파 이론의 특별한 가정이 전제되는 경우를 제외하고는 N이 완전고용에 못 미치는 수준에서, 즉 총수요함수와 총공급함수가 교차하는 지점의 수준에서 경제체제가 안정적 균형의 상태에 있게 될 수 있다.

따라서 주어진 실질임금에서 이루어지는 가용노동의 공급이 고용에 최대수준이라는 한계를 설정하는 경우를 제외하고 보면 고용량은 실질임금으로 측정된 노동의 한계비효용에 의해 결정되는 게 아니다. 소비성향과 새로운 투자율이 상호작용해 고용량을 결정하면 그 고용량이 주어진 실질임금 수준과 일대일의 관계를 갖게 되는 것이지 그 반대의 방향으로 상황이 전개되는 것이 아니다. 소비성향과 새로운 투자율이 유효수요의 부족을 초래하면 고용의 실제 수준은 현재의 실질임금에서 이루어지는 잠재적 가용노동의 공급에 미치지 못할 것이고, 균형 실질임금은 균형 고용수준에 대응하는 노동의 한계비효용보다 클 것이다.

이런 분석은 풍요 속의 빈곤이라는 역설에 대한 설명을 우리에게 해준다. 왜냐하면 유효수요의 부족이 존재하는 것만으로도 완전고용의 수준에 도달하기 전에 고용의 증가가 멈출 수 있고, 실제로 종종 멈추게 되기 때문이다. 노동의 한계생산이 가치로 볼 때 여전히 고용의 한계비효용을 웃도는 상황에서도 불충분한 유효수요는 생산과정을 가로막을 것이다.

더구나 공동체가 부유해질수록 공동체의 실제생산과 잠재생산 사이의 격차가 더욱 더 커지는 경향을 보이게 되고, 따라서 경제체제의 결함이 더욱 더 명백하고 위협적인 것이 된다. 왜냐하면 가난한 공동체는 생산물 가운데 훨씬 많은 부분을 소비하는 경향을 보일 것이고 따라서 투자가 아주 조금만 늘어나도 완전고용을 달성하는 데 충분하겠지만, 부유한 공동체는 부유한 구성원들의 저축성향이 가난한 구성원들의 고용과 양립할 수 있게 되려면 투자기회를 훨씬 더 많이 찾아내야 할 것이기 때문이다. 부유해질 잠재력을 갖고 있는 공동체라고 해도 만약 투자유인이 약하다면 그러한 잠재력에도 불구하고 유효수요의 원리가 작용해 그 공동체의 실제 생산이 줄어들 수밖에 없고, 결국은 그러한 잠재력에도 불구하고 그 공동체는 가난해져서 생산 가운데 소비를 초과하는 잉여가 약한 투자유인에 충분히 상응하게 될 정도로 줄어들게 된다.

그런데 설상가상이라고 할 만한 문제가 있다. 그것은 부유한 공동체 쪽이 한계소비성향[1]이 더 약할 뿐만 아니라 부유한 공동체는 자본의 축적이 이미 많이 이루어져있기 때문에 이자율이 충분히 빠른 속도로 떨어지지 않는 한 추가투자의 기회들이 덜 매력적이라는 점이다. 이런 점은 우리로 하여금 이자율에 대한 이론 및 이자율이 적절한 수준으로 자동적으로 떨어지지 않는 이유로 시선을 돌리게 한다. 이 주제는 4부에서 다뤄질 것이다.

이처럼 소비성향에 대한 분석, 자본의 한계효율에 대한 정의, 이자율에 대한 이론은 우리의 기존 지식에 존재하는 세 가지 주된 빈틈이며, 이 빈틈은 메워져야 할 필요가 있을 것이다. 우리가 이 빈틈을 메우는 일을 마치게 되면 물가이론이 우리의 일반이론에 대해 부차적인 위치에 있는 문제로서 그 적절한 자리를 찾게 됨을 우리는 알게 될 것이다. 그러나 화폐가 우리의 이자율 이론에서 매우 중요한 역할을 맡게 된다는 것도 우리는 알게 될 것이고, 따라서 우리는 화폐를 다른 것들과 구분하게 만드는 화폐

---

1 이는 뒤의 10장에서 정의된다.

의 특이한 여러 가지 성격을 해명하려는 시도에 나서게 될 것이다.

III

총수요함수는 무시해도 된다는 것이 한 세기가 넘는 동안에 우리에게 가르쳐진 것들의 밑바탕을 이루는 리카도 경제학의 기본적인 생각이다. 사실 맬서스는 유효수요가 부족해질 가능성은 없다는 리카도의 이론을 격렬하게 반박했지만 성과를 거두지는 못했다. 왜냐하면 맬서스는 흔히 관찰되는 사실들에 주목하라고 호소했는지는 몰라도 유효수요가 어떻게, 그리고 왜 부족해지거나 과다해질 수 있는지를 분명히 설명할 수 없었기에 대안의 이론을 제시하는 데는 실패했기 때문이다. 그러자 마치 종교재판이 에스파냐를 휩쓸었던 것처럼 리카도가 영국을 완전히 휩쓸게 됐다. 그의 이론이 재계, 정계, 학계에 의해 받아들여지기만 한 것이 아니었다. 논쟁이 중단됐고, 다른 관점이 완전히 사라져 더 이상 논의되지 않게 되기도 했다. 맬서스가 붙잡고 씨름했던 유효수요라는 커다란 수수께끼는 경제학 문헌에서 아예 사라졌다. 고전파의 이론을 가장 성숙한 형태로 구체화한 마셜과 에지워스, 그리고 피구 교수의 저작을 전부 살펴봐도 그 수수께끼가 단한 번이라도 언급된 대목을 찾아낼 수 없을 것이다. 그것은 겉으로는 보이지 않는 카를 마르크스나 질비오 게젤, 또는 더글러스 소령(클리퍼드 휴 더글러스—옮긴이)이라는 지하세계에서만 은밀하게 살아남을 수 있었다.

리카도의 이론이 그렇게 완전한 승리를 거둔 것은 뭔가 기묘한 일이자 불가사의한 일이다. 그것은 리카도의 이론이 태어난 곳의 환경에 적합한 요소들을 그 이론이 복합적으로 갖고 있었다는 데 기인한 것이 틀림없다. 리카도의 이론이 교육을 많이 받지 못한 보통사람이 예상할 만한 것과는 아주 다른 여러 결론에 이르게 된 것도 그 이론의 지적 위엄을 높여주었다고 나는 생각한다. 실행할 정책으로 해석된 리카도의 이론이 가르치는 내용이 엄혹하고 때로는 수용하기 어려운 것이라는 점은 그 이론에 도덕성을 부여했다. 그 이론이 광범하면서도 일관성 있는 논리적 상부구조를 떠받치기에 적합하게 조정된 점은 그 이론에 미감을 부여했다. 그 이론이 사회적 불의와 무자비함 가운데 많은 것을 진보의 과정에서 겪게 되는 일종의 불가피한 것으로 설명하고, 그러한 것을 변화시키려는 시도를 대체로 이롭기보다 해로울 가능성이 높은 것으로 설명할 수 있었다는 점은 그 이론이 권력의 호감을 사게 했다. 그 이론이 개별 자본가의 자유로운 활동을 정당화해줄 근거를 어느 정도 제공했다는 점은 그 이론이 권력의 배후에 있는 지배적 사회세력으로부터 지지를 받을 수 있게 했다.

그러나 시간이 흐르면서 그 이론을 실행에 옮긴 사람들의 위신이 크게 손상됐다. 왜냐하면 그 이론 자체는 최근까지도 정통 경제학자들로부터 의문제기를 받지 않은 상태로 유지됐지만 과학적 예측이라는 목적을 달성하는 데서는 그 이론의 실패가 뚜렷했기 때문이다. 맬서스 이후의 전업 경제학자들은 그들 자신의 이론으로부터 도출되는 결과와 실제로 관찰되는 사실이 일치하지 않는다는 사실에 의해서도 동요하지 않는 것으로 보였다. 그러나 그러한 불일치는 보통사람이라면 누구나 보지 못할 수가 없는 것이었고, 그것을 본 보통사람은 사실에 적용될 때 관찰되는 것에 의해 확인되는 이론적 결과를 내놓은 다른 학자집단들을 존경하는 만큼 경제학자들을 존경할 마음을 점점 더 잃어갔다.

전통적인 경제이론의 저 유명한 낙관주의는 경제학자들을 캉디드(프랑스의 계몽시대 철학자인 볼테르가 쓴 소설 《캉디드 또는 낙천주의》에 나오는 주인공의 이름―옮긴이)처럼 보이게 만들었다. 이 세상을 떠나 자신들만의 정원을 가꾸러 간 그들은 우리가 기존의 상태를 건드리지 않고 그대로 놔두기만 하면 모든 가능한 세계 가운데 최선의 세계에서도 최선인 결과가 실현될 것이라고 가르쳤다. 전통적인 경제이론이 이러한 낙관주의를 갖게 된 것도 경제학자들이 불충분한 유효수요의 작용이 번영을 지연시킬 수 있다는 점을 고려하는 데 소홀했다는 사실에서 그 뿌리를 찾아야 한다고 나는 생각한다. 왜냐하면 고전파의 공준이 상정하는 방식으로 굴러가는 사회라면 자원의 최적사용으로 나아가는 자연적인 경향을 분명히 갖고 있을 것이기 때문이다. 우리가 원하는 경제의 작동방식을 고전파의 이론이 보여준다고 말할 수 있을지는 모른다. 그러나 우리의 경제가 실제로 그러한 방식으로 작동한다고 가정하는 것은 풀기 어려운 문제를 아예 배척해버리는 가정을 하는 것이다.

2부

용어정의와 개념

4장
단위의 선택

I

이 장을 포함해 이어지는 네 개의 장에서는 우리가 나름대로 설정한 목적상 살펴봐야 할 문제들과 특유하거나 배타적인 관련성을 갖고 있지는 않지만 혼란을 초래하고 있는 몇 가지 난제를 해명해보는 시도에 몰두할 것이다. 따라서 이 네 개의 장은 본론에서 벗어난 부분이라는 성격을 갖고 있고, 따라서 우리는 당분간 우리의 주된 주제를 탐구하는 작업을 하지 못할 것이다. 이 네 개의 장에서 다뤄지는 주제를 내가 굳이 논의하려고 하는 이유는 오로지 나 자신의 특수한 연구가 필요로 하는 바에 적절하게 부합한다고 내가 생각하는 방식으로는 다른 어디에서도 그 주제가 다뤄진 적이 없다는 데 있다.

내가 이 책을 쓰는 작업을 진전시키는 데 가장 많이 방해가 된 난제는 세 가지이며, 따라서 나로서는 그 세 가지 난제에 대한 어떤 해답을 찾아내기 전에는 내 생각을 수월하게 표현할 수 없었다. 첫 번째 난제는 경제체제 전체의 문제에 적절히 적용할 수 있는 양적 단위의 선택이고, 두 번째 난제는 경제분석에서 예상이 수행하는 역할이며, 세 번째 난제는 소득에 대한 정의다.

II

경제학자들이 연구를 할 때 흔히 사용하는 단위들이 만족스럽지 못하다는 점은 국민분배분, 실물자본량, 일반물가수준 등의 개념을 예로 들어 설명할 수 있다.

(i) 마셜과 피구 교수에 의해 정의된 국민분배분이라는 개념[1]은 생산물의 가치나 화폐소득을 측정하는 척도가 아니라 어떤 기간의 생산량이나 실질소득을 측정하는 척도다.[2] 게다가 그것은 어떤 의미에서는 순생산에 의존한다. 다시 말해 그것은 소비하거나 자본으로 유보하는 데 사용할 수 있는 공동체의 자원이 당기의 경제적 활동이나 경제적 희생 덕분에 순증가한 부분에서 당기가 시작한 시점에 존재하고 있었던 자본 가운데 당기에 소모된 부분을 제외한 나머지에 의존한다. 이런 토대 위에 수량적 학문을 수립하려는 시도가 이루어졌다. 그러나 공동체가 생산해낸 재화와 서비스의 양이라는 것은 비동질적인 복합개념이어서 엄밀하게 말하면 예를 들어 어느 한 생산물의 구성품목들이 다른 생산물의 구성품목들과 똑같고 그 구성품목들 사이의 양적 비율도 똑같은 경우와 같은 어떤 특별한 경우들을 제

---

1 피구의 저서 《후생의 경제학》의 여기저기, 그리고 특히 1부 3장을 참조하라.
2 편리한 절충으로, 국민분배분을 구성한다고 간주되는 실질소득이 흔히 화폐로 살 수 있는 재화와 용역으로 한정되기는 한다.

외하고는 측정될 수 없다는 사실이 그러한 목적을 위한 그러한 정의에 대해 중대한 반박을 하게 하는 근거가 된다.

(ii) 순생산을 계산하기 위해 자본설비의 순중가를 측정하려고 하면 어려움이 훨씬 더 커진다. 왜냐하면 그렇게 하려면 당기에 생산된 새로운 설비품목과 소모되어 없어진 기존의 설비품목을 양적으로 비교하기 위한 어떤 기준을 찾아내야 하기 때문이다. 피구 교수는 순국민분배분이라는 개념에 도달하기 위해 "'정상적'이라고 보는 것이 타당한" 진부화 등을 차감하면서 "여기서 정상적인지의 여부를 판별하는 데 현실적인 기준이 되는 것은 해당 손모가 세세한 부분에서는 그렇지 않더라도 대체적으로는 예측하기에 충분할 정도로 규칙적인가일 것"이라고 밝혔다.[3] 그러나 그러한 차감은 화폐단위로 이루어지는 것이 아니며, 따라서 피구 교수는 물적인 변화가 없어도 물적인 양의 변화가 있을 수 있다고 가정한 셈이 됐다. 다시 말해 그는 가치의 변화를 슬그머니 도입한 것이다.

더구나 그는 기술의 변화로 인해 새로운 설비가 기존의 설비와 다른 것이 된 경우에 기존의 설비와 비교해 새로운 설비의 가치를 평가하는 데 사용할 만한 그 어떤 만족스러운 공식도 고안해내지 못했다.[4] 피구 교수가 도달하고자 하는 개념은 경제분석을 위한 올바르고도 적절한 개념일 것이라고 나는 믿는다. 그러나 만족스러운 단위체계가 채택되기 전에는 그 개념을 정밀하게 정의하기란 불가능한 과제다. 어느 한 실물의 생산물을 다

---

3 《후생의 경제학》 중 '자본을 손상 없이 유지한다는 것의 의미'에 관한 1부 5장. 본문에 인용된 내용은 최근에 〈이코노믹 저널(Economic Journal)〉에 실린 글(1935년 6월, 225쪽)에 의해 수정된 것이다.

4 하이에크 교수의 비판(〈이코노미카(Economica)〉, 1935년 8월, 247쪽)을 참조하라.

른 한 실물의 생산물과 비교하는 문제, 그리고 그런 다음에 새로운 설비품목에서 기존의 설비품목 가운데 손모된 부분을 차감해 순생산을 계산해낸다는 문제는 장담하건대 답이 없는 수수께끼일 것이다.

(iii) 셋째로 일반물가수준이라는 개념에 수반된다고 인정되는 모호함이라는 요소가 있으며, 이 요소는 널리 알려져 있지만 피해갈 수가 없다. 이 요소로 인해 일반물가수준이라는 개념은 정확해야 하는 인과분석이라는 목적을 위해 사용하기에는 매우 불만족스러운 것이 된다.

그렇지만 이런 난점들은 '말장난 수수께끼'로 간주하는 것이 옳다. 그것들은 결코 기업의 의사결정을 교란시키거나 어떠한 방식으로든 실제로 기업의 의사결정에 개입하지 않으며 경제적 사건의 인과연쇄와도 아무런 관련이 없다는 의미에서 '순수하게 이론적'인 문제다. 위에서 거론한 개념들은 양적으로 불확정적이지만 실제의 경제적 사건은 분명하고 확정적이다. 그러므로 그런 개념들은 정밀성을 갖고 있지 않을 뿐만 아니라 필요하지도 않다는 결론을 내리는 것이 당연하다. 우리의 양적 분석은 양적으로 모호한 표현은 전혀 사용하지 않으면서 표현해야 하는 것이 분명하다. 그리고 사실 내가 보여주고 싶은 바이기도 하지만, 누구나 그러한 표현을 시도해보면 양적으로 모호한 표현을 사용하지 않으면 표현을 훨씬 더 잘할 수 있음을 곧바로 분명하게 알게 될 것이다.

잡다한 사물들로 구성된 집합이 두 개가 있고 그 두 개의 집합이 같은 잣대로는 서로 비교할 수 없는 것이라고 하면 그 두 개의 집합은 양적 분석의 재료가 될 수 없다는 사실 자체가 반드시 우리로 하여금 근사적인 통계적 비교도 하지 못하게 하는 것은 아님은 물론이다. 엄밀한 계산에 의존하기보다는 다소 광범위한 판단의 요소들에 의존해 이루어지는 근사적인 통계적 비교도 일정한 한계 안에서는 의미와 타당성을 가질 수 있다.

　순실질생산과 일반물가수준과 같은 것들에 적합한 자리는 역사적, 통계적 묘사라는 분야에 있고, 이런 분야에서 그러한 깃들은 역사적, 사회적 호기심을 충족시키는 것을 목적으로 해야 한다. 이런 목적을 위해서는 완전한 정밀성(관련이 있는 변량들의 실제 값에 대한 우리의 지식이 완전하거나 정확하든 그렇지 않든 간에 우리의 인과분석이 요구하는 정도의 정밀성)은 통상적인 것도 아니고 필요한 것도 아니다. 10년 전 또는 1년 전에 비해 오늘날의 순생산이 더 증대했지만 물가수준은 더 하락했다고 하는 말은 엘리자베스 여왕에 비해 빅토리아 여왕이 더 나은 여왕이었지만 더 행복한 여자는 아니었다고 하는 말과 비슷한 성격을 가진 명제다. 이러한 명제는 의미가 없는 것은 아니고 흥미로운 점이 없는 것도 아니지만 미분법을 적용해가며 분석하기에는 적절하지 않은 재료다. 우리가 부분적으로 모호하고 양적이지도 않은 그런 개념들을 양적인 분석의 토대로 사용하려고 한다면 우리의 정밀성은 사이비 정밀성이 돼버리고 말 것이다.

III

그 어떤 특수한 경우에도 기업가는 주어진 자본설비의 가동규모를 결정하는 데 관심을 갖는다는 점을 기억하자. 그리고 수요가 증가하리라는, 즉 총수요함수가 상승하리라는 예상은 총생산의 증가를 가져온다고 우리가 말할 때 그 진정한 의미는 자본설비를 소유한 기업들이 자본설비에 더 많은 노동의 총고용을 결합시키도록 유도된다는 것이다. 동질적인 제품을 생산하는 어느 한 기업이나 어느 한 산업의 경우에 대해서는 우리가 원한다면 생산의 증가나 감소를 얼마든지 정당하게 이야기할 수 있다. 그러나 우리가 모든 기업의 활동을 집계할 때에는 오로지 일정하게 주어진 설비에 투입되는 고용의 양을 가지고만 정확한 이야기를 할 수 있다. 이런 맥락에서 생산물 전체와 그 가격수준이라는 개념은 요구되지 않는다. 왜냐하면 우리는 어떤 다른 자본설비를 어떤 다른 양의 고용과 결합시켜 얻을 수 있는 총생산량과 당기의 총생산량을 비교할 수 있게 해줄 당기의 총생산에 대한 절대적인 척도를 필요로 하는 것이 아니기 때문이다. 우리가 묘사나 개략적인 비교를 목적으로 생산의 증가에 대해 말하고자 한다면 일정하게 주어진 자본설비와 결합되는 고용량이 그 결과로 얻어지는 생산량에 대한 만족스러운 지표가 될 것이라는 일반적인 전제에 의존해야 한다. 그러한 고용량과 생산량은 비록 수적으로 분명하게 비례하는 것은 아니더라도 같이 증가하거나 감소한다고 간주할 수 있기 때문이다.

그러므로 고용이론을 다룸에 있어 나는 오로지 두 개의 기본적인 양적 단위, 즉 화폐가치의 양과 고용의 양이라는 단위만을 사용하자고 제안한다. 그 가운데 화폐가치는 엄밀하게 동질적이고, 고용은 동질화시킬 수 있다. 왜냐하면 등급과 종류가 상이한 노동이나 유급보조의 일들에 지급되는 상대적 보수가 어느 정도 고정돼있는 한 우리의 목적상 고용의 양은, 보통의 노동이 한 시간 동안 고용되는 것을 우리의 단위로 삼고 특수한 노동이 한 시간 동안 고용되는 것에 대해서는 그 보수에 비례하는 가중치를 부여하는 것을 통해 충분히 정의될 수 있기 때문이다. 여기서 특수한 노동에 대해 가중치를 부여한다는 것은 예를 들어 한 시간분의 특수한 노동이 보통의 보수율에 비해 두 배에 해당하는 보수를 받는다면 그 특수한 노동은 두 단위로 보는 것을 말한다. 우리는 고용의 양을 측정하는 단위를 노동단위라고 부르겠다. 그리고 노동단위에 지급되는 화폐임금을 우리는 임금단위라고 부르겠다.[1] 따라서 임금이나 봉급의 지급액을 E, 임금단위를 W, 고용의 양을 N이라고 하면 $E = N \times W$가 된다.

노동의 공급에 대한 이런 동질성의 가정은 전문화된 기술과 상이한 직업들에 대한 적성이 개별 노동자별로 커다란 차이가 있다는 명백한 사실에 의해서도 교란되지 않는다. 왜냐하면 노동자들에게 지급되는 보수가 그들의 효율성에 비례한다고 보면 그러한 차이는 개별 노동자는 지급받는 보수에 비례해 노동의 공급에 기여한다고 간주하는 것에 의해 다뤄질 수 있기 때문이다. 그런가 하면 어느 한 기업에서 생산이 증가함에 따라 특수한 목적의 노동에 대해 지급하는 임금단위당 점점 덜 효율적인 노동을 고용해야 하는 경우가 있을 수 있지만, 이런 것은 더 많은 노동을 고용함에 따라 생산물로 측정한 자본설비로부터의 수확이 체감하는 결과를 가져오는 여러 가지 요인 가운데 하나일 뿐이다. 말하자면 우리는 생산이 증가함에 따라 가용 노동단위들이 동질적인 자본설비를 사용하는 데 점점 더 적합성이 떨어진다고 보는 대신에 자본설비가 가용 노동단위들을 고용하는 데 점점 더 적합성이 떨어진다고 간주하고, 동등한 보상을 받는 노동단위들의 비동질성을 그러한 자본설비에 귀속시켜버리는 것이다. 따라서 전문화된 노동이나 숙련된 노동의 잉여가 존재하지 않고 덜 적합한 노동의 사용이 생산단위당 더 많은 노동비용을 수반한다고 한다면, 위와 같은 경우에 고용이 증가함에 따라 자본설비로부터의 수확이 줄어드는 속도가 그러한 잉여가 존재하는 경우에 비해 더 빠르다는 말이 된

---

1 X가 화폐 기준으로 측정된 어떤 양을 가리킨다면 그 양을 임금단위 기준으로 측정한 값을 X_w라고 쓰는 것이 편리한 경우가 많을 것이다.

다.[1] 더 나아가 상이한 노동단위들이 고도로 전문화되어 서로 대체하는 것이 아예 불가능할 정도에 이른 극단적인 경우에도 어색한 점이 없다. 왜냐하면 그러한 경우란 각각의 용도에 전문화된 가용노동이 전부 다 고용되고 나면 특정한 유형의 자본설비에 의해 이루어지는 생산물 공급의 탄력성이 갑자기 영으로 떨어진다는 의미일 뿐이기 때문이다.[2] 따라서 상이한 노

---

1 이것이 바로 사용 중인 설비와 유형이 똑같은 설비의 잉여가 아직 존재할 때에도 수요가 증가하면 생산물의 공급가격이 상승하는 주된 이유다. 만약 우리가 노동의 초과공급이 모든 기업가에게 동등하게 공동의 가용 인력집단을 형성하고, 특정한 목적에 고용된 노동이 그 실제의 특정한 고용에서 발휘하는 효율성과 엄밀한 관련 없이 적어도 부분적으로는 노력의 단위당으로 정해지는 보수를 받는다고 가정한다면(이는 대부분의 경우에 들어맞는 현실적인 가정이다), 고용된 노동의 효율성이 체감하는 것은 내적 불경제 때문에 발생하는 현상으로 볼 것이 아니라 생산이 증가함에 따라 공급가격이 상승하는 현상의 두드러진 예로 봐야 한다.

2 통상적으로 사용되는 공급곡선이 이와 같은 난점을 어떻게 다루게 되는지에 대해서는 나는 뭐라고 말할 수 없다. 왜냐하면 이런 공급곡선을 사용하는 사람들은 그들의 가정을 그다지 분명하게 밝히지 않고 있기 때문이다. 아마도 그들은 어떤 주어진 목적에 고용된 노동은 언제나 그 목적에 대한 효율성과 엄밀하게 관련해서 보수를 받는다고 가정하는 것 같다. 그러나 이런 가정은 비현실적이다. 노동의 다양한 효율성을 다룰 때 노동이 마치 설비에 속해있는 것처럼 간주하고 다루는 데 근거가 될 만한 핵심적인 논리는 생산이 증가함에 따라 증가하는 잉여가 실제로는 주로 설비의 소유자들에게 돌아가지 보다 효율적인 노동자들에게 돌아가지 않는다는 사실에 있을 것이다(물론 보다 정규적으로 고용되는 것을 통해, 그리고 보다 일찍 승진하는 것을 통해 노동자들이 이익을 얻을 수는 있다). 다시 말해 같은 일자리에서 일하지만 효율성이 다양한 사람들이 각각의 효율성에 긴밀하게 비례하는 보수율로 보수를 받는 일은 거의 없다. 그러나 보다 높은 효율성에 대해 더 많은 지급이 이루어지는 곳에서는, 그리고 이러한 일이 일어나는 범위 안에서는 나의 방법이 그러한 점을 고려한다. 왜 이렇게 이야기할 수 있느냐면 고용된 노동단위의 수를 계산하는 경우에 개별 노동자들에게 그들의 보수에 비례하는 가중치가 부여되기 때문이다. 나의 가정을 토대로 하면 우리가 특정한 공급곡선을 다룰 때 흥미로운 복잡성이 생겨나는 것이 분명한데, 그 이유는 공급곡선의 형태가 다른 방면에서 그곳의 일에 적절한 노동을 얼마나 수요하는가에 의존하게 되기 때문이다. 이러한 복잡성을 무시하는 것은 내가 이미 말했듯이 비현실적일 것이다. 그러나 주어진 양의 유효수요와 특수하게 연관된 상이한 생산물들 사이에 그러한 수요의 특정한 배분이 이루어진다고 가정한다면 우리는 고용 전체를 다루는 경우에는 그러한 문제를 고려할 필요가 없다. 다만 수요변화의 특수한 원인과 무관하게 그런 것은 아닐 수 있다. 예를 들어 증가된 소비성향으로 인해 증가된 유효수요가 만나게 되는 총공급함수가 증가된 투자유인으로 인해 같은 양만큼 증가된 수요가 만나게 되는 총공급함수와 다를 수 있다. 그러나 이 모든 것은 여기서 개진된 일반적인 관념들에 대한 세부적인 분석에 속하는 것인데, 그런 세부적인 분석은 지금 당장 내가 추구하는 목적과는 무관하다.

동단위들의 상대적 보수에 커다란 불안정성이 존재하지 않는 한 동질적인 노동단위에 관한 우리의 가정은 아무런 난점도 내포하지 않으며, 그러한 불안정성에 따른 난점이 발생한다고 해도 우리는 노동의 공급과 총공급함수의 형태가 빠르게 변화하는 경향이 있다고 가정하는 것을 통해 그러한 난점을 다뤄낼 수 있다.

우리가 경제체제 전체의 행태를 다룰 때에는 화폐와 노동이라는 두 개의 단위에만 엄격하게 우리의 관심을 국한시키면 불필요한 혼란 가운데 많은 부분을 피할 수 있다는 것이 나의 믿음이다. 이는 곧 특수한 생산물의 단위나 설비의 단위는 놔두었다가 우리가 개별 기업의 생산이나 개별 산업의 생산을 따로따로 분석할 때에나 이용하고, 생산 전체의 양이나 자본설비 전체의 양, 그리고 일반물가수준과 같은 모호한 개념들도 놔두었다가 우리가 특정한 범위 안에서(그러나 그 범위가 아마도 꽤 넓을 것이다) 정밀하지 않은 근사적 비교임을 인정하면서 어떤 역사적인 비교를 시도할 때에나 이용하자는 것이다.

이로부터 우리는 기존 자본설비에 유급으로 고용된(소비자들을 만족시키기 위해서든 새로운 자본설비를 생산하기 위해서든) 노동시간의 수를 기준으로 당기 생산의 변화를 측정해야 한다는 결론을 얻게 된다. 물론 그 과정에서 숙련된 노동에 대해서는 보수에 비례해 그 노동시간에 가중치를 부여해야 한다. 우리는 이렇게 측정한 생산을 다른 노동자들의 집합과 다른 자본설비의 결합에 의해 이루어지는 생산을 양적으로 비교해야 할 필요가 없다. 일정하게 주어진 자본설비를 소유하고 있는 기업가들이 총수요함수의 이동에 어떻게 반응할 것인가를 예측하기 위해 그러한 반응의 결과로 나타나는 생산물의 양, 생활수준, 일반물가수준이 다른 시기나 다른 나라의 경우와 비교해 어떠할 것인지를 우리가 알아야 할 필요는 없다.

IV

흔히 공급곡선으로 표현되는 '공급의 상태'와 생산을 가격에 연결시키는 '공급의 탄력성'은 생산량을 언급하지 않고도 우리가 선택한 두 개의 단위를 가지고 총공급함수를 통해 다룰 수 있다. 이는 우리가 개별 기업이나 개별 산업에 관심을 두고 있든 경제활동 전체에 관심을 두고 있든 마찬가지다. 어느 한 기업(어느 한 산업이나 전체 산업의 경우도 비슷하다)의 총공급곡선이 다음과 같이 주어졌다고 하자.

$$Z_r = \phi_r(N_r)$$

여기서 Z_r는 판매수입(사용자비용은 차감)이며, 이것에 대한 예상에 의해 고용이 N_r라는 수준으로 유도된다. 그러므로 고용과 생산의 관계가 고용 N_r가 생산 O_r를 낳는 식으로 돼있어 $O_r = \psi_r(N_r)$라면 다음과 같은 등식이 성립한다.

$$p = \frac{Z_r + U_r(N_r)}{O_r} = \frac{\phi_r(N_r) + U_r(N_r)}{\psi_r(N_r)}$$

이것이 보통의 공급곡선이고, 여기서 $U_r(N_r)$는 N_r라는 고용수준에 대응하는 (예상)사용자비용이다(그리고 p는 생산물 단위당 공급가격이다─옮긴이).

따라서 $O_r = \psi_r(N_r)$가 확정적인 의미를 갖게 되는 동질적인 개별 상품의 경우에는 우리가 $Z_r = \phi_r(N_r)$를 보통의 방식으로 풀어 그 값을 정할 수 있다. 그러나 그렇게 해서 얻어지는 N_r들을 집계하는 것은 불가능하다. 이는 ΣO_r가 하나의 숫자로 표현될 수 있는 양이 아니기 때문에 O_r들을 집계하는 것이 불가능한 것과 마찬가지다. 그런데 여기서 더 나아가 우리가 어떤 주어진 환경에서 어떤 주어진 총고용이 상이한 산업들 사이에 어떤 단일한 방식으로 배분되어 N_r가 N의 함수가 된다고 가정할 수 있다면 문제를 더 단순화하는 것이 가능하다.

5장
생산과 고용을 결정하는 예상

I

모든 생산은 궁극적으로 소비자를 만족시킨다는 목적으로 이루어진다. 그러나 생산자가 소비자를 염두에 두고 비용을 지출한 뒤 최종소비자가 생산물을 구입하기까지는 보통 시간이 걸리며, 때로는 그 시간이 상당히 길다. 그 사이에 기업가(여기서 기업가는 생산자와 투자자 둘 다를 포함한다)는 길어질 수도 있는 시간이 지나 자신이 소비자들에게 생산물을 공급(간접적으로든 직접적으로든)할 준비를 마쳤을 때 소비자들이 얼마나 지급할 준비가 돼있을지에 대해 가능한 한 최선의 예상[1]을 형성해야 한다. 그리고 그 기업가는 시간이 걸리는 과정을 밟아서 생산을 하고자 한다면 이렇게 스스로 형성한 예상에 의해 인도받는 것 외에는 다른 선택의 여지

---

1 판매수입 기준으로 이런 예상이나 마찬가지인 것에 도달하는 방법에 대해서는 앞의 42쪽의 각주 1을 보라.

가 없다.

사업상의 결정이 의존하는 이런 예상은 두 가지로 나눠진다. 어떤 개인이나 기업들은 첫 번째 유형의 예상을 형성하는 일에 매달리고, 그 밖의 개인이나 기업들은 두 번째 유형의 예상을 형성하는 일에 매달린다. 첫 번째 유형의 예상은 예를 들어 제조업자가 어떤 제품을 생산하는 과정에 착수하기로 결심할 때 나중에 그 제품의 완성품을 판매하면 받을 수 있으리라고 기대하는 가격과 관련된 예상이다. 여기서 완성품이란 사용될 수 있거나 다른 누군가에게 판매될 수 있는 상태가 된 시점에 제조업자의 관점에서 보아 '완성'된 생산물을 가리킨다. 두 번째 유형의 예상은 어떤 기업가가 '완성'된 생산물을 자신의 자본설비에 추가할 목적으로 구매(또는 제조)한다고 할 때 그 기업가가 벌어들일 수 있으리라고 기대하는 미래의 수입과 관련된 예상이다. 우리는 첫 번째 유형의 예상을 단기예상, 두 번째 유형의 예상을 장기예상이라고 부를 수 있다.

그렇다면 각 개별기업이 하루하루[2]의 생산에 대한 결정을 할 때 취하는 행동은 단기예상에 의해 좌우될 것이고, 그 단기예상의 내용은 가능한 여러 가지 생산규모별로 생산비용이 얼마나 들 것인지, 그리고 생산물의 판매수입이 얼마나 될 것인지에 대한 예상일 것이다. 이때 생산하려는 것이 자본설비에 추가하기 위한 것인 경우에는 물론이고 유통업자에게 판매하기 위한 것인 경우에도 그 단기예상이 다른 기업들의 장기예상(또는 중기예상)에 크게 의존할 것이다. 기업들이 제공하는 고용의 양은 바로 이런 여

---

2 여기서 '하루하루'는 기업이 얼마나 많은 고용을 제공할 것인가에 대한 자신의 결정을 자유로이 수정할 수 있게 될 때까지의 시간간격 가운데 가장 짧은 시간간격을 가리킨다. 말하자면 그것은 경제적 시간의 최소 유효단위다.

러 가지 예상에 의존하게 된다. 생산과 생산물 판매가 실제로 실현된 결과가 그 다음의 예상을 수정하게 하는 경우에만 그 결과가 고용과 관련성을 갖게 될 것이다. 다른 한편으로 기업이 그 다음의 생산에 대해 결정을 해야 할 시점에 갖고 있게 되는 자본설비, 중간생산물의 재고, 반제품재료의 재고를 취득하게 한 애초의 예상은 고용과 관련성을 갖지 못한다. 따라서 생산에 대한 결정을 할 때마다 그러한 자본설비, 중간제품의 재고, 반제품재료의 재고가 고려되는 것은 사실이지만 그러한 결정 자체는 미래의 비용과 판매수입에 대한 현재의 예상에 근거해 내려진다.

그런데 일반적으로 예상(단기예상이든 장기예상이든)의 변화는 상당한 기간에 걸쳐서야 고용에 그 영향의 전부를 미치게 된다. 예상의 변화 때문에 일어나는 고용의 변화는 예상의 변화가 일어난 뒤에 추가로 예상의 변화가 일어나지 않더라도 둘째 날의 변화는 첫째 날의 변화와 같지 않고, 셋째 날의 변화는 둘째 날의 변화와 같지 않은 식으로 이어질 것이다. 그 이유는 다음과 같다. 단기예상의 경우를 보면, 예상이 나쁜 방향으로 변화할 때에는 수정된 예상의 관점에서 볼 때 잘못 시작한 생산과정 모두에서 작업을 포기하도록 유도하기에 충분할 정도로 급격하거나 신속하게 예상의 변화가 일어나지는 않는 것이 일반적이고, 반대로 예상이 좋은 방향으로 변화할 때에는 예상의 상태를 보다 일찍 수정했다면 이미 도달했을 고용수준에 실제로 도달할 수 있으려면 그 전에 준비를 위한 시간이 어느 정도는 필요하기 때문이다. 그리고 장기예상의 경우에는, 교체되지 않는 설비는 그것이 완전히 다 소모될 때까지 계속해서 고용을 제공하며, 장기예상이 좋은 방향으로 변화할 때에는 새로운 상황에 맞게 설비를 조정하는 데 필요한 시간이 다 지난 뒤에 실현될 고용보다 처음의 실제 고용이 더 높은 수준일 수 있기 때문이다.

어떤 예상의 상태가 고용에 미치는 효과가 완전히 다 발휘되기에 충분한 시간 동안 계속 유지된 결과로 대체로 말해 그 새로운 예상의 상태가 항상 존재했다면 생겨나지 않았을 고용은 실제로 조금도 존재하지 않게 된다면, 그렇게 해서 달성된 꾸준한 고용수준을 우리는 그 예상의 상태에 대응하는 장기고용[1]이라고 부를 수 있다. 그렇다면, 예상이란 자주 바뀔 수 있으므로 실제의 고용수준이 그때그때 형성된 예상의 상태에 대응하는 장기고용에 도달하는 데 필요한 시간을 충분히 갖게 되는 일은 결코 없다고 하더라도 모든 예상의 상태 각각은 그에 대응하는 장기고용의 수준을 분명히 갖고 있다고 말할 수 있다.

먼저 어떤 예상의 변화가 일어났다고 하고, 그 뒤에 또 다른 예상의 변화로 인한 혼동이나 간섭이 없다고 할 경우에 그 예상의 변화에 따라 장기위치로 이행하는 과정을 살펴보도록 하자. 우리는 우선 그 예상의 변화가 새로운 장기고용이 기존의 장기고용보다 커지게 하는 성격을 갖고 있다고 가정하겠다. 그렇다면 일반적으로 처음에는 투입률만이, 바꿔 말하면 새로운 생산과정의 앞단계에 속하는 작업의 양만이 커다란 영향을 받고, 예상의 변화가 일어나기 전에 시작된 생산과정의 뒷단계에 속하는 소비재 생산의 양과 고용의 양은 종전과 대체로 비슷하게 유지될 것이다. 미완성품의 재고가 존재한다면 이런 결론이 수정될 수 있겠지만, 그렇다고 하더라도 초기의 고용증가는 그리 크지 않으리라는 추정은 계속 옳을 것이다. 그러

---

1 이런 장기고용의 수준이 반드시 불변이어야 할 필요는 없다. 다시 말해 장기의 조건들이 반드시 정태적이지는 않다. 예를 들어 부나 인구의 꾸준한 증가가 변함없는 예상의 일부가 될 수 있다. 유일하게 필요한 조건은 현재의 예상이 충분한 시간을 사이에 둔 과거의 예측에 의한 것이어야 한다는 점이다.

나 시간이 흐르면서 고용이 점점 증가할 것이다. 게다가 어떤 단계에서는 고용이 새로운 장기고용보다 높은 수준으로 증가하게 하는 조건들을 쉽게 생각해볼 수 있다. 왜 이렇게 말할 수 있느냐면 새로운 예상의 상태를 충족시키려는 자본축적의 과정은 장기위치가 도달될 때 실현될 고용보다 더 많은 고용과 그때 실현될 당기 소비보다 더 많은 당기 소비를 도중에 불러올 수 있기 때문이다. 따라서 예상의 변화는 고용의 수준을 점점 더 높이게 되고, 고용의 수준은 결국 정점에 이른 뒤 새로운 장기수준으로 떨어지게 된다. 예상의 변화가 어떤 기존의 생산과정과 그 설비를 쓸모없는 것으로 만드는 소비방향의 변화를 보여주는 것이라면 새로운 장기수준이 기존의 장기수준과 동일하다고 하더라도 위와 같은 일이 일어날 수 있다. 또한 새로운 장기고용이 기존의 장기고용보다 낮은 수준이라면 이행이 진행되는 동안에 고용수준이 한동안 새로운 장기수준을 밑돌 수 있다. 따라서 단지 예상의 변화만으로도 그 변화의 효과가 완전히 다 발휘되는 과정에서 순환운동과 같은 종류의 형태를 가진 진동이 일어날 수 있다. 내가 《화폐론》에서 어떤 변화에 따라 운전자본과 유동자본이 축적되거나 감소하는 현상과 관련시켜 논의한 것도 바로 이런 종류의 운동이었다.

　새로운 장기위치로 가는 위와 같은 이행과정은 방해받지 않고 진행된다고 해도 세부적으로는 복잡할 수 있다. 그런데 실제의 상황전개는 더욱 복잡하다. 왜냐하면 이전의 변화가 그 효과를 완전히 다 발휘하기 훨씬 전에 어떤 새로운 예상이 덧씌워지면서 예상의 상태가 끊임없이 변화하기 쉽기 때문이다. 그래서 어느 때에든 경제라는 기계는 과거에 존재했던 다양한 예상의 상태들에 기인해 생겨난 다수의 서로 겹치는 활동들에 물려있게 된다.

II

이런 점은 위에서 전개한 논의가 우리의 현재 목적에 대해 갖고 있는 관련성에 우리로 하여금 주목하게 한다. 위의 논의로부터 분명한 것은 어떤 주어진 시점의 고용수준은 어떤 의미에서는 그때의 예상의 상태에만 의존하는 것이 아니라 그 전의 일정 기간 동안 존재했던 여러 예상의 상태들에도 의존한다는 점이다. 그러나 아직 효과를 다 발휘하지 못한 과거의 예상들은 기업가가 오늘의 결정을 내릴 때 근거로 삼아야 하는 오늘의 자본설비에 구현돼있으며, 그렇게 구현돼있는 범위 안에서만 기업가의 결정에 영향을 미친다. 그러므로 위의 논의에도 불구하고 오늘의 고용은 오늘의 자본설비와 연관된 오늘의 예상에 의해 지배된다고 말하는 것이 올바를 수 있다는 결론을 얻게 된다.

현재의 장기예상은 명시적으로 언급하지 않을 도리가 없다. 그러나 단기예상에 대한 명시적인 언급은 생략해도 무방한 경우가 많다. 왜냐하면 단기예상이 실제로 수정되는 과정은 대체로 실현된 결과가 고려되는 가운데 점진적이면서도 지속적으로 이루어지는 과정이며, 따라서 예상한 결과와 실현된 결과가 그 영향의 측면에서 서로 충돌하거나 중복되기 때문이다. 그리고 그 이유는 생산과 고용이 과거의 결과에 의해서가 아니라 생산자의 단기예상에 의해 좌우된다고 하더라도 그러한 단기예상이 어떠한 것이 되느냐가 결정되는 데서는 보통 가장 최근의 결과가 압도적인 역할을 한다는 데 있다. 생산과정을 시작할 때마다 예상을 새로 형성하는 것은 복잡한 일일 것이고, 하루하루 날이 가도 대부분의 조건들이 상당한 정도로 불변인 것이 보통이기 때문에 그렇게 하는 것은 시간낭비일 것이다. 따라서 생산자는 변화를 예상할 만한 명확한 이유가 있는 경우를 제외하고는 가장 최근에 실현된 결과가 지속될 것이라는 가정을 토대로 예상을 형성하는 것이 합리적이다. 이렇게 볼 때 실제로는 최근의 생산으로부터 실현된 판매수입이 고용에 미치는 영향과 당기의 투입이 가져다줄 것으로 예상되는 판매수입이 고용에 미치는 영향은 많은 부분에서 서로 중복되고, 생산자의 예측은 앞으로의 변화에 대한 예상보다는 실현된 결과가 고려되면서 점진적으로 수정되는 경우가 더 많다.[1]

그러나 내구재의 경우에는 생산자의 단기예상이 현재 투자자가 갖고 있는 장기예상에 토대를 두며, 장기예상은 그 성격상 실현된 결과에 비추어 점검이 이루어지는 주기가 짧을 수 없다는 사실을 잊어서는 안 된다. 게다가 우리가 장기예상에 대해 보다 자세하게 살펴볼 12장에서 보게 되겠지만, 장기예상은 갑작스럽게 수정되기 쉽다. 따라서 현재의 장기예상이라는 요소는 얼렁뚱땅 배제하거나 실현된 결과로 대체할 수 없다.

---

[1] 기업가가 생산을 하기로 결정할 때 갖고 있는 예상을 이렇게 강조하는 것은 물가가 떨어지기 전에, 또는 생산과 관련된 좌절이 예상에 비해 상대적으로 볼 때 실현된 손실로 나타나기 전에 이미 재고의 축적이 투입과 고용에 영향을 끼친다고 호트리 씨가 강조한 점과 부합한다고 나는 생각한다. 왜냐하면 판매되지 않은 재고의 축적(또는 선도주문의 감소)은 앞 기간의 생산물 판매수입에 대한 통계치가 무비판적으로 그 다음의 기간에 적용된다고 할 때 그 통계치가 지시하게 될 투입과 다른 양의 투입을 하게 만들 가능성이 아주 높은 종류에 정확하게 들어맞는 사건이기 때문이다.

6장
소득, 저축, 투자의 정의

| 소득

어떠한 기간에든 기업가는 완성된 생산물을 소비자나 다른 기업가들에게 판매하고 그 대가로 우리가 A라고 표시할 어떤 금액을 받았을 것이다. 그 기업가는 또한 다른 기업가들로부터 완성된 생산물을 구매하는 데 우리가 A_1이라고 표시할 어떤 금액을 지출했을 것이다. 그리고 그는 마지막에는 미완성재나 운전자본의 축적분과 완성재의 재고를 포함해 G라는 가치로 평가되는 자본설비를 갖고 있는 상태일 것이다.

그러나 $A + G - A_1$ 가운데 일부는 해당 기간 중에 이루어진 활동에서 유래한 것이 아니라 그 기간이 시작될 때 기업가가 갖고 있었던 자본설비에서 유래한 것으로 봐야 한다. 그러므로 당기의 소득이라는 말로 우리가 가리키는 것에 도달하기 위해서는 $A + G - A_1$에서 전기로부터 넘어온 자본설비가 기여(어떤 의미에서)한 가치 부분에 해당하는 어떤 금액을 차감해야 한다. 이렇게 차감해야 하는 금액을 계산해내기 위한 만족스러운 방법을 우리가 찾아낸다면 그 순간에 소득을 정의하는 문제가 풀리게 된다.

이런 계산에 적용할 수 있는 원리로는 두 가지가 있고, 그 각각이 일정한 중요성을 갖고 있다. 그 가운데 하나는 생산과 관련되고, 다른 하나는 소비와 관련된다. 그 두 가지 원리를 차례로 살펴보자.

(i) 기말 자본설비의 실제 가치 G는 기업가가 해당 기간 중에 한편으로는 다른 기업가들로부터 구매를 하거나 그 자신의 노력을 들이는 두 가지 방법으로 자본설비를 유지하거나 개선했을 것이니 그러한 부분의 가치에서, 다른 한편으로는 생산물을 만들어내기 위해 자본설비를 사용함으로써 그것을 소모하거나 감가시켰을 것이니 그러한 부분의 가치를 뺀 순결과다. 만약 기업가가 생산물을 만들어내기 위해 자본설비를 사용하기로 결심하지 않았다고 해도 자본설비를 유지하거나 개선하기 위해 지출하는 것이 유리했을 어떤 적정한 금액은 존재할 것이다. 이 경우에 기업가가 자본설비를 유지하거나 개선하기 위해 B'의 금액을 지출했을 것이고, 이런 지출을 통해 기말에 자본설비의 가치가 G'가 됐을 것이라고 가정해보자. 그러면 $G'-B'$는 자본설비가 A를 생산하기 위해 사용되지 않았다고 할 때 전기로부터 넘어와 보존됐을 최대 순가치가 된다. 자본설비의 이런 잠재적 순가치에서 $G-A_1$를 뺀 나머지는 A를 생산하기 위해 이런저런 방식으로 희생된 것의 척도다. 이 양을 다음과 같이 표현해보자.

$$(G'-B')-(G-A_1)$$

이것은 A의 생산과 관련된 가치의 희생, 즉 A의 사용자비용이다. 우리는 이 사용자비용을 U라고 표시하겠다.[1] 기업가가 그 밖의 다른 생산요소들이 기여한 데 대한 대가로 다른 생산요소들에 지급한 금액, 즉 다른 생산요소들의 관점에서 볼 때 소득이 되는 금액을 우리는 A의 요소비용이라고 부르겠다. 또한 요소비용 F와 사용자비용 U의 합계를 우리는 생산 A의 주요비용이라고 부르겠다.

그러면 우리는 기업가의 소득[2]을 어떤 기간 중에 판매된 그의 완성품의 가치에서 주요비용을 뺀 나머지로 정의할 수 있다. 말하자면 기업가의 소득은 그가 극대화하고자 애쓰는 양(이것은 그의 생산규모에 의존한다), 즉 일반적인 의미로 본 그의 총이윤과 같은 것으로 볼 수 있는데, 이렇게 보는 것은 상식과 부합한다. 그렇다면 공동체에서 그 기업가를 제외한 나머지 구성원들의 소득은 그 기업가의 요소비용과 같으니 총소득은 $A-U$와 같다.

이렇게 정의된 소득은 모호한 점이 전혀 없는 양이다. 게다가 이 양은 고용에 대해 인과적 작용을 하는 것이라는 점에서 중요하다. 왜냐하면 기업가가 다른 생산요소들에 얼마나 많은 고용을 제공할 것인가를 결정할 때 극대화하고자 애쓰는 양은 위와 같이 정의된 총소득에서 다른 생산요소들에 대한 기업가 자신의 지출을 뺀 나머지에 대한 그 자신의 예상치이기 때문이다.

물론 $G-A_i$이 $G'-B'$를 초과하는 경우도 생각해볼 수 있고, 그런 경우에는 사용자비용이 음수가 될 것이다. 예를 들어 우리가 기간을 설정할 때 투입은 증가하지만 증가된 생산물이 완성되어 판매될 단계에까지 이를 정도의 시간은 허용되지 않게끔 설정한다면 바로 그렇게 될 수 있다. 또한 어떤 산업이 고도로 통합돼있어서 그 산업에 속하는 기업가들이 설비의 대부

---

1 사용자비용에 관한 일부 추가적인 관찰이 이 장의 추가논의에서 제시된다.
2 이것은 우리가 뒤에서 정의하게 될 기업가의 순소득과는 구별되는 소득 개념이다.

분을 스스로 만들어내는 경우를 상상해본다면 그런 산업에서는 투자의 순증가가 일어나기만 한다면 언제나 그렇게 될 것이다. 그러나 사용자비용이 음수가 되는 것은 기업가가 자기의 노동으로 자기의 자본설비를 늘리는 경우에만 나타나는 현상이라고 보면 자본설비의 대부분이 그것을 사용하는 기업이 아닌 다른 기업들에 의해 제조되는 경제에서는 사용자비용이 보통은 양수가 된다고 우리는 생각할 수 있다. 게다가 A의 증가와 관련된 한계사용자비용, 즉 $\dfrac{dU}{dA}$가 양수가 아닌 경우를 상정하기란 어렵다.

여기서 공동체 전체를 놓고 보면 기간 중 총소비(C)는 $\Sigma(A-A_1)$과 같고, 총투자(I)는 $\Sigma(A_1-U)$와 같다는 사실을 언급해두는 게 이 장 뒷부분의 논의를 내다보고 준비를 해놓는다는 측면에서 편리할 수 있다. 또한 U는 다른 기업가들로부터 구매하는 설비를 제외한 그 자신의 설비와만 관련된 개별 기업가의 부의 투자(그러므로 $-U$는 그의 투자)라는 점도 언급해둘 수 있겠다. 따라서 완전히 통합된 체계($A_1=0$인 체계) 안에서는 소비가 A와 같고, 투자는 $-U$, 즉 $G-(G'-B')$와 같다. 위에서 A_1을 도입해 설명을 다소 복잡하게 만든 것은 단지 통합되지 않은 생산체계의 경우를 보다 일반적인 방식으로 감안하는 것이 바람직하다는 점 때문이다.

게다가 유효수요는 간단하게 보면 기업가들이 제공하기로 결정한 양의 고용으로부터 그들이 얻게 되리라고 기대하는 총소득(또는 총판매수입)이며, 이 총소득에는 기업가들이 다른 생산요소들에 건네주는 금액도 포함된다. 총수요함수는 다양하게 가정되는 고용량을 그러한 고용량에 의해 만들어지는 생산물이 낳아줄 것으로 기대되는 판매수입에 연결시킨다. 그리고 유효수요는 공급조건과의 연관 아래 이윤에 대한 기업가의 예상치를 극대화시키는 고용수준에 대응하기 때문에 유효한 총수요함수 상의 한 점이다.

76

이런 일련의 정의들은 우리로 하여금 한계판매수입(또는 한계소득)을 한계요소비용과 등치시켜볼 수도 있게 해준다는 장점을 갖고 있다. 따라서 그 정의들을 이용하면 그렇게 정의된 한계판매수입을 한계요소비용에 연관시키는 명제들, 예를 들어 사용자비용을 무시하거나 영이라고 가정하는 것을 통해 공급가격[1]을 한계요소비용과 등치시킨[2] 경제학자들이 진술해온 것과 같은 종류의 명제들에 도달할 수 있다.

(ii) 다음으로 위에서 말한 원리 가운데 두 번째 원리로 눈길을 돌리자. 지금까지 우리는 자본설비의 기초 가치와 비교해 기말 가치에 일어난 변화 가운데 기업가가 자기의 이윤을 극대화하고자 하는 과정에서 자발적으로 내린 결정에 기인한 변화 부분을 다루었다. 그러나 이에 더해 기업가가 통제할 수 없거나 기업가의 당기 결정과 무관한 이유로 인해, 예를 들면 시장 가치의 변화, 진부화에 의한 손모나 단지 시간의 경과만에 의한 손모, 전쟁이나 지진과 같은 재난에 의한 파괴 등으로 인해 자본설비 가치에 일어나는 비자발적 손실(또는 이득)도 있을 수 있다. 이런 비자발적 손실 가운데

---

1 내가 생각하기에 사용자비용을 정의하는 문제가 무시된 경우라면 공급가격이 불완전하게 정의된 용어일 것이다. 이 문제는 이 장의 추가논의에서 더 자세히 논의될 것이다. 거기서 나는 공급가격에서 사용자비용을 제외하는 것은 총공급가격의 경우라면 때로는 적절할 수 있겠지만 개별 기업의 생산 한 단위당 공급가격이라는 문제에 대해서는 부적절하다고 주장할 것이다.

2 예를 들어 총공급함수를 $Z_w = \phi(N)$이라고 하거나 다른 표현으로 $Z = W \cdot \phi(N)$이라고 하자(여기서 W는 임금단위이고 $W \cdot Z_w = Z$이다). 그리고 한계생산물의 판매수입은 총공급곡선 상의 모든 지점에서 한계요소비용과 같다고 했으므로 우리는 다음 등식을 얻게 된다.

$$\Delta N = \Delta A_w - \Delta U_w = \Delta Z_w = \Delta \phi(N)$$

즉 요소비용이 임금비용과 일정한 비율을 유지하는 관계를 갖고 있고 각각의 기업(기업의 수는 일정하다고 가정한다)이 대면하는 총공급곡선이 다른 산업들에 고용되는 사람들의 수와 무관해서 각각의 개별 기업가에 대해 성립하는 위 등식의 각 항이 기업가들 전체에 대해 더해질 수 있다고 한다면 $\phi'(N) = 1$이다. 이는 곧 임금이 불변이고 다른 요소비용들은 임금지급액과 일정한 비율을 유지하는 관계를 갖고 있다면 총공급함수는 화폐임금의 역수에 의해 주어지는 기울기를 가진 직선이라는 의미다.

일부는 피할 수 있는 것이 아니기는 하지만 대체로 말해 이런 부분도 예상할 수 없는 것은 아니다. 그 예로는 사용과는 무관하게 시간의 경과에 따라 발생하는 손실이 있고, 피구 교수가 "자세하게는 아니더라도 적어도 대체적으로는 예견하기에 충분할 정도로 규칙적"이라고 표현한 '정상적'인 진부화도 있다. 또한 흔히 '보험 제공이 가능한 위험'으로 간주될 정도로 충분히 규칙적으로 공동체 전체에 일어날 수 있는 손실도 예로 들 수 있다. 예상되는 손실의 양은 그러한 예상이 언제 형성된 것으로 가정되는가에 의존한다는 사실은 당분간 무시하기로 하자. 그리고 예상할 수 없는 것은 아니지만 비자발적으로 발생하는 자본설비의 감치감소, 즉 예상되는 가치감소 가운데 사용자비용 부분을 제외한 나머지를 부수비용이라고 부르고 V로 표시하자. 부수비용에 대한 이러한 정의는 예상되는 가치감소 가운데 주요비용에 포함되지 않는 부분을 다루기 위한 것이라는 기본적 발상에서는 그것에 대한 마셜의 정의와 비슷하지만 두 가지 정의가 똑같지는 않다는 점은 아마도 굳이 지적할 필요가 거의 없을 것이다.

그러므로 기업가의 순소득과 순이윤을 계산할 때 위에서 정의한 기업가의 소득과 총이윤에서 부수비용으로 추정되는 금액을 차감하는 것이 보통이다. 왜냐하면 기업가가 자유롭게 지출하거나 저축할 수 있는 부분을 검토할 때 부수비용이 기업가에게 미치는 심리적 영향은 부수비용만큼의 비용이 그의 총이윤에서 빠져나간 경우와 사실상 같다고 보기 때문이다. 설비를 사용할 것인지 말 것인지를 결정하는 생산자 입장의 기업가에게는 위에서 정의한 주요비용과 총이윤이 중요한 개념이다. 그러나 소비자 입장의 기업가에게는 부수비용의 금액이 마치 주요비용의 일부인 것처럼 그의 심리에 작용한다. 따라서 총순소득에 대한 정의에서 사용자비용뿐 아니라 부수비용도 차감함으로써 총순소득이 $A-U-V$가 되게 한다면 우리는 통상적인 어법에 보다 가까이 다가가는 셈이 될 뿐 아니라 소비의 양과 연관되는 개념에 도달하는 셈도 된다.

아직 남은 문제는 시장가치의 예기치 못한 변화, 예외적인 진부화나 재난에 의한 파괴 등이 원인이 되어 설비의 가치에 비자발적인 동시에 넓은 의미에서 예측할 수 없는 변화가 일어나는 경우다. 이런 종류에 속하는 실제의 손실은 우리가 순소득을 계산할 때에도 무시하고 자본계정에나 반영하는 것으로서 '우발손실'이라고 부를 수 있다.

순소득이 원인으로서 갖는 중요성은 V의 크기가 당기 소비의 양에 미치는 심리적 영향에서 찾을 수 있다. 왜냐하면 순소득은 보통사람이 당기의 소비에 얼마나 많이 지출할 것인가를 결정할 때 자기의 가용소득으로 보는 것이라고 우리는 생각하기 때문이다. 물론 순소득은 보통사람이 얼마나 많이 지출할 것인가를 결정할 때 유일하게 고려하는 요소인 것은 아니다. 예를 들어 자본계정에서 우발이득이나 우발손실을 얼마나 많이 보고 있는가는 상당히 큰 차이를 낳는다. 그러나 부수비용의 변화는 총이윤의 변화와 똑같은 방식으로 기업가에게 영향을 미치는 경향이 있다는 점에서 부수비용과 우발손실 사이에 차이가 있다. 기업가의 소비와 관련되는 것은 당기 생산의 판매수입에서 주요비용과 부수비용의 합계를 제외한 나머지인데 비해 우발손실(또는 우발이득)은 소비지출에 관한 기업가의 결정에 끼어들기는 하지만 부수비용과 같은 수준으로 끼어들지는 않는다. 다시 말해 어떤 주어진 우발손실은 그것과 같은 금액의 부수비용과 같은 정도의 영향을 끼치지는 않는다.

그러나 이제 우리는 부수비용과 우발손실 사이의 구분선, 즉 소득계정의 차변에 기입하는 것이 적절하다고 우리가 생각하는 불가피한 손실과 자본계정상의 우발손실(또는 우발이득)로 간주하는 것이 타당한 것 사이의 구분선은 부분적으로는 관습적이거나 심리적인 것이어서 부수비용을 추계하는 데 이용되는 일반적으로 수용된 기준이 무엇이냐에 따라 달라진다는 점으로 돌아가야 한다. 왜냐하면 부수비용의 추정에 대한 유일한 원칙은 수립될 수가 없고, 부수비용의 금액은 우리가 어떤 회계방법을 선택하느냐에 따라 달라지기 때문이다. 애초에 설비가 생산될 때에는 부수비용의 예상치가 확정적인 수치다. 그러나 그 뒤에 부수비용을 다시 추정한다고 할 때에는 설비의 수명 가운데 남은 기간에 대한 부수비용의 예상치가 그 사이에 우리의 예상에 일어난 변화의 결과로 달라질 수 있다. 이때 $U+V$의 향후 시계열에 대한 기존의 예상치와 수정된 예상치 간 차이의 할인가치가 우발적 자본손실이 된다. 설비를 취득했을 때 부수비용과 사용자비용의 합계액을 어떤 수치로 설정하고 그 뒤에는 설비의 수명이 다할 때까지 예상의 변화와 상관없이 그 수치를 변경하지 않고 그대로 유지하는 것이 널리 인정되는 기업회계의 원칙이며, 이렇게 하는 것을 조세당국도 승인하고 있다. 이 경우에 어떠한 기간에 대해서든 그 기간의 부수비용은 이렇게 이미 결정된 수치에서 실제의 사용자비용을 차감한 나머지로 봐야 한다. 이런 방법은 설비의 수명 전체에 걸쳐 우발이득이나 우발손실이 영이 되도록 보장한다는 장점을 갖고 있다. 그러나 어떤 상황에서는 특정한 임의적 회계주기마다, 이를테면 일 년에 한 번씩 그때의 관련 수치와 예상을 토대로 부수비용의 금액을 다시 계산하는 것이 합리적이다. 이 가운데 어떤 방식을 채택하는가는 사실 기업가마다 다르다. 설비가 처음 취득될 때에 형성되는 부수비용에 대한 초기 예상치를 기초적 부수비용, 당기의 관련 수치와 예상을 토대로 다시 계산한 부수비용에 대한 새로운 예상치를 경상적 부수비용이라고 부르는 것이 편리할 수 있다.

이처럼 우리는 전형적인 기업가가 배당을 고시(기업의 경우)하거나 자신의 당기 소비규모를 결정(개인의 경우)할 목적으로 자신의 순소득으로 삼을 것을 계산하기 전에 자신의 소득에서 차감하는 것들로 부수비용이 구성된다고 말하는 것 이상으로 세밀하게 부수비용에 대한 양적 정의를 할 수가 없다. 또한 자본계정에 우발손실을 반영해야 하는 경우도 배제할 수 없으므로 의심이 드는 경우에는 관련 사항을 자본계정에 하나의 항목으로 설정하고, 부수비용에 포함되는 것이 어느 정도 분명한 것만을 부수비용에 포함시키는 것이 확실히 더 낫다. 왜냐하면 자본계정에 부과되는 과도한 부담은 그것이 당기의 소비율에 종전보다 더 많은 영향을 미치도록 허용하는 것에 의해 교정될 수 있기 때문이다.

순소득에 대한 우리의 정의는 마셜이 소득세 징수관들의 관행에 안주하기로 결심했을 때, 즉 대체로 말해 소득세 징수관들이 그들 자신의 경험에 비추어 소득으로 다루기로 한 것이라면 그게 무엇이든 다 소득으로 간주하기로 결심했을 때 소득에 대해 내린 정의와 매우 비슷하다는 사실이 분명하게 보일 것이다. 왜냐하면 그들의 짜임새 있는 결정들은 실무에서 통상적으로 순소득으로 여겨야 할 것이 무엇인지를 판단하기 위한 조사의 결과 가운데 우리가 이용할 수 있는 것 중 가장 세심하고 포괄적인 것이라고 볼 수 있기 때문이다. 순소득에 대한 우리의 정의는 또한 최근에 피구 교수가 정의한 국민분배분[1]의 화폐가치와도 상응한다.

그렇지만 순소득이라는 것은 권위자마다 다르게 해석할 수 있는 애매한 기준을 토대로 하기 때문에 완전하게 명쾌하지는 않다는 점은 그대로 사실로 남는다. 예를 들어 하이에크 교수는 개별 자본재 소유자는 자기가 소

---

[1] 〈이코노믹 저널〉, 1935년 6월, 235쪽.

유하고 있는 것들로부터 나오는 소득을 일정하게 유지하는 것을 목표로 삼을 수 있으며, 이런 경우에는 개별 자본재 소유자가 무슨 이유에서든 자기의 투자소득이 감소하는 경향을 모두 상쇄시키기에 충분할 정도로 저축을 해놓은 상태가 아닌 한 자기의 소득을 자유로이 소비에 지출할 수 있다고 느끼지 못할 것이라는 생각을 밝혔다.[1] 나는 과연 그러한 개인이 존재하는지에 대해 의문을 품고 있지만, 순소득에 대한 하나의 가능한 심리적 기준을 제시해주는 그와 같은 연역적 추론에 대해 이론적 반박을 하는 게 가능하지 않은 것은 분명하다. 그러나 하이에크 교수가 저축과 투자의 개념도 유사한 모호함을 갖고 있다는 추론을 한다면 그러한 추론은 그가 말하는 저축과 투자가 순저축과 순투자를 의미하는 경우에만 옳다. 고용이론과 관련이 있는 저축과 투자는 그러한 결함을 전혀 갖고 있지 않으며, 위에서 우리가 설명한 바와 같이 객관적인 정의가 가능한 개념이다.

따라서 소비에 관한 결정과만 관련이 있을 뿐 아니라 소비에 영향을 미치는 다른 다양한 요소들과 가까스로만 구별되는 순소득만을 과도하게 강조하는 반면에 당기의 생산에 관한 결정과 관련되는 개념이자 전혀 모호한 바가 없는 소득 그 자체를 간과하는(실제로 흔히 간과돼왔다) 것은 오류다.

소득과 순소득에 대한 위와 같은 정의는 이 두 개념을 일상용어에 가능한 한 부합시켜보려는 의도가 반영된 것이다. 그러므로 나는 여기서 곧바로 《화폐론》에서는 내가 특수한 의미에서 소득을 정의했다는 점을 독자에게 상기시키는 것이 필요하겠다. 소득에 대해 내가 이전에 내린 정의에서

---

1 '자본의 유지', 〈이코노미카〉, 1935년 8월, 241쪽 이하 참조.

특이한 점은 총소득 가운데 기업가들에게 돌아가는 부분과 관련된다. 왜 냐하면 그때 내가 그러한 부분으로 간주한 것은 기업가들의 당기 활동에 따라 실제로 실현되는 이윤(총이윤이든 순이윤이든)이나 그들이 당기 활동에 착수하기로 결정했을 때 예상한 이윤이 아니라 어떤 의미(지금 생각하면 생산규모의 변화를 감안하고 볼 때 그 의미가 무엇인지는 충분히 정의되지 않았다)에서 정상이윤이나 균형이윤이었기 때문이다. 그 결과로 위와 같은 정의에 입각하면 정상이윤 가운데 실제이윤을 제외한 나머지 금액만큼 저축이 투자를 초과하게 된 것이다. 이러한 용어사용법이 상당한 혼란을 초래했고, 특히 저축이라는 용어를 다른 것과의 상관관계 속에서 사용하는 경우에 그러했던 것이 아닌가 하는 생각을 나는 갖고 있다. 왜냐하면 그에 따른 결론(특히 저축 가운데 투자를 초과하는 부분과 관련된 결론)은 내가 사용한 용어들이 내 나름의 특수한 의미에서 해석돼야만 타당한데도 불구하고 마치 그 용어들이 사람들에게 보다 익숙한 의미에서 사용된 것처럼 간주되는 가운데 그러한 결론이 종종 수용돼왔기 때문이다. 이런 이유 때문에, 그리고 나의 생각을 정확하게 표현하는 데 이전에 내가 사용했던 용어들이 필요한 게 더 이상 아니기 때문에 나는 그 용어들을 버리기로 결정했다. 다만 나로서는 그 용어들이 그동안 초래한 혼란에 대해 크게 유감스럽게 생각한다.

II 저축과 투자

용어사용법이 다양하게 엇갈리는 혼란 속에서 그래도 하나의 고정된 지점이 발견된다는 것은 다행이다. 저축은 소득 가운데 소비에 대한 지출을 제외한 나머지를 의미한다는 것에 대해서는 내가 아는 한 모두가 동의하고 있다. 따라서 저축의 의미에 관한 의문은 모두 소득이나 소비의 의미에 관한 의문에서 발생한 것일 수밖에 없다. 소득에 대해서는 우리가 위에서 정의했다. 어떤 기간이든 그 기간 중에 이루어진 소비에 대한 지출은 그 기간 중에 소비자들에게 판매된 재화의 가치를 의미할 수밖에 없다. 이런 점은 우리로 하여금 소비자인 구매자라는 말이 의미하는 바가 무엇이냐 하는 문제로 돌아가게 한다. 소비자인 구매자와 투자자인 구매자의 구분에 대한 합리적인 정의가 있다면 그것이 어떤 것이든 일관되게 적용되기만 한다면 그것도 마찬가지로 우리에게 도움이 될 것이다. 자동차의 구매를 소비자의 구매, 주택의 구매를 투자자의 구매로 각각 간주하는 것이 옳은가 하는 것과 같은 실제적인 문제는 그동안 자주 논의돼왔고, 나는 그러한 논의에 덧붙일 것을 전혀 갖고 있지 않다.

그 기준은 우리가 소비자와 기업가 사이에 긋는 구분선의 위치에 대응할 수밖에 없는 게 분명하다. 그렇다면 앞에서 어느 한 기업가가 다른 기업가들로부터 구매한 것의 가치를 A_1이라고 정했으므로 우리는 이미 암묵적으로 문제를 해결한 셈이다. ΣA는 해당 기간 중에 이루어진 총판매, ΣA_1은 기업가들 사이의 총판매라고 하면 소비에 대한 지출은 $\Sigma(A - A_1)$이라고 정의될 수 있고, 이에는 모호함이 전혀 없다. 이제부터는 대체로 Σ를 빼버리고 모든 종류의 판매를 다 더한 총판매를 A, 기업가들 사이의 총판매를 A_1, 기업가들의 총사용자비용을 U로 각각 쓰는 것이 편리할 것이다.

소득과 소비 둘 다를 이미 정의했으므로 소득 가운데 소비를 뺀 나머지인 저축에 대한 정의가 자연스럽게 도출된다. 소득은 $A - U$와 같고 소비는 $A - A_1$과 같으므로 저축은 당연히 $A_1 - U$와 같다. 이와 비슷하게 우리는 순소득 가운데 소비를 제외한 나머지를 가리키는 순저축이라는 개념도 갖고 있는데 이것은 $A_1 - U - V$와 같다.

소득에 대한 우리의 정의는 동시에 당기의 투자에 대한 정의로도 이어진다. 왜냐하면 우리가 당기의 투자라고 말할 때 그것은 당기의 생산활동이 당기에 가져오는 자본설비 가치의 증가를 가리키는 것일 수밖에 없기 때문이다. 그것은 우리가 방금 정의한 저축과 같다. 왜냐하면 그것은 당기의 소득 가운데 소비로 이전되지 않은 부분이기 때문이다. 우리는 위에서 어떤 기간이든 그 기간에 이루어지는 생산의 결과로 기업가들이 A의 가치를 가진 완성된 생산물을 판매하게 되는 동시에, 이처럼 A를 생산해 판매한 결과로 다른 기업가들로부터 구매한 A_1이 차감되는 것을 포함해 U만큼 가치가 떨어진(U가 음수일 때에는 $-U$만큼 가치가 늘어난) 자본설비를 갖게 됨을 보았다. 같은 기간에 $A - A_1$의 가치를 가진 완성된 생산물이 소비로 이전됐을 것이다. $A - U$에서 $A - A_1$을 뺀 나머지, 즉 $A_1 - U$는 그 기간의 생산활동이 가져온 자본설비의 증가이며, 따라서 그 기간의 투자다. 이와 비슷하게 $A_1 - U - V$는 자본설비 가운데 사용된 부분과 자본계정에 반영시킬 수 있는 우발적 변화로 인한 자본설비 가치의 변화와는 별도로 자본설비 가치에 일어난 정상적인 손실만을 공제한 뒤의 자본설비 순증가이며, 이는 곧 그 기간의 순투자다.

그러므로 저축의 양은 개별 소비자들 모두의 행동이 가져오는 결과이고 투자의 양은 개별 기업가들 모두의 행동이 가져오는 결과이지만, 이 두 가지 양은 각각 소득에서 소비를 뺀 나머지와 같으므로 필연적으로 서로 같다. 게다가 이런 결론은 위에서 내려진 소득에 대한 정의에 개재될 수 있는 그 어떤 미세한 점이나 특이한 점에도 결코 의존하지 않는다. 소득이 당기 생산물의 가치와 같고, 당기 투자가 당기 생산물 가운데 소비되지 않은 부분의 가치와 같으며, 저축이 소득에서 소비를 뺀 나머지와 같다는 점이 수

궁된다면(이 세 가지는 모두 상식에도 부합하고, 대다수 경제학자들의 전통적인 용어사용법에도 부합한다) 당연히 저축과 투자가 같다는 결론이 도출된다. 간단히 표현하면 다음과 같다.

$$소득 = 생산물의\ 가치 = 소비 + 투자$$
$$저축 = 소득 - 소비$$
$$그러므로\ 저축 = 투자$$

따라서 이런 조건을 충족시키는 정의라면 그것이 어떤 것이라도 동일한 결론으로 이어진다. 그 동일한 결론을 피하는 것은 오로지 위와 같은 조건 가운데 적어도 어느 하나의 타당성을 부인하는 것에 의해서만 가능하다.

저축의 양과 투자의 양이 같다는 사실은 한 편에는 생산자가 있고 다른 한 편에는 소비자나 자본설비 구매자가 있어 그 둘 사이에 이루어지는 거래의 양면적인 성격에서 비롯된다.

소득은 생산자가 판매한 생산물에 대한 대가로 얻은 가치에서 사용자비용을 뺀 나머지에 의해 창출된다. 그런데 그 생산물은 소비자에게 판매되거나 다른 기업가에게 판매되는 것으로 다 소진되는 게 분명하고, 각 기업가의 당기 투자는 그가 다른 기업가들로부터 구매한 설비에서 그 자신의 사용자비용을 뺀 나머지와 같다. 그러므로 전체적으로 보면 소득에서 소비를 뺀 나머지, 즉 우리가 저축이라고 부르는 것은 자본설비의 증가, 즉 우리가 투자라고 부르는 것과 다를 수가 없다. 그리고 순저축과 순투자의 관계도 이와 비슷하다. 사실 저축은 단지 잔여의 것일 뿐이다. 소비하기로 하는 결정과 투자하기로 하는 결정이 상호작용해서 소득이 결정된다. 투자하기로 하는 결정이 실행된다고 가정하면 그 결정은 실행되면서 소비를 줄이거나 소득을 늘릴 수밖에 없다. 따라서 투자라는 행동은 그 자체로 그와 같은 양만큼 우리가 저축이라고 부르는 잔액 또는 차액을 증가시키지 않을 수 없다.

물론 개인들이 스스로 얼마나 많은 저축과 투자를 할 것이냐에 대해 결정을 할 때 워낙 흥분한 상태에 있어서 거래가 일어날 수 있는 가격균형의 지점이 존재하지 않을 수도 있다. 이런 경우에는 우리의 용어들이 더 이상 적용될 수 없을 것이다. 왜냐하면 생산물은 더 이상 확정적인 시장가치를 가질 수 없게 되고, 가격은 영과 무한대 사이에서 안주할 곳을 찾지 못하게 되기 때문이다. 그러나 실제로는 그렇게 되지 않는다는 것을 경험이 보여준다. 구매의사와 판매의사가 양적으로 같게 되는 균형점에 이르는 것을 허용하는 심리적 반응의 습관이 존재한다. 생산물의 시장가치라는 것이 존재해야 한다는 것은 동시에 화폐소득이 어떤 확정적인 가치를 갖기 위한 필요조건이기도 하고, 저축하는 개인들이 저축하기로 결정하는 양 전체가 투자하는 개인들이 투자하기로 결정하는 양 전체와 일치하기 위한 충분조건이기도 하다.

이 문제에 대한 명료한 인식은 아마도 저축하기로 하는 결정의 관점에서 생각하는 것보다는 소비하기로 하는 결정(또는 소비를 삼가기로 하는 결정)의 관점에서 생각하는 것에 의해 가장 잘 이루어질 것이다. 소비하기로 하는 결정이나 소비하지 않기로 하는 결정은 개인의 권한 안에 있는 것이 사실이고, 투자하기로 하는 결정이나 투자하지 않기로 하는 결정도 그렇다. 총소득의 양과 총저축의 양은 소비를 할 것인지 말 것인지, 그리고 투자를 할 것인지 말 것인지에 대한 개인들의 자유로운 선택이 가져오는 결과다. 그러나 총소득의 양과 총저축의 양 가운데 어느 것도 소비와 투자에 관한 결정과 무관하게 별도로 내려지는 일련의 결정들에서 유래하는 독립적인 값을 갖게 되지는 않는다. 앞으로의 논의에서는 이런 원리에 따라 저축하려는 성향 또는 경향이라는 개념을 사용하는 대신에 소비하려는 성향이라는 개념을 사용할 것이다.

6장의 추가논의
사용자비용

I

사용자비용은 고전파의 가치이론에 대해 그동안 간과돼온 중요한 의미를 갖는다고 나는 생각한다. 사용자비용에 대해 말해야 할 것들은 여기서 관련이 있거나 적절해 보이는 정도보다 더 많다. 그러나 이 추가논의에서는 잠시 본론에서 벗어나 이야기해본다는 수준으로 사용자비용에 대해 조금만 더 살펴보겠다.

어느 한 기업가의 사용자비용은 정의상 다음과 같다.

$$A_1 + (G' - B') - G$$

여기서 A_1은 우리의 기업가가 다른 기업가들로부터 구매한 것들의 금액, G는 그가 기말에 갖고 있는 자본설비의 실제 가치, G'는 만약 그가 자본설비를 사용하기를 삼가고 그 유지와 개선에 최적의 금액 B'를 지출했다면 기말에 갖고 있을 자본설비의 가치다. 그런데 $G - (G' - B')$, 즉 기업가가 기말에 갖고 있는 설비의 가치 가운데 그가 전기로부터 넘겨받은 설비의 순가치를 초과하는 증가분은 자신의 설비에 대한 그의 당기 투자를 나타내며, 우리는 이것을 I라고 쓸 수 있다. 그렇다면 A_1은 그가 다른 기업가들로부터 구매한 것이고 I는 그가 당기에 자신의 설비에 투자한 것이므로 그의 당기 총매출 A의 사용자비용 U는 $A_1 - I$와 같다. 조금만 생각해보면 이 모든 것이 상식에 지나지 않음을 알 것이다. 다른 기업가들에 대한 그의 지출 가운데 일부는 그 자신의 설비에 대한 당기 투자의 가치에 해당하고, 그것을 제외한 나머지는 그가 판매한 생산물이 그가 생산요소들에 지급한 총액을 초과해 그에게 초래한 희생을 나타낸다. 독자가 만약 이런 설명의 내용을 다른 방식으로 표현하려는 시도를 해본다면, 풀리지 않는 (그리고 불필요한) 계산상의 문제를 피할 수 있다는 데 이런 설명의 장점이 있음을 알게 될 것이다. 생산된 것의 당기 판매수입을 모호하지 않게 분석할 수 있는 다른 방법은 존재하지 않는다고 나는 생각한다. 산업이 완전히 통합돼있거나 기업가가 외부로부터 구매한 것이 아무것도 없어서 $A_1 = 0$이라면 사용자비용은 단순히 설비를 사용하는 데 수반되는 당기의 마이너스 투자와 같은 금액이 된다. 그러나 그렇더라도 분석의 어느 단계에서도 판매된 재화와 유보된 설비 사이에 요소비용을 배분해야 할 필요가 없다는 위와 같은 설명의 장점은 그대로 우리에게 남는다. 따라서 우리는 통합된 기업으로서든 개별 기업으로서든 어느 하나의 기업이 제공하는 고용은 단일의 통합적 결정에 의존한다고 간주할 수 있고, 그러한 결정은 당기에 판매된 것의 생산이 총생산과 얽혀 있는 특성을 갖고 있다는 점에 부합하는 절차다.

게다가 사용자비용이라는 개념은 우리로 하여금 어느 한 기업이 만들어내는 판매가능한 생산물 한 단위의 단기 공급가격에 대해 통상 채택되는 정의보다 더 명확한 정의를 내릴 수 있게 해준다. 왜냐하면 단기 공급가격은 한계요소비용과 한계사용자비용의 합이기 때문이다.

그런데 현대의 가치이론에서는 단기 공급가격을 한계요소비용하고만 같다고 보는 것이 통상의 관행이었다. 이렇게 하는 것은 한계사용자비용이 영이거나 내가 총사용자비용이 제외된 것으로 '판매수입'과 '총공급가격'을 정의(앞의 41쪽)한 것과 똑같이 공급가격도 한계사용자비용이 제외되도록 특별하게 정의해야만 타당함이 명백하다. 그러나 생산 전체를 다룰 때에는 사용자비용을 제외하는 것이 때로는 편리할 수 있지만 이런 절차를 단일의 산업이나 기업의 생산에 습관적으로(그리고 암묵적으로) 적용하는 것은 우리의 분석으로부터 모든 현실성을 박탈해버린다. 왜냐하면 그렇게 하는 것은 어느 한 품목의 '공급가격'을 그 품목의 '가격'이라는 것의 그 어떤 통상적 의미로부터도 분리시키기 때문이다. 그러므로 그렇게 하는 관행으로부터 다소의 혼동이 초래될 수 있다. '공급가격'은 어느 한 개별 기업의 판매가능한 생산물 한 단위에 적용될 때 분명한 의미를 갖는다고 가정돼온 것으로 보이며, 이 문제는 그동안 논의할 필요가 있는 것으로 여겨지지 않았다. 그러나 다른 기업들로부터 구매된 것을 다루는 경우와 한계생산물을 생산한 결과로 당해 기업 자신의 설비에 초래되는 소모를 다루는 경우에는 소득에 대한 정의에 따르는 난점들 전부가 수반된다. 왜냐하면 우리가 다루는 기업의 공급가격이라는 말이 가리키는 것을 우리가 갖게 되려면, 생산물을 한 단위 더 판매하기 위해 필요한 다른 기업들로부터의 구매와 관련된 한계비용이 단위당 판매수입으로부터 차감돼야 한다고 우리가 가정했다고 하더라도 여전히 우리는 그 한계생산물을 만들어내는 데 수반되는 당해 기업의 설비에 대한 마이너스 한계투자를 감안해야하는 일이 남기 때문이다. 모든 생산이 완전히 통합된 기업에 의해 이루어진다고 하더라도 한계사용자비용이 영이라고, 즉 한계생산물의 생산에 기인하는 설비에 대한 마이너스 한계투자는 일반적으로 무시될 수 있다고 가정하는 것은 여전히 타당하지 않다.

사용자비용과 부수비용이라는 개념은 또한 우리로 하여금 장기 공급가격과 단기 공급가격의 관계를 보다 분명하게 수립할 수 있게 해준다. 장기비용은 분명히 설비의 수명기간 전체에 걸쳐 적절하게 평균화된 예상 주요비용을 감당할 금액뿐만 아니라 기본적 부수비용을 감당할 금액도 포함한 것이어야 한다. 다시 말해 생산물의 장기비용은 예상되는 주요비용과 부수비용의 합계액과 같다. 더 나아가 정상적인 이윤이 창출되려면, 만기와 위험도가 비슷한 대부에 부과되는 현재의 이자율(설비비용의 일정 비율로 계산한 이자율)에 의해 결정되는 금액만큼 장기 공급가격이 위와 같이 계산된 장기비용을 초과해야 한다. 또한 우리가 만약 표준적인 '순수' 이자율을 가지고 이야기하기를 선호한다면 실제의 수익이 예상수익과 달라질 수 있는 미지의 가능성을 감당하기 위한 비용, 즉 우리가 위험비용이라고 부를 수 있는 것을 장기비용에 세 번째 항목으로 포함시켜야 한다. 따라서 장기 공급가격은 주요비용, 부수비용, 위험비용, 이자비용의 합계액과 같고, 따라서 이런 몇 개의 구성요소들로 분해될 수 있다. 그런가 하면 단기 공급가격은 한계주요비용과 같다. 그러므로 기업가는 자신의 설비를 구매하거나 제조할 때 그 주요비용의 한계값 가운데 평균값을 초과하는 부분을 가지고 그의 부수비용, 위험비용, 이자비용을 감당할 수 있으리라고, 그리하여 장기균형에서 한계주요비용 가운데 평균주요비용을 초과하는 부분이 부수비용, 위험비용, 이자비용의 합과 같으리라고 예상해야 한다.[1]

한계주요비용이 평균주요비용과 평균부수비용의 합계액과 정확하게 같

92

게 되는 수준의 생산량은 특별한 중요성을 갖는다. 왜냐하면 바로 그 지점에서 기업가의 사업계정에서 정확하게 수지가 맞아떨어지기 때문이다. 말하자면 그 지점은 순이윤이 영인 지점에 해당하고, 그보다 작은 규모의 생산량으로는 기업가가 사업에서 순손실을 내게 된다.

주요비용과는 별도로 부수비용에 대비해야 하는 정도는 설비의 유형에 따라 크게 다르다. 두 가지 극단적인 경우는 다음과 같다.

(i) 설비의 유지 가운데 일부는 필연적으로 설비를 사용하는 행위에 비례해 나란히 이루어질 수밖에 없다(예를 들어 기계에 기름칠을 하는 것이 이에 해당된다). 이렇게 지출되는 비용(외부구매는 별도로 하고)은 요소비용에 포함된다. 만약 물리적인 이유에서 당기의 감가상각 금액 전부가 반드시 이런 방식으로 메워져야 한다면 사용자비용(외부구매는 별도로 하고)은 부수비용과 금액이 같지만 정반대 방향으로 증감할 것이고, 장기균형에서는 위험비용과 이자비용의 금액만큼 한계요소비용이 평균요소비용을 초과할 것이다.

(ii) 설비의 가치가 손실되는 부분 가운데 일부는 설비가 사용돼야만 발생한다. 이런 부분의 비용은 설비를 사용하는 행위에 비례해 나란히 메워

---

1 이런 식의 설명은 한계주요비용 곡선이 생산량의 변화에 대응하는 범위 전체에 걸쳐 연속적이라는 편의적인 가정에 의존한다. 실제로는 이런 가정이 비현실적인 경우가 많고, 오히려 하나 또는 둘 이상의 불연속 지점이 존재할 수 있다. 특히 우리가 설비의 기술적인 완전가동에 대응하는 생산에 도달한 경우가 그렇다. 이런 경우에는 한계분석이 부분적으로 붕괴하고, 소폭의 생산량 감소에 대해 한계주요비용이 계산되므로 가격이 한계주요비용을 능가할 수 있다(이와 비슷하게 예를 들어 생산량이 특정한 수준보다 적어진 경우에는 하강하는 방향에서 때로 불연속 지점이 존재할 수 있다). 이 점은 우리가 장기균형에서 성립되는 단기공급가격을 검토할 때 중요하다. 왜냐하면 그러한 경우에는 기술적인 완전가동의 지점에 대응해 존재할 수 있는 모든 불연속 지점이 실제로 나타난다고 가정해야 하기 때문이다. 따라서 장기균형에서 성립되는 단기공급가격은 한계주요비용(소폭의 생산량 감소에 대해 계산된 한계주요비용)을 능가할 수 있다고 봐야 한다.

지지 않는 한 사용자비용에 부과된다. 만약 설비의 가치에 일어나는 손실이 이런 방식으로만 일어날 수 있다면 부수비용은 영이 될 것이다.

개별 기업가는 자신의 설비 가운데 가장 오래되고 열악한 설비의 사용자비용이 가장 낮다는 이유만으로 그런 설비를 가장 먼저 사용하지는 않는다는 점은 지적해둘 만한 가치가 있을 수 있다. 왜 그러냐면 그러한 설비의 낮은 사용자비용은 그 설비의 상대적인 비효율성, 즉 그것의 더 높은 요소비용에 의해 압도될 수 있기 때문이다. 따라서 개별 기업가는 자신의 설비 가운데 생산량의 단위당 사용자비용과 요소비용의 합계액이 가장 작은 부분을 우선적으로 사용한다.[1] 이로부터 알 수 있는 것은, 특정한 생산물의 경우에 그 생산규모가 어떻게 주어져도 그에 대응하는 사용자비용[2]이 존재하지만, 이런 사용자비용의 총액이 한계사용자비용, 즉 생산율의 상승으로 인한 사용자비용의 증가분과 획일적인 관계를 갖지는 않는다는 점이다.

II

사용자비용은 현재와 미래 사이의 연결고리들 가운데 하나가 된다. 왜냐

---

[1] 사용자비용은 부분적으로는 미래의 임금수준에 대한 예상에 의존하므로 단기간에 그칠 것으로 예상되는 임금단위의 하락은 요소비용과 사용자비용으로 하여금 서로 다른 비율로 움직이게 할 것이고, 따라서 어떤 설비가 사용되게 되는가에 영향을 미칠 것이며, 아마도 유효수요의 수준에도 영향을 미칠 것이다. 왜냐하면 요소비용이 유효수요의 결정에 개입하는 방식이 사용자비용의 경우와 다를 수 있기 때문이다.

[2] 가장 먼저 사용되는 설비의 사용자비용이 생산의 총규모와 반드시 독립적이기만 한 것은 아니다 (뒤에 나오는 설명을 보라). 즉 생산의 총규모가 변화될 때 사용자비용이 줄곧 영향을 받을 수도 있다.

하면 개별 기업가는 자신의 생산규모를 결정할 때 자신의 설비를 지금 사용하는 것과 나중에 사용하기 위해 보존하는 것 중에서 선택을 해야 하기 때문이다. 사용자비용의 금액을 결정하는 것은 현재의 사용에 따라 예상되는 미래 편익의 희생이고, 개별 기업가의 생산규모를 결정하는 것은 한계판매수입에 대한 예상 및 한계요소비용과 더불어 그와 같은 희생의 한계량이다. 그렇다면 기업가는 생산행위의 사용자비용을 어떻게 계산할까?

우리는 부담하는 것이 가치가 있을 것으로 여겨지는 유지와 개선의 비용 및 다른 기업가들로부터의 구매를 감안하는 가운데 설비를 사용하지 않는 것에 비해 설비를 사용하는 것에 기인하는 설비 가치의 감소로 사용자비용을 정의했다. 그러므로 사용자비용은 설비를 지금 사용하지 않는다면 언젠가 나중에 얻게 될 추가 예상수익의 할인가치를 계산하는 것에 의해 추정돼야 한다. 그런데 이렇게 추정된 할인가치는 설비를 사용하지 않고 그대로 놔두는 경우에 생겨나는 교체연기 기회의 현재가치와 적어도 같아야 하지만, 실제로는 그보다 더 커야 할 수도 있다.[3]

만약 잉여 또는 중복의 형태로 남아도는 설비가 없어서 추가하거나 교체하기 위해 비슷한 설비가 해마다 새로이 추가로 생산되고 있다면 한계사용자비용은 그 설비가 사용된다고 할 때 설비의 수명이나 설비가 효율적으로 사용되는 기간이 단축되는 정도와 해당 기간의 교체비용에 근거해 계산

---

3 어떤 훗날에 정상적인 수준 이상의 수익을 얻을 수 있다고 예상되지만 그러한 수익이 새로운 설비를 생산하는 것을 정당화하기에(또는 생산할 시간을 주기에) 충분할 정도로 오래 지속될 것으로는 예상되지 않을 때에는 더 커야 할 것이다. 오늘의 사용자비용은 모든 미래에 걸친 잠재적 예상수익의 할인가치 중 최대치와 같다.

될 수 있을 게 분명하다. 그러나 만약 남아도는 설비가 있다면 그때에는 손모 등을 통해 그러한 남아도는 상태가 흡수되는 데 걸리리라고 예상되는 기간 동안의 이자율과 해당 기간의(즉 다시 추정되는) 부수비용에도 사용자비용이 의존하게 될 것이다. 이렇게 해서 이자비용과 해당 기간의 부수비용이 간접적으로 사용자비용의 계산에 들어간다.

요소비용이 영일 경우, 예를 들어 구리와 같은 원재료의 남아도는 재고가 있는 경우에는 이러한 계산이 내가 《화폐론》의 2권 29장에서 서술했던 것과 비슷하게 그 가장 간단하고 가장 뚜렷한 형태로 이루어진다. 미래의 여러 날들에 구리가 갖게 될 가치에 대한 예상치들, 즉 구리가 남아도는 상태가 흡수되면서 정상적이라고 추정되는 비용에 대응하는 수준에 점점 더 가까워지는 속도에 따라 달라지는 그 예상가치의 시계열을 생각해보자. 그러면 남아도는 구리 일 톤의 현재가치 또는 사용자비용은 미래의 어떤 주어진 날에 구리 일 톤이 갖게 될 미래가치에 대한 추정치에서 그 미래의 날과 현재 사이의 기간에 구리 일 톤에 수반될 이자비용과 경상적 부수비용을 차감해서 얻을 수 있는 값 가운데 최대치와 같을 것이다.

이와 마찬가지로 어떤 선박이나 공장이나 기계가 남아돌 정도로 공급된 상태라면 그런 설비의 사용자비용은 그것의 추정되는 교체비용을 그것과 관련된 현재의 이자율로 할인한 값과 그것이 남아도는 상태가 다 흡수될 것으로 예상되는 날까지의 경상적 부수비용을 더한 것과 같다.

위에서 우리는 설비가 똑같은 품목으로 적절한 때에 교체되는 것으로 가정했다. 만약 해당 설비가 다 소모됐을 때 그것과 똑같은 것으로 갱신되지 않는다면 그때에는 해당 설비가 버려질 때 그 설비가 하던 일을 대신 하도록 설치될 새로운 설비의 사용자비용 가운데 일정 비율을 취하는 방식으로 해당 설비의 사용자비용이 계산돼야 하며, 이때 그 일정 비율은 새로운 설비의 상대적 효율성에 의해 주어진다.

Ⅲ

설비가 쓸모없게 된 게 아니라 당분간 남아돌기만 하는 경우에는 실제의 사용자비용과 그 정상적인 값(즉 남아도는 설비가 없는 경우의 값) 사이의 차이는 남아도는 상태가 흡수될 때까지 걸리리라고 예상되는 시간의 길이에 따라 달라진다는 점에 독자는 주목해야 한다. 따라서 만약 해당 유형의 설비가 수명 중 경과연수의 측면에서 그 구성부분들이 고르게 분포돼있어 어느 특정한 경과연수에 '뭉쳐있지' 않으므로 해마다 수명을 다하는 설비의 비율이 일정하다면 남아도는 상태가 예외적으로 과도하지 않은 한 한계사용자비용이 크게 감소하지는 않을 것이다. 일반적인 경기침체의 경우에는 한계사용자비용이 침체상태가 얼마나 오래갈 것인가에 대한 기업가들의 예상에 의존한다. 따라서 상황이 개선되기 시작할 때 공급가격이 상승하는 것은 기업가들의 예상이 수정되는 데 기인하는 한계사용자비용의 급격한 상승에서 그 부분적인 이유를 찾을 수 있다.

　사업가들의 견해와는 반대로, 남아도는 공장을 폐쇄하기 위한 조직적인 계획은 남아도는 공장 전체에 적용되지 않는 한 가격의 인상이라는 기대한 효과를 내주지 못한다고 종종 주장돼왔다. 그러나 사용자비용이라는 개념은 남아도는 공장의 예컨대 절반을 폐쇄하는 것이 어떻게 해서 즉각적으로 가격인상이라는 효과를 가져 올 수 있는지를 보여준다. 왜냐하면 남아도는 상태가 흡수되는 날을 더 앞당기는 정책은 한계사용자비용을 끌어올리고, 따라서 그때의 공급가격을 상승시키기 때문이다. 이렇게 볼 때 사업가들은 사용자비용이라는 개념을 명확하게 공식화하고 있지는 않다고 하더라도 마음속에는 암암리에 그런 개념을 갖고 있는 것으로 여겨질 것이다.

그러므로 부수비용의 규모가 클 때 잉여설비가 존재하면 한계사용자비용은 낮다는 이야기가 된다. 게다가 잉여설비가 존재할 때에는 한계요소비용과 한계사용자비용이 그 각각의 평균값을 크게 웃돌 것 같지 않다. 이 두 가지 조건이 충족된다면 잉여설비의 존재는 기업가들로 하여금 순손실을 보면서, 그리고 아마도 큰 순손실을 보면서 사업을 하게 할 가능성이 높다. 설비가 남아도는 상태가 흡수될 때 순손실의 상태로부터 정상적인 이윤으로의 이행이 갑작스럽게 일어나지는 않을 것이다. 설비가 남아도는 상태가 완화돼가면서 사용자비용이 점진적으로 증가할 것이고, 한계요소비용과 한계사용자비용이 평균요소비용과 평균사용자비용을 초과하는 부분도 점진적으로 확대될 수 있다.

IV

마셜의 《경제학의 원리》(6판, 360쪽)에서는 사용자비용 가운데 일부가 '공장의 추가손모'라는 항목으로 주요비용에 포함됐다. 그러나 이 항목이 어떻게 계산돼야 하는지와 그 중요성에 대해서는 아무런 안내도 없다. 피구 교수는 그의 《실업의 이론》(42쪽)에서 한계생산물로 인해 설비에 일어나는 마이너스 한계투자는 일반적으로 무시될 수 있다고 명시적으로 가정한다. "생산량이 달라질 때 설비가 손모되는 양이 달라지고 고용된 비육체노동의 비용이 달라지는 것은 대체로 보아 부차적인 중요성만을 갖는 것이므로 무시된다"는 것이다.[1] 사실 생산의 한계지점에서 설비에 대한 마이너스 투자가 영이라는 관념은 상당히 많은 최근의 경제학 이론을 관류하고 있다. 그러나 개별 기업의 공급가격이라는 말로 의미하는 바를 정확하게 설명하는 것이 필요하다는 생각이 드는 순간에 문제 전체가 명백한 궁지에 몰리게 된다.

유휴공장의 유지비용이 위에서 제시된 이유들로 인해 종종 한계사용자비용의 크기를 줄일 수 있고, 특히 오래 지속될 것으로 예상되는 경기침체의 시기에 그렇다는 것은 사실이다. 그럼에도 불구하고 한계지점에서 사용자비용이 매우 낮은 것은 단기 그 자체의 특징이 아니라 마침 유휴공장의 유지비용 부담이 큰 특정한 상황이나 그러한 유형의 설비가 지닌 특징인 동시에 진부화가 매우 빠르거나 설비의 잉여가 크기 마련인 불균형이 지닌 특징이라고 할 수 있고, 특히 비교적 새로운 공장설비가 큰 비중을 차지하는 경우에 그렇다.

원재료의 경우에는 사용자비용을 감안해야 할 필요성이 명백하다. 만약 일 톤의 구리가 오늘 다 사용된다면 내일은 그것이 사용될 수 없고, 그 구리가 내일의 목적에 대해 가졌을 가치는 분명 한계비용의 일부로 계산돼야 한다. 그러나 이런 구리의 경우는 자본설비가 생산을 위해 사용될 때마다 일어나는 현상의 한 극단적인 경우일 뿐이라는 사실이 간과돼왔다. 사용하기 때문에 일어나는 마이너스 투자를 우리가 감안해야 하는 원재료와 그런 마이너스 투자를 우리가 무시해도 무방하다고 할 수 있는 고정자본이 서로 명확하게 구분된다는 가정은 사실에 부합하지 않는다. 매년 설비가 수명이 다해 교체돼야 하고 설비를 사용하는 것이 교체가 필요한 날을 더 앞당기는 보통의 상황에서는 특히 그렇다.

---

1 호트리 씨는 피구 교수가 공급가격과 한계노동비용을 동일시했다는 점에 대해 주의를 환기시켰고(〈이코노미카〉, 1934년 5월, 145쪽), 이 점으로 인해 피구 교수의 주장이 설득력을 크게 잃게 됐다고 주장했다.

고정자본에 적용되는 만큼이나 운전자본에도 적용될 수 있다는 것이 사용자비용과 부수비용이라는 개념의 장점이다. 원재료와 고정자본 사이의 본질적인 차이는 사용자비용과 부수비용이 수반되는 것으로 봐야 하는가의 여부에 있는 것이 아니라 원재료와 같은 유동자본으로부터의 수익은 단일한 기간에 그치는 반면에 내구적이고 서서히 소모되는 고정자본의 경우에는 그러한 수익이 연속되는 여러 기간에 걸치는 사용자비용의 시계열과 획득되는 이윤의 시계열에 의해 생겨난다는 사실에 있다.

7장
저축과 투자의 의미에 대한 추가적인 검토

I

앞장에서 저축과 투자는 공동체 전체로 볼 때 같은 것의 서로 다른 두 측면일 뿐이어서 총액으로 보면 필연적으로 같은 것이라고 정의됐다. 그러나 현대의 몇몇 저작자들(《화폐론》을 쓸 때의 나 자산을 포함해)은 저축과 투자가 반드시 같지는 않게 만드는 조건 위에서 이 두 가지 용어에 대해 특별한 정의를 내렸다. 또 다른 저작자들은 자신의 논의를 제시하기에 앞서 그 어떤 정의도 내리지 않은 채 저축과 투자가 다를 수 있다는 가정을 하고 글을 썼다. 그러므로 앞에서 이야기한 것들을 저축과 투자라는 용어에 대한 다른 논의들과 연결시켜보는 것을 목적으로 해서, 현재 통용되는 것으로 보이는 이 두 가지 용어의 여러 사용방식들 가운데 일부를 분류해보는 것도 유용할 것이다.

저축이란 소득 가운데 소비에 지출되는 것을 뺀 나머지를 의미한다는 점에 대해서는 내가 아는 한 모두가 동의한다. 저축의 의미가 이런 것이 아니라고 생각하는 것은 매우 불편하고 오류를 초래할 것이 틀림없을 것이다. 소비에 대한 지출이 의미하는 바에 대해서도 중요한 의견차이는 전혀 존재하지 않는다. 따라서 용어사용법의 차이는 투자에 대한 정의에서 비롯된 것이거나 소득에 대한 정의에서 비롯된 것이다.

Ⅱ

먼저 투자에 대해 살펴보자. 대중적인 어법에서는 투자가 보통 개인이나 기업이 이미 존재하던 자산이든 새로 만들어진 자산이든 어떤 자산을 구매하는 것을 의미한다. 때로는 투자라는 용어가 증권거래소에서 거래되는 자산을 구매하는 것에 한정해 사용될 수도 있다. 그러나 우리는 예를 들어 주택에 대한 투자, 기계에 대한 투자, 완성재나 미완성재의 재고에 대한 투자라는 말도 얼마든지 한다. 그리고 대체로 말하면, 재투자와 구별되는 용어로서의 새로운 투자는 소득으로 어떤 종류이든 자본자산을 구매하는 것을 의미한다. 우리가 만약 투자자산의 매각을 역방향의 투자, 즉 마이너스 투자로 본다면 나의 정의는 대중적인 어법에 부합한다. 왜냐하면 이미 존재하던 투자자산의 거래들은 반드시 서로 상쇄되기 때문이다. 우리가 부채의 창출과 해소(신용이나 화폐의 양에 일어나는 변화를 포함해)를 감안해야 하는 것은 당연하지만, 공동체 전체로 보면 총채권포지션의 증가나 감소는 언제나 총채무포지션의 증가나 감소와 정확하게 같기 때문에 우리가 총투자를 다루는 경우에는 복잡할 수도 있는 그러한 요소들도 서로 상쇄된다고 보면 된다. 따라서 대중적인 의미의 소득이 나의 순소득과 상응한다고 가정한다면 대중적인 의미의 총투자는 내가 정의한 순투자와 일치한다. 여기서 내가 정의한 순투자란 순소득의 계산에 반영된 기존 자본설비 가치의 변화가 고려된 뒤에 파악된 모든 종류의 자본설비 순증가다.

그러므로 이렇게 정의된 투자는 그것이 고정자본으로 구성된 것이든, 운전자본으로 구성된 것이든, 유동자본으로 구성된 것이든 자본설비의 증가를 내포한다. 그리고 투자에 대한 정의에서 발견되는 중대한 차이(투자와 순투자의 구분은 별도로 하고)는 고정자본, 운전자본, 유동자본이라는 범주 가운데 어느 하나나 둘 이상을 투자에서 제외한 데 기인한다.

예를 들어 유동자본의 변화, 즉 미판매 재화의 재고에 일어나는 계획되지 않은 증가(또는 감소)에 커다란 중요성을 부여하는 호트리 씨는 그러한 변화를 배제하고 투자에 대해 내릴 수 있는 정의를 제시했다. 이 경우에는 저축에서 투자를 뺀 나머지가 미판매 재화의 재고에 일어나는 계획되지 않은 증가, 즉 유동자본의 증가와 같은 것이 될 것이다. 그러나 이런 유동자본의 변화가 강조해야 할 요소라는 점에 대해 호트리 씨는 나를 납득시키지 못했다. 왜냐하면 그의 정의는 옳게든 틀리게든 예상된 변화보다는 애초부터 예상되지 않은 변화가 수정되는 점을 크게 강조하는 것이기 때문이다. 호트리 씨는 미판매 재화의 재고에 일어나는 변화가 고려되는 결과로 기업가가 자신의 생산규모에 대해 매일매일 내리는 결정이 전날의 생산규모와 달라진다고 간주한다. 소비재의 경우에는 미판매 재화의 재고에 일어나는 변화가 기업가의 의사결정에서 중요한 역할을 하는 것이 틀림없다. 그러나 나는 기업가의 의사결정에 그 밖의 다른 요인들이 가하는 작용을 배제하는 것이 무슨 소용이 있는 것인지를 알 수 없다. 따라서 나는 유효수요의 변화 가운데 전기에 일어난 미판매 재고의 증가나 감소를 반영하는 부분만을 강조하기보다는 유효수요의 변화 전체를 강조하는 쪽을 선택하겠다. 게다가 고정자본의 경우에는 생산에 관한 의사결정에 미치는 영향의 측면에서 볼 때 사용되지 않는 생산능력의 증가나 감소가 미판매 재고의 증가나 감소에 대응하게 되는데, 호트리 씨의 방법으로 이런 점을 적어도 동등하게 중요한 요인으로 어떻게 다룰 수 있을지를 나는 알지 못한다.

오스트리아학파의 경제학자들이 사용하는 자본형성과 자본소비라는 용어는 위에서 우리가 정의한 투자와 마이너스 투자 또는 순투자와 마이너스 순투자라는 용어와 같지 않은 것 같다. 특히 자본소비는 위에서 정의된 자본설비의 순감소가 없는 것이 아주 분명한 상황에서 이루어진다고 한다. 그러나 나는 그런 용어의 의미가 명확하게 설명된 구절로서 언급할 만한 것을 발견하지 못했다. 예를 들어 자본형성은 생산주기가 장기화될 때 일어난다는 진술은 논의의 진전에 그다지 기여하는 바가 없다.

III

다음으로 소득에 대한 특수한 정의에 기인하는, 따라서 소비를 초과하는 소득에 대한 특수한 정의에 기인한다고 할 수도 있는 저축과 투자의 괴리로 눈길을 돌리자. 《화폐론》에서 나 자신이 채택한 용어사용법이 그런 예의 하나일 것이다. 왜냐하면 앞의 82~83쪽에서 설명했듯이 내가 《화폐론》에서 채택한 소득에 대한 정의는 기업가의 경우에 실제로 실현된 이윤이 아닌 '정상이윤'(어떤 의미에서)을 소득으로 간주했다는 점에서 지금 나의 정의와 다른 것이었다. 그래서 내가 저축이 투자를 초과한다고 말했을 때 그 뜻은 기업가들이 소유하고 있는 자본설비로부터 정상이윤에 미치지 못하는 이윤만을 벌어들이는 수준에 생산규모가 머물러있다는 것이었다. 또한 내가 저축 가운데 투자를 초과하는 부분이 늘어난다고 말했을 때 그 뜻은 실제로 이윤의 감소가 일어나고 있어서 기업가들이 생산량을 줄이려는 동기를 갖고 있다는 것이었다.

그러나 지금 내가 갖고 있는 생각은 이렇다. 고용의 규모는(따라서 생산과 실질소득의 규모도) 자신의 현재 및 향후 이윤을 극대화하려는 기업가의 동기에 따라 기업가에 의해 결정된다(또한 사용자비용 충당액은 설비의 수명 전체에 걸쳐 설비를 어떻게 사용해야 설비로부터의 수익을 극대화시킬 수 있는지에 대한 기업가의 견해에 의해 결정된다)는 것이다. 그런가 하면 기업가의 이윤을 극대화시켜줄 고용의 규모는 여러 가지 가정 아래서 소비와 투자의 결과로 실현될 판매수입의 합계에 대한 기업가의 예상에 의해 주어지는 총수요함수에 의존한다. 《화폐론》에서 내가 예상된 결과와 실현된 결과를 분명하게 구분하지는 않았지만, 거기서 정의된 저축을 초과하는 투자의 변화라는 개념이 이윤의 변화를 다루는 데 하나의 방법이 됐다.[1] 거기서 나는 저축을 초과하는 투자의 변화가 생산규모의 변화를 좌우하는 원동력이라고 주장했다. 따라서 내가 새로 제시하는 논의가 훨씬 더 정확하고 깨우쳐주는 바도 많긴 하지만(나는 지금은 이렇게 생각한다) 본질적으로 보면 그것은 이전에 내가 제시한 논의를 발전시킨 것으로 볼 수 있다. 나의 새로운 논의를 《화폐론》의 언어로 표현하면, 고용과 생산의 기존 규모가 주어졌다고 할 때 기업가로 하여금 고용과 생산의 규모를 늘리게 하는 것은 저축을 초과하는 투자가 증가하리라는 그의 예상이라는 것이다. 지금 내가 제시하는 논의와 이전에 제시한 논의 둘 다의 취지는 《화폐론》에서 정의된 '저축에 비해 상대적으로 본 투자'의 증가에 대한 예상이 유효수요의 증가에 대한 예상에 하나의 기준이 되는 가운데 유효수요에 대한 기업가의 추정에 의해 고용의 규모가 결정된다는 것을 증명하고자 하는 시

---

1 《화폐론》에서 내가 사용한 방법은 당기에 실현된 이윤이 향후의 이윤에 대한 당기의 예상을 결정한다고 간주하는 것이었다.

도에 있다. 그러나 물론 《화폐론》의 설명은 이 책에서 개진되는 그 뒤의 발전에 비추어볼 때 매우 혼란스럽고 불완전하다.

D. H. 로버트슨 씨는 오늘의 소득을 어제의 소비 더하기 어제의 투자와 같은 것으로 정의했다. 그래서 그가 생각한 의미에서는 오늘의 저축이 어제의 소비 가운데 오늘의 소비를 초과하는 부분에 어제의 투자를 더한 것과 같다. 이런 정의에 입각하면 저축이 투자를 초과할 수 있고, 그 초과액은 말하자면 어제의 소득(내가 생각하는 의미에서) 가운데 오늘의 소득을 초과하는 부분과 같다. 따라서 로버트슨 씨가 저축이 투자를 초과한다고 말할 때 그가 의미하는 바는 내가 소득이 떨어지고 있다고 말할 때 내가 의미하는 바와 말 그대로 똑같고, 저축의 초과라는 말로 그가 의미하는 바는 소득의 감소라는 말로 내가 의미하는 바와 정확하게 똑같다. 만약 오늘의 예상이 언제나 어제의 실현된 결과에 의해 결정되는 것이 사실이라고 한다면 오늘의 유효수요는 어제의 소득과 같을 것이다. 따라서 로버트슨 씨의 방법은 내가 유효수요와 소득을 대조시키는 것을 통해 하려고 하는 구분(이런 구분은 인과적 분석에 매우 중요하다)과 똑같은 구분을 하려고 한 또 하나의 시도(이는 아마도 나의 시도에 접근하는 방향으로 이루어진 일차적 시도라고 할 만한 것이겠다)로 간주할 수 있다.[1]

IV

다음으로 우리는 '강제저축'이라는 말과 관련된 훨씬 더 모호한 관념들을

---

1 로버트슨 씨의 글 '저축과 퇴장'(《이코노믹 저널》, 1933년 9월, 399쪽)과 로버트슨 씨, 호트리 씨, 그리고 나 사이의 토론(《이코노믹 저널》, 1933년 12월, 658쪽)을 참조하라.

살펴봐야겠다. 그러한 관념들에서 어떤 분명한 의미가 발견될 수 있을까? 《화폐론》(1부, 171쪽, 각주)에서 나는 과거에 이 말이 사용된 사례들을 일부 언급했고, 그 사례들은 투자와 '저축'(내가 거기서 저축이라는 말을 사용한 의미에서)의 차이와 어느 정도 연관성을 갖고 있다는 생각을 내비쳤다. 지금으로서는 내가 당시에 생각했던 만큼 그런 연관성이 실제로 있다고는 더 이상 생각하지 않는다. 그러나 어쨌든 나는 보다 최근에(예를 들어 하이에크 교수나 로빈스 교수에 의해) 채용된 '강제저축'이나 이와 유사한 말들은 투자와 내가 《화폐론》에서 의도했던 의미의 '저축' 사이에 존재하는 차이와 명확한 관계를 전혀 갖고 있지 않은 게 확실하다고 느낀다. 왜냐하면 그동안 그 저작자들이 강제저축이라는 용어를 무슨 뜻으로 사용했는지를 정확하게 설명하지는 않았지만, 그들이 말한 의미의 '강제저축'이 화폐의 양 또는 은행신용의 양에 일어나는 변화로부터 직접적으로 초래되고 그런 변화에 의해 측정되는 현상인 것이 분명하기 때문이다.

생산과 고용의 규모에 일어나는 변화는 사실 임금단위로 측정한 소득에 변화를 일으키게 되고, 임금단위에 일어나는 변화는 차입자들과 대부자들 사이에 소득의 재분배를 일으키는 동시에 화폐로 측정한 총소득을 변화시키며, 이 두 가지 경우 모두에 저축액의 변화가 일어나게 되는(또는 일어나게 될 수 있는) 것이 분명하다. 그렇다면 화폐량의 변화는 이자율에 미치는 효과를 통해 소득의 규모와 분배를 변화시키는 결과를 가져올 수 있으므로 (이에 대해서는 나중에 증명하겠다) 화폐량의 변화도 간접적으로 저축액의 변화를 초래할 수 있다. 그러나 저축액에 일어나는 그와 같은 변화가 상황의 변화로 인해 저축액에 일어나는 그 밖의 다른 변화들에 비해 '강제저축'의 성격을 더 많이 갖는 것은 아니며, 어떤 특정한 상황에서 저축되는 금액을 우리의 표준이나 기준으로 정하지 않는 한 강제저축의 경우와 강제저축이 아닌 경우를 구별할 도리가 없다. 게다가 우리가 앞으로 보게 되겠지만 화폐량의 어떤 주어진 변화에서 초래되는 총저축의 변화는 그 규모가 경우에 따라 크게 다르고, 다른 많은 요인들에도 의존한다.

따라서 우리가 어떤 기준 저축률을 정하지 않는 한 '강제저축'은 아무런 의미도 갖지 못한다. 만약 우리가 어떤 확증된 완전고용 상태에 대응하는 저축률을 기준으로 선택한다면(이렇게 하는 것이 합리적일 것 같기도 하므로) 위의 정의는 다음과 같이 될 것이다. "강제저축은 실제의 저축 가운데 장기균형의 위치에서 완전고용이 존재하는 경우에 저축될 금액을 초과하는 부분이다." 이런 정의는 일리가 있기는 하지만, 일리가 있는 범위 안에서는 강제된 초과저축은 매우 드물고 불안정한 현상인 반면에 오히려 강제된 과소저축이 통상적인 상태일 것이다.

〈강제저축 이론의 발전에 대한 논평〉[1]이라는 하이에크 교수의 흥미로운 글은 사실 바로 이것이 강제저축이라는 용어의 원래 의미였음을 보여준다. '강제저축' 또는 '강제절약'은 애초에는 벤섬의 개념이었다. 벤섬은 "모든 일손이 다 고용되고, 그것도 가장 유리한 방식으로 고용된" 상황에서 화폐량(화폐를 받고 팔 수 있는 것들의 양에 비해 상대적인 화폐의 양)의 증가가 가져오는 결과를 염두에 둔 것이라고 명시적으로 말했다.[2] 그러한 상황에서는 실질소득이 증가할 수 없고, 따라서 화폐량이 증가한 뒤에 이행과정이 진행된 결과로 발생하는 투자의 증가는 "국민적 안락과 국민적 정의를 희생시키면서" 강제절약을 수반한다고 벤섬은 지적한다. 이 문

---

1 〈쿼털리 저널 오브 이코노믹스(Quarterly Journal of Economics)〉, 1932년 11월, 123쪽.
2 앞에서 든 자료, 125쪽.

제를 다룬 19세기의 저작자들은 모두 다 사실상 이와 똑같은 관념을 갖고 있었다. 그러나 완전히 명확한 이런 관념을 완전고용에 못 미치는 상태에까지 확대해 적용하려는 시도에는 어려움이 따른다. 고용의 증가는 언제나 이미 고용돼있던 사람들에게 어느 정도의 실질임금 손실을 초래하는 것이 물론 사실이지만(일정하게 주어진 자본설비에 적용되는 고용의 증가에 따르는 수확체감이라는 사실 때문에) 고용의 증가를 더불어 가져올 수 있는 투자의 증가에 그러한 손실을 연관시키려는 시도는 성과를 낳아줄 것 같지 않다. 어쨌든 나는 '강제저축'에 관심을 갖고 있는 현대의 저작자들이 그러한 관념을 고용이 증가하고 있는 상황에 확대해 적용하려는 시도를 했던 사실을 알고 있지 않다. 그리고 그들은 대체로 강제절약이라는 벤섬식의 개념을 완전고용에 못 미치는 상태에 확대해 적용하려면 어떤 설명이나 제약조건이 요구된다는 사실을 간과한 것처럼 보인다.

V

저축과 투자가 그 단순한 의미에서 볼 때 서로 다를 수 있다는 생각이 널리 퍼져있는 것은 개별 예금자가 거래은행과 맺는 관계를 실제 그대로 양면적인 거래로 보는 대신에 일면적인 거래로 간주하는 데 연유하는 착시현상으로 설명돼야 한다고 나는 생각한다. 예금자와 거래은행이 어느 정도 서로 모의해서 저축이 은행제도 속으로 사라지게 함으로써 결국은 투자로 전환될 수 없게 할 수 있거나, 반대로 은행제도가 투자에 대응하는 저축이 없어도 투자가 일어나게 할 수 있다고 상정되고 있다. 그러나 그 누구도 현금이든 채권이든 자본재든 자산을 취득하지 않고서는 저축을 할 수가 없고, 그 누구도 자신이 취득하려는 자산과 같은 가치의 자산을 새로이 생산하거나 자신이 갖고 있었던 자산과 같은 가치의 자산을 갖고 있는 다른 누군가가 그 자산을 내놓지 않는 한 자신이 갖고 있지 않았던 자산을 취득할 수가 없다. 이 가운데 앞의 경우에는 그에 상응하는 새로운 투자가 발생할 것이고, 뒤의 경우에는 다른 누군가가 같은 금액의 마이너스 저축을 하게 될 것이 틀림없다. 뒤의 경우에 이렇게 되는 것은 다른 누군가가 이전에 갖고 있었던 가치에 손실이 나는 게 아니므로 그의 부가 줄어드는 것은 그의 소비 가운데 그의 소득을 초과하는 부분 탓이지 자본자산의 가치가 변화하는 것에 의해 자본계정에서 발생하는 손실 탓이 아닐 게 틀림없기 때문이다. 그는 자신의 자산에 대해 현재가치를 정당하게 받지만 그 가치를 어떤 형태로든 부로 보유하지는 않는다. 다시 말해 그는 그것을 현재의 소비 가운데 현재의 소득을 초과하는 부분에 지출하는 것이 틀림없다. 게다가 자산을 내놓는 당사자가 은행제도라면 누군가가 현금을 내놓고 있는 것이 틀림없다. 따라서 첫 번째 개인의 총저축과 그 밖의 다른 사람들 모두의 총저축을 더한 금액은 당기의 새로운 투자액과 필연적으로 같을 수밖에 없다는 이야기가 된다.

은행제도에 의한 신용창출이 투자에 상응하는 '진정한 저축'이 '전혀 없어도' 투자가 일어나게 할 수 있다는 관념은 은행신용의 증가가 낳는 결과들 가운데 하나만을 가려내고 그 밖의 다른 것들은 모두 다 배제한 결과라고 볼 수밖에 없다. 어느 한 기업가에게 기존의 신용에 더해 추가로 신용을 공여하는 것이 그로 하여금 추가로 신용을 공여받지 못했다면 가능하지 않았을 당기 투자의 확대를 실행할 수 있게 해준다면 소득은 필연적으로 늘어날 것이고, 그 증가율은 일반적으로 투자의 증가율을 능가할 것이다. 게다가 완전고용의 상태인 경우를 제외하고는 화폐소득뿐만 아니라 실질소득도 증가할 것이다. 대중은 자신들의 증가된 소득을 저축과 지출에 배분하는 비율에 대해 '자유로운 선택권'을 행사할 것이다. 그리고 투자를 늘리기 위해 차입을 한 기업가의 의도가 실행되는 속도(해당 기업가가 그러한 차입을 하지 않았다면 일어났을 다른 기입가들의 투자를 대체하는 부분은 제외하고)는 대중이 결정하는 저축증대의 속도보다 더 빠를 수 없다. 게다가 이런 결정으로 이루어지는 저축은 다른 어떤 저축과도 마찬가지로 진정한 저축이다. 그 누구도 어떤 다른 형태의 부를 취득해 갖고 있기보다 화폐를 더 많이 갖고 있기를 의도적으로 선택하지 않는 한 새로이 공여된 은행신용에 상응하는 추가적인 화폐를 갖고 있도록 강요될 수 없다. 그렇지만 고용, 소득, 물가는 그러한 새로운 상황에서 누군가가 추가적인 화폐를 갖고 있기를 선택하게 하는 방식으로 움직이지 않을 수 없다. 어떤 특정한 방향으로 일어나는 예상치 못한 투자의 증가는 그것이 충분히 예상됐다면 일어나지 않았을 불규칙한 변화를 총저축률과 총투자율에 일으킬 수 있는 것이 사실이다. 또한 은행신용의 공여는 세 가지 경향을 발생시키게 되는 것도 사실이다. 그것은 (1) 생산이 증가하는 경향 (2) 임금단위로 측정한 한계생산물의 가치가 증가하는 경향(이는 수확체감의 조건 아래서는 필연적으로 생산의 증가에 수반된다) (3) 화폐로 측정한 임금단위가 상승하는 경향(이는 고용여건의 개선에 흔히 따르는 경향이다)이다. 그리고 이런 세 가지 경향은 상이한 집단들 사이의 실질소득 분배에 영향을 미칠 수 있다. 그러나 이런 경향들은 생산이 증가하는 상태 그 자체의 특징이며, 따라서 은행신용의 증가가 아닌 다른 원인에 의해 생산이 증가하게 된다고 해도 거의 같은 정도로 생겨날 것이다. 이런 경향들은 고용을 증가시킬 수 있는 어떠한 행동도 하지 말아야만 피할 수 있는 것이다. 그런데 위에서 말한 것들 가운데는 우리가 아직 도달하지 못한 단계에 속하는 논의의 결과를 미리 말한 것이 많다.

이처럼 저축은 언제나 투자를 수반한다는 구식의 견해는 불완전한데다가 오해를 불러올 수도 있는 것이기는 하지만, 형식적으로 보면 투자 없이도 저축이 있을 수 있다거나 '진정한' 저축 없이도 투자가 있을 수 있다는 신식의 견해보다 더 건전하다. 오류는 어떤 개인이 저축을 하는 것은 그와 같은 금액만큼 총투자를 증가시킨다는 그럴듯해 보이는 추론으로 나아가는 과정에서 발생한다. 어느 한 개인이 저축을 한다면 그가 그 자신의 부를 증가시키게 되는 것은 사실이다. 그러나 그가 부의 총액도 증가시키게 된다는 결론은 개인의 저축하는 행동은 어떤 다른 사람의 저축에 영향을 미칠 수 있고, 따라서 그 다른 사람의 부에 영향을 미칠 수 있다는 가능성을 감안하지 못한 결과다.

'저축과 투자의 일치'와 자기 또는 남이 얼마나 투자하는가와 상관없이 자기가 저축하기로 한 만큼 저축한다는 개인의 외관상 '자유의지'가 조화될 수 있는 것은 본질적으로 지출과 마찬가지로 저축도 양면적인 것이라는 사실에 의존한다. 왜 이렇게 말할 수 있느냐면, 개인이 저축하는 양이 그 자신의 소득에 그렇게 의미 있는 영향을 미칠 가능성은 없다고 하더라도 개인이 소비하는 양이 다른 사람들의 소득에 미치는 영향으로 인해 개인들 모두가 동시에 각각 어떤 일정한 금액씩을 계속 저축하는 것이 불가능하게 되기 때문이다. 소비를 줄여서 더 많은 저축을 하려는 모든 시도는 사람들의 소득에 영향을 미쳐서 그러한 시도 자체가 필연적으로 제풀에 좌절되고 말게 한다. 물론 공동체 전체가 당기 투자의 양보다 적게만 저축하는 것도 마찬가지로 불가능하다. 왜냐하면 그렇게 하면 필연적으로 개인들이 저축하기를 선택하는 금액의 합계가 투자액과 정확하게 같은 수치가 되게 하는 수준으로 소득이 끌어올려질 것이기 때문이다.

위의 논의는 '보유하고 있는 화폐의 양을 변화시키기로 선택한다면 언제든 변화시킬 수 있는 모든 개인의 자유'와 '개인들이 보유하고 있는 화폐의 잔액을 모두 더한 화폐의 총량은 은행제도가 창출한 현금의 양과 정확하게 일치하게 되는 필연성'을 조화시키는 명제와 매우 비슷하다. 여기서 뒤의 경우에 그와 같은 일치가 성립하는 것은 사람들이 보유하기로 선택하는 화폐의 양이 그들의 소득과 무관하지 않으며, 화폐를 보유하지 않을 경우에 자연스럽게 그 대안으로 구입하게 되는 것들(주로 증권)의 가격과도 무관하지 않다는 사실 때문이다. 따라서 소득과 그러한 것들의 가격이 필연적으로 변화하게 되고, 그 변화는 그렇게 해서 실현된 새로운 수준의 소득과 가격에서 개인들이 보유하기로 선택하는 화폐의 양을 모두 더한 총량이 은행제도에 의해 창출된 화폐의 양과 같아지게 될 때까지 계속된다. 사실 이것이 바로 화폐이론의 기본적인 명제다.

이 두 가지 명제는 판매자가 없으면 구매자가 있을 수 없고 구매자가 없으면 판매자가 있을 수 없다는 사실에서 당연히 도출되는 것일 뿐이다. 시장에 비해 상대적으로 작은 규모로만 거래를 하는 개인은 수요라는 것이 일방적인 거래가 아니라는 사실을 무시해도 무방할 수 있지만, 우리가 총수요를 다루어야 하는데도 그러한 사실을 무시하는 것은 터무니없는 일이다. 이 점이 바로 총체적인 경제적 행동에 관한 이론과 개별단위의 경제적 행동에 관한 이론 사이의 핵심적인 차이다. 개별단위의 경제적 행동에 관한 이론에서는 우리도 개인의 수요에 일어나는 변화는 그 자신의 소득에 아무런 영향도 미치지 않는다고 가정한다.

3부

소비성향

8장
소비성향: I 객관적 요인들

I

이제 우리는 1부를 끝낼 때 방법론과 용어정의에 관한 몇 가지 일반적인 문제를 다루기 위해 논의를 진전시키기를 중단했던 우리의 주된 주제로 돌아갈 수 있는 위치에 이르렀다. 우리가 하는 분석의 궁극적인 목적은 고용의 규모를 결정하는 것이 무엇인지를 알아내는 것이다. 지금까지 우리는 고용의 규모는 총공급함수가 총수요함수와 교차하는 지점에서 결정된다는 예비적인 결론을 수립했다. 그런데 공급의 물적 조건에 주로 의존하는 총공급함수는 우리에게 이미 익숙하지 않은 고려사항은 거의 포함하고 있지 않다. 그 형태는 익숙하지 않을 수도 있지만 그 밑바탕에 깔린 요인들은 새로운 것이 아니다. 우리는 나중에 20장에서 총공급함수를 다시 살펴보게 될 것이고, 거기서 우리는 고용함수라는 이름 아래 총공급함수의 역함수를 논의할 것이다. 하지만 우선 그동안 간과돼온 것을 거론해야 하는데, 그것은 총수요함수가 수행하는 역할이다. 그래서 우리는 3부와 4부를 총수요함수에 대한 논의에 바칠 것이다.

총수요함수는 어떤 주어진 수준의 고용에 그 수준의 고용이 실현해줄 것으로 예상되는 '판매수입'을 연관시킨다. 여기서 '판매수입'은 두 가지 양의 합계로 이루어진다. 그 가운데 하나는 고용이 어떤 주어진 수준일 때 소비에 지출되는 금액이고, 다른 하나는 투자에 투입되는 금액이다. 이 두 가지 양을 지배하는 요인들은 대체로 보아 서로 다르다. 우리는 이곳 3부에서는 앞의 것, 즉 고용이 어떤 주어진 수준일 때 소비에 지출되는 금액을 결정하는 요인들이 무엇인가를 검토할 것이다. 그리고 4부에서는 투자에 투입되는 금액을 결정하는 요인들에 대한 논의로 넘어갈 것이다.

여기서 우리는 고용이 어떤 주어진 수준일 때 소비에 지출되는 금액이 얼마로 결정되는지를 알아내는 데 관심을 갖고 있으므로 엄밀하게 말하면 소비의 양(C)을 고용(N)에 연관시키는 함수를 검토해야 한다. 그러나 이와는 조금 다른 함수, 즉 임금단위로 측정한 소비(C_w)를 주어진 고용의 수준(N)에 대응하는 임금단위 기준의 소득(Y_w)에 연관시키는 함수를 가지고 탐구하는 것이 더 편리하다. 이렇게 하면 Y_w가 모든 상황에서 동일한 'N의 유일한 함수'가 아니라는 반론에 부닥치게 된다. 왜냐하면 Y_w와 N의 관계가 고용의 성격 그 자체에 의존할 수 있기 때문이다(그 의존도가 어쩌면 매우 사소한 정도일 수 있다고 하더라도). 말하자면 일정하게 주어진 총고용 N이 상이한 고용들 사이에 배분되는 형태가 서로 다른 두 가지 경우에 Y_w의 값이 서로 다르게 될 수 있다(이는 개별 고용함수들의 형태가 서로 다르기 때문이다. 이 문제는 나중에 20장에서 논의된다). 생각해볼 수 있는 여러 가지 상황에서 이런 요인을 특별한 참작해야 할지도 모른다. 그러나 일반적으로는 Y_w가 N에 의해 고유하게 결정된다고 간주해도 근사적인 접근방법으로는 충분하다. 그러므로 우리가 소비성향이라고 부르게 될 것을 '임금단위로 측정한 소득의 어떤 주어진 수준 Y_w와 그 소득수준에서 이루어지는 소비지출 C_w 사이의 함수적 관계'로 우리는 정의할 것이다. 따라서 다음과 같이 된다.

$$C_w = \chi(Y_w) \text{ 또는 } C = W \cdot \chi(Y_w)$$

공동체가 소비에 지출하는 금액은 (i) 부분적으로는 그 공동체의 소득총액에 의존하고 (ii) 부분적으로는 그 밖의 다른 객관적인 부대상황에 의존하며 (iii) 부분적으로는 그 공동체를 구성하는 개인들의 주관적인 욕구와 심리적인 성향이나 습관, 그리고 그들 사이에 소득이 분배되는 원리(이것은 생산이 증가함에 따라 수정될 수도 있다)에 의존하는 것이 분명하다. 지출의 동기들은 상호작용하며, 그 동기들을 분류하려는 시도는 잘못된 구분을 하게 할 위험이 있다. 그럼에도 불구하고 그러한 동기들을 우리가 주관적인 요인이라고 부르게 될 종류와 객관적인 요인이라고 부르게 될 종류로 나누어 각각 별도로 검토하는 것은 우리의 사고를 명확하게 해줄 것이다.

우리가 다음 장에서 보다 자세하게 검토하게 될 주관적인 요인에는 변화할 수 없는 것은 아니라고 하더라도 비정상적이거나 혁명적인 상황인 경우를 제외하고는 짧은 기간 동안에는 크게 변화할 가능성이 없는 인간본성의 심리적 특징이나 사회적 관행과 제도가 포함된다. 역사적 탐구를 할 때나 하나의 사회체제를 다른 유형의 사회체제와 비교할 때에는 주관적인 요인의 변화가 소비성향에 어떤 방식으로 영향을 미칠 수 있는지를 고려할 필요가 있다. 그러나 우리는 대체적으로는 앞으로의 논의에서 주관적인 요인을 주어진 것으로 간주할 것이고, 소비성향은 단지 객관적인 요인의 변화에만 의존한다고 가정할 것이다.

$$II$$

소비성향에 영향을 미치는 객관적인 요인 가운데 주된 것들은 다음과 같으리라고 여겨진다.

(1) 임금단위의 변화

소비(C)는 어떤 의미에서 화폐소득의 함수라는 성격보다는 실질소득의 함수라는 성격을 훨씬 더 많이 갖고 있는 것이 분명하다. 기술과 취향이 일정하게 주어졌고 소득분배를 결정하는 사회적 조건도 일정하게 주어졌다고 할 때 어느 한 사람의 실질소득은 그가 통제하는 노동단위의 양에 따라, 다시 말해 임금단위로 측정한 그의 소득의 양에 따라 늘어나거나 줄어들 것이다. 다만 생산의 총규모가 변화할 때 그의 실질소득은 임금단위로 측정한 그의 소득에 비례하는 정도보다는 덜 증가할 것(수확체감의 작용 때문에)이라는 점을 감안해야 한다. 그러므로 우리는 첫 번째 근사적 접근으로, 임금단위가 변화하면 주어진 고용의 수준에 대응하는 소비지출이 물가와 마찬가지로 임금단위와 같은 비율로 변화할 것이라고 가정해도 어느 정도는 무방하다. 하지만 어떤 상황에서는 주어진 실질소득이 기업가들과 이자생활자(이 번역어의 원어인 rentier는 이자뿐만 아니라 배당, 지대까지 포함하는 넓은 의미의 불로소득을 올리거나 그러한 불로소득으로 살아가는 사람들을 두루 가리키는 말로 사용되기도 하지만 금융화가 진전된 자본주의 경제에서는 배당, 지대 등도 이자의 성격을 갖게 된다는 점에서 흔히 사용되는 번역어인 이자생활자로 옮긴다―옮긴이)들 사이에 분배되는 비율이 임금단위의 변화로 인해 달라질 수 있으니 이런 변화가 총소비에 가하는 작용을 감안해야 할 수도 있다. 이것 외에는 우리는 임금단위로 측정

한 소득을 기준으로 소비성향을 정의함으로써 임금단위의 변화를 이미 감
안했다.

(2) 소득과 순소득의 차이에 일어나는 변화

우리는 앞에서 순소득에 대한 정의상 어느 사람이든 소비의 규모를 결정할
때 주로 염두에 두는 것은 순소득이므로 소비의 양은 소득보다는 순소득에
의존함을 보였다. 일정하게 주어진 상황에서는 소득의 상이한 여러 수준
들을 그에 대응하는 순소득의 여러 수준들에 하나하나 고유하게 연관시키
는 함수가 존재할 것이라는 의미에서 소득과 순소득 사이에 어느 정도 안
정적인 관계가 존재할 수 있다. 그러나 만약 그렇지 않다면 소득의 변화 가
운데 순소득에 반영되지 않는 부분은 소비에 아무런 영향도 미치지 못할
것이므로 무시돼야 한다. 그리고 이와 비슷한 말이지만, 소득에 반영되지
않는 순소득의 변화는 고려돼야 한다. 그러나 예외적인 상황을 제외하고
는 이런 요인이 실제로 중요할까 하는 의문을 나는 갖고 있다. 소득과 순소
득의 차이가 소비에 미치는 영향에 대해서는 이 장의 네 번째 절에서 더욱
충실하게 다시 논의할 것이다.

(3) 순소득의 계산에서 고려되지 않는 자본가치의 우발적 변화

이런 변화는 소득의 양과 안정적이거나 규칙적인 관계를 갖지 않을 것이므
로 소비성향을 변화시키는 요인으로 앞의 요인들보다 훨씬 더 중요하다.
부를 소유하고 있는 계급의 소비는 부의 화폐가치에 일어나는 예상치 못한
변화에 대단히 민감할 수 있다. 이 요인은 소비성향에 단기적 변화를 일으
킬 수 있는 주요 요인들 가운데 하나로 분류돼야 한다.

(4) 시간할인율의 변화, 즉 현재재화와 미래재화 사이의 교환비율에 일어나는 변화

시간할인율은 미래에 화폐의 구매력에 일어날 변화를 미리 예상할 수 있다면 그 변화도 감안하는 개념이기 때문에 이자율과 정확하게 같은 것은 아니다. 또한 미래의 재화를 즐기게 될 정도로 오래 살지 못할 전망이나 몰수의 성격을 띤 조세가 부과될 전망을 비롯해 모든 종류의 위험도 감안돼야 한다. 그러나 우리는 하나의 근사적 접근으로서 시간할인율을 이자율과 같은 것으로 취급할 수 있다.

이 요인이 일정하게 주어진 소득 가운데 지출되는 금액의 비율에 미치는 영향은 상당한 의문의 대상이 될 수 있다. 이자율은 저축의 공급과 저축에 대한 수요가 균형을 이루게 하는 요인이라는 생각에 토대를 두는 고전파의 이자율 이론[1]에서는 다른 조건이 같다면 소비에 대한 지출은 이자율의 변화에 대해 반대방향으로 예민하게 반응하며, 따라서 이자율이 조금이라도 상승하면 소비가 눈에 띄게 줄어든다고 가정하는 것이 편리했다. 그러나 이자율의 변화가 현재의 소비를 위해 지출을 하고자 하는 의욕에 미치는 효과 전체는 복잡하고 불확실하다는 점이 오래 전부터 인정돼왔다. 왜냐하면 이자율이 상승하면 저축에 대한 주관적 동기들 가운데 일부는 더 쉽게 충족되는 반면에 다른 동기들은 약화될 것이므로 이자율 상승의 전체적인 효과가 서로 충돌하는 경향들에 의존하기 때문이다. 장기에 상당한 폭으로 이루어지는 이자율의 변화는 아마도 사회적 습관을 상당히 수정시켜서 주관적인 지출성향에 영향을 미칠 것이다. 다만 이런 영향이 어느 방

---

1 뒤의 14장을 참조하라.

향으로 나타날 것인가에 대해서는 실제의 경험으로 확인되는 것을 제외하고는 더 말하기 어려울 것이다. 그러나 통상적인 유형으로 이자율에 일어나는 단기변동이 지출에 미치는 직접적인 영향은 어느 방향으로든 클 가능성이 낮다는 말은 할 수 있다. 총소득이 종전과 똑같다면 이자율이 5퍼센트에서 4퍼센트로 떨어졌다고 해서 생활방식을 바꾸는 사람들은 많지 않을 것이다. 간접적으로는 다 같은 방향은 아니겠지만 더 많은 효과가 있을 수 있다. 이자율의 변화를 통해 일정하게 주어진 소득으로부터 지출을 하고자 하는 의욕에 작용하는 영향 가운데 가장 중요한 것들은 아마도 이자율의 변화가 증권이나 그 밖의 자산의 가격이 상승하거나 하락하는 데 미치는 효과에 의존할 것이다. 왜냐하면 어떤 사람이 자신이 보유하고 있는 자본의 가치가 우발적으로 증가하는 즐거운 상황을 맞게 된다면 설령 소득의 관점에서는 그 자본의 가치가 종전보다 더 커지지 않았다고 하더라도 현재 지출을 하고자 하는 그의 동기가 강화되고, 만약 그 사람이 자본손실을 보게 된다면 그런 동기가 약화되는 것이 당연하기 때문이다. 그러나 이런 간접적인 영향은 우리가 이미 위의 (3)에서 감안했다. 이것 말고 경험이 제시해주는 주된 결론은 일정하게 주어진 소득으로부터 개인적 지출이 얼마나 이루어질 것인가에 대한 이자율의 단기적 영향은 아마도 이례적으로 커다란 변화가 문제가 되는 경우를 제외하고는 부차적이며 상대적으로 중요성이 덜하다는 것이라고 나는 생각한다. 그러나 이자율이 매우 낮은 수준으로 떨어진다면 일정한 금액으로 구매할 수 있는 연금을 그 금액에 대한 연간이자에 대비시킨 비율이 높아지고, 이것이 연금의 구매를 통해 노년에 대비하는 관행을 촉진하는 것을 통해 마이너스 저축의 중요한 원천이 될 것이다.

미래와 관련해 극단적인 불확실성이 생겨나는 것과 이로 인해 초래될 수 있는 결과가 소비성향에 큰 영향을 미칠 수 있는 비정상적인 상황도 이 항목에 분류돼야 할 것 같다.

(5) 재정정책의 변화

개인으로 하여금 저축을 하게 하는 유인이 그가 예상하는 미래의 수익에 따라 달라지는 경우라면 그러한 유인은 이자율에만 의존하는 것이 아니라 정부의 재정정책에도 의존하는 것이 분명하다. 소득세(특히 '불로'소득에 차별적으로 중과되는 소득세), 자본이윤세, 상속세 등도 이자율만큼이나 그러한 유인과 관련이 있다. 그런가 하면 재정정책이 변화할 수 있는 범위 가 이자율 그 자체의 변화에 비해 적어도 예상으로는 더 클 수 있다. 만약 재정정책이 소득분배를 보다 평등하게 하기 위한 수단으로 의도적으로 사용된다면 그것이 소비성향을 증대시키는 영향이 물론 그만큼 더 클 것이 다.[1]

우리는 정부가 채무상환을 위해 일반조세에서 불입해 운영하는 감채기금이 총소비성향에 미치는 영향도 고려해야 한다. 왜냐하면 감채기금은 일종의 공동저축이며, 따라서 상당한 규모의 감채기금을 운영하는 정책은 일정하게 주어진 상황에서 소비성향을 낮추게 된다고 생각해야 하기 때문이다. 정부가 차입을 하는 정책에서 감채기금을 설치하는 정반대 정책으로 전환하는 것(또는 이와 반대방향으로 전환하는 것)이 유효수요의 심각한 위축(또는 뚜렷한 확대)을 불러올 수 있는 것은 바로 이런 이유에서다.

---

[1] 재정정책이 부의 성장에 미치는 효과는 그동안 중요한 오해의 대상이었지만, 4부에서 제시하게 될 이자율 이론의 도움 없이는 우리가 이 문제를 충분히 논의할 수 없다는 점을 지나가는 김에 여기서 언급해둘 수 있겠다.

(6) 현재의 소득수준과 미래의 소득수준 사이의 관계에 대한 예상의 변화

우리가 형식상의 완전을 기하기 위해서는 이 요인을 꼽아야 한다. 그러나 이 요인은 특정한 개인의 소비성향에는 영향을 미칠 수 있지만 공동체 전체로 보면 그 영향이 서로 상쇄되어 평준화될 가능성이 높다. 게다가 이 요인은 큰 영향을 발휘하기에는 대체로 보아 불확실성이 너무 큰 문제다.

그러므로 우리에게 남는 결론은 일정하게 주어진 상황에서 화폐로 측정한 임금단위의 변화를 배제한다면 소비성향은 꽤 안정적인 함수로 간주될 수 있다는 것이다. 자본가치에 일어나는 우발적인 변화는 소비성향을 변화시킬 수 있을 것이고, 이자율과 재정정책에 일어나는 상당한 규모의 변화는 어느 정도의 차이를 만들어낼 수 있다. 그러나 소비성향에 영향을 미칠 수 있는 그 밖의 다른 객관적 요인들은 간과돼서는 안 되긴 하지만 통상적인 상황에서는 중요할 것 같지 않다.

일반적인 경제상황이 주어졌을 때 임금단위로 측정한 소비지출은 주로 생산과 고용의 양에 의존한다는 사실은 그 밖의 다른 요인들을 모두 '소비성향'이라는 포괄적인 함수에 합쳐 넣는 것을 정당화해주는 근거가 된다. 왜냐하면 그 다른 요인들이 다양하게 변화할 수 있기는 하지만(그리고 이 점을 잊어서는 안 된다) 일반적으로 총수요함수의 소비 항목이 주로 의존하게 되는 변수는 임금단위로 측정한 총소득이기 때문이다.

Ⅲ

그렇다면 이제 소비성향이 꽤 안정적인 함수여서 일반적으로 총소비의 양이 주로 총소득의 양(두 가지 양 모두 임금단위로 측정한다)에 의존하고 소비성향 자체의 변화는 부차적인 영향만을 미치는 것으로 간주한다면 이 함수의 통상적인 형태는 어떠할까?

우리가 선험적으로는 인간본성에 대한 우리의 지식에 근거해, 그리고 경험으로 알게 된 세세한 사실들에 근거해 커다란 확신을 가지고 의지할 수 있는 기본적 심리법칙이 있다. 그것은 인간이란 일반적으로, 그리고 평균적으로 소득이 늘어나면 소비를 늘리는 성향을 갖고 있지만 소비를 늘리는 정도는 소득이 늘어나는 정도에 못 미친다는 것이다. 다시 말해 C_w가 소비의 양, Y_w가 소득(둘 다 임금단위로 측정한다)이라고 하면 ΔC_w는 ΔY_w와 같은 부호를 갖지만 그 크기는 ΔY_w보다 작다. 즉 $\dfrac{dC_w}{dY_w}$는 양수이지만 1보다는 작다.

이런 심리법칙은 특히 보다 영속적인 심리적 성향들과 구분되는 습관이라는 것이 객관적 상황의 변화에 적응할 시간을 충분히 갖지 못하는 사이에 이루어지는 이른바 고용의 주기적 변동을 관찰하는 경우처럼 우리가 단기의 기간을 관찰하는 경우에 잘 들어맞는다. 왜냐하면 한 인간의 삶과 관련된 습관적인 기준이 대개는 그의 소득에 대해 첫 번째 청구권을 가지며, 그는 자신의 실제 소득과 자신의 습관적인 기준이 요구하는 비용 사이에 생겨나는 차액을 저축하는 경향이 있기 때문이다. 또는 그가 자신의 소득에 일어나는 변화에 지출을 실제로 적응시킨다고 해도 단기에는 불완전하게만 그렇게 할 뿐이라고 돌려 말할 수 있다. 따라서 흔히 소득의 증가는 저축의 증가를, 소득의 감소는 저축의 감소를 각각 수반하며, 그 증감의 규모는 나중보다 처음에 더 크다.

그런데 소득수준에 일어나는 단기변화를 제쳐놓고 보면, 소득의 절대적인 수준이 더 높아지면 일반적으로 소득과 소비의 격차가 더 커지는 경향도 나타날 것이 분명하다. 왜냐하면 어느 한 사람과 그의 가족이 당장의 일차적 욕구를 충족시키려는 동기가 대개는 어느 정도의 안락함이 달성된 뒤에나 유효한 영향력을 발휘하게 되는 축적의 동기보다 더 강력하기 때문이다. 이런 이유들로 인해 일반적으로 실질소득이 증가함에 따라 소득 가운데 저축되는 부분의 비중이 더 커지게 된다. 그러나 소득 가운데 저축되는 비중이 커지든 그렇지 않든 간에 그 어떤 현대의 공동체에서도 실질소득이 증가할 때 그 공동체가 실질소득의 절대적 증가규모와 같은 정도로 소비를 늘리지는 않으며, 따라서 실질소득이 증가하는 동시에 다른 요인들에도 이례적인 큰 변화가 일어나지 않는 한 저축의 절대적인 양이 더 커질 게 틀림없다는 것을 우리는 하나의 기본적인 심리법칙으로 간주하겠다. 나중에 다시 설명하겠지만,[1] 기본적으로 경제체제의 안정은 현실적인 지배력을 발휘하는 이 법칙에 의존한다. 이는 곧 고용이 증가하고 그에 따라 총소득이 증가하는 과정에서 추가되는 고용의 전부 다가 추가로 생겨나는 소비의 욕구를 충족시키기 위해 요구되는 것은 아니라는 뜻이다.

반면에 고용수준의 하락으로 인해 소득의 감소가 일어나는 경우에는 만약 그것이 너무 많이 진행된다면 일부 개인이나 기관들이 사정이 더 나았을 때 축적해놓은 재무적 준비자산을 꺼내 쓰기도 하겠지만, 정부가 의도적으로든 어쩔 수 없어서든 적자재정을 운영하게 되기 쉬운데다가 예를 들어 차입한 돈으로 실업구제에 나서기도 하기 때문에 소비가 소득을 초과하게 될 수 있다. 따라서 고용이 낮은 수준으로 떨어질 때에는 실질소득이 줄어드는 것보다 적은 정도로만 총소비가 줄어들 것이며, 그 이유는 개인들의 습관적인 행동과 정부가 취하게 될 수 있는 정책 둘 다에 있을 것이다.

---

1 뒤의 305~306쪽을 참조하라.

이것이 바로 새로운 균형의 위치가 대체로 급격하지 않은 변동의 범위 안에서 도달될 수 있는 이유를 설명해준다. 그렇지 않다면 고용과 소득의 감소가 일단 시작되기만 하면 극단적인 정도까지 진행될 수 있다.

이런 간단한 원리는 앞에서와 똑같은 결론, 즉 실제로 소비성향에 변화가 일어나지 않는 한 고용의 증가는 투자의 증가에 보조를 맞추어 진행될 수밖에 없다는 결론으로 이어짐을 우리는 나중에 보게 될 것이다. 왜 그렇게 되느냐면, 고용이 증가할 때 소비자들은 총공급가격의 증가보다 적은 정도로만 지출을 늘리게 되므로 투자가 늘어나 그 간극을 메워주지 않는 한 고용을 늘려봐야 이익이 되지 않기 때문이다.

IV

고용은 예상되는 소비와 예상되는 투자의 함수이지만, 소비는 다른 조건이 같다면 순소득의 함수, 즉 순투자의 함수(순소득이 소비 더하기 순투자와 같다고 보면)라는 앞에서 이미 언급한 사실의 중요성을 우리는 과소평가하지 말아야 한다. 다시 말해 순소득을 계산하기 전에 재무적 준비자산으로 보유하기 위해 떼어낼 필요가 있다고 생각되는 부분이 크면 클수록 일정하게 주어진 수준의 투자가 소비에 덜 유리하고, 따라서 고용에도 덜 유리한 것으로 드러날 것이다.

이렇게 재무적 준비를 위해 떼어놓는 부분(또는 부수비용)이 전부 다 기존의 자본설비를 유지하는 데 실제로 당기에 지출될 때에는 위와 같은 점이 간과될 가능성이 거의 없다. 그러나 재무적 준비를 위해 떼어놓는 부분이 자본설비를 유지하기 위한 당기의 실제 지출을 초과할 때에는 그것이 고용에 미치는 영향이라는 측면에서 실제로 나타나는 결과가 항상 제대로 평가되는 것이 아니다. 왜냐하면 그렇게 초과하는 금액은 직접적으로 당기의 투자를 발생시키는 것도 아니고 소비를 위한 지출로 사용될 수 있는 것도 아니기 때문이다. 따라서 그것은 새로운 투자에 의해 균형이 맞춰져야 하는데, 그러한 새로운 투자에 대한 수요는 재무적 준비의 대상이 되는 기존 설비의 당기 손모와는 전혀 무관하게 생겨난다. 그리고 그 결과로 당기의 소득을 창출하는 데 사용될 수 있는 새로운 투자가 그만큼 축소되고, 일정하게 주어진 수준의 고용을 유지하는 것이 가능하려면 새로운 투자에 대한 더욱 강력한 수요가 필요하게 된다. 게다가 사용자비용에 포함되는 손모가 실제로 보전되지 않는 한 그러한 손모에 대한 준비금 충당의 경우에 대해서도 거의 똑같은 고려를 할 수 있다.

허물거나 버려두지 않는 한 계속 거주할 수 있는 주택을 예로 들어보자. 집주인이 매년 세입자가 내는 임대료를 그 주택의 유지를 위해 지출하지도 않고 소비를 위해 쓸 수 있는 순소득으로 간주하지도 않으며 단지 그 주택의 가치에서 일정한 금액씩을 상각하는 데만 사용한다면, 그렇게 해서 적립되는 준비금은 그것이 U의 일부이든 V의 일부이든 그 주택의 수명 전부에 해당하는 기간 동안 고용을 억제하는 요인이 되고, 그 주택이 재건축돼야 할 때 갑작스럽게 한꺼번에 지출되면서 고용을 회복시키게 된다.

일정한 상태를 유지하며 변화가 없는 정상상태의 경제에서는 이 모든 것이 언급해야 할 가치가 없을 수 있다. 왜냐하면 기존의 주택들과 관련된 감가상각 충당금이 그 해에 수명이 다하는 주택들을 대체하게 될 새로운 주택들을 짓기 위한 지출에 의해 정확하게 상쇄될 것이기 때문이다. 그러나 정상상태가 아닌 경제에서는, 특히 수명이 긴 자본설비에 대한 투자가 왕성하게 이루어진 직후에 이어지는 기간에는 그러한 요인들이 중대한 문제가 될 수 있다. 왜냐하면 그러한 상황에서는 기업가들이 기존의 자본설비와 관련해 재무적 준비를 더 많이 하게 되는데 새로운 투자계획 가운데 그러한 재무적 준비로 인해 포기되는 부분의 비중이 매우 클 수 있기 때문이다. 그리고 기존의 자본설비가 시간이 흐름에 따라 손모되기는 하지만 그것을 수선하거나 대체하기 위해서 축적된 재무적 준비금을 거의 전부 다 지출해야 할 시점에는 아직 이르지 않은 단계일 것이다. 그래서 그 결과로 순투자의 어떤 낮은 총액에 부합할 정도로 충분히 낮은 어떤 수준 이상으로 소득이 증가할 수 없게 된다. 따라서 상각기금과 같은 것들은 자본설비를 대체하기 위한 지출(이는 그렇게 적립된 준비금의 예상된 용도다)에 대한 수요가 발동하기 훨씬 전에 지출능력을 위축시키기 쉽다. 다시 말해 상각기금과 같은 것들은 현재의 유효수요를 감소시키고, 자본설비의 대체가 실제로 이루어지는 해에 가서야 유효수요를 증가시킨다. 이런 점의 효과가 '재무적 분별', 즉 자본설비가 실제로 손모되는 속도보다 더 빠르게 그 애초의 원가를 '상각'하는 것이 바람직하다는 생각으로 인해 더 커진다면 그 누적적 결과는 실로 매우 심각할 수 있다.

예를 들어 미국에서는 1929년까지 5년 동안 이루어진 급속한 자본팽창의 누적된 효과로 인해 당장은 대체할 필요가 없는 공장과 관련된 상각기금과 감가상각충당계정이 매우 거대한 규모로 설정됐고, 이러한 재무적 준비의 효과를 상쇄시키는 데만도 엄청난 양의 완전히 새로운 투자가 요구되기에 이르렀다. 또한 완전고용 상태의 부유한 공동체가 하고자 하는 만큼의 새로운 저축에 충분히 부응할 정도의 규모로 새로운 투자대상을 더 많이 찾아낼 수 있기를 거의 기대할 수 없게 됐다. 이런 요인 하나만 해도 아마도 경기침체를 가져오기에 충분했을 것이다. 그리고 더 나아가 경기침체의 시기에도 여전히 여력이 있는 입장인 대기업들이 이러한 종류의 '재무적 분별'을 계속 실천으로 옮김으로써 그것이 경기의 조기회복에 심각한 장애물이 됐다.

또 다른 예를 들자면 현재(1935년) 영국에서는 전쟁(일차대전—옮긴이) 이후로 주택건축과 그 밖의 새로운 투자가 상당히 큰 규모로 이루어진 결과로 수리와 재건축 등을 위한 현재의 그 어떤 지출요구도 훨씬 넘는 양의 상각기금이 적립되기에 이르렀고, 지금까지 투자가 지역의 당국과 공적 위원회에 의해 이루어져온 곳에서는 실제로 대체투자를 해야 할 때보다 이른 어떤 시점에 애초의 원가를 다 상각하기에 충분할 정도의 상각기금 적립을 의무화한 '건전' 재정의 원칙으로 인해 그러한 경향이 더욱 강화됐다. 그 결과로 설령 사적 개인들이 그들의 순소득 전부를 지출할 준비가 돼있다고 하더라도 공적 당국과 준공적 당국이 그러한 엄청난 규모의 법정 준비금을 그에 상응하는 그 어떤 새로운 투자와도 완전히 무관한 형태로 적립하는 상황이 전개됐는데, 이와 같은 상황에서는 완전고용을 회복시킨다는 것이 어려운 과제일 것이다. 지금 지역의 당국들에 의한 상각기금 적립액은 해마다 그들이 새로운 개발사업 전체에 지출하는 금액의 절반을 넘을 정도일 것이라고 나는 생각한다.[1,2] 그럼에도 보건부는 지역의 당국들에 고율의 상각기금 적립을 계속 요구하고 있는데, 그렇게 하는 것이 실업문제를 얼마나 악화시킬 수 있는가를 알고서 그렇게 요구하고 있는 것인지는 분명하지 않다. 자기 집을 짓는 개인들을 돕기 위해 주택금융조합이 제공하는 융자금의 경우에는 집이 실제로 노후화되는 것보다 더 빠른 속도로 빚을 갚

---

1 실제의 수치들은 별로 흥미로운 관심대상이 되지 않고 있고, 그래서 2년 이상 늦게 발표된다.

2 1930년 3월 31일로 끝난 한 해 동안에 지역의 당국들은 자본계정에서 8700만 파운드를 지출했고, 그 가운데 3700만 파운드는 이전의 자본지출과 관련된 상각기금 적립 등에 의해 보전됐다. 1933년 3월 31일로 끝난 한 해 동안에는 이 수치가 각각 8100만 파운드와 4600만 파운드였다.

아버리고자 하는 욕구가 주택소유자들을 자극해 그렇지 않은 상황에서보다 저축을 더 많이 하도록 유도할 수 있다(이 점은 아마도 간접적으로 순소득에 미치는 영향을 통해서보다는 직접적으로 소비성향을 낮추는 요인으로 분류돼야 할 것이다). 실제의 숫자를 보면, 주택금융조합의 주택담보대출 상환액이 1925년의 2400만 파운드에서 1933년에는 6800만 파운드로 늘어났고(이 해의 신규 주택담보대출은 1억 300만 파운드였다), 아마도 오늘날에는 상환액이 더 늘어났을 것이다.

생산에 관한 통계로부터 얻을 수 있는 것은 순투자가 아니라 투자라는 점은 콜린 클라크 씨가 《국민소득, 1924~1931》에서 설득력 있고 자연스러운 방식으로 강조하고 있다. 그는 또한 감가상각 등이 생산되는 투자자산의 가치에 비해 통상적으로 얼마나 높은 비율에 해당하는가를 보여준다. 예를 들어 1928년부터 1931년까지 영국에서는 투자와 순투자가 다음과 같았다고 그는 추정한다[1](다만 그가 말하는 총투자는 사용자비용의 일부를 포함할 수 있고, 그렇다면 내가 말하는 투자에 비해 아마도 그만큼 더 클 것이다. 그가 말하는 '순투자'의 뜻이 그 용어에 대한 나의 정의에 얼마나 가까운 것인지는 분명하지 않다).

(단위: 백만 파운드)

	1928	1929	1930	1931
총투자(생산 기준)	791	731	620	482
기존 자본 가운데 물리적으로 손모된 부분의 가치	433	435	437	439
순투자	358	296	183	43

---

[1] 앞에서 든 책, 117쪽과 138쪽.

쿠즈네츠 씨도 1919년부터 1933년까지 미국의 총자본형성(그는 내가 투자라고 부르는 것을 이렇게 부른다)에 관한 통계를 내보고 거의 같은 결론에 도달했다. 생산에 관한 그 통계에 대응하는 물적인 사실에 해당하는 것은 필연적으로 총투자이지 순투자가 아니다. 쿠즈네츠 씨는 총투자에서 순투자로 넘어가는 과정에 난관이 있다는 점도 알아차렸다. 그는 이렇게 썼다. "총자본형성에서 순자본형성으로 넘어가는 데서 부닥치게 되는 난관, 다시 말해 기존의 내구적 상품이 소비되는 것을 감안해 통계를 조정하는 데서 부닥치게 되는 난관은 자료의 결여 때문만이 아니다. 여러 해에 걸쳐 존속하는 상품의 연간 소비라는 개념 그 자체가 모호하지 않을 수 없다." 그래서 그는 "기업의 회계장부에 기입되는 감가상각충당금과 감모상각충당금은 기업이 사용하는 기존 완성내구재의 소비량을 정확하게 보여준다는 가정"으로 돌아간다.[2] 다른 한편으로 그는 개인들이 갖고 있는 주택을 비롯한 내구적 상품과 관련해서는 어떠한 차감도 하려고 하지 않는다. 미국에 대해 그가 얻은 매우 흥미로운 결과는 다음과 같이 요약할 수 있다.

(단위: 백만 달러)

	1925	1926	1927	1928	1929	1930	1931	1932	1933
총자본형성(사업상 재고의 순변화를 감안한 뒤의)	30,706	33,571	31,157	33,934	34,491	27,538	18,721	7,780	14,879
기업가들의 정비, 수선, 유지, 감가상각, 감모상각	7,685	8,288	8,223	8,481	9,010	8,502	7,623	6,543	8,204
순자본형성 (쿠즈네츠 씨의 정의에 따른)	23,021	25,283	22,934	25,453	25,481	19,036	11,098	1,237	6,675

---

2 여기에 인용된 구절들은 국가경제조사국(National Bureau of Economic Research)의 〈회보〉에서 가져온 것이다. 이 〈회보〉의 52호는 쿠즈네츠 씨가 앞으로 발간하려는 저서의 결론을 예비적인 수준에서 알려준다.

이 표로부터 몇 가지 사실이 두드러지게 부각된다. 1925년부터 1929년까지 5년 동안에는 순자본형성이 매우 안정적이었고, 상승하는 방향의 움직임이 있었던 후반부에도 순자본형성이 단지 10%만 증가했다. 기업가들의 수선, 유지. 감가상각, 감모상각에 해당하는 차감액은 경기침체의 바닥에서도 높은 수치에 머물렀다. 그러나 쿠즈네츠 씨의 방법은 감가상각 등의 연간 증가에 대해 너무 낮게 추정하도록 하는 게 틀림없다. 왜냐하면 그는 감가상각 등의 연간 증가를 새로운 순자본형성의 연간 증가에 비해 1.5퍼센트에 해당하는 수준보다 낮게 설정하고 있기 때문이다. 1929년 이후에 순자본형성이 끔찍한 급락을 겪은 것이 무엇보다 먼저 눈에 띤다. 특히 1932년에는 순자본형성이 1925~1929년 5년 동안의 평균보다 95퍼센트 이상 밑도는 수준으로 떨어졌다.

이상은 어느 정도는 본론에서 벗어난 여담이다. 그러나 축적된 자본을 이미 큰 규모로 갖고 있는 사회의 경우에는 통상적으로 우리가 소비를 위해 쓸 수 있는 순소득에 도달하기 전에 그 사회의 소득에서 차감해야 하는 금액의 크기를 강조하는 것은 중요하다. 왜냐하면 우리가 만약 이것을 간과한다면, 대중이 순소득 가운데 매우 큰 부분을 소비할 준비가 돼있는 상황에서도 소비성향을 강하게 끌어내리는 요인을 과소평가하게 될 수 있기 때문이다.

자명한 것을 다시 말한다면, 소비는 모든 경제활동의 유일한 결말이자 목적이다. 고용의 기회는 필연적으로 총수요의 크기에 의해 제약된다. 총수요는 오로지 현재의 소비로부터 생겨나거나 미래의 소비를 위해 현재 하는 준비로부터 생겨날 수밖에 없다. 우리가 수익을 내면서 물자를 미리 공급해서 충족시킬 수 있는 소비는 미래로 무한정 미뤄질 수 없다. 한 공동체의 구성원들로서 우리가 미래의 소비에 대비하는 것은 재무적 방편으로는

134

가능하지 않고 현재의 물적 생산으로만 가능하다. 우리의 사회적, 사업적 조직이 미래에 대한 재무적 대비를 미래에 대한 물적 대비와 분리시키고 재무적 대비를 확보하려는 노력이 반드시 물적 대비를 수반하지는 않는다면 많은 사례가 증명해주듯이 재무적 분별이 총수요를 줄일 것이고, 그렇게 해서 복지를 훼손할 가능성이 높다. 게다가 우리가 미리 대비한 소비의 규모가 크면 클수록 추가로 미리 대비할 것을 발견하기가 더 어려울 것이고, 따라서 수요의 한 원천으로서 현재의 소비에 우리가 더 많이 의존하게 될 것이다. 그러나 유감스럽게도 우리의 소득이 크면 클수록 우리의 소득과 우리의 소비 사이의 격차가 더 클 것이다. 그러므로 무언가 새로운 방편이 없다면, 우리가 앞으로 보게 되겠지만 이 수수께끼에 대한 답은 단 하나밖에 없다. 그 답은 오늘 생산하는 것이 수지가 맞는 범위 안에서 미래의 소비를 위해 이루어지는 물적 대비의 가치에 상응하는 금액만큼 우리의 소비가 우리의 소득에 미달하게 하기에 충분할 정도로 우리를 가난한 상태로 유지시킬 정도의 실업이 존재해야 한다는 것이다.

또는 이 문제를 이렇게 보라. 소비 가운데 일부는 당기에 생산된 것에 의해 충족되고, 일부는 이전에 생산된 것에 의해, 다시 말해 마이너스 투자에 의해 충족된다. 소비가 마이너스 투자에 의해 충족되는 정도만큼 당기의 수요가 위축된다. 왜냐하면 그런 정도까지는 당기의 지출 가운데 일부가 순소득의 일부로 되돌아갈 길을 찾지 못하기 때문이다. 이와 반대로 나중에 소비를 충족시킬 목적으로 당기에 생산되는 어떤 것이 있다면 당기 수요의 확대가 일어난다. 그런데 모든 자본투자는 언젠가는 마이너스 자본투자로 귀결될 수밖에 없다. 따라서 새로운 자본투자의 공급이 언제나 마이너스 자본투자를 능가해 순소득과 소비의 차이를 메우기에 충분할 정도가 되게 하는 문제가 자본이 증가함에 따라 점점 더 어려운 문제로 대두된다. 소비에 대한 지출이 미래에 늘어날 것으로 예상돼야만 새로운 자본투자가 현재의 마이너스 자본투자를 능가하는 정도로 일어날 수 있다. 우리가 투자를 늘리는 것을 통해 오늘의 균형을 확보할 때마다 우리는 내일의 균형을 확보하는 것을 더욱 어렵게 만든다. 오늘 감소된 소비성향은 언젠가는 증대된 소비성향이 실현될 것으로 예상돼야만 대중의 이익에 부합할 수 있다. 우리는 '꿀벌의 우화'를 상기해야 한다. 내일 즐거운 것은 오늘 침울한 것을 정당화해주는 근거를 제시하는 데 절대적으로 불가결하다.

대중의 마음은 도로건설과 주택건축 등의 경우와 같이 공적인 투자가 관련되는 일에서만 이런 궁극적인 난점을 의식하는 것으로 보인다는 사실은 언급할 만한 가치가 있는 신기한 점이다. 공적 당국이 뒷받침하는 투자를 통해 고용을 늘리는 계획에 대해서는 그러한 계획이 미래에 곤란한 일을 만들어낸다는 반론이 공통적으로 제기된다. "더 늘어나지 않고 정체상태가 될 미래의 인구가 요구하리라고 예상되는 주택과 도로와 마을회관과 배전망과 상수도시설을 다 건설하고 나면 그 뒤에는 무엇을 할 것인가?"라는 질문이 나온다. 똑같은 난점이 개인들의 사적인 투자와 산업의 팽창에도 적용된다는 점은 그렇게 쉽게 이해되지 않고 있다. 특히 산업의 팽창에 적용된다는 점이 그렇다. 왜 이렇게 말할 수 있느냐면, 주택에 대한 수요가 일찍 충족되는 것보다는 개별적으로는 단지 적은 금액의 돈만 흡수하는 새로운 공장과 설비에 대한 수요가 일찍 충족되는 것을 훨씬 더 쉽게 보게 되기 때문이다.

이런 사례들에서 분명한 이해를 가로막는 장애물은 자본에 대한 수많은 학문적 논의에서 분명한 이해를 가로막는 장애물과 거의 같다. 즉 자본은 소비와 떨어져 따로 존재하는 독립적인 실체가 아니라는 사실이 충분히 이해되지 못하고 있는 것이다. 그러나 영속적인 습관으로 간주되는 소비성향이 약화되는 것은 언제나 소비에 대한 수요뿐만 아니라 자본에 대한 수요도 위축시킬 수밖에 없다.

9장
소비성향: II 주관적 요인들

I

일정하게 주어진 소득에서 얼마나 소비되는가에 영향을 미치는 두 번째 범주의 요인들이 남아있다. 그것은 곧 임금단위로 측정한 소득의 총액이 주어지고 우리가 이미 논의한 객관적 요인들 가운데 관련이 있는 것들이 주어졌다고 할 때 얼마나 많은 금액이 지출될지를 결정하는 주관적이고 사회적인 유인들이다. 그러나 이러한 두 번째 범주의 요인들에 대한 분석은 새로운 점을 전혀 제기하지 않으므로 비교적 중요한 것들에 대해 길게는 설명하지 않고 그저 그 목록을 제시하는 것만으로도 충분할 것이다.

일반적으로 개인으로 하여금 소득에서 지출을 하기를 삼가게 하는 주관적 성격의 동기나 목적 가운데 주된 것으로는 여덟 가지가 있다.

(i) 예기치 못한 사태에 대비하기 위한 준비금을 쌓아두려는 것.

(ii) 개인이나 그 가족의 필요와 소득 사이에 현재 존재하는 관계와 다르게 예상되는 미래의 관계에 대비하려는 것. 이런 관계의 변화는 이를테면

노년, 가족의 교육, 부양가족의 생계유지 등과 관련해 일어날 수 있다.

(iii) 이자와 가치상승을 누리려는 것. 이는 당장의 보다 적은 소비보다는 나중의 더 큰 실질소비가 낫다고 보기 때문이다.

(iv) 점점 더 많은 지출을 누리려는 것. 이렇게 해야 설령 세월이 흐르면서 즐거움을 누릴 능력이 줄어든다고 하더라도 생활수준이 점점 더 악화되기보다는 점점 더 개선되기를 기대하는 인간 공통의 본능이 충족되기 때문이다.

(v) 독립적으로 산다는 느낌과 하고자 하는 일을 할 능력을 갖고 있다는 느낌을 누리려는 것. 이는 구체적인 행동에 관한 분명한 생각이나 확고한 의도가 없더라도 마찬가지다.

(vi) 투기적 계획이나 사업적 계획을 실행하기 위한 종자돈을 확보하려는 것.

(vii) 재산을 유증하려는 것.

(viii) 단지 인색한 성향을 충족시키려는 것. 이는 불합리한 태도이긴 하지만 지출행위 그 자체를 일관되게 꺼리는 것이다.

이들 여덟 가지 동기는 차례로 예비의 동기, 예견의 동기, 계산의 동기, 개선의 동기, 독립의 동기, 사업의 동기, 성취감의 동기, 금전욕의 동기라고 부를 수 있다. 그리고 우리는 이에 대응하는 소비의 동기들을 열거할 수 있다. 그것은 이를테면 누림의 동기, 단견의 동기, 관대함의 동기, 계산오류의 동기, 과시의 동기, 사치의 동기 등이다.

영국이나 미국과 같은 현대의 산업화된 공동체에는 개인들이 저축해놓은 금액과는 별도로 총저축 가운데 아마도 3분의 1 내지 3분의 2에 이를 정도로 큰 규모의 금액이 중앙정부와 지방정부, 각종의 제도적 기구, 사업활동을 하는 기업 등에 의해 소득으로부터 유보되어 저축돼있다. 그들로 하여금 이렇게 하게 하는 동기는 개인들에게 작용하는 동기와 똑같지는 않지만 대체로 비슷하며, 그 가운데 주된 것은 다음 네 가지다.

(i) 사업의 동기: 차입을 하거나 시장에서 더 많은 자본조달을 하지 않으면서 추가적인 자본투자를 실행하기 위한 재원을 확보해두려는 것.
(ii) 유동성의 동기: 긴급사태, 난관, 불황에 대처하기 위해 유동적인 재원을 확보해두려는 것.
(iii) 개선의 동기: 소득이 점점 더 증가하게 하려는 것. 소득의 점진적인 증가는 경영진을 비판으로부터 보호해주는 부수적인 효과를 내준다. 왜냐하면 축적으로 인한 소득의 증가는 효율성으로 인한 소득의 증가와 거의 구분되지 않기 때문이다.
(iv) 재무적 분별의 동기 및 소모와 진부화의 실제 속도에 비해 뒤처지기보다는 앞서서 부채를 상환하고 자산의 원가를 상각하기 위해 사용자비용과 부수비용 이외의 추가적인 재무적 준비금을 쌓아둠으로써 '안전한 쪽'에 있어야 한다는 압박감의 동기. 이런 동기의 세기는 주로 자본설비의 양과 성격, 그리고 기술변화의 속도에 의존한다.

소득의 일부를 소비하지 않고 유보하게 하는 이런 동기들에 대응해 소득보다 더 많이 소비하게 하는 동기들도 수시로 작용한다. 개인에게 양의 저축을 하게 하는 동기로서 영향을 미치는 것으로 위에서 열거한 것 가운데 몇 가지는 훗날에 음의 저축이라는 상반되는 결과가 실현되게 하려는 의도를 내포하고 있다. 가족의 필요나 노년에 대비하기 위한 저축을 그 예로 들 수 있다. 차입으로 조달한 자금을 가지고 실업자 구제를 하는 것은 음의 저축의 대표적인 예로 볼 수 있다.

그런데 이런 모든 동기의 세기는 우리가 주어진 것으로 전제하는 경제사회의 제도와 조직에 따라, 인종과 교육, 관습, 종교, 현재의 도덕에 의해 형성된 습관에 따라, 현재의 희망과 과거의 경험에 따라, 자본설비의 규모와 기술에 따라, 그리고 지배적인 부의 분배상태와 이미 자리 잡은 생활수준에 따라 크게 다를 것이다. 그러나 우리는 이 책의 논의에서 이따금 본론에서 벗어나는 경우를 제외하고는 폭넓은 사회적 변화나 긴 세월에 걸쳐 이루어지는 진보가 서서히 가져오는 효과에는 관심을 두지 않을 것이다. 말하자면 우리는 저축과 소비 각각에 대한 주관적 동기의 주된 배경은 주어진 것으로 간주할 것이다. 부의 분배가 공동체의 어느 정도 영속적인 사회구조에 의해 결정되는 범위 안에서는 그러한 사회구조가 하나의 요인으로 꼽힐 수 있지만, 이것도 장기간에 걸쳐 서서히 변화할 뿐이므로 우리가 지금 전개하는 논의의 맥락에서는 주어진 것으로 간주해도 된다.

$$\mathrm{II}$$

따라서 이자율과 그 밖의 객관적 요인들에 일어나는 변화의 단기적 영향은 부차적인 중요성만을 갖는 경우가 혼하고 주관적, 사회적 유인들의 주된 배경은 천천히 변화하기 때문에 우리에게 남는 결론은 소비의 단기변화는 소득이 일정하게 주어졌을 때 소비성향에 일어나는 변화에 의존하는 것이 아니라 소득(임금단위로 측정한)이 발생하는 속도의 변화에 크게 의존한다는 것이다.

그러나 우리는 하나의 오해를 경계해야 한다. 방금 한 말은 이자율의 완만한 변화가 소비성향에 미치는 영향이 일반적으로 작다는 뜻이다. 이자율의 변화가 실제로 저축되는 금액과 소비되는 금액에 단지 작은 영향만을 미친다는 뜻이 아니다. 오히려 정반대다. 이자율의 변화가 실제로 저축되는 금액에 미치는 영향은 대단히 중요하고, 다만 그 영향의 방향이 흔히 가정되는 방향과는 정반대일 뿐이다. 왜냐하면 더 높은 이자율로부터 발생하게 될 더 많은 미래소득이라는 유인이 소비성향을 감소시키는 효과를 낸다고 하더라도 이자율의 상승은 실제로 저축되는 금액을 줄이는 효과를 낼 것이라고 우리는 확신할 수 있기 때문이다. 그 이유는 총저축이 총투자에 의해 좌우된다는 데 있다. 이자율의 상승은 그에 대응해 투자수요표에 일어나는 변화에 의해 상쇄되지 않는 한 투자를 위축시킬 것이다. 그러므로 이자율의 상승은 투자가 줄어드는 것과 같은 정도로 저축이 줄어들게 하는 수준으로 소득을 줄이는 효과를 낼 수밖에 없다. 소득은 투자에 비해 절대적인 금액으로 더 많이 줄어들 것이므로 이자율이 상승할 때 소비율은 하락하게 된다는 말은 분명히 옳다. 그러나 그렇다고 해서 저축의 여지가 더 커질 것이라는 뜻은 아니다. 오히려 반대로 저축과 지출이 둘 다 줄어들 것이다.

따라서 이자율의 상승이 공동체로 하여금 주어진 소득에서 더 많은 저축을 하게 하리라는 것이 사실이라고 하더라도 투자에 대한 수요표에 순방향의 변화가 일어나지 않는다고 가정하면 우리는 이자율의 상승이 실제로는 저축의 총액을 감소시킬 것이라고 확신할 수 있다. 똑같은 논증이 우리로 하여금 다른 조건이 동일하다고 할 때 이자율의 상승이 소득을 얼마나 감소시킬 것인지도 알게 해줄 수 있다. 왜냐하면 기존의 자본의 한계효율 아래서 이자율의 상승이 투자를 감소시키는 금액만큼 기존의 소비성향 아래서 저축을 감소시키는 데 필요한 정도에 꼭 맞게 소득이 감소하거나 재분배돼야 하기 때문이다. 이러한 측면에 대한 자세한 검토는 다음 장에서 이루어질 것이다.

소득이 변화하지 않는다면 이자율의 상승이 저축을 더 많이 하도록 우리를 유도할 수 있다. 그러나 더 높은 이자율이 투자를 위축시킨다면 우리의 소득이 변화할 것이고, 사실 변화하지 않을 수가 없다. 우리의 소득은 필연적으로 감소할 수밖에 없고, 이러한 소득의 감소는 더 높은 이자율이 저축을 자극하는 효과를 저축여력의 감소가 더 이상 상쇄시킬 수 없게 될 때까지 계속될 것이다. 우리가 더 도덕적일수록, 더 단호하게 절약을 할수록, 우리의 국가재정과 개인재무에서 더 고집스럽게 정통적인 원칙을 지킬수록 이자율이 자본의 한계효율에 비해 상대적으로 상승할 때 우리의 소득이 더 많이 감소할 수밖에 없다. 고집은 처벌만 불러올 수 있을 뿐 보상은 가져다주지 않는다. 왜 이렇게 말할 수 있느냐면, 위와 같은 결과가 불가피하기 때문이다.

그러므로 결국 총저축과 총지출의 실제 변화율은 예비, 예견, 계산, 개선, 독립, 사업, 성취감, 금전욕 등의 동기에 의존하지 않는다. 도덕이나 악덕은 아무런 역할도 하지 않는다. 모든 것이 자본의 한계효율을 고려한 뒤에 이자율이 투자에 얼마나 유리한가에 달려있다.[1] 아니, 이렇게 말하는 것은 과장이다. 완전고용이 지속적으로 유지될 수 있도록 이자율이 통제된다면 도덕이 지배적인 영향력을 회복할 것이다. 그러면 자본축적의 속도가 소비성향이 얼마나 약한가에 의존할 것이다. 그렇다면 여기서 또 다시 말하지만, 고전파 경제학자들이 도덕을 찬양하는 것은 이자율이 항상 그렇게 통제된다는 그들의 숨겨진 가정 때문임을 알 수 있다.

---

1 이 절의 몇몇 구절에서 우리는 4부에서 도입될 관념들을 암묵적으로 예고했다.

10장
한계소비성향과 승수

우리는 8장에서 소비성향에 변화가 일어나지 않는 한 고용은 투자와 보조를 맞춰서만 증가할 수 있음을 확인했다. 이제 우리는 이러한 생각을 한 단계 더 진전시킬 수 있다. 왜냐하면 일정하게 주어진 상황에서 승수라고 불리게 될 하나의 확정적인 비율이 투자와 소득 사이에 수립될 수 있고, 어떤 단순화의 가정을 하면 투자에서 직접적으로 유래하는 고용(우리는 이것을 일차적 고용이라고 부를 것이다)과 총고용 사이에도 그러한 비율이 수립될 수 있기 때문이다. 이렇게 한 걸음 더 내딛는 것은 우리의 고용이론에 통합적 일부가 된다. 왜냐하면 그렇게 하면 우리가 소비성향이 주어졌을 때 총고용, 소득, 투자율 사이의 정밀한 관계를 설정할 수 있기 때문이다. 승수라는 개념은 칸(Kahn) 씨가 '실업에 대한 국내투자의 관계'(〈이코노믹 저널〉 1931년 6월)라는 자신의 글에서 처음으로 경제이론에 도입했다. 그 글에 실린 그의 논의는 다양한 가설적 상황에서 소비성향이 특정한 다른 조건들과 함께 주어졌다고 가정하고 통화당국이나 그 밖의 다른 공적 당국이 투자를 촉진하거나 저지하기 위한 조치를 취한다고 생각할 때 고용의 양에 일어나는 변화는 투자의 양에 일어나는 순변화의 함수가 될 것이라는 기본적인 관념에 근거한 것이었다. 그리고 그는 순투자의 증가분과 그것과 관련이 있는 총고용의 증가분 사이에 실제로 존재하는 양적 관계를 추정하는 데 이용할 일반적인 원리를 제시하는 것을 그 글의 목적으로 삼았다. 그러나 여기서 우리는 승수에 대해 살펴보기에 앞서 한계소비성향이라는 개념을 먼저 도입하는 것이 편리할 것이다.

I

이 책에서 고려되는 실질소득의 변동은 주어진 자본설비에 상이한 양의 고용(즉 상이한 양의 노동단위)이 적용되는 데서 초래되는 변동이다. 그러므로 실질소득은 고용된 노동단위의 수에 따라 증가하거나 감소한다. 만약 우리가 일반적으로 가정되는 대로 주어진 자본설비에 고용된 노동단위의 수가 늘어나다 보면 그 한계지점에서 수확체감이 일어난다고 가정한다면 그때 임금단위로 측정한 소득은 고용의 양에 비해 더 큰 비율로 증가할 것이고, 고용의 양은 생산물로 측정한(이런 측정이 가능하다면) 실질소득의 양에 비해 더 큰 비율로 증가할 것이다. 그러나 생산물로 측정한 실질소득과 임금단위로 측정한 소득은 동시에 증가하거나 감소할 것이다(자본설비가 사실상 불변인 단기에는). 그런데 생산물로 표시되는 실질소득을 측정해 정밀하게 숫자화하기가 불가능할 수 있으므로 임금단위로 측정한 소득(Y_w)을 실질소득의 변화에 대한 적절한 실용적 지수로 간주하는 것이 편리한 경우가 많다. 우리는 어떤 특정한 맥락에서는 일반적으로 Y_w가 실질소득보다 더 큰 비율로 증가하거나 감소한다는 사실을 간과하지 말아야 하지만, 그러한 맥락과 다른 맥락에서는 그 두 가지가 언제나 동시에 증가하거나 감소한다는 사실을 근거로 그 두 가지를 사실상 같은 것으로 보고 바꿔 쓸 수 있다.

그러므로 공동체의 실질소득이 늘어나거나 줄어들 때 그 소비도 늘어나거나 줄어들지만 실질소득만큼 빠르게 늘어나거나 줄어들지는 않는다는 우리의 표준적인 심리법칙은 절대적으로 정확하게 성립한다기보다는 일정한 제약조건 아래 성립하는 것으로만 해석될 수 있다. 여기서 제약조건이 무엇인지는 자명하며, 형식적으로 완전한 형태로 진술될 수 있다. 따라서 그러한 제약조건 아래 우리의 표준적인 심리법칙은 C_w가 임금단위로 측정한 소비라고 할 때 ΔC_w와 ΔY_w는 양이든 음이든 같은 부호를 갖지만 ΔY_w가 ΔC_w보다 크다는 명제로 바꿔 쓸 수 있다. 이것은 앞의 3장에서 이미 수립한 명제를 되풀이 말하는 것일 뿐이다. 그러면 이제는 $\frac{dC_w}{dY_w}$를 한계소비성향이라고 정의하자.

이 양적 수치는 대단히 중요하다. 왜냐하면 이것은 다음번 생산의 증가분이 소비와 투자로 어떻게 나눠지게 되는가를 우리에게 말해주기 때문이다. ΔC_w와 ΔI_w가 각각 소비의 증가분과 투자의 증가분이라고 하면 $\Delta Y_w = \Delta C_w + \Delta I_w$이고, 우리는 이것을 $\Delta Y_w = k\Delta I_w$라고 바꿔 쓸 수 있다. 여기서 $1 - \frac{1}{k}$은 한계소비성향과 같다.

k를 투자승수라고 부르자. 이것은 총투자의 증가분이 있을 때 소득은 그 총투자 증가분의 k배에 해당하는 금액만큼 증가할 것임을 우리에게 말해준다.

II

칸 씨의 승수는 우리의 투자승수와 다소 다르다. 칸 씨의 승수는 고용승수라고 부를 수 있는 것이며, 우리는 이것을 k'라고 표시하자. 이것은 투자재산업의 일차적 고용 증가분이 주어졌을 때 그 증가분과 관련된 총고용 증가분의 비율을 측정하는 것이기 때문에 우리의 승수와 다르다. 말하자면 투자의 증가분 ΔI_w가 투자재산업에서 일차적 고용 증가분 ΔN_2를 가져온다면 총고용 증가분 ΔN는 $k'\Delta N_2$와 같게 된다.

일반적으로 $k = k'$라고 생각해야 할 이유는 없다. 왜냐하면 유형이 상이한 산업들의 총공급함수에서 우리의 논의와 관련이 있는 부분이 특수한 모양, 즉 어느 하나의 산업집합에서 생겨난 고용의 증가분이 그러한 증가분이 생겨나도록 자극한 수요의 증가분에 대해 갖는 비율이 다른 산업집합들에서와 같게 만드는 모양을 갖고 있다는 전제가 반드시 성립하지는 않기 때문이다.[1] 사실 예를 들어 한계소비성향이 평균소비성향과 크게 다른 경우를 쉽게 상정해볼 수 있는데, 이런 경우에는 소비재에 대한 수요와 투자재에 대한 수요 각각의 변화가 비율상 크게 다를 것이므로 $\frac{\Delta Y_w}{\Delta N}$와 $\frac{\Delta I_w}{\Delta N_2}$ 사이에 어느 정도의 차이가 있게 된다는 쪽의 전제가 성립한다. 만약 우리가 두 개의 산업집합 각각의 총공급함수에서 우리의 논의와 관련이 있는 부분의 모양에 그러한 차이가 있을 수 있다는 점을 고려하고자 한다

---

[1] 보다 정밀하게 말해 e_e와 e'_e가 각각 산업 전체와 투자재산업이 갖고 있는 고용의 탄력성이라고 하고 N과 N_2가 각각 산업 전체와 투자재산업에 고용된 사람들의 수라고 한다면 우리는 다음과 같은 두 개의 등식을 얻게 된다.

$$\Delta Y_w = \frac{Y_w}{e_e N} \Delta N$$
$$\Delta I_w = \frac{I_w}{e'_e N_2} \Delta N_2$$

따라서

$$\Delta N = \frac{e_e}{e'_e} \frac{I_w}{N_2} \frac{N}{Y_w} k \cdot \Delta N_2$$

즉

$$k' = \frac{I_w}{e'_e N_2} \cdot \frac{e_e N}{Y_w} k$$

가 된다.

그러나 만약 산업 전체와 투자재산업 각각의 총공급함수가 취하는 형태에 우리의 논의와 관련이 있는 중요한 차이가 조금이라도 있으리라고 예상해야 할 이유가 없다면 $\frac{I_w}{e'_e N_2} = \frac{Y_w}{e_e N}$ 일 것이므로 $\frac{\Delta Y_w}{\Delta N} = \frac{\Delta I_w}{\Delta N_2}$ 가 되고, 따라서 $k = k'$가 된다.

면 다음과 같은 논증을 보다 일반화된 형태로 고쳐 써야 하지만, 그렇게 하는 데 아무런 어려움도 없을 것이다. 그러나 그 논증에 내포된 생각을 분명하게 설명하기 위해서는 $k = k'$인 단순화된 경우를 다루는 것이 편리하다.

그러므로 공동체가 예를 들어 소득 증가분의 10분의 9를 소비[1]하기를 선택하게끔 공동체의 소비심리가 형성돼있다면 승수 k는 10이 되고, 이때 예를 들어 공공사업의 증가가 가져오는 총고용은 다른 방면에서 투자의 감소가 없다고 가정할 때 그 공공사업 자체가 제공하는 일차적 고용의 10배가 될 것이다. 공동체가 고용의 증가에도 불구하고, 따라서 실질소득의 증가에도 불구하고 소비를 변화시키지 않고 그대로 유지하는 경우에만 고용의 증가가 그 공공사업이 제공하는 일차적 고용으로만 한정될 것이다. 반면에 만약 공동체가 소득의 증가분을 전부 다 소비하고자 한다면 안정의 지점은 전혀 있을 수 없고, 물가가 무한히 상승할 것이다. 심리에 대한 보통의 가정 아래서는 예를 들어 전시에 개인의 소비를 억제하는 방향으로 선전활동이 전개된 결과로 소비성향도 동시에 변화한다면 고용의 증가가 소비의 감소와 연관될 것이다. 그리고 이런 경우에만 투자재산업에서 일어나는 고용의 증가가 소비재산업에서 고용을 감소시키는 파급영향과 연관될 것이다.

이상은 이제는 일반적인 근거 위에서 독자에게 명백하게 여겨질 게 분명한 것들을 하나의 공식으로 요약한 것일 뿐이다. 대중이 임금단위로 측정한 그들의 저축을 늘릴 준비가 돼있지 않다면 임금단위로 측정한 투자의

---

1 우리가 다루는 수량들은 일관되게 임금단위로 측정한 것이다.

증가는 일어날 수가 없다. 보통의 경우를 말한다면, 대중은 임금단위로 측정한 그들의 총소득이 늘어나지 않는 한 저축을 늘리려고 하지 않을 것이다. 따라서 증가된 소득 가운데 일부를 소비하고자 하는 대중의 노력은 소득의 새로운 수준이(그리고 소득의 분배가) 증가된 투자에 대응하기에 충분할 정도의 추가적인 저축여력을 만들어내는 범위 안에서 생산을 자극할 것이다. 승수는 그와 같이 필요한 추가적인 저축을 하도록 대중을 유도하기에 충분할 정도로 실질임금이 증가하려면 대중의 고용이 얼마나 늘어나야 하는지를 우리에게 말해주며, 대중이 갖고 있는 심리적 성향의 함수다.[2] 저축이 쓴 약이고 소비가 달콤한 잼이라고 한다면 추가되는 약의 양에 비례해 잼이 늘어나야 한다. 대중의 심리적 성향이 우리가 가정하고 있는 바와 다르지 않은 한 우리는 여기서 투자를 위한 고용의 증가는 필연적으로 소비재를 생산하는 산업을 자극할 수밖에 없고, 이렇게 해서 애초의 투자 그 자체가 필요로 하는 일차적 고용의 몇 배에 해당하는 고용의 총증가를 가져온다는 법칙을 수립한 셈이다.

이상의 논의로부터 만약 한계소비성향이 1보다 그리 작지 않다면 투자에 일어나는 작은 폭의 변동이 고용에 큰 폭의 등락을 가져오겠지만, 이와 동시에 투자가 비교적 작은 규모로만 증가해도 완전고용을 가져올 것이라는 결론이 도출된다. 만약 다른 한편으로 한계소비성향이 0보다 그리 크지 않다면 투자에 일어나는 작은 폭의 변동이 고용에 그에 상응하는 작은 폭의 변동을 가져오겠지만, 이와 동시에 완전고용이 실현되기 위해서는 투자가 큰 폭으로 늘어나야 할 것이다. 앞의 경우에는 비자발적 실업이 더 심화

---

2 보다 일반적인 경우에는 승수가 투자재산업과 소비재산업 각각에 존재하는 물적 생산조건의 함수이기도 하지만.

되도록 방치되면 골칫거리가 되기 십상이긴 하겠지만 그것은 쉽게 치료될 수 있는 병일 것이다. 뒤의 경우에는 고용의 변동폭은 보다 작을 수 있지만 고용 자체가 낮은 수준에서 자리를 잡게 되고, 가장 강력한 치료 외에는 그 어떤 치료에도 저항성을 갖고 있는 것으로 나타나기 쉬울 것이다. 실제로는 한계소비성향이 0보다는 1에 훨씬 더 가깝기는 하겠지만 양쪽 극단 사이의 중간 어딘가에 있을 것으로 보인다. 그 결과로 우리는 어떤 의미에서 두 가지 세계에서 최악의 것들을 동시에 갖고 있게 되는 셈이다. 다시 말해 고용의 변동폭이 상당히 큰 동시에 완전고용을 달성하기 위해 요구되는 투자의 증가분도 너무 커서 그것을 다뤄내기가 쉽지 않다. 유감스럽게도 그 동안 질병의 성격이 명백해지는 것을 가로막기에 충분할 정도로 고용의 변동폭이 컸는데, 질병은 그 성격을 이해하지 못하는 한 치료할 수 없을 정도로 심각한 상태다.

일단 완전고용에 이르고 나면 투자를 더 많이 늘리려는 그 어떤 노력도 한계소비성향과는 무관하게 화폐물가가 무한히 상승하는 경향을 만들어 낼 것이다. 이는 곧 우리가 진성 인플레이션[1]의 상태에 접어들게 된다는 말이다. 그러나 그 지점에 이르기 전에는 물가의 상승이 총실질소득의 증가와 연관될 것이다.

III

지금까지 우리는 투자의 순증가를 다루었다. 그러므로 우리가 예를 들어

---

1 뒤의 21장, 368~369쪽을 참조하라.

공공사업을 확대하는 것의 효과에 위의 논의를 아무런 제한조건 없이 적용하고자 한다면, 다른 방면에서 투자가 감소되는 것을 통해 상쇄되는 바가 전혀 없다는 가정과 함께 공동체의 소비성향에도 물론 연관된 변화가 전혀 일어나지 않는다는 가정을 해야만 한다. 칸 씨는 위에서 언급된 그의 글에서 중요할 수 있는 상쇄효과로서 우리가 고려해야 하는 것들이 무엇인지를 검토하고, 그러한 것들에 대한 양적 추정치를 제시하는 데 주로 관심을 기울였다. 왜 그래야 하는가 하면, 실제의 경우에는 특정한 종류의 투자가 증가하는 것 외에도 여러 가지 요인들이 최종결과에 개입하기 때문이다. 예를 들어 어느 정부가 공공사업에 10만 명을 추가로 고용한다면, 그리고 승수(위에서 정의된 승수)가 4라고 한다면 총고용이 40만 명만큼 늘어날 것이라고 상정하는 것은 무리다. 왜냐하면 그러한 새로운 정책이 다른 방면의 투자에 부정적인 영향을 미칠 수도 있기 때문이다.

칸 씨의 견해에 따르면, 현대의 공동체에서는 다음과 같은 것들이 간과하지 않는 것이 더할 나위 없이 중요한 요인들인 것으로 보인다(다만 앞의 두 가지는 4부에 이르기 전에는 완전하게 이해되지 않을 것이다).

(i) '정책을 실행하는 데 소요되는 자금을 조달하는 방법'과 '고용의 증가 및 연관된 물가상승으로 인해 요구되는 현금 운전자금의 증가'가 이자율을 상승시킬 수 있고, 따라서 통화당국이 반대방향의 조치를 취하지 않는 한 다른 방면의 투자를 위축시키는 효과를 낼 수 있다. 이와 동시에 자본재의 비용 상승이 사적 투자자에게 자본재의 한계효율 감소를 초래할 것이고, 이것이 상쇄되려면 이자율이 실제로 하락해야 할 필요가 있을 것이다.

(ii) 종종 만연하곤 하는 심리적 혼란이 존재한다면 정부의 정책사업이 '신뢰'에 미치는 영향을 통해 유동성 선호를 증대시키거나 자본의 한계효

율을 감소시킬 수 있고, 이런 점도 그것을 상쇄시키는 방향의 조치가 취해지지 않는 한 다른 투자를 위축시킬 수 있다.

(iii) 외국과 무역관계를 갖고 있는 열린 체제에서는 증가된 소비 가운데 일부가 자국의 대외수지를 악화시키기 때문에 증가된 투자의 승수 가운데 일부가 외국에 고용이라는 편익으로 돌아갈 것이다. 따라서 우리가 세계의 고용과 구분된 국내의 고용에 대한 영향만을 고려하는 경우에는 승수 전체의 크기를 축소시켜야 할 것이다. 다른 한편으로 외국에서 경제활동을 증가시키는 방향으로 일어나는 승수의 작용이 국내의 고용에 유리한 영향을 미쳐 국내에서 위와 같은 누출 가운데 일부가 복구될 수도 있다.

게다가 만약 상당한 규모의 변화를 고려하는 경우라면 한계의 위치가 점차 이동하기 때문에 우리는 한계소비성향의 점진적인 변화를 감안해야 하고, 따라서 승수의 점진적인 변화를 감안해야 한다. 한계소비성향은 고용의 모든 수준에 걸쳐 고정된 상수가 아니며, 일반적으로 고용이 증가함에 따라 한계소비성향은 감소하는 경향을 드러낼 가능성이 있다. 말하자면 실질임금이 증가하면 공동체가 실질임금 가운데 점점 더 작은 일부만 소비하기를 원하게 된다는 것이다.

방금 언급한 일반적인 법칙의 작용에 더하여 한계소비성향을 수정하고, 따라서 승수를 수정하는 작용을 할 수 있는 그 밖의 다른 요인들도 있다. 그리고 그런 요인들은 대개는 일반적인 법칙의 경향을 상쇄시키기보다 강화시킬 가능성이 높은 것으로 보인다. 그 이유는 이렇다. 첫째, 고용의 증가가 단기에는 수확체감의 효과로 인해 총소득 가운데 개인적으로 한계소비성향이 아마도 공동체 전체의 평균보다 낮을 기업가들에게 돌아가는 부분의 비중을 확대시키는 경향이 있다. 둘째, 실업자들은 그들 자신과 친구들의 저축에 의존하거나 차입도 일부 포함된 자금조달에 의해 이루어지는 공적 구제에 의존해 살아갈 것이므로 실업은 사적인 부분이든 공적인 부분이든 공동체의 어떤 부분에서 마이너스 저축이 일어나는 것과 연관될 가능성이 높다. 그 결과로 실업자들이 재고용되는 것은 이런 마이너스 저축이라는 특수한 행위를 점차 감소시키게 되고, 따라서 이와 다른 상황에서 똑같은 규모로 발생하는 공동체의 실질소득 증가가 초래할 한계소비성향의 감소보다 더 빠른 속도로 한계소비성향이 감소하게 될 것이다.

어쨌든 승수는 투자의 순증가 폭이 클 경우보다 작을 경우에 더 클 가능성이 높다. 그러므로 변화의 폭이 상당히 클 것으로 보인다면 분석대상으로 삼은 기간 전체에 걸치는 한계소비성향의 평균에 근거한 승수의 평균치로 하여금 우리를 인도하게 해야 할 것이다.

칸 씨는 몇몇 특별한 가설적 경우들에서 위와 같은 요인들이 가져올 수 있는 양적인 결과를 검토했다. 그러나 그 어떤 일반화도 아주 많이 진전시키는 것은 가능하지 않은 것이 분명하다. 우리는 예를 들어 실업자들의 소비를 위한 지출이 다른 소비자들의 소비를 줄여서 이전된 돈으로 이루어지는 닫힌 체제를 상정해볼 수 있다. 어떤 전형적인 현대의 공동체가 이런 체제를 갖고 있다면 그 공동체는 아마도 실질소득이 얼마나 증가하든 그 증가분의 80퍼센트에 비해 그리 적지 않은 금액을 소비에 지출하는 경향을 보일 것이라고 말할 수 있을 뿐이다. 따라서 이런 경우에는 상쇄효과를 감안한 뒤의 승수가 5보다 그리 낮지 않을 것이다. 그러나 대외무역이 예컨대 소비에서 20퍼센트를 차지하고, 실업자들이 고용된 상태라고 할 때의 정상적인 소비에 비해 이를테면 50퍼센트에 해당하는 돈을 정부의 차입금이나 그것과 다름없는 것으로부터 지급받는 나라에서는 승수가 특정한 새로운 투자가 제공하는 고용의 2배 내지 3배에 불과할 정도로 낮은 수준으로 떨어질 수 있다. 따라서 해외무역이 큰 역할을 담당하고 실업구제를 위한 자금이 대규모로 정부의 차입에 의해 조달되는 나라(예컨대 1931년의 영국과 같은 경우)에서는 그러한 요인들이 덜 중요한 나라(1932년의 미국과 같은 경우)[1]에 비해 일정하게 주어진 투자의 변동과 결부되는 고용의 변동이 훨씬 덜 격렬할 것이다.

그러나 국민소득에서 비교적 작은 비중만을 차지하는 투자의 규모에 일어나는 변동이 어떻게 해서 총고용과 총소득에 그 자신보다 훨씬 더 큰 폭의 변동을 발생시키는가를 설명하기 위해 우리가 바라봐야 할 것은 승수의 일반적 원리다.

IV

지금까지의 논의는 소비재산업이 자본재산업과 보조를 맞춰나가기에 충분할 정도로 미리 예견된 총투자의 변화를 토대로 전개됐다. 또한 소비재의 가격에는 수확체감의 조건 아래서 생산이 늘어나는 결과로 초래되는 교란 외에는 아무런 교란도 일어나지 않는 상황을 전제로 해서 논의가 전개됐다.

그러나 일반적으로는 자본재산업에서 완전히 예견되지는 않은 생산의 증가가 일어나는 것이 애초의 발단이 되는 경우를 우리는 고려해야 한다. 이런 종류의 발단요인은 상당한 시간에 걸쳐서야 고용에 그 완전한 효과를 낼 것이 분명하다. 그러나 나는 논의를 전개하는 과정에서 이와 같은 자명한 사실이 논리적 승수이론(이것은 모든 시점에 순간순간 아무런 시간적

₁ 미국에 대한 추정치에 관해서는 뒤의 160쪽을 참조하라.

지체도 없이 지속적으로 성립한다)과 자본재산업에서 일어나는 팽창(이것은 시간적 지체가 있어 일정한 기간을 두고서야 점차로 효과를 낸다) 사이에 다소의 혼동을 초래하곤 한다는 섬을 발견했다.

이 두 가지 사이의 관계는 다음 두 가지 점을 지적하는 것에 의해 해명될 수 있다. 그것은 첫째로 예견되지 않았거나 불완전하게만 예견된 팽창이 자본재산업에서 일어나면 그것은 총투자에 똑같은 규모의 효과를 즉각적으로 내지 않고 다만 총투자의 점진적인 증가만을 초래한다는 점이고, 둘째로 자본재산업에서 일어나는 그러한 팽창은 한계소비성향을 일시적으로 정상적인 수치에서 벗어나게 할 수 있지만 한계소비성향은 다시 그 정상적인 수치로 되돌아간다는 점이다.

이처럼 자본재산업에서 일어나는 팽창은 일정한 소요기간이 다 지나는 동안에 연속으로 이어지는 여러 기간에 걸쳐 총투자에 일련의 증가를 가져오고, 그 여러 기간에 걸쳐 한계소비성향의 수치에 일련의 변화를 가져온다. 이렇게 해서 나타나는 한계소비성향의 수치들은 자본재산업에서 일어나는 팽창이 예견된 것일 경우의 수치들과도 다르고, 공동체가 안정적인 새로운 수준의 총투자를 유지하게 되는 경우의 수치들과도 다르다. 그러나 총수요의 증가분은 한계소비성향에 의해 결정되는 승수와 총투자의 증가분을 곱한 것과 같다는 의미에서는 승수의 이론이 어떤 기간에 대해서든 성립한다.

이런 두 가지 종류의 사실들에 대해서는 자본재산업에서 이루어지는 고용의 팽창이 전혀 예견되지 않은 것이어서 처음에는 소비재의 생산이 조금도 증가하지 않는 극단적인 경우를 예로 들어보는 것을 통해 가장 분명하게 설명할 수 있다. 이런 경우에는 자본재산업에 새로 고용된 사람들이 그들의 증가된 소득 가운데 일부를 소비하려는 노력이 소비재 물가를 상승시킬 것이고, 이런 소비재 물가의 상승은 부분적으로는 그렇게 높아진 소비재 물가가 소비의 연기를 불러오는 것에 의해, 부분적으로는 높아진 물가가 가져오는 이윤증가의 한 효과로 저축을 하는 계급에게 유리하게 소득의 재분배가 일어나는 것에 의해, 그리고 부분적으로는 높아진 물가가 재고의 감소를 가져오는 것에 의해 수요와 공급 사이에 일시적으로 균형이 회복될 때까지 계속된다. 이러한 균형의 회복이 소비의 연기에 의해 이루어진다면 한계소비성향이 일시적으로 감소할 것이고, 따라서 승수 자체도 일시적으로 축소될 것이다. 그런가 하면 재고가 감소하게 되는 상황에서는 당분간 총투자가 자본재산업에서 생겨나는 투자의 증가분보다 작은 규모로만 증가할 것이고, 이는 곧 승수에 곱해야 할 것이 자본재산업에서 투자가 증가하는 만큼 증가하지는 않는다는 뜻이다. 그러나 시간이 흐르면서 소비재산업이 새로운 수요에 스스로 적응하게 되어 지연됐던 소비가 실행에 옮겨지게 되면 한계소비성향이 일시적으로 정상적인 수준을 능가하게 됨으로써 그 전에 정상적인 수준을 밑돌던 정도만큼을 보상하게 되고, 결국은 한계소비성향이 정상적인 수준으로 복귀하게 된다. 그러는 가운데 재고가 이전의 수치로 돌아가는 것 때문에 총투자의 증가분이 자본재산업에서 생겨나는 투자의 증가분보다 일시적으로 더 크게 된다(생산의 규모가 더 커짐에 따라 운전자본이 증가하는 것도 일시적으로 이와 동일한 효과를 낸다).

예견되지 못한 변화는 어느 정도 시간이 흘러야만 그 효과의 전부가 발휘될 수 있다는 사실은 어떤 맥락에서는 중요하다. 이런 사실은 특히 경기순환에 대한 분석(내가 《화폐론》에서 전개한 것과 같은 분석)에서 일정한 역할을 한다. 그러나 그것은 이 장에서 설명된 승수이론의 중요한 의미에는 아무런 영향도 미치지 않고, 자본재산업에서 이루어지는 팽창이 고용에 가져다줄 것으로 예상되는 이득의 전부를 보여주는 지표로 승수를 사용하지 못하게 하지도 않는다. 더구나 소비재산업이 생산능력을 이미 거의 다 가동하고 있어서 생산을 늘리려면 기존의 공장을 더욱 집약적으로 가동하는 것만이 아니라 공장을 확장하는 것까지 필요하게 된 상황을 제외한다면, 승수가 그 정상적인 수치 근처에서 작동하고 있다고 할 때 소비재산업의 고용이 자본재산업의 고용에 보조를 맞춰 증가하게 되기까지 적지 않은 시간이 지나야 한다고 상정해야 할 이유가 없다.

V

우리는 위에서 한계소비성향이 클수록 승수가 커지고, 따라서 일정하게 주어진 투자의 변화에 따라 고용에 일어나는 교란이 커짐을 알게 됐다. 이는 저축이 소득 가운데 아주 작은 부분에 해당하는 가난한 공동체는 저축이 소득 가운데 더 큰 부분에 해당하고 따라서 승수가 더 작은 부유한 공동체에 비해 더욱 격심한 고용의 변동을 겪게 될 것이라는 역설적인 결론을 내리게 하는 것으로 여겨질 수 있다.

그러나 이런 결론은 한계소비성향의 효과와 평균소비성향의 효과가 구분된다는 점을 간과하는 것이다. 왜 그러냐면, 한계소비성향이 높다면 어떤 주어진 비율로 투자가 변화하는 것이 비례적으로 더 큰 효과를 초래하지만, 동시에 평균소비성향도 높다면 그런 효과의 절대적인 크기는 작을 것이기 때문이다. 이는 다음과 같이 숫자를 사용한 예를 통해 설명될 수 있다.

어느 한 공동체의 소비성향에 대해 다음과 같이 가정하자. 공동체의 실질소득이 기존의 자본설비에 500만 명을 고용해서 만들어낼 수 있는 생산물을 능가하지 않는 범위 안에서는 공동체가 소득의 전부를 소비한다. 그 다음에 고용되는 10만 명이 만들어내는 생산물 가운데서는 99퍼센트, 다시 그 다음에 고용되는 10만 명이 만들어내는 생산물 가운데서는 98퍼센트, 또 다시 그 다음에 고용되는 10만 명이 만들어내는 생산물 가운데서는 97퍼센트를 소비하는 식으로 공동체의 소비가 이어진다. 그리고 1000만 명이 고용되면 완전고용 상태가 된다. 이런 가정으로부터 다음과 같은 결과가 도출된다. 500만 $+ n \times$ 10만 명이 고용된 경우에 한계점에서 승수는 $\frac{100}{n}$ 이 되고, 국민소득 가운데 $\frac{n(n+1)}{2(50+n)}$ 퍼센트가 투자된다.

따라서 520만 명이 고용된 때에는 승수가 이를테면 50으로 매우 크지만, 투자는 그때의 소득 가운데 이를테면 0.06퍼센트라는 미미한 비중에 그친다. 그 결과로 만약 투자가 큰 비율로, 말하자면 3분의 2만큼 감소한다고 해도 고용은 단지 510만 명으로, 즉 2퍼센트 정도만 줄어들 것이다. 다른 한편으로 900만 명이 고용된 때에는 한계승수가 이를테면 2.5로 비교적 작지만 이제는 투자가 그때의 소득 가운데 상당히 큰 비중, 말하자면 9퍼센트가 된다. 그 결과로 만약 투자가 3분의 2만큼 감소한다면 고용이 690만 명으로, 즉 23퍼센트나 줄어들 것이다. 투자가 0으로 감소하는 극단적인 상황에서는 고용이 앞의 경우에는 4퍼센트 줄어드는 데 비해 뒤의 경우에는 44퍼센트나 줄어들 것이다.[1]

이상의 예에서 비교된 두 개의 공동체 가운데 가난한 공동체는 과소고

---

1 여기서 투자의 양은 그만큼의 투자재를 생산하는 데 고용된 사람의 수에 의해 측정된다. 따라서 만약 고용이 늘어남에 따라 고용의 단위당 수확이 체감하는 현상이 존재한다면 여기서 사용된 척도로 투자의 양이 두 배가 된 뒤의 수치는 물적 척도(이런 척도가 있어서 그것을 이용할 수 있다면)로 투자의 양이 두 배가 된 뒤의 수치보다 작을 것이다.

용 때문에 가난한 것이다. 그러나 가난이 숙련도, 기술, 설비가 열등한 데서 연유한 경우라고 해도 간편한 조정을 거쳐 똑같은 추론을 하는 것이 가능하다. 따라서 승수는 가난한 공동체에서 더 크지만, 부유한 공동체에서 당기의 투자가 당기의 생산 가운데 훨씬 더 큰 비중을 차지한다고 가정한다면 투자의 변동이 고용에 가져오는 효과는 부유한 공동체에서 훨씬 더 클 것이다.[2]

일정한 수의 인력을 공공사업에 고용하는 것은 나중에 완전고용에 가까워졌을 때보다는 심각한 실업이 존재할 때 바로 시행하는 것이 총고용에 훨씬 더 큰 효과를 낼 것이라는 점도 위의 논의로 명백해졌다. 위의 예에서 만약 고용이 520만 명으로 줄어들었을 때 추가로 10만 명이 공공사업에 고용된다면 총고용은 640만 명으로 늘어날 것이다. 그러나 만약 고용이 이미 900만 명이라면 추가로 10만 명이 공공사업에 고용될 경우에 총고용은 단지 920만 명으로만 늘어날 뿐일 것이다. 따라서 실업이 심각할 때에는 소득 가운데 저축되는 부분이 적어진다고 우리가 가정할 수 있다면 그런 시기에는 공공사업이 심지어는 그 효용이 의문스러운 것조차도 실업구제를 위해 지출해야 하는 비용을 줄여준다는 점만으로도 그 몇 배나 되는 이득을 가져다줄 수 있지만, 완전고용의 상태에 가까워진 상황에서는 그러한 공공사업이 다소 의문스러운 제안이 될 수 있다. 더구나 완전고용에 가까

---

2 보다 일반적으로 말하면, 투자의 변화율에 대한 총수요의 변화율의 비율은 다음과 같다.

$$\frac{\frac{\Delta Y}{Y}}{\frac{\Delta I}{I}} = \frac{\Delta Y}{Y} \cdot \frac{Y-C}{\Delta Y - \Delta C} = \frac{1-\frac{C}{Y}}{1-\frac{dC}{dY}}$$

Y가 증가함에 따라 $\frac{dC}{dY}$가 감소하지만 $\frac{C}{Y}$도 역시 감소한다. 따라서 위 분수는 소비가 소득보다 더 작은 비율로 증가하거나 감소하느냐 더 큰 비율로 증가하거나 감소하느냐에 따라 커지거나 작아진다.

워지면서 한계소비성향이 꾸준히 감소한다는 우리의 가정이 옳다면 투자를 더 늘리는 것을 통해 일정한 규모의 고용증가를 확보한다는 것이 점점 더 곤란해질 것이라는 결론이 도출된다. 연속되는 시점들의 총소득과 총투자에 관한 통계를 가지고(이런 통계가 이용할 수 있는 상태로 존재한다면) 경기순환의 각 단계에서 한계소비성향이 어떠한지를 보여주는 그림을 그리는 것은 어렵지 않을 것이다. 그러나 현재 우리의 통계는 대단히 근사적인 추정치를 넘어서는 것을 끌어내도록 우리에게 허용하기에 충분할 정도로 정확하지 않다(또는 이런 특정한 목적을 염두에 두고 작성된 것도 아니다). 내가 아는 한 그러한 목적에 가장 잘 부합하는 것은 미국에 대한 쿠즈네츠 씨의 통계수치들(앞의 132~133쪽에서 언급된)이지만, 그럼에도 불구하고 그것도 매우 불확실하다. 그것이 어떤 목적에 가치가 있는지는 몰라도 국민소득에 대한 추정치들과 연관시켜 계산해보면 투자승수가 내가 마땅히 예상해야 하는 수치보다 더 낮은 동시에 더 안정적인 수치로 나온다. 연도별로 따로따로 떼어놓고 보면 그 결과가 다소 들쭉날쭉하게 보인다. 그러나 2년씩 묶어놓고 보면 승수가 3 미만이며, 아마도 2.5 근처에서 상당히 안정적인 것으로 여겨진다. 이는 곧 한계소비성향이 60 퍼센트 내지 70 퍼센트를 넘지 않음을 말해준다. 이런 수치는 호황의 시기에는 꽤 그럴듯하지만, 놀랍게도 내 판단으로는 불황의 시기에는 도저히 그럴 수가 없다 싶을 정도로 낮다. 하지만 불황의 시기에도 미국의 기업재무가 보여주는 극단적인 재무보수주의가 그러한 점을 설명해준다고 할 수 있다. 다시 말해 수선과 교체가 이루어지지 않아 투자가 크게 줄어들고 있을 때 그럼에도 불구하고 그로 인한 손모와 관련해 재무적 대비가 이루어진다면 그 효과는 그렇지 않았다면 일어났을 한계소비성향의 상승을 가로막는 것으로 나타날 것이다. 나는 최근에 미국에서 불황이 심화되는 데서 이 요인이 상당한 역할을 했을 수 있다고 생각한다. 다른 한편으로 통계가 투자의 하락을 다소 과장한 것일 가능성도 있다. 통계에 따르면 1929년에 비해 1932년에 투자가 75퍼센트 이상 줄어들었고, 순 '자본형성'은 95퍼센트 이상 줄어들었다. 이런 추정치가 조금만 달라져도 승수가 상당히 달라질 수 있다.

VI

비자발적 실업이 존재할 때에는 노동의 한계비효용이 필연적으로 한계생산물의 효용보다 작다. 사실 작아도 크게 작을 수 있다. 오랫동안 실업상태에 머물러온 사람에게는 어느 정도의 노동은 비효용을 가져다주기보다 양의 효용을 가져다줄 수 있다. 이런 점이 받아들여진다면 위에서 전개된 추론은 '낭비적'인 차입지출[1]이라고 하더라도 그것이 결국은 어떻게 공동체를 부유하게 만들 수 있는지를 보여준다고 할 수 있다. 고전파 경제학의 원리에 대해 우리의 정치인들이 받은 교육이 뭔가 더 나은 조치를 취하는 것을 방해한다고 한다면 피라미드 짓기나 지진, 심지어는 전쟁도 부를 증가시키는 데 도움이 될 수 있다.

터무니없는 결론에 이르는 것을 피하고자 애쓰는 상식이 그동안 어떻게

---

1 차입지출이라는 말을 개인들로부터 차입하는 것을 통해 자금조달이 이루어지는 공적 투자와 그렇게 자금조달이 이루어지는 그 밖의 모든 경상적인 공적 지출 둘 다를 의미하는 용어로 사용하는 것이 편리한 경우가 많다. 엄밀하게 말하면 뒤의 것은 마이너스 저축으로 간주돼야 하지만, 그런 종류의 공적 행동은 사적 저축을 좌우하는 것과 같은 종류의 심리적 동기에 의해 영향을 받지 않는다. 따라서 '차입지출'은 자본계정에서 이루어지는 것이든 예산적자에 대응하기 위해 이루어지는 것이든 계정을 불문하고 공적 당국의 순차입 모두를 가리키는 데 편리한 표현이다. 차입지출 가운데 앞의 형태는 투자를 늘리는 것을 통해 작용하고, 뒤의 형태는 소비성향을 증대시키는 것을 통해 작용한다.

해서 전적으로 낭비적이지는 않기 때문에 엄격한 '사업상'의 원칙에 근거해 판단되는 경향이 있는 '부분적으로 낭비적'인 형태의 차입지출보다 '전적으로 낭비적'인 형태의 차입지출을 선호하는 결론에 이르곤 했는지를 돌아보면 기이한 느낌이 든다. 예를 들어 차입에 의해 조달되는 자금으로 이루어지는 실업구제가 해당 시점의 이자율보다 낮은 수준의 비용만 부과하면서 설비개선을 위한 자금을 지원하는 것보다 더 쉽게 수용된다. 그런가 하면 금 채굴이라는 말로 알려진 땅에 구멍 파기는 세계의 실질 부를 조금도 늘리지 못할 뿐만 아니라 노동의 비효용도 수반함에도 불구하고 그 어떤 해법보다도 더 잘 수용될 수 있는 방식이다.

만약 재무부가 낡은 병들에 은행권을 가득 채우고 그 병들을 폐탄광에 적당한 깊이로 묻은 뒤 그 위를 지표면에 이르기까지 도시의 쓰레기로 덮은 다음에 충분한 시험을 거친 자유방임주의라는 원칙에 따라 사적 기업으로 하여금 그 은행권을 다시 파내는 일을 하게 한다면(물론 그렇게 파내는 일을 할 권리의 부여는 입찰을 통해 은행권이 묻힌 영역의 땅에 대한 임차권을 기업으로 하여금 획득하게 하면 된다) 더 이상 실업이 존재해야 할 이유가 없고, 그 파급영향 덕분에 공동체의 실질소득은 물론이고 공동체의 자본적 부도 아마 기존의 실제 수준보다 훨씬 더 커질 것이다. 사실 주택 등을 짓는 것이 더 합리적이겠지만, 그렇게 하는 데 정치적이거나 현실적인 어려움이 있다면 차라리 위와 같이 하는 것이 아무것도 하지 않는 것보다는 나을 것이다.

이러한 임시방편과 현실세계의 금광은 완전한 유사성을 갖고 있다. 적당한 깊이에서 금을 캐낼 수 있는 시기에는 세계의 실질 부가 빠르게 증가하고, 적당한 깊이에서 캐낼 수 있는 금이 조금밖에 남아있지 않은 시기에는 우리의 부가 정체되거나 감소한다는 사실을 경험이 보여준다. 따라서 금광은 문명에 대해 매우 큰 가치와 중요성을 갖고 있다. 전쟁이 그동안 대규모 차입지출의 형태 가운데 유일하게 정당화될 수 있는 것이라고 정치가들이 생각해온 것과 꼭 마찬가지로 금 채굴은 그동안 땅에 구멍을 파는 구실 가운데 유일하게 은행가들로 하여금 건전한 금융지원 대상이라고 생각하게 해왔다. 그리고 이런 두 가지 활동은 뭔가 더 나은 것이 없는 경우에는 상황을 타개하고 앞으로 나아가는 것을 가능하게 하는 데서는 나름대로 역할을 해왔다. 지엽적인 이야기를 하나 하자면, 노동이나 원재료를 기준으로 측정한 금의 가격은 경기침체의 시기에 상승하는 경향이 있는데, 이런 경향은 금 파내기가 수지가 맞는 땅속 최대 깊이를 더 깊게 하는 동시에 수지가 맞을 수 있는 금광석의 최저 등급을 낮추기도 하기 때문에 궁극적인 경기회복에 도움이 된다.

만약 우리에게 유용한 부의 축적량도 동시에 증가시켜주는 수단에 의해 고용을 증가시키는 방안을 우리가 채택할 수 있는 입장이 아니라고 한다면, 금 공급의 증가가 이자율에 미칠 수 있는 영향에 더해 두 가지 추가적인 이유에서 금 채굴은 매우 실용적인 형태의 투자대상이 된다. 첫째로 금 채굴은 도박과 같은 매력을 갖고 있기 때문에 일반적인 이자율에 크게 구애받지 않고 실행할 수 있는 일이다. 둘째로 그 결과 즉 금 축적량의 증가는 다른 경우처럼 한계효용을 떨어뜨리는 효과를 내지 않는다. 주택의 가치는 그 효용에 의존하므로 새로 지어지는 주택 하나하나는 더 많은 주택을 지어서 벌 수 있는 미래의 임대료를 낮추는 작용을 하며, 따라서 이자율이 보조를 맞추어 하락하지 않는 한 추가로 유사한 투자를 하는 것의 매력을 약화시킨다. 그러나 금 채굴의 결과물은 이런 불리한 일을 겪지 않으며, 금 채굴에 대한 견제는 오로지 금으로 측정한 임금단위의 상승을 통해서만 이루어지는데 고용이 상당히 더 나아지기 전에는 그런 일이 일어날 것 같지 않다. 게다가 금보다 내구성이 덜한 형태를 갖고 있는 부의 경우처럼 사용자비용과 부수비용에 대한 충당금을 쌓아두어야 하는 탓에 나중에 겪게 되는 반대방향의 효과도 금의 경우에는 존재하지 않는다.

고대 이집트는 두 가지 활동, 즉 피라미드를 짓는 활동과 귀금속을 찾아내는 활동(그 결과물은 소비되는 것을 통해 인간의 필요를 충족시키는 데 도움이 되는 것이 아니므로 많아진다고 해서 물리는 것이 아니다)을 갖고 있었다는 점에서 이중으로 운이 좋았고, 의심할 바 없이 그 덕분에 전설적인 부를 쌓을 수 있었다. 중세에는 사람들이 성당을 짓고 만가를 불렀다. 피라미드를 두 개 짓고 장례미사를 두 번 올리는 것이 각각 한 개 짓고 한 번 올리는 것보다 두 배로 좋다. 그러나 런던과 요크를 잇는 철도는 두 개를 놓는다고 해서 한 개를 놓는 것에 비해 두 배로 좋은 것이 아니다. 우리는 그런 정도로는 사리분별을 할 줄 아는데다가 조심스러운 금융업자들과 아주 비슷하게 되도록 교육을 받았으므로 후세가 살 집을 짓는 것을 통해 후세의 '재무적 부담'을 늘리기에 앞서 신중하게 생각을 하며, 따라서 실업의 고통에서 벗어나게 해줄 그렇게 쉬운 길이 우리에게는 존재하지 않는다. 우리는 개인이 미래의 어떤 특정한 시점에 행사하려고 하는 것도 아닌 '누림에 대한 청구권'을 축적하는 것을 가능하게 함으로써 개인을 '부유'하게 만드는 데 가장 알맞게 맞춰진 원리를 국가의 행위에 적용해서 초래되는 불가피한 결과로서 실업의 고통을 받아들이지 않을 수 없다.

4부

투자유인

11장
자본의 한계효율

I

어느 한 사람이 어느 한 투자자산 또는 자본자산을 산다면 그는 그 자산의 수명이 다할 때까지 그 자산으로부터 생산물을 얻기 위한 운영비용 지출액을 차감한 뒤에 그 생산물을 팔아서 얻게 될 것으로 예상되는 수익의 시계열에 대한 권리를 사는 것이다. 해마다 얻게 되는 이러한 수익의 시계열 $Q_1, Q_2, \cdots Q_n$은 투자의 예상수익이라고 부르는 것이 편리하다.

투자의 예상수익에 대치되는 개념으로 자본자산의 공급가격이라는 것이 있다. 이것은 우리가 지금 이야기하는 유형의 자산을 시장에서 어떤 가격에 실제로 구매할 수 있을 때 그 시장가격을 의미하는 것이 아니라 그러한 자산의 추가적인 한 단위를 새로 생산하도록 제조업자를 유도하기에 꼭 알맞은 가격, 즉 때로는 그러한 자산의 대체비용이라고 불리는 것을 의미한다. 어느 한 자본자산의 예상수익과 그 공급가격 내지 대체비용 사이의 관계, 즉 그 유형의 자본에 추가되는 한 단위의 예상수익과 그 한 단위를 생산하는 데 드는 비용 사이의 관계는 우리에게 그 유형에 속하는 자본의 한계효율을 제시해준다. 보다 정확하게 말하면, 자본의 한계효율은 어떤 자본자산의 수명이 다할 때까지 그 자본자산으로부터 얻게 될 것으로 예상되는 연수익 시계열의 현재가치를 그 공급가격과 정확하게 일치시켜주는 할인율과 같다고 나는 정의한다. 이러한 정의는 특정한 유형별로 자본자산의 한계효율을 우리에게 제시해준다. 그렇다면 그러한 여러 가지 한계효율 가운데 가장 큰 것을 자본 전체의 한계효율로 간주할 수 있다.

여기서 자본의 한계효율은 수익에 대한 예상과 자본자산의 현재 공급가격을 기준으로 정의된다는 점에 독자는 주목해야 한다. 자본의 한계효율은 새로 생산되는 어떤 자산에 돈이 투자된다고 할 때 그 돈에 대해 얻어질 수 있다고 예상되는 수익률에 의존하는 것이지, 어떤 투자자산의 수명이 다한 뒤에 그 실적을 되돌아볼 때 애초의 비용에 대해 그 투자자산이 낳아준 기정의 결과에 의존하는 것이 아니다.

어떤 기간 동안에 어느 주어진 유형의 자본에 대한 투자가 증가한다면 그 유형의 자본의 한계효율은 그러한 투자가 증가함에 따라 감소할 것이다. 그 이유는 부분적으로는 그 유형의 자본이 더 많이 공급됨에 따라 예상 수익이 감소할 것이라는 데 있고, 부분적으로는 일반적으로 보아 그 유형의 자본을 생산하는 데 사용되는 설비에 가해지는 압박이 그 공급가격을 상승시키게 된다는 데 있다. 단기에 균형이 이루어지게 하는 데는 이 두 가지 요인 가운데 뒤의 요인이 보통은 더 중요한 작용을 하지만, 우리가 고려하는 기간이 길어질수록 앞의 요인이 점점 더 중요해진다. 따라서 각각의 유형별 자본에 대해 우리는 그 한계효율이 어떤 특정한 수치까지 떨어지려면 해당 기간 동안에 그 유형의 자본에 대한 투자가 얼마나 많이 증가해야 하는지를 보여주는 표를 작성할 수 있다. 그런 다음에 상이한 유형별 자본에 대한 그러한 표들을 모두 더하면 우리는 총투자율과 총투자율에 의해 수립되어 총투자율에 대응하는 자본 전체의 한계효율을 연관시켜주는 표를 얻게 된다. 우리는 이것을 투자수요표 또는 자본의 한계효율표라고 부르고자 한다.

그런데 실제의 투자율은 한계효율이 이자율을 능가하는 자본자산의 종류가 더 이상 남아있지 않게 되는 지점까지 밀려 올라갈 것이 분명하다. 달리 말해 투자율은 투자수요표 상에서 자본 전체의 한계효율이 시장이자율과 같아지는 지점까지 떠밀려 올라갈 것이다.[1]

똑같은 이야기를 다음과 같이 표현할 수도 있다. Q_r는 시점 r에서 어느 자산의 예상수익이고, d_r는 현재의 이자율을 적용할 때 r년 뒤 1파운드의 현재가치라고 하면 $\Sigma Q_r d_r$는 그 투자자산의 수요가격이다. 그리고 $\Sigma Q_r d_r$이 위에서 정의된 투자자산의 공급가격과 같아지는 지점까지 투자가 실행될 것이다. 다른 한편으로 $\Sigma Q_r d_r$가 투자자산의 공급가격에 못 미친다면 당장은 해당 자산에 대한 투자가 없을 것이다.

이로부터 투자유인은 부분적으로는 투자수요표에 의존하고, 부분적으로는 이자율에 의존한다는 결론이 도출된다. 투자율을 결정하는 요인들을 그 실제의 복잡성 속에서 포괄적으로 살펴보는 일은 4부의 결론 부분에 가서야 가능할 것이다. 그러나 나는 지금 당장 독자에게 자산의 예상수익에 대해 아는 것이나 자산의 한계효율에 대해 아는 것이 우리에게 이자율을

---

1 나는 서술을 단순화하기 위해 우리가 자산으로부터 얻게 되리라고 내다보는 다양한 예상수익이 실현되기까지 걸리는 시간의 상이한 길이에 각각 대응하는 다양한 이자율들과 할인율들의 복합체를 시장이자율로 다루고 있다는 점을 얼버무렸다. 그러나 이런 점도 포괄되도록 논의를 다시 진술하는 것은 어려운 일이 아니다.

추정할 수 있게 해주는 것도 아니고, 자산의 현재가치를 추정할 수 있게 해주는 것도 아니라는 점에 주목하라고 요구하고 싶다. 우리는 뭔가 다른 근거로부터 이자율을 알아내야 하고, 그런 다음에야 우리는 자산의 예상수익을 '자본화'하는 것을 통해 자산의 가치를 평가할 수 있다.

II

자본의 한계효율에 대해 위에서 내린 정의는 통상적으로 사용되는 용어들과 어떻게 연관될까? 자본의 한계생산성, 자본의 한계수익, 자본의 한계효율, 자본의 한계효용은 모두 우리가 종종 사용해온 익숙한 용어들이다. 그러나 경제학 문헌을 뒤져서 경제학자들이 이런 용어들을 대개 무슨 의미로 사용해왔는지에 대한 명확한 진술을 찾아내기란 쉽지 않다.

해명해야 할 모호한 점이 적어도 세 가지가 있다. 첫째로, 우리가 자본의 물적 단위를 하나 더 사용하는 것에서 연유하는 시간의 단위당 물적 생산의 증가에 관심을 갖는 것이냐, 아니면 자본의 가치 단위를 하나 더 사용하는 것에서 연유하는 가치의 증가에 관심을 갖는 것이냐 하는 모호함이 있다. 앞의 경우는 자본의 물적 단위에 대한 정의와 관련된 난점을 갖고 있는데, 이 난점은 해결하기가 불가능할 뿐만 아니라 해결하려고 할 필요도 없는 것이라고 나는 믿는다. 어떤 주어진 면적의 땅에서 열 명의 노동자가 어떤 기계를 더 많이 사용할 수 있는 입장이라면 더 많은 밀을 재배하게 될 것이라는 말을 하는 것은 물론 가능하다. 그러나 이런 말의 내용을 가치가 개입되지 않은 명확한 산술적 비율로 환원시킬 방법을 나는 전혀 알지 못한다. 그럼에도 불구하고 이 주제에 관한 많은 논의가 어떤 의미에서 자본의 물적 생산성에 주로 관심을 두고 이루어지고 있는 것으로 보이지만, 그

170

러한 논의를 하는 필자들이 자신들의 논의를 분명하게 개진하지는 못하고
있다.

둘째로, 자본의 한계효율이 어떤 절대적인 양이냐, 아니면 일종의 비율
이냐 하는 문제가 있다. 자본의 한계효율이라는 말이 사용되는 맥락과 이
개념을 이자율과 같은 차원에 놓고 다루는 관례는 그것이 일종의 비율이어
야 한다고 요구하는 것으로 보인다. 그런데 그 비율의 양쪽 항목이 무엇인
지는 대체로 분명치 않다.

마지막으로, 기존의 상황에서 자본의 양을 한 단위 더 사용하는 것을 통
해 얻을 수 있는 가치증가분과 추가되는 자본자산의 수명 전체에 걸쳐 얻
게 되리라고 예상되는 가치증가분의 시계열은 구분된다는 점, 즉 Q_1과 Q_1,
Q_2, … Q_r … 라는 시계열 전체는 구분된다는 점이 있는데, 이런 구분을 간
과한 것이 혼란과 오해의 주요 원인이 돼왔다. 이런 구분은 경제이론에서
예상이라는 것이 차지하는 위치의 문제 전부를 낳는다. 자본의 한계효율
에 대한 대부분의 논의는 Q_1만을 제외하고는 시계열에 속하는 그 어느 것
에도 전혀 주목하지 않는 것으로 보인다. 그러나 이는 Q들의 값이 모두 똑
같은 상태를 다루는 정태이론의 경우를 제외하고는 타당한 태도라고 할 수
없다. 자본이 그 한계생산성(이런저런 의미에서)에 해당하는 만큼의 수익
을 당장에 얻는다고 상정하는 통상적인 분배이론은 정상상태에서만 타당
하다. 지금 자본이 얻는 총수익은 그 한계효율과 직접적인 관계가 전혀 없
다. 또 생산의 한계점에서 그때 자본이 얻게 되는 수익(즉 생산물의 공급가
격에 포함되는 자본의 수익)은 그 한계사용자비용과 같은데, 이것 역시 그
한계효율과는 밀접한 관계가 전혀 없다.

내가 위에서 이야기한 대로 이 문제에 대해서는 분명한 설명이 전혀 없
다는 점은 주목할 만하다. 이와 동시에 위에서 내가 제시한 정의는 마셜이

그와 유사한 용어를 사용한 의미와 아주 가깝다고 나는 믿는다. 마셜 자신이 사용한 용어는 생산요소의 '한계순효율' 또는 '자본의 한계효용'이다. 다음은 그의 《경제학의 원리》(6판, 519~520쪽)에서 이 문제와 가장 관련성이 높은 구절로 내가 발견할 수 있었던 부분의 요약이다. 아래의 서술에서 나는 그가 말한 것의 핵심을 전달하기 위해 그 구절과 바로 이어져 있지 않은 문장의 내용도 일부 포함시키고자 한다.

어떤 공장에서 추가로 100파운드어치의 기계가 사용되지만 다른 추가적인 지출은 전혀 수반되지 않으며, 그 기계 자체가 손모되는 부분을 메우고도 그 기계가 공장에 매년 3파운드어치만큼의 순생산을 추가해준다고 하자. 만약 자본을 투자하는 사람들이 높은 수익을 얻을 수 있을 것으로 보이는 모든 곳에 자본을 투입한다고 하고, 이런 일이 다 이루어진 뒤에 균형이 찾아졌는데 여전히 그 기계를 사용하면 남는 것은 없지만 수지가 정확하게 맞는다고 한다면, 우리는 이런 사실로부터 연 이자율이 3퍼센트라고 추론할 수 있다. 그러나 이런 종류의 예시는 가치를 지배하는 큰 원인들의 작용 가운데 일부만을 보여줄 뿐이다. 이와 같은 예시는 순환논증을 개재시키지 않고는 임금이론으로 발전시킬 수 없으며, 마찬가지로 이자율이론으로도 발전시킬 수 없다. … 완전히 양호한 담보 위에 이자율이 연 3퍼센트라고 가정하자. 그리고 모자제조업이 100만 파운드의 자본을 흡수한다고 가정하자. 이는 곧 모자제조업이 100만 파운드의 자본 가운데 일부라도 사용하지 않기보다는 그 전부를 잘 사용하고 그렇게 사용하게 해준 데 대한 대가로 정확하게 연 3퍼센트를 지급할 수 있다는 뜻이다. 이자율이 연 20퍼센트였다고 해도 모자제조업이 사용하지 않기보다는 사용했을 기계가 있을 수 있다. 이자율이 연 10퍼센트였다면 더 많은 기계가 사용됐을 것이고, 이자율이 6퍼센트였다면 더욱 더 많은 기계가 사용됐을 것이며, 이자율이 4퍼센트였다면 그보다도 더 많은 기계가 사용됐을 것이다. 마지막으로 이자율이 3퍼센트라면 모자제조업은 다시 더 많은 기계를 사용할 것이다. 이때 모자제조업이 사용하게 된 양에 속하는 기계의 한계효용, 즉 사용하는 것이 모자제조업에 가치가 있는 범위에 가까스로 속하게 된 바로 그 기계의 효용은 3퍼센트로 측정된다.

이상으로부터 분명한 것은 우리가 만약 그와 같은 추론을 통해 이자율이 실제로 얼마인가를 판정하려고 한다면 순환논증에 빠진다는 것을 마셜이 잘 알고 있었다는 점이다.[1] 이 대목에서 그는 위에서 제시된 견해, 즉 자본의 한계효율표가 주어졌다고 할 때 새로운 투자가 어느 지점까지 이루어지는가를 이자율이 결정한다는 견해를 받아들이고 있는 것으로 보인다. 만약 이자율이 3퍼센트라면 이는 곧 어떤 기계를 사는 데 100파운드를 지급한 결과로 비용과 감가상각을 감안한 뒤의 연간 순생산이 3파운드만큼 늘어날 것으로 예상할 수 없는 한 그렇게 100파운드를 지급할 사람은 아무도 없다는 뜻이다. 그러나 우리는 14장에서 위와 다른 구절에서는 마셜이 덜 신중함을 보게 될 것이다. 다만 그러한 다른 구절에서도 그는 자신의 논증이 자신을 의심스러운 영역으로 이끌어갈 때에는 뒷걸음질하는 태도를 보이긴 한다.

어빙 피셔 교수는 '자본의 한계효율'이라는 용어로는 부르지 않지만 그의 《이자의 이론》(1930)에서 자신이 '비용초과 수익률'이라고 부르는 것

---

[1] 그러나 임금에 대한 한계생산성 이론도 마찬가지로 순환논증에 해당한다고 생각한 데서는 그가 오류를 범한 것이 아니었을까?

의 정의를 제시했는데, 이것은 나의 정의와 똑같다. 그는 "비용초과 수익률은 모든 비용의 현재가치와 모든 수익의 현재가치를 계산하는 데 도입하면 이 두 가지를 같게 만들 비율"이라고 쓰고 있다.[1] 피셔 교수는 어느 방향으로든 투자의 범위는 비용초과 수익률과 이자율의 비교에 의존할 것이라고 설명한다. 새로운 투자를 유인하기 위해서는 "비용초과 수익률이 이자율을 능가해야 한다"[2]는 것이다. 또한 "우리의 연구에서 이 새로운 양의 크기(또는 이 새로운 요인)는 이자이론의 투자기회 측면에서 중심적인 역할을 수행한다"[3]는 것이다. 따라서 내가 '자본의 한계효율'을 도입하는 것과 똑같은 의미에서, 그리고 정확하게 똑같은 목적으로 피셔 교수는 그의 '비용초과 수익률'을 사용한다.

III

자본의 한계효율이 갖고 있는 의미와 중요성에 관한 가장 중대한 혼동은 그것이 자본의 현재수익에만 의존하는 것이 아니라 그 예상수익에도 의존한다는 점을 보지 못한 결과로 일어났다. 이러한 점은 노동비용 즉 임금단위의 변화에 기인하는 변화이든 발명과 새로운 기술에 기인하는 변화이든 미래의 생산비용에 일어날 변화에 대한 예상이 자본의 한계효율에 미치는 영향을 지적하는 것에 의해 가장 잘 예시될 수 있다. 오늘 생산된 설비의 생산물은 그 설비가 존속하는 동안 나중에 생산되는 설비의 생산물과 경

---

1 《이자의 이론》, 168쪽.
2 앞에서 든 책, 159쪽.
3 앞에서 든 책, 155쪽.

쟁을 해야 하는데 나중에 생산되는 설비는 아마도 더 낮은 노동비용만 들이면서 개선된 기술로 생산을 할 것이므로 그 생산물에 대해 가격이 더 낮아도 만족할 것이고, 그 가격이 더 낮은 수치로 떨어지더라도 만족할 수 있는 범위를 벗어나지 않는 한 생산량을 늘릴 것이다. 더 나아가 만약 모든 생산물이 더 저렴하게 생산되게 된다면 기존의 설비든 새로운 설비든 설비로부터 나오는 기업가의 이윤(화폐로 측정한 명목이윤)은 축소될 것이다. 그러한 상황이 전개될 개연성이 있거나 심지어는 그렇게 될 가능성만이라도 있는 한 오늘 생산된 자본의 한계효율은 그에 맞추어 적절히 감소한다.

이것이 바로 화폐의 가치변화에 대한 예상이 현재의 생산량에 영향을 미치는 경로가 되는 요인이다. 화폐의 가치가 하락할 것이라는 예상은 투자를 자극하고, 따라서 일반적으로 고용을 자극한다. 왜냐하면 그러한 예상이 자본의 한계효율표, 즉 투자수요표를 끌어올리기 때문이다. 그리고 화폐의 가치가 상승할 것이라는 예상은 자본의 한계효율표를 끌어내리기 때문에 투자와 고용을 억제하게 된다.

이것이 바로 어빙 피셔 교수가 애초에 '화폐의 가치상승과 이자'라고 불렀던 것에 대한 그의 이론의 배후에 숨어있는 진리다. '화폐의 가치상승과 이자'는 화폐의 가치변화를 감안하기 위한 수정을 한 뒤의 실질이자율이 화폐이자율과 같다고 할 때 그 두 가지 이자율을 구분하는 표현이다. 이 이론을 진술된 그대로 이해하기는 어렵다. 왜냐하면 화폐의 가치변화가 예상된 것으로 가정됐는지 그렇지 않은지가 분명하지 않기 때문이다. 화폐의 가치변화가 예상된 것이 아니라면 현재의 일들에 아무런 영향도 미치지 않을 것이고, 반대로 화폐의 가치변화가 예상된 것이라면 기존 재화의 가격들이 그에 따라 곧바로 조정되어 화폐를 보유하는 것의 이득과 재화를 보유하는 것의 이득이 다시 같아지게 됨으로써 대부기간 동안에 대부된 화폐의 가치에 일어날 것으로 예상된 변화를 상쇄시킬 이자율의 변화로부터 화폐보유자가 이득을 얻거나 손실을 보기에는 시간적 틈이 없다는 딜레마에서 벗어날 길이 없다. 왜 이렇게 말할 수 있느냐 하면, 화폐의 가치에 일어날 변화를 어느 한 집단의 사람들은 예상하지만 다른 집단의 사람들은 예상하지 못한다는 피구 교수의 편의적인 가정에 의해서도 그러한 딜레마에서 성공적으로 벗어나는 것이 불가능하기 때문이다.

오류는 화폐의 가치에 일어날 것으로 예상되는 변화가 직접적으로 작용하는 대상은 이자율이지 일정하게 주어진 자본이 아니라고 가정하는 데 있다. 기존 자산의 가격은 화폐의 미래가치에 대한 예상의 변화에 언제나 스스로 적응해 변화할 것이다. 이러한 예상의 변화가 갖고 있는 중요성은 그것이 자본의 한계효율에 작용을 가하는 것을 통해 새로운 자산을 생산하려는 태도에 미치는 영향에 있다. 물가가 상승할 것이라는 예상의 자극효과는 그러한 예상이 이자율을 끌어올리기 때문이 아니라(이자율을 끌어올리기 때문이라고 한다면 그것은 생산을 자극하는 방식으로는 모순적일 것이다. 왜냐하면 이자율이 상승한다면 그 정도만큼 자극효과가 상쇄되기 때문이다) 그러한 예상이 주어진 자본의 한계효율을 끌어올리기 때문이다. 만약 이자율이 자본의 한계효율과 보조를 맞추어 상승한다고 가정하면 물가가 상승할 것이라는 예상으로부터 아무런 자극효과도 나오지 않을 것이다. 왜냐하면 생산에 대한 자극은 주어진 자본의 한계효율이 이자율에 비해 상대적으로 얼마나 더 상승하느냐에 의존하기 때문이다. 사실 피셔 교수의 이론은 화폐의 미래가치에 대한 예상의 상태에 일어나는 변화의 결과로 지배적이게 될 이자율로 정의된 '실질이자율'의 관점에서 다시 쓰는 것이 가장 나을 수 있다. 화폐의 미래가치에 대한 예상의 상태에 일어난 변화가 현재의 생산에 아무런 영향도 미치지 않게 하기 위해서 그렇게 해야 한다는 것이다.[1] 미래에 이자율이 하락할 것이라는 예상이 자본의 한계효율 표를 낮추는 효과를 낸다는 점은 주목할 만하다. 왜냐하면 그것은 곧 오늘 생산된 설비로 만들어지는 생산물이 그 설비의 수명 가운데 일부 기간 동안에 보다 낮은 수익에도 만족하는 설비로 만들어지는 생산물과 경쟁을 해야 한다는 뜻이기 때문이다. 그러나 그러한 예상이 억압적인 효과를 크게 내지는 않을 것이다. 왜냐하면 미래에 지배적이게 될 다양한 대부기간별 이자율들의 복합체에 대해 갖게 되는 그러한 예상은 오늘 지배적인 이자율 복합체에 부분적으로 반영될 것이기 때문이다. 그럼에도 불구하고 억압적인 효과가 어느 정도는 존재할 수 있다. 왜냐하면 오늘 생산된 설비의 수명이 다할 즈음에 그 설비로부터 나오게 될 생산물은 그 설비의 수명이 다한 뒤에 이어지는 기간에 지배적이게 될 더 낮은 이자율 때문에 더 낮은 수익에도 만족하는 훨씬 더 새로운 설비로부터 나오게 될 생산물과 경쟁해야 하게 될 수 있기 때문이다.

일정하게 주어진 자본의 한계효율이 예상의 변화에 의존한다는 점을 이해하는 것은 중요하다. 왜냐하면 바로 이러한 의존이 주된 원인이 되어 자본의 한계효율이 다소 격렬한 변동을 겪게 되고, 이런 변동이 경기순환을 설명해주는 요인이 되기 때문이다. 뒤의 22장에서 우리는 이자율에 비해 상대적으로 자본의 한계효율이 변동한다는 관점에서 호황과 불황을 묘사하고 분석할 수 있음을 보일 것이다.

---

1 〈이코노믹 저널〉 1934년 12월호에 실린 '산업변동과 자연이자율'에 관한 로버트슨 씨의 글을 참조하라.

IV

그동안 대개는 구분되지 않았지만 구분하는 것이 중요한 두 가지 유형의 위험이 투자의 규모에 영향을 미친다. 첫 번째 유형의 위험은 기업가의 위험 또는 차입자의 위험이며, 이는 기업가 또는 차입자가 스스로 예상한 미래의 수익을 실제로 벌게 될 가능성에 대해 자신의 마음속에 품는 의심에서 생겨난다. 어느 한 개인이 위험을 무릅쓰고 자기 돈을 투자하는 경우에는 이런 유형의 위험이 유일하게 문제가 되는 위험이다.

그러나 차입과 대부의 제도(이것으로 내가 의미하는 것은 물적 담보 또는 인적 담보를 다소 여유 있게 설정하고 대부자금의 공여가 이루어지는 제도다)가 존재하는 곳에서는 우리가 대부자의 위험이라고 부를 수 있는 두 번째 유형의 위험이 문제가 된다. 이 위험은 도덕적 해이 때문에, 다시 말해 고의적인 채무불이행이나 그 밖의 다른 방식(합법적인 방식일 수도 있다)으로 채무이행을 회피하는 행위 때문에 생겨날 수도 있고, 담보의 여유가 불충분해질 가능성 때문에, 다시 말해 기대의 좌절에 기인한 비고의적인 채무불이행 때문에 생겨날 수도 있다. 세 번째 위험을 추가로 이야기할 수 있다. 그것은 기준화폐에 불리한 변화가 일어날 가능성이다. 이런 변화는 그 가능성의 정도만큼 화폐대부를 실물자산보다 덜 안전한 것으로 만든다. 내구적 실물자산의 가격에는 이러한 가능성의 전부 또는 대부분이 이미 반영됐을 것이고, 따라서 이미 흡수됐을 것이다.

그런데 첫 번째 유형의 위험으로 돌아가면, 그 위험은 예견의 정확성이 높아지는 것에 의해서는 물론이고 평균화에 의해서도 줄어들기 쉽기는 하지만 어떤 의미에서는 실질적인 사회적 비용이다. 그러나 두 번째 유형의 위험은 차입자와 대부자가 동일한 사람이라면 존재하지 않겠지만 그렇지 않기에 투자의 비용에 순수하게 추가되는 것이다. 게다가 이 위험은 기업가의 위험 가운데 일부와 중복되는 부분을 포함하고 있고, 이런 부분이 순수한 이자율에 두 번 더해지고서야 투자를 유인하게 될 최저 예상수익이 수립된다. 왜냐하면 어떤 투자사업이 위험한 것이라면 그와 관련된 차입자의 입장에서는 수익에 대한 자신의 예상과 차입을 할 만하다고 자신으로 하여금 생각하게 하는 이자율 사이의 격차가 그만큼 더 확대돼야 하고, 이와 동시에 대부자의 입장에서도 똑같은 이유로 인해 대부를 하도록 유도되려면 자신이 부과하는 이자율과 순수한 이자율 사이의 격차가 그만큼 더 확대돼야 하기(차입자가 워낙 강력하고 부유해서 담보를 예외적일 정도로 여유 있게 제공할 수 있는 입장인 경우는 제외하고) 때문이다. 차입자의 마음속에서는 매우 유리한 결과에 대한 희망이 위험을 상쇄시킬 수도 있지만, 대부자를 안심시킬 수 있는 그러한 희망은 존재하지 않는다.

위험의 일부에 대한 고려가 이렇게 중복되는 것은 내가 아는 한 그동안 강조된 바가 없지만, 어떤 상황에서는 중요할 수 있다. 호황의 시기에는 이런 양쪽의 위험, 즉 차입자의 위험과 대부자의 위험 둘 다의 크기에 대한 대중적인 추정치가 이례적이고도 무분별할 정도로 낮아지기 쉽다.

V

미래에 대한 예상이 현재에 영향을 끼치는 것은 주로 자본의 한계효율표를 통해서(이자율을 통해서보다 훨씬 더)이기 때문에 자본의 한계효율표는 근본적으로 중요하다. 주로 자본설비의 현재수익을 기준으로 자본의 한계효율을 바라보는 것은 현재에 영향을 끼칠 미래의 변화가 없는 정태적인 상태에서만 옳은데도 그렇게 한 오류가 오늘과 내일 사이의 이론적 연결고리가 끊어지게 하는 결과를 가져왔다. 이자율도 사실상[1] 현재의 현상인데 만약 자본의 한계효율도 그것과 똑같은 위치로 돌려버린다면 우리는 현재의 균형에 대한 우리의 분석에서 미래의 영향에 대해 그 어떤 직접적인 고려도 하지 못하게 된다.

오늘날의 경제이론은 종종 그 밑바탕에 정태적 상태라는 가정을 깔고 있다는 사실로 인해 경제이론이 비현실성을 하나의 커다란 구성요소로 갖게 된다. 그러나 위에서 정의된 사용자비용과 자본의 한계효율이라는 개념을 도입하면 그것은 경제이론을 현실에 적용하는 데 필요한 수정의 정도를 최소한으로 줄이면서 경제이론을 현실로 되돌아오게 하는 효과를 낼 것이라고 나는 생각한다.

경제적으로 미래가 현재에 연결되는 것은 내구적 설비가 존재하기 때문이다. 그러므로 미래에 대한 예상이 내구적 설비의 수요가격을 통해 현재에 영향을 미치리라는 생각은 우리가 갖고 있는 전반적인 사고의 원리와 조화될 뿐 아니라 부합되기도 한다.

---

[1] 이는 완전하게 그런 것은 아니라는 뜻이다. 왜냐하면 이자율의 값은 부분적으로 미래의 불확실성을 반영하기 때문이다. 게다가 상이한 대부기간별 이자율들 사이의 관계는 미래에 대한 예상에 의존한다.

12장
장기예상의 상태

I

우리는 앞장에서 투자의 규모는 상이한 양의 현재 투자에 대응하는 자본의 한계효율표와 이자율의 관계에 의존하고, 자본의 한계효율은 자본자산의 공급가격과 그 예상수익의 관계에 의존함을 보았다. 이 장에서 우리는 어느 한 자산의 예상수익을 결정하는 요인들 가운데 일부를 보다 자세히 검토할 것이다.

미래수익에 대한 예상에 근거가 되는 고려사항들 가운데 일부는 어느 정도 확실하게 알려져 있다고 우리가 가정할 수 있는 기존의 사실들이고, 일부는 어느 정도의 신뢰도로 예측할 수밖에 없는 미래의 사건들이다. 앞의 사실들에 속하는 것으로는 다양한 유형의 자본자산들과 자본자산 전체의 기존 양, 효율적으로 생산되려면 자본의 도움을 상대적으로 더 많이 받아야 하는 재화에 대한 소비자의 기존 수요의 강도를 꼽을 수 있고, 뒤의 사건들에 속하는 것으로는 미래에 자본자산의 유형과 양에 일어날 변화, 미래에 소비자의 기호에 일어날 변화, 검토되는 투자대상물의 수명기간 동안에 시시때때로 변화할 유효수요의 강도, 투자대상물의 수명기간 동안에 화폐로 측정한 임금단위에 일어날 수 있는 변화가 있다. 뒤의 것들을 포괄하는 심리적 예상의 상태를 우리는 장기예상의 상태라고 요약해 부를 수 있다. 장기예상은 개별 생산자가 기존의 공장에서 오늘 생산을 시작하기로 결정하는 경우에 생산물이 완성된 뒤에 그 생산물을 내다팔면 얼마나 벌 수 있는가를 추정하는 데 근거가 되는 단기예상과는 구분되는 것이며, 이러한 단기예상에 대해서는 우리가 이미 5장에서 살펴보았다.

∥

우리가 예상을 형성할 때 매우 불확실[1]한 것에 큰 비중을 부여하는 것은 어리석은 일일 것이다. 그러므로 우리가 다루는 문제에 대해 결정적인 관련성은 낮다고 하더라도 우리가 다소 확실하다고 느끼는 사실들이 우리를 상당한 정도로 인도하도록 하는 것이 우리의 지식이 흐릿하거나 부족한 그 밖의 다른 사실들이 그렇게 하도록 하는 것보다 합리적이다. 이런 이유에서 기존의 상황과 관련된 사실들이 어떤 의미에서는 과도하게 우리가 장기예상을 형성하는 데 끼어든다. 즉 우리의 통상적인 관행은 기존의 상황을 파악하고 그것을 미래로 투사하는 것이며, 그러는 가운데 우리로 하여금 어떤 변화를 예상하게 하는 어느 정도 분명한 이유가 있으면 그 정도만큼만 수정을 하는 것이다.

---

1 '매우 불확실'이라는 말로 내가 가리키는 것은 '개연성이 매우 낮다'라는 말이 의미하는 것과 같지 않다. 내가 쓴 《확률론(Treatise on Probability)》 가운데 '주장된 명제의 비중'에 관한 장인 6장을 참조하라.

그러므로 우리의 의사결정에 토대가 되는 장기예상의 상태는 우리가 할 수 있는 가장 개연성 높은 예측에만 근거를 둔 것이 아니다. 장기예상의 상태는 우리가 얼마나 신뢰하는 마음을 갖고 그러한 예측을 하는가, 바꿔 말하면 우리가 하는 최선의 예측이 완전히 잘못된 것으로 판명될 가능성을 우리가 얼마나 높게 평가하는가에도 의존한다. 만약 우리가 큰 변화를 예상하지만 그 변화가 정확하게 어떤 형태로 나타날지는 매우 불확실하다고 생각한다면 그때에는 우리의 신뢰는 약할 것이다.

이른바 신뢰의 상태는 실무에 종사하는 사람들이 언제나 가장 면밀하고 주의 깊게 주목하는 문제다. 그러나 경제학자들은 그동안 신뢰의 상태를 신중하게 분석하지 않았고, 대체로 그것을 일반적인 관점에서 논의하는 데 만족했다. 특히 신뢰의 상태가 경제문제에 대해 갖는 관련성은 그것이 자본의 한계효율표에 중요한 영향을 미치는 것을 통해 드러난다는 점이 해명되지 않았다. 투자율에 영향을 미치는 두 가지 요인, 즉 자본의 한계효율표와 신뢰의 상태는 서로 별도로 존재하는 것이 아니다. 신뢰의 상태가 경제문제에 대해 관련성을 갖는 것은 그것이 투자수요표와 같은 것인 자본의 한계효율표를 결정하는 주된 요인들 가운데 하나이기 때문이다.

그러나 신뢰의 상태에 대해 선험적으로 이야기할 수 있는 것은 많지 않다. 우리는 시장과 사업심리에 대한 실제의 관찰에 주로 의거해 결론을 도출해야 할 것이다. 이것이 바로 우리의 본론에서 잠시 벗어나 전개하는 아래의 논의가 이 책의 대부분과는 다른 추상수준에서 이루어지게 되는 이유다.

설명의 편의를 위해 우리는 신뢰의 상태에 대한 아래의 논의에서 이자율에는 아무런 변화도 없다고 가정하겠다. 그리고 우리는 아래의 여러 절에 걸쳐 투자대상물의 가치에 일어나는 변화는 오로지 그 미래수익에 대한 예상의 변화 때문이지 예상되는 미래수익을 자본화할 때 적용하는 이자율에 일어나는 변화 때문이 전혀 아닌 것처럼 서술을 해나갈 것이다. 그렇지만 이자율에 일어나는 변화가 낳는 효과는 신뢰의 상태에 일어나는 변화가 낳는 효과에 얼마든지 덧붙일 수 있다.

Ⅲ

우선 눈에 띄는 사실은 우리가 미래수익에 대해 추정을 할 때 근거로 삼아야 하는 지식의 토대가 매우 취약하다는 점이다. 어떤 투자가 이루어지고 나서 몇 년 뒤에 그 투자의 수익을 좌우하게 될 요인들에 대한 우리의 지식은 대체로 매우 빈약하고, 흔히 무시해도 좋을 정도다. 솔직하게 말한다면 어떤 철도, 어떤 구리광산, 어떤 섬유공장, 어떤 특허의약품의 영업권, 어떤 대서양 횡단 정기여객선, 런던 금융가 안의 어떤 건물 등이 10년 뒤에 가져올 수익을 추정할 때는 물론이고 그런 것들이 5년 뒤에 가져올 수익을 추정할 때에도 그러한 추정을 하기 위해 우리가 근거하는 지식의 토대가 따지고 보면 별것이 아니고, 아무것도 아닌 경우도 흔하다는 점을 우리는 인정해야 한다. 사실 어떤 것에 대해서든 그러한 추정을 하려고 진지하게 시도하는 사람들은 소수인 경우가 많고, 그래서 그들의 행위는 시장을 좌우하지 못한다.

기업이 주로 창업자와 그의 친구나 동료에 의해 소유됐던 과거에는 하나의 삶의 방식으로 사업에 뛰어들고, 예상이윤에 대한 정밀한 계산에는 그다지 기대지 않으며, 낙관적인 기질과 건설적인 충동을 가진 개인들이 충분히 공급되는가가 투자를 좌우했다. 그들의 사업은 부분적으로는 제비뽑기와 같았다. 물론 그렇다고 해도 궁극적인 결과는 경영진의 능력과 성품이 평균 이상인가 평균 이하인가에 의해 크게 좌우됐다. 어떤 사람들은 실패했고, 어떤 사람들은 성공했다. 그러나 사업의 성패가 엇갈린 뒤에도 투자된 돈의 총액에 비추어 평균적인 결과가 지배적인 이자율을 능가했는지, 그것과 같았는지, 그것에 못 미쳤는지를 아는 사람은 아무도 없었다. 그렇다고 하더라도 자연자원의 착취와 그것에 대한 독점을 제쳐놓고 말한다면, 발전과 번영의 시기에도 실제로 나타난 투자의 평균적인 결과는 투자를 하게 한 기대를 좌절시켰을 가능성이 높다. 사업가들은 솜씨와 운이 동시에 작용하는 복합적인 게임을 벌이며, 참여자들에게 돌아갈 게임의 평균적인 결과를 참여자들 자신은 알지 못한다. 만약 인간의 본성이 결과는 운에 맡기고 일단 일부터 도모해보려는 유혹을 전혀 느끼지 못하거나 공장, 철도, 광산, 농장을 건설하는 데서 만족(이윤과는 별도로)을 전혀 느끼지 못한다면 단지 냉정한 계산의 결과만으로 투자가 이루어질 텐데, 그러면 투자가 그리 많이 이루어지지 않을 수 있다.

그러나 구식의 유형에 속하는 사적 사업에 투자하기로 하는 결정은 공동체 전체의 경우뿐만 아니라 개인의 경우에도 대체로 돌이킬 수 없는 결정이었다. 오늘날 소유와 경영의 분리가 보편화되고 조직화된 투자시장이 발전함으로써 커다란 중요성을 가진 하나의 새로운 요인이 끼어든 셈인데, 그 요인은 때로는 투자를 촉진하기도 하지만 때로는 체제의 불안정을 크게 증폭시킨다. 증권시장이 없다면 우리의 투자대상물에 대해 그 가치를 자주 재평가하려고 해야 할 이유가 없다. 그러나 증권거래소는 많은 투자대상물의 가치를 매일같이 재평가하며, 그러한 재평가는 개인에게(공동체 전체에게는 아니라고 하더라도) 자신의 투자를 수정할 기회를 자주 준다. 그것은 마치 어느 농부가 아침식사를 한 뒤에 자신의 계측기를 들여다보고 나서 오전 10시부터 11시 사이에 농사에서 자기 자본을 빼내기로 결정하고 자본을 다시 농사에 투입해야 하는지를 며칠 뒤에 재검토하기로 할 수 있는 것과 같다. 그런데 증권거래소에서 매일 이루어지는 재평가는 주로 개인과 개인 사이에 기존의 투자대상물이 원활하게 이전되게 하기 위한 것이기는 하지만 필연적으로 현재의 투자율에 결정적인 영향을 미친다. 왜냐하면 기업을 새로 설립하는 데 드는 비용이 그것과 비슷한 기존의 기업을 매입하는 데 드는 비용보다 더 큰데도 기업을 새로 설립하는 것은 이치에 닿지 않기 때문이다. 반면에 새로운 사업계획을 증권거래소에 상장시켜 즉각적으로 이윤을 실현할 수 있다면 그 새로운 사업계획이 엄청난 거액의 돈을 필요로 하는 것이라고 하더라도 그 새로운 사업계획에 지출을 하게 하는 유인이 존재한다.[1] 따라서 특정한 종류의 투자대상물은 전업적 기업가의 순전한 예상에 의해 좌우되기보다는 증권시장에서 거래를 하는 사람들의 평균적인 예상(이는 주식의 가격으로 나타난다)에 의해 좌우된다.[2] 그렇다면 이런 매우 중요한 재평가, 즉 기존 투자대상물에 대한 매일의 재평가, 더 나아가 매시간의 재평가가 실제로는 어떻게 이루어지는 것일까?

---

1 나는 《화폐론》(2부, 195쪽)에서 어느 기업의 주식이 매우 높은 가격에 시세가 형성돼있어서 그 기업이 유리한 조건으로 더 많은 주식을 발행하는 것을 통해 더 많은 자본을 조달할 수 있다고 할 때 그런 상황은 그 기업이 낮은 이자율로 차입을 할 수 있는 상황과 똑같은 효과를 낸다는 점을 지적했다. 지금은 내가 다음과 같이 말하는 것으로 그런 점을 설명해야겠다. 기발행 주식에 대해 높은 시세가 형성돼있다는 것은 해당 유형에 속하는 자본의 한계효율이 증대한다는 의미이고, 따라서 이자율이 하락하는 것과 똑같은 효과를 낸다(왜냐하면 투자는 자본의 한계효율과 이자율의 비교에 의존하기 때문이다).
2 이 말은 물론 시장성이 없어 얼른 판매되지 못하거나 밀접하게 대응되는 양도수단이 존재하지 않는 종류의 기업에는 적용되지 않는다. 이런 예외에 속하는 기업이 예전에는 넓은 범위에 걸쳐 많이 있었다. 그러나 새로운 투자의 총가치에 비교한 비율로 보면 지금은 그런 기업들의 중요성이 급속하게 떨어지고 있다.

IV

현실적으로는 우리가 대체로 관습이라는 것에 사실상 의지하기로 암묵적인 동의를 하고 있다. 그 관습의 본질은 아주 단순하게 관철되는 것은 물론 아니지만 우리가 변화를 예상해야 할 구체적인 이유를 갖고 있는 경우를 제외하고는 기존의 상태가 무한정 계속될 것이라고 가정하는 데서 찾을 수 있다. 그렇다고 해서 우리가 기존의 상태가 무한정 계속될 것이라고 진짜로 믿는다는 뜻은 아니다. 그렇게 되는 것은 불가능함을 우리는 다양한 경험을 통해 알고 있다. 여러 해에 걸치는 장기에 나타나는 투자의 실제 결과가 애초의 예상과 맞아떨어지는 경우는 매우 드물다. 또한 우리가 무지의 상태에 있는 한 개인의 경우에는 상반되는 두 방향으로 오류를 저지를 확률이 같기 때문에 이러한 두 가지 확률의 일치에 토대를 둔 평균적인 보험통계적 예상만 남게 된다고 주장하는 것으로 우리의 행동을 합리화할 수도 없다. 왜냐하면 무지의 상태를 근거로 해서 두 방향으로 오류를 저지를 확률이 산술적으로 동등하다고 가정하는 것은 불합리한 결과를 낳는다는 사실을 증명해보일 수 있기 때문이다. 우리는 사실 시장의 기존 평가는 그것이 어떻게 이루어진 것이든 간에 투자의 수익에 영향을 미치는 사실들에 대한 우리의 기존 지식과 관련해서는 유일하게 적확한 것이며 그 지식에 일어나는 변화에 비례해서만 변화할 것이라고 가정하고 있다. 물론 철학적으로 말한다면, 우리의 기존 지식은 수학적으로 계산된 예상에 충분한 근거가 돼주는 것이 아니기 때문에 시장의 기존 평가가 유일하게 적확하다고 할 수 없다. 사실은 예상수익과는 아무런 관계도 없는 온갖 종류의 고려가 시장의 평가에 끼어든다.

그럼에도 불구하고 우리가 관습의 유지를 믿을 수만 있다면 위와 같은 관습적 계산방법은 우리의 삶이 보여주는 상당한 정도의 지속성 및 안정성과 부합할 수 있을 것이다.

왜냐하면 만약 조직화된 투자시장이 존재하고 우리가 관습의 유지를 믿을 수 있다면 개별 투자자는 가까운 미래에 관한 정보에 진정한 변화가 일어날 위험만이 자신이 부담하게 되는 위험이라는 생각으로 스스로 고무되어도 무방하기 때문이다. 그러한 변화의 가능성에 대해서는 투자자가 자기 나름의 판단을 해보려고 할 수 있지만, 그러한 변화의 가능성이 매우 클 것 같지는 않다. 투자자가 위와 같은 생각을 할 수 있는 것은 만약 관습이 유지된다고 하면 그의 투자대상물의 가치에 영향을 미칠 수 있는 변화는 위와 같은 변화뿐이며, 따라서 투자자는 자신의 투자대상물이 10년 뒤에 얼마만한 가치를 갖게 될 것인가에 대해 아는 게 전혀 없다는 이유만으로 밤잠을 설칠 필요가 없기 때문이다. 이리하여 단기에는 개별 투자자에게 투자가 꽤 '안전'하게 된다. 따라서 관습이 단절되는 일이 없을 뿐만 아니라 많은 일이 일어날 수 있는 정도의 시간이 흐르기 전에 자신의 판단을 수정하고 투자를 변경할 기회도 가질 수 있다고 상당한 정도로 믿을 수 있다면, 아무리 많은 단기가 연속되는 기간이라도 그 기간 전체에 대해서도 위와 같은 말을 할 수 있다. 따라서 공동체의 관점에서는 '고정'돼있는 투자가 개인의 관점에서는 '유동적'이게 되는 것이다.

우리의 주요 투자시장들이 그동안 발전해온 것은 이와 같은 어떤 절차를 토대로 해서였을 것이라고 나는 확신한다. 그러나 관습은 매우 임의적인 것을 절대적인 것으로 보게 한다는 점에서 그 나름의 약점을 갖고 있다는 것은 놀랄 일이 아니다. 다름 아닌 관습의 취약성이 충분한 투자를 확보해야 한다는 우리 시대의 문제 가운데 적지 않은 부분을 만들어낸다.

V

이러한 관습의 취약성을 더욱 심화시키는 요인들 가운데 일부는 다음과 같이 간략하게 언급할 수 있다.

(1) 공동체의 총 자본투자에 대한 지분 가운데 경영을 맡아 하지도 않고 관련 사업의 실제 상황에 대해서나 예상되는 미래 상황에 대해서나 전문 지식을 전혀 갖고 있지도 않은 개인들이 소유하는 부분이 점점 더 늘어난 결과로, 투자대상물을 소유하고 있거나 구매할 것을 고려하고 있는 사람들에 의한 투자대상물 가치평가에서 진정한 지식의 요소가 현저하게 감소했다.

(2) 기존 투자의 이윤에 일어나는 매일매일의 변동은 중요하지 않은 일시적 성격만을 갖고 있는 게 분명한데도 시장에 대단히 과도하고 심지어는 터무니없을 정도의 영향을 끼치는 경향이 있다. 예를 들어 얼음을 제조하는 미국 기업들의 주식은 아무도 얼음을 원하지 않는 겨울보다는 계절적으로 이윤이 더 커지는 여름에 더 높은 가격으로 팔리는 경향이 있다고 한다. 은행휴일이 거듭 발생하게 되면 영국 철도망에 대한 시장의 평가가 몇 백만 파운드나 더 오를 수 있다.

(3) 수많은 무지한 개인들의 대중적 심리가 낳은 결과로 성립된 관습적 평가는 미래수익에 대한 예상에 그다지 큰 변화를 일으키지 않는 원인들에 의해서도 만약 그로 인해 여론에 급작스러운 변동이 일어난다면 급격하게 변화하기 쉽다. 왜냐하면 그러한 관습적 평가를 굳건하게 유지시켜줄 확고한 신념의 뿌리가 존재하지 않을 것이기 때문이다. 어떤 확실한 변화를 예견하게 하는 명시적인 근거가 전혀 없다고 하더라도 기존의 상태가 무한정 지속된다는 가정의 개연성이 보통의 경우보다 낮은 이례적인 시기에는

특히 시장이 낙관적 정서나 비관적 정서의 파도에 쉽게 휩쓸리게 될 것이다. 그러한 정서는 비합리적인 것이지만, 그럼에도 불구하고 합리적인 계산을 위한 견고한 토대가 전혀 존재하지 않는 경우에는 어떤 의미에서는 당연한 것으로 정당화될 수 있다.

(4) 하지만 특히 우리가 주목할 만한 한 가지 특징적인 요인이 있다. 평균적인 개인투자자를 능가하는 판단력과 지식을 갖춘 전문가들 사이의 경쟁이 무지한 개인들을 제멋대로 알아서 하도록 놔둘 경우에 그들이 보일 변덕을 교정시켜줄 것이라고 생각하는 이들도 있을 것이다. 그러나 전문적인 투자자와 투기자들의 에너지와 기법은 주로 이와는 다른 방향으로 투입되고 있는 것이 사실이다. 왜 이렇게 말할 수 있느냐면, 이런 사람들 가운데 대다수는 사실 어떤 투자대상물의 수명기간 전체에 걸쳐 그 투자대상물이 낳아줄 수 있는 수익에 대해 탁월한 장기예측을 하는 데 관심을 갖는 것이 아니라 대체로 일반 대중보다 조금 앞서서 가치평가의 관습적 토대에 일어날 변화를 예견하는 데만 관심을 갖기 때문이다. 그들은 어떤 투자대상물이 그것을 '보유'하기 위해 매입하는 사람에게 정말로 얼마만한 가치가 있는지에는 관심을 갖지 않고 대중심리의 영향 아래서 석 달 뒤나 일 년 뒤에 시장이 그 투자대상물을 어떻게 평가할 것인지에 관심을 갖는다. 게다가 이러한 행태는 잘못된 원칙에 집착하는 완고한 성향의 결과가 아니다. 그것은 앞에서 설명한 방식으로 조직된 투자시장이 낳은 불가피한 결과다. 왜 그러냐면 당신이 예상하는 미래수익이 30이라는 가치를 정당화한다고 믿는 투자대상물에 대해 석 달 뒤에는 시장이 그 가치를 20으로 평가할 것이라고도 믿는다면 그것을 사기 위해 25의 가치에 해당하는 지급을 하는 것은 정신 나간 짓이기 때문이다.

이처럼 전문적 투자자는 시장의 대중심리에 가장 크게 영향을 미치는 것으로 경험을 통해 확인된 종류의 변화가 정보나 분위기에 곧 일어날 것인지를 예측하는 데 관심을 갖도록 강요된다. 이는 이른바 '유동성'을 염두에 두고 조직된 투자시장의 필연적인 결과다. 인습적인 금융 정통주의의 원칙들 가운데 유동성에 대한 숭배, 즉 투자기관으로서는 '유동적'인 증권을 보유하는 데 재원을 집중하는 것이 긍정적인 덕목이 된다는 교리보다 더 반사회적인 것은 없는 게 분명하다. 이런 교리를 믿는 것은 공동체 전체로 보면 투자대상물의 유동성과 같은 것은 존재하지 않는다는 사실을 잊어버린 것이다. 숙련된 투자의 사회적 목적은 우리의 미래를 감싸고 있는 시간과 무지라는 어둠의 세력을 물리치는 것이어야 한다. 오늘날 가장 숙련된 투자를 하는 사람들이 실제로 갖고 있는 개인적 목적은 미국인들이 아주 잘 표현한 대로 '출발의 총성이 울리기 전에 남보다 먼저 뛰어나가는 것', 즉 대중의 의표를 찌르는 것과 이를테면 불량하거나 감가되고 있는 주화를 다른 사람에게 떠넘기는 것이다.

여러 해의 장기간에 걸쳐 투자대상물이 낳아줄 미래수익을 예측하기보다는 몇 달 뒤 관습적 평가의 토대를 예측하려는 이러한 눈치싸움이 벌어지게 하는 데는 전문가들의 입에 먹을 것을 넣어주는 얼간이들이 대중 속에 있어야 할 필요조차 없다. 그러한 싸움은 전문가들이 자기들끼리 할 수 있다. 또한 누군가가 가치평가의 관습적 토대에 대한 자신의 단순한 믿음이 어떤 진정한 장기적 타당성을 갖춘 것이라고 생각하고 그 믿음을 유지하고 있어야 할 필요도 없다. 왜냐하면 그것은 말하자면 스냅 게임, 올드메이드 게임, 뮤지컬 체어 게임이기 때문이다. 이것들은 각각 너무 이르지도 너무 늦지도 않게 '스냅'이라고 말하는 사람이 이기는 놀이, 게임이 끝나기 직전에 옆에 있는 사람에게 올드메이드 카드를 넘긴 사람이 이기는 놀이, 음악이 멈출 때 자기 자리를 확보하고 있는 사람이 이기는 놀이다. 이런 게임들은 올드메이드 카드가 돌려지고 있다는 사실이나 음악이 멈출 때 참여자들 가운데 일부는 앉아있을 자리가 없게 된다는 사실을 다 알고 있음에도 참여자들 모두가 재미있게 즐기면서 할 수 있는 놀이다.

또는 비유를 조금 바꾼다면, 전문적인 투자는 100장의 얼굴사진을 제시하고 시합의 참여자들로 하여금 그 가운데 얼굴이 예쁜 순서로 6장씩을 골라내게 한 다음에 참여자들 전체의 평균적인 선호에 가장 가깝게 부합하는 선택을 한 참여자에게 상금을 주는 신문 지상의 시합과 같다고 할 수 있다. 이런 시합에서는 참여자가 자기가 볼 때 가장 예쁜 얼굴을 골라내기보다 자기가 생각하기에 다른 참여자들의 마음에 들 가능성이 가장 높은 얼굴을 골라내야 한다. 참여자들은 모두 다 똑같은 관점에서 주어진 문제를 바라본다. 그것은 최선의 판단을 해서 정말로 가장 예쁜 얼굴을 골라내는 상황도 아니고, 평균적인 견해를 가진 사람이 진심으로 가장 예쁘다고 생각하는 얼굴을 골라내는 상황도 아니다. 우리는 평균적인 견해가 어떻게 되리라고 평균적인 견해가 예상할지를 예측하는 데 우리의 지능을 집중해야 하는 세 번째 단계에 도달해있다. 네 번째 단계, 다섯 번째 단계, 또는 이보다 더 높은 단계의 예측을 하기 위해 머리를 굴리는 사람들도 일부 있다고 나는 믿는다.

만약 독자가 여기서 끼어들어, 일반적인 게임에 흔들리지 않는 어느 숙련된 개인이 스스로 형성할 수 있는 최선의 진정한 장기예상에 근거해 투자대상물을 꾸준히 사들인다면 장기적으로 볼 때 그 개인은 다른 참여자들로부터 큰 규모의 이익을 거둬들일 것이 틀림없다고 말한다면 무엇보다 이런 답변을 듣게 될 것이다. 그렇게 진지한 마음을 가진 개인들이 실제로 있을 것이고, 그런 개인들이 영향력의 측면에서 게임 참여자들을 능가하느냐 그렇지 못하느냐는 투자시장에 커다란 차이를 가져온다. 그러나 우리는 이런 말도 덧붙여야 한다. 그러한 개인들이 현대의 투자시장에서 압도적인 비중을 차지하지 못하게 하는 요인들이 몇 가지 있다. 진정한 장기예상에 근거해 투자를 하기란 오늘날에는 너무 어려워서 실제로 그렇게 하기가 거의 불가능하다. 그렇게 투자를 하려고 하는 사람은 군중이 어떻게 행동할 것인지에 대한 추측을 군중보다 더 잘 해보려고 애쓰는 사람보다 훨씬 더 고된 나날을 보내게 되고, 더 큰 위험을 감수하게 될 것이 틀림없다. 그리고 모든 사람이 똑같은 지능을 갖고 있다고 가정한다면 그 사람은 더 파멸적인 오류를 저지를 수 있다. 경험으로 미루어볼 때 사회적으로 이로운 투자정책이 가장 수익성 있는 투자정책과 일치한다는 분명한 증거는 없다.

미래에 대한 우리의 무지와 시간이라는 두 가지 세력을 물리치기 위해서는 출발의 총성이 울리기 전에 남보다 먼저 뛰어나가는 데 필요한 지능보다 더 많은 지능이 필요하다. 게다가 인생은 그리 길지 않다. 인간의 본성은 결과를 빨리 보기를 원하고, 돈을 빨리 벌고자 하는 특이한 열정도 존재하며, 보통사람은 먼 훗날의 이득에 대해서는 매우 높은 할인율을 적용한다. 전문적 투자의 게임은 도박의 본능을 완전히 결여하고 있는 사람이라면 누구에게나 견딜 수 없을 정도로 따분하고 지나치게 까다롭다. 반면에 도박의 본능을 가지고 있는 사람은 그러한 자신의 성향에 대해 응분의 대가를 지불해야 한다. 더 나아가 가까운 미래의 시장변동을 무시하려는 투자자는 안전을 기하기 위한 재원을 더 많이 필요로 하고, 만약 빌린 돈으로 투자를 한다면(이는 게임에서 일정한 양의 지능과 재원에 더 많은 수익이 돌아가게 하는 또 하나의 이유다) 너무 큰 규모로는 하지 말아야 한다. 마지막으로 말해둘 것은 투자기금이 위원회, 이사회, 은행 등에 의해 운영되는 경우에는 언제나 그렇지만, 공적 이익을 가장 많이 증진하는 장기투자자가 실제로는 가장 많은 비판에 직면하게 된다는 점이다.[1] 왜냐하면 평균적인 견해를 가진 사람들의 눈에 기이하고 비관습적이며 무모하게 보이게 된다는 것 자체가 그런 장기투자자가 하는 행동의 본질에 해당하기 때문이다. 만약 그가 성공을 거둔다면 그것은 단지 그의 무모함에 대한 일반적인 믿음을 확인시켜줄 뿐일 것이다. 그리고 매우 가능성이 높은 상황이지만 만약 단기적으로 그가 성공적이지 못하다면 그에게 그다지 많은 자비가 베풀어지지 않을 것이다. 세속의 지혜는 관습을 거슬러 성공하는 것보다는 관습을 따르다가 실패하는 것이 평판에는 더 낫다고 가르친다.

(5) 지금까지 우리는 투기자 또는 투기적 투자자가 갖고 있는 신뢰의 상태를 염두에 두었고, 따라서 그가 예상되는 미래를 만족스럽게 여긴다면 돈은 시장이자율로 무한정 조달할 수 있다고 암묵적으로 가정한 것으로 보였을지도 모르겠다. 물론 그렇지 않다. 그러니 우리는 신뢰의 상태가 갖고 있는 다른 측면, 즉 대출기관으로부터 돈을 빌리려고 하는 사람들에 대해 대출기관이 어느 정도나 신뢰하는가도 고려해야 하는데, 이것은 흔히 신용의 상태라고 불린다. 자본의 한계효율에 파괴적인 영향을 끼친 주식가격의 붕괴는 투기적 신뢰가 약화되거나 신용의 상태가 약화된 데 기인한 것이었을 수 있다. 그런데 주식가격의 붕괴를 가져오는 데는 이 두 가지 가운데 어느 하나만 약화돼도 충분한 반면에 주식가격의 회복을 위해서는 두 가지 다의 복원이 필요하다. 왜냐하면 신용의 약화는 주식가격의 붕괴를

---

1 투자신탁기금이나 보험영업소는 그 자신의 투자포트폴리오에서 나오는 소득뿐만 아니라 투자포트폴리오의 자본적 시장가치도 종종 계산해보곤 한다. 그럴 때 그들이 의존하는 관행은 일반적으로 신중하다고 여겨지고 있지만, 자본적 시장가치를 계산하는 경우에는 단기변동에 과도하게 주목하는 경향을 가지고 있을 수도 있다.

가져오기에 충분한 반면에 신용의 강화는 주식가격의 회복에 필요한 조건
이긴 하지만 충분한 조건은 아니기 때문이다.

VI

이런 고려사항들이 경제학자의 시야를 벗어난 곳에 놓여있게 해서는 안 된
다. 그것들을 올바른 위치에 놓아야 한다. 내가 시장의 심리를 예측하는 활
동을 가리키는 데 투기라는 용어를 사용하고 자산의 수명 전체에 걸쳐 자
산의 미래수익을 예측하는 활동을 가리키는 데 기업이라는 용어를 사용하
는 것이 허락된다고 가정하고 말하면, 투기가 항상 기업을 압도하는 것은
결코 아니다. 그러나 투자시장의 조직이 발달함에 따라 투기가 압도하게
될 위험이 커지는 것은 사실이다. 세계에서 가장 큰 투자시장들 가운데 하
나, 즉 뉴욕에서는 투기(위와 같은 의미에서)의 영향력이 엄청나다. 금융
분야의 바깥에서도 미국인은 평균적인 의견이 어떻게 될 것이라고 평균적
인 의견이 믿고 있는가를 알아내는 데 지나치게 관심을 갖는 경향이 있다.
그리고 이런 국민적 취약점은 주식시장에서 응징된다. '소득을 위해' 투
자를 하는 영국인은 아직도 많지만 그렇게 하는 미국인은 드물다. 미국인
은 자본의 가치가 상승할 것이라고 기대하는 경우를 제외하고는 투자대상
물을 쉽게 구입하려고 하지 않는다는 말을 흔히 듣게 된다. 이는 미국인은
투자대상물을 구입할 때 그 미래수익에 기대를 걸기보다는 가치평가의 관
습적 토대에 일어날 유리한 변화에 기대를 건다는, 다시 말해 미국인은 위
와 같은 의미에서 투기자라는 말의 또 다른 표현일 뿐이다. 투기자들이 기
업이라는 꾸준히 흐르는 강물 위의 거품이라면 아무런 해악도 초래하지 않
을 수 있다. 그러나 기업이 투기라는 소용돌이 위의 거품이 되는 때에는 상

황이 심각하다. 한 나라에서 이루어지는 자본의 발전이 어느 한 카지노의 활동에서 부산물로 생겨나는 것이라면 일이 잘못될 가능성이 높다. 월 스트리트와 같은 증권시장은 새로운 투자를 미래수익의 관점에서 가장 수익성 있는 경로로 유도하는 것을 그 본래의 사회적 목적으로 하는 제도로 간주되므로 그러한 증권시장 자체가 거둔 성공의 정도를 자유방임 자본주의의 뛰어난 승리를 보여주는 것이라고 주장해서는 안 된다. 월 스트리트에서 일하는 최선의 두뇌들이 사실상 어떤 다른 목적을 지향해왔다고 보는 내 생각이 옳다면 이런 나의 말이 놀라운 것은 아닐 것이다.

이런 경향들은 우리가 '유동적'인 투자시장을 성공적으로 조직해온 데 따른 거의 피할 수 없는 결과다. 공공의 이익을 위해 카지노는 접근하기 어려워야 하고 그 이용료가 비싸야 한다는 데는 대체로 이견이 없다. 그리고 아마도 이는 증권시장에도 맞는 말일 것이다. 런던 증권거래소의 죄악이 월 스트리트의 죄악보다 덜한 것은 국민적 성격의 차이 때문이기보다는 보통의 미국인들에게 월 스트리트가 접근하기 어렵고 이용료가 비싼 정도에 비해 보통의 영국인들에게 스로그모턴 스트리트가 더 접근하기 어렵고 이용료가 비싸다는 사실 때문일 수 있다. 런던 증권거래소에서는 거래에 수반되는 주식중매인의 '몫', 높은 중매수수료, 재무부에 납부되는 무거운 양도세 등이 월 스트리트에 특유한 거래 가운데 많은 부분을 배제하기에 충분할 정도로 시장의 유동성을 축소시킨다(다만 격주결제의 관행은 이와 반대방향으로 작용한다).[1] 미국에서는 정부가 꽤 높은 수준의 양도세를 모

---

[1] 월 스트리트가 활발할 때에는 투자대상물의 매매 가운데 적어도 절반은 같은 날 반대방향의 거래를 하려는 투기자들의 의도에 따라 이루어진다고 한다. 이는 일차산품거래소에도 종종 들어맞는 말이다.

든 거래에 대해 도입한다면, 투기가 기업을 압도하는 현상을 경감시킬 목
적으로 취할 수 있는 개혁조치 가운데 그것이 가장 유용한 것임이 입증될
수 있을 것이다.

　현대의 투자시장이 보여주는 광경은 투자대상물 매입을 마치 결혼처럼
죽음이나 그 밖의 중대한 이유에 의한 경우를 제외하고는 영구적인 것으
로, 즉 해소할 수 없는 것으로 만드는 것이 우리 시대의 해악에 대한 유용
한 치유책이 될 수 있다는 결론 쪽으로 나로 하여금 다가가게 하곤 했다.
왜냐하면 그런 조치는 투자자들로 하여금 장기적인 전망 쪽으로 마음을
돌리도록, 더 나아가 그런 쪽으로만 마음을 돌리도록 강제할 것이기 때문
이다. 그러나 이런 방편을 조금 더 검토하다 보면 우리는 딜레마에 부닥치
게 되고, 어떻게 해서 투자시장의 유동성이 때로는 새로운 투자의 전개를
방해하지만 흔히는 그것을 촉진하는가가 우리 눈에 보이게 된다. 왜냐하
면 각각의 개인투자자는 자신이 투자해놓은 것이 '유동적'이라고(집합적
으로 본 투자자들 전체에 대해서는 그렇게 될 수가 없다고 하더라도) 자기
편할 대로 생각하는 것이 사실이고, 이런 점이 개인투자자로 하여금 안심
하고 훨씬 더 기꺼이 위험을 무릅쓰게 하기 때문이다. 만약 개인이 매입한
투자대상물이 비유동화된다면 저축을 보유할 다른 방법들이 개인이 활용
할 수 있는 상태로 존재하는 한 새로운 투자를 심각하게 저해할 수 있다.
이것이 바로 딜레마다. 화폐를 퇴장하거나 대부하는 쪽으로 자신의 부를
이용할 길이 개인에게 열려 있는 한 실물의 자본자산을 매입한다는 대안
은 그 자본자산을 손쉽게 화폐로 전환시킬 수 있게 해주는 조직화된 시장
에 의하는 방식 외에는 충분히 매력적인 것이 되게 할 수 없다(자본자산을
운영하지 않고, 그래서 자본자산에 대해 아는 것이 매우 적은 사람에게 특
히 그렇다).

현대 세계의 경제적 삶에 손상을 입히는 신뢰의 위기에 대한 근본적 치유책으로 유일한 것은 개인이 '자신의 소득을 소비하는 것'과 '빈약한 증거에 근거해서라도 자신이 취득할 수 있는 투자대상물 가운데 가장 유망한 것이라는 인상을 주는 특정한 자본자산의 생산을 주문하는 것' 사이에서 선택을 하지 못하게 하는 방안일 것이다. 개인은 미래에 대한 의구심의 습격을 보통 이상으로 받을 때에는 당황한 나머지 소비를 더 하고 새로운 투자를 덜 하는 쪽으로 돌아서게 될 수 있다. 그러나 그렇게 되는 것은 개인이 그처럼 의구심의 습격을 받았을 때 자신의 소득을 소비와 투자 어느 쪽에도 지출하지 않는 길이 그 개인에게 열려 있는 상태가 초래할 수 있는 재앙적이고 누적적이며 광범한 파급영향을 막아줄 것이다.

그동안 화폐퇴장의 사회적 위험성을 강조한 사람들은 물론 방금 말한 것과 비슷한 어떤 현상을 염두에 두고 있었다. 그러나 그들은 화폐퇴장에 아무런 변화가 없어도, 아니 적어도 상응하는 정도의 변화가 없어도 그러한 현상이 일어날 수 있다는 가능성을 간과했다.

VII

투기로 인한 불안정성 외에 우리의 적극적인 행동 가운데 많은 부분이 수학적 예상에 의존하기보다는 내발적인 낙관주의에 의존한다는 인간본성의 특징(그것이 도덕적인 것이든 쾌락적인 것이든 경제적인 것이든 간에)으로 인한 불안정성도 있다. 무엇인가 적극적인 행동을 하기로 하는 우리의 결정이 가져오는 결과가 전부 다 실현되려면 여러 해에 걸치는 긴 시간이 필요하겠지만, 그러한 결정 자체는 수량화된 이익을 수량화된 확률과 곱해서 얻은 수량화된 이익의 가중평균에 따른 결과로서가 아니라 오직 동물적 활기, 즉 행동하지 않고 가만히 있기보다는 행동하고자 하는 내발적 충동의 결과로서만 내려질 수 있다. 기업이 주로 그 자신의 사업계획서에 진술돼있는 것(이것이 얼마나 솔직하고 진지한 것인지는 모르겠으나)에 의해 동기를 부여받아 활동한다고 하지만, 그것은 그저 그러는 체하는 것일 뿐이다. 기업이 미래의 이익에 대한 정확한 계산을 근거로 삼는 정도는 남극탐험의 경우에 비해 단지 조금만 더 그러할 뿐이다. 따라서 손실에 대한 공포가 일어났을 때의 그 근거가 이익에 대한 희망을 갖고 있었을 때의 그 근거보다 더 합리적이지 않을 수도 있기는 하지만, 만약 동물적 활기가 희미해지고 내발적인 낙관주의가 위축되어 수학적 예상을 제외하고는 우리가 의존할 것이 아무것도 남아있지 않게 된다면 기업은 쇠퇴해버리고 말 것이다.

미래를 내다보고 품는 희망에 의존하는 기업은 공동체 전체에 이롭다고 말해도 무방하다. 그러나 개별 사업의 추진은 합리적인 계산이 동물적 활기에 의해 보완되고 뒷받침되어, 경험이 의심할 여지 없이 우리와 개척자들에게 말해주는 대로 개척자들을 종종 덮치곤 하는 궁극적인 손실에 대한 염려가 마치 건강한 사람의 경우에 죽음에 대한 예상이 그러하듯이 고려의 대상에서 배제돼야만 이루어질 수 있을 것이다.

이는 곧 유감스럽게도 침체와 불황이 그 정도가 지나치게 된다는 뜻일 뿐만 아니라 경제적 번영이 보통의 사업가에게 잘 어울리는 정치적, 사회적 분위기에 지나치게 의존한다는 뜻이기도 하다. 노동당 정부나 뉴딜 정책에 대한 두려움이 기업을 압박한다고 해서 그것이 반드시 합리적인 계산의 결과인 것은 아니고, 정치적 의도가 내포된 음모의 결과인 것도 아니다. 그것은 내발적인 낙관주의의 취약한 안정성이 교란된 결과일 뿐이다. 그러므로 투자의 가망성을 추정할 때에 우리는 자신들의 자발적인 활동으로 투자의 전망을 크게 좌우하는 사람들의 신경증과 히스테리, 심지어는 기후에 대한 그들의 감내력과 반응도 고려해야 할 것이다.

우리는 이로부터 모든 것이 비합리적인 심리의 파도에 의해 좌우된다는 결론을 도출해서는 안 된다. 오히려 반대로 장기예상의 상태는 대개 안정적이며, 그렇지 않을 때라고 해도 그 밖의 다른 요인들이 상쇄효과를 내준다. 지금 우리는 단지 엄밀한 수학적 계산을 할 근거가 존재하지 않으므로 개인적으로든 정치적으로든 경제적으로든 미래에 영향을 미치는 인간의 결정이 엄밀한 수학적 예상에 의존할 수 없다는 점과, 일이 진척되게 하는 것은 활동을 하려는 우리의 타고난 충동이며 우리의 합리적 자아는 여러 가지 대안 가운데서 계산을 할 수 있다면 계산을 해서 최선의 선택을 하려고 하지만 종종 변덕, 감정, 운에 근거를 둔 우리의 원래 동기로 되돌아가곤 한다는 점을 상기하고 있을 뿐이다.

VIII

게다가 미래에 대한 우리의 무지가 낳는 효과를 실제로 어느 정도 경감시켜주는 중요한 특정 요인들이 존재한다. 시간이 흐름에 따른 진부화의 가능성과 복리이자의 작용이 결합함에 따라 미래의 예상수익이 당연히 비교적 가까운 미래의 수익에 의해 좌우되는 개별 투자대상물이 많이 있다. 매우 장기적인 투자대상물 가운데 가장 중요한 종류, 즉 건물의 경우에는 흔히 장기계약을 통해 위험이 투자자로부터 세입자에게로 이전되거나 적어도 둘 사이에 분담될 수 있다. 이때 세입자의 마음속에서는 임차권의 지속성과 안전성이라는 이점이 위험을 능가한다. 장기적인 투자대상물 가운데 또 하나의 중요한 종류인 공공시설물의 경우에는 특정하게 약정된 이윤이 창출될 수 있는 수준으로 이용요금을 부과할 권리와 결합된 독점의 특권에 의해 미래의 예상수익 가운데 상당부분이 사실상 보장된다. 마지막으로 공적 당국에 의해 착수되거나 공적 당국이 위험을 부담하는 가운데 착수되는 종류의 투자가 있는데 이런 투자는 점점 더 증가하고 있다. 솔직히 말해 공적 당국은 이런 투자를 할 때 향후 그 투자로부터 사회적 이득이 발생할 것이라는 일반적인 전제 위에서 투자를 한다. 공적 당국은 그 투자의 상업적 수익이 폭넓게 추정된 범위 안에서 실제로 어떤 수준이 될 수 있는지에는 상관하지 않으며, 수익에 대한 수학적 기대치가 적어도 현재의 이자율과 같아야 한다는 조건을 충족시키려고 하지도 않는다. 다만 공적 당국이 실행할 수 있는 투자활동의 규모를 판단하는 데서 공적 당국이 지급해야 하는 이자금액을 좌우하는 이자율이 결정적인 역할을 할 수는 있다.

따라서 이자율의 변화와는 별도로 장기예상의 상태에 일어나는 단기적 변화의 영향이 갖고 있는 중요성에 충분한 비중을 부여한 뒤에도 여전히 우리는 정상적인 상황에서는 어쨌든 이자율이 투자율에 결정적인 정도는 아니더라도 커다란 영향을 끼치는 것으로 보고 이자율에 다시 주목해도 된다. 그러나 이자율에 대한 관리가 적절한 규모의 투자를 지속적으로 자극하는 데 얼마나 효과가 있는지는 경험만이 밝혀줄 수 있다.

나 자신으로서는 이자율에 영향을 미치는 쪽으로 겨눠진 단순히 통화적인 정책이 성공할 수 있는지에 대해 지금은 다소 회의적인 생각을 갖고 있다. 장기적인 관점을 가지고 일반적인 사회적 이득을 기준으로 자본재의 한계효율을 계산할 수 있는 위치에 있는 국가가 직접적으로 투자를 조직하는 책임을 점점 더 많이 지는 모습을 보게 되기를 나는 기대한다. 왜냐하면 상이한 유형별 자본의 한계효율에 대한 시장의 평가치(이는 앞에서 내가 서술한 원리에 근거해 계산된다)에 일어나는 변동의 폭은 실현될 수 있는 그 어떤 이자율의 변화에 의해서도 상쇄되지 않을 정도로 클 것으로 보이기 때문이다.

13장
이자율의 일반이론

I

우리는 11장에서 자본의 한계효율이 이자율과 같은 상태가 유지되도록 이
자율을 상승시키거나 하락시키는 원인이 되는 힘들이 존재하지만 자본의
한계효율 그 자체는 지배적인 이자율과 다른 것임을 밝혔다. 자본의 한계
효율표는 대부될 수 있는 자금이 새로운 투자를 목적으로 수요되는 조건을
통제하는 반면에 이자율은 자금이 그때그때 공급되는 조건을 통제한다고
우리는 말할 수 있다. 그러므로 우리의 이론을 완성하려면 무엇이 이자율
을 결정하는지를 알아야 할 필요가 있다.

14장과 그 장의 추가논의에서 우리는 이 문제에 대해 지금까지 제시된
해답들을 검토할 것이다. 개략적으로 말하면, 그 해답들은 이자율을 자본
의 한계효율표와 심리적인 저축성향의 상호관계에 의존하는 것이 되게 한
다는 점을 우리는 알게 될 것이다. 그러나 어떤 주어진 이자율에서 생겨나
는 새로운 투자라는 형태로 나타나는 '저축에 대한 수요'를 그 이자율에
서 공동체의 심리적 저축성향의 결과로 나타나는 '저축의 공급'과 같아지

게 만드는 균형화 요인이 바로 이자율이라는 관념은 그 두 가지 요소에 대한 지식으로부터만 이자율을 도출하는 것은 불가능하다는 점을 우리가 인식하는 순간에 붕괴한다. 그렇다면 이 문제에 대한 우리의 해답은 무엇일까?

II

개인의 심리적 시간선호는 그것이 완전히 실행되려면 두 가지로 구분되는 결정들의 집합을 필요로 한다. 그 가운데 첫 번째 집합은 내가 그동안 소비성향이라고 부른 시간선호라는 측면과 관련되며, 이것이 3부에서 열거한 다양한 동기의 영향 아래 작동하면서 각 개인의 경우에 그의 소득 가운데 얼마만큼을 그가 소비할 것이고 얼마만큼을 그가 미래소비에 대한 모종의 통제권이라는 형태로 유보할 것인지를 결정한다.

그러나 이런 결정이 내려졌다고 해도 그 개인에게는 또 하나의 결정이 기다리고 있다. 그것은 지금의 소득에서 나온 것이든 이전의 저축에서 나온 것이든 간에 그가 유보한 미래소비에 대한 통제권을 어떤 형태로 보유할 것인가에 대한 결정이다. 그는 그것을 즉각적으로 행사할 수 있는 유동적인 통제권(즉 화폐나 화폐에 준하는 것)의 형태로 보유하기를 원할까? 아니면 그가 어떤 특정한 기간이나 불특정한 기간 동안 즉각적인 통제권을 포기하고, 필요할 경우에 자신이 어떤 조건으로 특정한 재화에 대한 이연된 통제권을 모든 재화에 대한 즉각적인 통제권으로 전환시킬 수 있는지에 대한 결정을 미래의 시장상황에 맡길 마음의 준비가 돼있을까? 달리 말한다면, 그의 유동성 선호는 어느 정도일까? 여기서 개인의 유동성 선호는 상이한 여러 상황에서 그가 화폐의 형태로 보유하고 싶어 할 재원의 양(화폐나 임금단위 기준으로 평가된)이 열거된 표에 의해 주어진다.

넓리 받아들여져 통설이 된 여러 이자율 이론의 오류는 그런 이론이 심리적 시간선호의 이러한 두 가지 구성요소 가운데 첫 번째 것으로부터 이자율을 도출하려고 시도하면서 두 번째 것은 무시한 데 있다는 점을 우리는 곧 알게 될 것이다. 그리고 우리가 시정하려고 노력해야 할 것은 바로 이런 두 번째 구성요소를 무시하는 태도다.

이자율이 저축이나 기다림 그 자체에 대한 보수일 수 없음은 분명할 것이다. 왜 이렇게 말할 수 있느냐면, 만약 어느 한 사람이 자신의 저축을 현금으로 퇴장시킨다면 그가 이전과 똑같은 금액을 저축한다고 해도 이제는 이자를 전혀 벌지 못하게 되기 때문이다. 다른 한편으로 이자율에 대한 정의는 그 자체만으로도 이자율이란 특정한 기간 동안 유동성을 포기하는 데 대한 보수임을 우리에게 확실하게 이야기해준다. 왜냐하면 이자율 그 자체는 '일정한 금액의 돈'을 '채권[1]과 교환하는 방식으로 그 돈에 대한 통제권을 어떤 정해진 기간 동안 포기하는 대신에 얻을 수 있는 금액'에 대비시킨 비율의 역수일 뿐이기 때문이다.[2]

---

1 여기서 내려지는 정의에 교란을 일으키지 않으면서 특정하게 주어진 문제를 다루기에 가장 편리한 '화폐'와 '채권' 간 구분선의 위치가 있다면 그 위치가 어디든 거기에 그러한 구분선을 그을 수 있다. 예를 들어 우리는 소유자에 의해 포기된 기간이 3개월을 초과하지 않은 일반적 구매력에 대한 통제권은 모두 화폐로 다루고, 이보다 더 긴 기간 동안 회수되지 못한 것은 채권으로 다룰 수 있다. 그런가 하면 우리는 여기서 '3개월'을 1개월이나 3일이나 3시간, 또는 그 밖의 다른 어떠한 기간으로도 바꿀 수 있다. 또한 우리는 즉각적으로 사용할 수 있는 법정화폐가 아닌 것은 그게 무엇이든 다 화폐에서 제외시킬 수도 있다. 은행에 예치한 정기예금도, 그리고 때로는 재무부 채권과 같은 금융수단까지도 화폐에 포함시키는 것이 현실적으로 편리한 경우도 많다. 대체로 나는 《화폐론》에서와 같이 화폐는 은행예금과 그 범위가 같다고 가정할 것이다.
2 채권의 만기가 명시적으로 정해진 특정한 문제에 대한 논의에서와는 달리 일반적인 논의에서는 상이한 기간들에 대한 다양한 이자율들의 복합체, 즉 상이한 만기의 채권들에 대한 다양한 이자율들의 복합체를 의미하는 말로 이자율이라는 용어를 사용하는 것이 편리하다.

따라서 언제든지 이자율은 유동성을 포기하는 데 대한 보수이므로 돈을 가지고 있는 사람들이 돈에 대한 유동적 통제권을 포기하기를 꺼려하는 정도를 보여주는 하나의 척도다. 이자율은 투자할 재원에 대한 수요와 현재의 소비를 삼가려는 태도 사이에 균형이 이루어지게 하는 가격이 아니다. 이자율은 부를 현금의 형태로 보유하려는 욕구와 가용한 상태로 존재하는 현금의 양 사이에 균형이 이루어지게 하는 가격이다. 이는 곧 만약 이자율이 더 낮아진다면, 다시 말해 현금을 포기하는 데 대한 대가가 축소된다면 대중이 보유하고자 하는 현금의 총량이 가용한 공급량을 초과할 것이고, 만약 이자율이 더 높아진다면 아무도 보유하려고 하지 않는 잉여의 현금이 존재하게 될 것이라는 뜻이다. 이런 설명이 옳다면 화폐의 양은 일정하게 주어진 상황에서 유동성 선호라는 요인과 상호작용해서 실제의 이자율을 결정하는 다른 한 쪽의 요인이다. 유동성 선호는 하나의 잠재적 가능성 또는 함수적 경향이며, 이자율이 주어졌을 때 대중이 보유하게 되는 화폐의 양을 결정한다. 따라서 r가 이자율, M이 화폐의 양, L이 유동성 선호 함수라고 하면 우리는 $M = L(r)$라는 식을 갖게 된다. 이것이 바로 화폐의 양이 경제학의 도식체계에 들어오는 지점이자 그 방식이다.

그러나 여기서 우리는 논의를 되돌려 유동성 선호라는 것이 왜 존재하는가를 검토해보자. 이와 관련해 우리는 현재의 일과 관련된 거래를 하기 위한 화폐의 용도와 부를 저장하는 수단으로서의 화폐의 용도 사이의 오래된 구분을 유용하게 이용할 수 있다. 이 두 가지의 용도 가운데 첫 번째 용도의 경우에는 어느 정도까지는 유동성의 편리함을 누리기 위해 일정한 양의 이자를 희생시키는 것이 바람직한 게 분명하다. 그런데 이자율은 결코 음수가 되지 않는다고 볼 수 있는데도 이자를 낳아주는 형태로 부를 보유하기보다 이자를 거의 또는 전혀 낳아주지 않는 형태로 부를 보유하기를

선호하는 사람이 존재하는 이유는 무엇일까(물론 이 단계에서는 은행잔고
와 관련된 채무불이행의 위험이 채권의 경우와 똑같다고 가정한다)? 이에
대한 완전한 설명은 복잡하며, 15장에 이를 때까지 기다려야 한다. 그러나
부를 보유하는 수단으로서의 화폐에 대한 유동성 선호가 존재하려면 반드
시 충족돼야 할 필요조건이 있다는 점은 여기서 설명해야겠다.

그것은 이자율의 미래와 관련된 불확실성, 즉 미래의 시점들에 지배적
으로 존재하게 될 다양한 만기별 이자율들의 복합체와 관련된 불확실성이
존재해야 한다는 것이다. 왜냐하면 미래의 시점들에 지배적으로 존재하게
될 이자율들이 확실하게 예견될 수 있다면 미래의 이자율들은 모두 다 다
양한 만기별 채권들에 대한 현재의 이자율들(이것은 미래의 이자율들에
대한 지식에 적응해 변할 것이다)로부터 도출될 수 있기 때문이다. 예를 들
어 $_1d_r$은 r년 이연되는 1파운드가 현재 즉 1번째 연도에 갖는 가치라고 하
고, n번째 연도로부터 r년 이연되는 1파운드가 n번째 연도에 갖는 가치는
$_nd_r$가 될 것이라는 사실이 알려져 있다고 한다면 우리는 다음과 같은 식을
얻게 된다.

$$_nd_r = \frac{_1d_{n+r}}{_1d_n}$$

이로부터 그 어떤 채권이라도 n년 뒤에 그것을 현금으로 전환시킬 수
있는 비율은 현재 존재하는 이자율 복합체에 들어있는 이자율들 가운데 두
개의 이자율에 의해 주어진다는 결론이 도출된다. 그 어떤 만기의 채권에
대해서도 현재의 이자율이 영보다 크다고 한다면 부의 저장수단으로서 현
금을 보유하는 것보다는 채권을 매입해두는 것이 언제나 더 나을 것이다.

반면에 미래의 이자율이 불확실한 경우에는 우리는 실제로 n년이 흐른

뒤에 $_n d_r$가 $\dfrac{_1 d_{n+r}}{_1 d_n}$와 같아질 것이라는 추론을 안심하고 할 수가 없다. 따라서 n번째 연도가 오기 전에 유동적 현금을 필요로 하는 수요가 생겨날 수 있다. 그렇다면 장기채권을 매입했다가 나중에 현금으로 전환시키고자 하는 것은 현금을 그대로 보유하는 경우에 견주어 손실을 볼 위험을 떠안는 것이다. 그러므로 기존의 확률에 따라 계산된(의문스럽기는 하지만 이런 식으로 계산될 수 있다고 한다면) 보험통계적 이익 또는 이익에 대한 수학적 기대치가 실망을 하게 될 위험을 보상하기에 충분해야만 한다.

게다가 채권 거래를 위한 조직화된 시장이 존재한다면 유동성 선호에 대한 또 하나의 근거가 이자율의 미래와 관련된 불확실성으로부터 생겨난다. 왜냐하면 사람마다 미래에 대해 다르게 추정할 것이고, 시장의 시세로 표현되는 지배적인 의견과 다른 생각을 가진 사람은 누구나 자신의 그런 생각이 옳다면 적절한 시간이 흐른 뒤에 $_1 d_r$들이 서로 잘못된 관계에 있었음이 드러나게 되는 것으로부터 이익을 취하기 위해 유동적 재원을 계속 보유할 이유가 충분히 존재하기 때문이다.[1]

이는 우리가 이미 자본의 한계효율과 관련해 다소 길게 논의했던 바와 아주 비슷하다. 자본의 한계효율은 '최선'의 의견에 의해 정해지는 것이 아니라 대중심리에 의해 결정되는 시장평가에 의해 정해지는 것임을 우리는 알게 됐다. 이와 꼭 마찬가지로 대중심리에 의해 정해진 이자율의 미래에 대한 예상이 유동성 선호에 영향을 미친다. 다만 미래의 이자율이 시장에 의해 상정되고 있는 이자율을 웃돌게 될 것이라고 믿는 개인은 실제로

---

1 이는 내가 《화폐론》에서 '두 가지 견해'와 '가격상승세를 전망하는 입장과 가격하락세를 전망하는 입장(bull-bear position)' 이라는 표현을 사용하며 논의했던 바와 같은 것이다.

유동적 현금을 계속 갖고 있으려는 이유를 갖게 되는[2] 반면에 이와 반대방향으로 시장과 의견을 달리하는 개인은 보다 장기의 채권을 구매하기 위해 자금을 단기적으로 차입하려는 동기를 갖게 된다는 말을 덧붙여야겠다. 시장가격은 '가격하락세를 전망하는 사람들'의 판매와 '가격상승세를 전망하는 사람들'의 구매가 균형을 이루는 지점에서 정해질 것이다.

우리가 위에서 구분한 유동성 선호의 세 가지 부분은 다음과 같은 세 가지에 각각 의존하는 것으로 정의될 수 있다. (i) 거래적 동기, 즉 개인적 교환이나 사업상의 교환과 같은 현재의 거래를 위해 현금을 필요로 하는 수요, (ii) 예비적 동기, 즉 총재원의 일정 비율에 해당하는 금액만큼의 현금을 미래에 보유하고 있게 되기를 원하게 하는 안전에 대한 욕구, (iii) 투기적 동기, 즉 미래에 어떤 일이 일어날 것인지를 시장보다 더 잘 아는 것으로부터 이익을 확보하겠다는 목적. 우리가 앞에서 자본의 한계효율을 논의했을 때와 마찬가지로 지금 여기서도 채권의 거래를 위해 고도로 조직화된 시장을 갖는 것이 바람직한가 하는 문제가 우리에게 딜레마를 안겨준다. 왜냐하면 조직화된 시장이 존재하지 않는다면 예비적 동기로 인한 유동성 선호가 크게 증가하게 되는 반면에 조직화된 시장이 존재한다면 투기적 동기로 인한 유동성 선호가 큰 진폭으로 변동할 기회를 갖게 되기 때문이다.

---

2 이와 마찬가지로 투자의 예상수익이 시장의 예상보다 적을 것이라고 믿는 개인은 유동적 현금을 보유하려고 하기에 충분한 이유를 갖게 될 것이라는 생각을 하게 될지도 모르겠다. 그러나 이런 생각을 옳지 않다. 그런 개인은 주식보다는 현금이나 채권을 보유하려고 하기에 충분한 이유를 갖게 된다. 그런데 그와 동시에 미래의 이자율이 시장에 의해 상정되고 있는 이자율보다 더 높아지리라고 믿지 않는 한 그는 현금을 보유하기보다는 채권을 구매하기를 선호할 것이다.

이는 다음과 같은 점을 지적하는 것에 의해 예증될 수 있다. 이자율의 변화가 소득수준에 미치는 영향은 제쳐놓고 이자율의 변화 그 자체만을 놓고 본다면 거래적 동기와 예비적 동기로 인한 유동성 선호는 이자율의 변화에 그다지 민감하지 않은 일정량의 현금을 흡수하며, 따라서 화폐의 총량에서 이렇게 흡수되는 화폐의 양을 제외한 나머지가 투기적 동기로 인한 유동성 선호를 충족시키는 데 이용될 수 있다고 가정하자. 그러면 어떤 일부 개인들이 보유하기를 욕구하는 현금의 양과 투기적 동기에 이용될 수 있는 상태로 존재하는 현금의 양이 정확하게 일치하는 수준에서 이자율과 채권의 가격이 정해질 수밖에 없다(여기서 어떤 일부 개인들이 현금을 보유하기를 욕구하게 되는 것은 그러한 수준의 이자율에서는 채권의 미래에 대해 '가격하락세'가 펼쳐질 것으로 느끼기 때문이다). 그러므로 화폐의 양이 증가하는 것은 그때마다 일부 '가격상승세를 전망하는 사람들'의 예상을 능가하기에 충분할 정도로 채권의 가격을 끌어올리게 되고, 그리하여 그들에게 영향을 미쳐 그들로 하여금 갖고 있던 채권을 팔아 현금으로 바꾸고 '가격하락세를 전망하는 사람들'의 부대에 가담하게 할 것이 틀림없다. 그러나 만약 짧은 과도적 기간을 제외하고는 투기적 동기로 인한 현금수요가 무시할 만한 정도로만 존재한다면 화폐의 양이 증가하는 것은 그로 인해 늘어난 현금이 거래적 동기와 예비적 동기에 의해 흡수되게 하는 데 충분할 정도로 고용과 임금단위를 증대시키려면 어느 정도의 이자율 하락이 필요할는지는 몰라도 거의 즉각적으로 그 정도만큼 이자율을 끌어내릴 수밖에 없을 것이다.

일반적으로 우리는 화폐의 양을 이자율에 연관시키는 유동성 선호표는 화폐의 양이 증가함에 따라 이자율이 하락함을 보여주는 완만한 곡선의 모습으로 주어진다고 가정할 수 있다. 왜냐하면 그러한 결과를 동시에 가져오는 몇 가지 상이한 원인들이 존재하기 때문이다.

첫째로, 다른 조건이 같다면 이자율이 떨어짐에 따라 더 많은 화폐가 거래적 동기로 인한 유동성 선호에 의해 흡수될 가능성이 높다. 왜냐하면 이자율의 하락이 국민소득을 증가시킨다고 한다면 거래를 위해 보유하는 것이 편리한 화폐의 양이 소득의 증가에 어느 정도 비례해 증가할 것이고, 이와 동시에 언제든지 곧바로 쓸 수 있는 현금을 많이 보유하는 것이 주는 편리함을 취하는 데 드는 비용이 이자의 손실을 기준으로 볼 때 줄어들 것이기 때문이다. 우리가 화폐가 아닌 임금단위로 유동성 선호를 측정(어떤 맥락에서는 이렇게 하는 것이 편리하다)하는 게 아닌 한 이자율의 하락에 따라 일어나는 고용의 증가가 임금의 상승으로, 즉 임금단위의 화폐가치 증대로 이어지기만 한다면 비슷한 결과가 초래될 것이다. 둘째로, 이자율의 하락은 그때마다 우리가 방금 보았듯이 이자율의 미래에 대한 어떤 일부 개인들의 견해가 시장의 견해와 다르기 때문에 그들이 보유하기를 원할 현금의 양을 증가시킬 수 있다.

그럼에도 불구하고 화폐량의 대폭적인 증가가 이자율에 비교적 작은 영향만을 끼칠 수 있는 상황이 전개될 수 있다. 왜냐하면 화폐량의 대폭적인 증가가 미래와 관련된 불확실성을 크게 증가시켜 예비적 동기로 인한 유동성 선호가 강화될 수도 있고, 이자율의 미래에 대한 의견이 워낙 한쪽으로 쏠려있어서 현재의 이자율에 일어나는 작은 변화가 현금으로의 대규모 이동을 불러올 수도 있기 때문이다. 체제의 안정성과 화폐량의 변화에 대한 그 안정성의 민감도가 불확실한 것에 대해 다양한 의견이 존재한다는 점에 크게 의존한다는 사실은 흥미롭다. 가장 좋은 것은 우리가 미래를 아는 것이다. 그러나 우리가 미래를 알지 못한다면, 그래서 우리가 화폐량을 변화시키는 것을 통해 경제체제의 활동을 통제해야 한다면 상이한 의견들이 존재하는 것이 중요하다. 따라서 이러한 통제의 방법은 의견의 차이가 보다 일반적인 영국에서보다는 모든 사람이 동시에 똑같은 의견을 갖는 경향이 있는 미국에서 그 효과가 더 불확실하다.

III

이제 우리는 우리의 인과관계에 처음으로 화폐를 도입했고, 화폐량의 변화가 경제체제에 그 영향을 파급시키는 방식을 처음으로 들여다볼 수 있게 됐다. 그러나 우리가 화폐는 경제체제를 자극해서 활동하게 만드는 술과 같은 것이라고 주장하려는 충동을 느낀다면, 술잔을 입술로 가져가는 동안에도 차질이 빚어질 수 있는 순간이 여러 차례 있을 수 있다는 점을 상기해야 할 것이다. 왜냐하면 화폐량의 증가는 다른 조건이 같다면 이자율을 떨어뜨릴 것이라고 예상할 수 있지만 대중의 유동성 선호가 화폐량보다 더 많이 증가하고 있다면 그러한 일이 일어나지 않을 것이고, 이자율의 하락은 다른 조건이 같다면 투자규모를 늘릴 것이라고 예상할 수 있지만 자본의 한계효율표가 이자율보다 더 빨리 떨어진다면 그러한 일이 일어나지 않을 것이며, 투자규모의 증가는 다른 조건이 같다면 고용을 증가시킬 것이라고 예상할 수 있지만 소비성향이 떨어지고 있다면 그러한 일이 일어나지 않을 수도 있기 때문이다. 마지막으로 고용이 증가하면 물가가 오르게 되는데 그 정도는 부분적으로는 물적 공급함수의 형태에 의해 좌우되고, 부분적으로는 화폐로 측정한 임금단위가 상승할 가능성에 의해 좌우될 것이다. 그리고 생산이 증가하고 물가가 오른다면 그것이 유동성 선호에 미치는 효과로 인해 주어진 이자율을 유지하는 데 필요한 화폐의 양이 더 커질 것이다.

IV

투기적 동기로 인한 유동성 선호는 내가 《화폐론》에서 '가격하락세를 전망하는 심리상태' 라고 불렀던 것에 상응하는 것이지만 그것과 똑같은 것은 결코 아니다. 왜냐하면 거기서는 '가격하락세를 전망하는 심리상태'가 이자율(또는 채권의 가격)과 화폐량 사이의 함수적 관계가 아니라 자산과 채권을 합한 것의 가격과 화폐량 사이의 함수적 관계로 정의됐기 때문이다. 그러나 이렇게 다루는 것은 이자율의 변화로 인한 결과와 자본의 한계효율표의 변화로 인한 결과 사이에 혼동을 초래할 소지가 있는데, 나는 이러한 혼동을 여기서는 피했기를 바란다.

V

퇴장이라는 개념은 유동성 선호라는 개념에 대한 일차적 접근으로 간주할 수 있다. 사실 우리가 '퇴장' 대신에 '퇴장성향'이라는 말을 사용한다면 그것은 유동성 선호와 실질적으로 같은 게 될 것이다. 그러나 만약 우리가 '퇴장'을 현금보유가 실제로 증가하는 것을 가리키는 말로 사용한다면 그것은 불완전한 개념일 것이고, 만약 그렇게 하는 것이 우리로 하여금 '퇴장'과 '비퇴장'을 단순한 선택지로 여기게 한다면 심각한 오해를 초래할 것이다. 왜냐하면 퇴장을 하기로 하는 결정은 절대적으로, 다시 말해 유동성을 포기하는 대가로 제공되는 이득과 무관하게 내려지는 것이 아니기 때문이다. 그러한 결정은 여러 가지 이득을 저울질한 결과이며, 따라서 우리는 맞저울의 다른 쪽 접시에 무엇이 놓여있는지를 알아야 한다. 게다가 우리가 '퇴장'을 실제로 현금을 보유하는 것을 가리키는 말로 사용한다면 대중이 내리는 의사결정의 결과로 퇴장의 양이 실제로 변화하기란 불가능하다. 왜냐하면 퇴장의 양은 화폐의 양(또는 어떤 정의에 따르면 화폐의 양에서 거래적 동기를 충족시키는 데 필요한 부분을 제외한 나머지)과 같아야 하는데, 화폐의 양은 대중에 의해 결정되는 것이 아니기 때문이다. 퇴장을 하려는 대중의 성향이 달성할 수 있는 것은 오로지 퇴장을 하려는 욕구 전체의 양이 이용가능한 현금과 같아지는 이자율을 결정하는 것뿐이다. 이자율이 퇴장과 어떤 관계를 갖고 있는지를 간과하는 습관은 이자율이 사실은 퇴장을 하지 않는 데 대한 보상임에도 불구하고 보통은 지출을 하지 않는 데 대한 보상으로 간주돼온 이유를 부분적으로 설명해준다고 할 수 있다.

14장
고전파의 이자율 이론

I

고전파의 이자율 이론은 어떤 것인가? 그것은 우리 모두가 성장하는 데 토대가 되고, 최근까지 우리가 별다른 조건을 달지 않고 그대로 받아들인 어떤 것이다. 그러나 나는 그것에 대해 정밀하게 서술하기도 어렵고, 현대 고전파의 주요 논문들에서 그것에 대한 명료한 설명을 발견하기도 어려움을 알게 됐다.[1]

그러나 이 전통이 투자에 대한 수요와 저축하려는 의사가 서로 균형을 이루게 하는 요인으로 이자율을 보아온 것은 꽤 분명하다. 이 전통에 따르면 투자는 투자될 수 있는 재원에 대한 수요를 나타내는 것이고, 저축은 그러한 재원의 공급을 나타내는 것이며, 이자율은 그 두 가지가 같아지게 만드는 '투자될 수 있는 재원'의 '가격'이다. 따라서 상품의 가격이 상품에

---

[1] 내가 발견할 수 있었던 것의 개요가 이 장 뒤의 추가논의에 있으니 그것을 참조하라.

대한 수요와 그 공급이 일치하는 지점에서 필연적으로 정해지는 것과 꼭 마찬가지로 이자율은 시장의 여러 힘들이 작용하는 가운데 어떤 이자율에서 이루어지는 투자의 양과 그 이자율에서 이루어지는 저축의 양이 일치하는 지점에서 필연적으로 안정된다는 것이다.

이러한 것이 마셜의 《원리》에는 충분히 분명하게 진술돼있지 않다. 그러나 그의 이론은 바로 그런 것으로 보이고, 그것이 바로 나 자신이 성장하는 데 토대가 된 것이자 내가 여러 해 동안 다른 사람들에게 가르친 것이다. 예를 들어 마셜의 《원리》에서 가져온 다음 구절을 보자. "이자는 어떤 시장에서든 자본을 사용하는 데 대한 대가로 지불되는 가격이므로 해당 시장에서 어떤 이자율에서 나타나는 자본에 대한 총수요가 그 이자율에서 나타나는 자본의 총량과 일치하는 균형수준으로 움직여가는 경향이 있다."[1] 또한 카셀 교수의 《이자의 본질과 필연성》을 보면 투자는 '기다림에 대한 수요'가 되고 저축은 '기다림의 공급'이 된다고 설명돼있고, 비록 여기서 내가 인용할 만한 실제 그의 문장을 발견해내지는 못했지만 이자는 그 두 가지를 일치시키는 '가격'이라고 암시돼있다. 카버 교수는 자신의 저서인 《부의 분배》의 6장에서 기다림의 한계비효용이 자본의 한계생산성과 균형을 이루게 하는 요인으로 이자율을 분명하게 지목하고 있다.[2] 앨프레드 플럭스 경은 다음과 같이 썼다(《경제학 원리》, 95쪽). "우리의 전반적인 논의가 주장하는 바에 타당성이 있다면 자본을 수익성 있게 사용할 기회와 저

---

1 이 구절에 대한 추가적인 논의가 뒤의 228쪽 이후에 실려 있으니 그것을 참조하라..

2 이자에 대한 카버(Carver) 교수의 논의는 다음 두 가지 이유에서 이해하면서 따라가기가 어렵다. (1) 그가 '자본의 한계생산성'이라는 말로 의미하는 것이 한계생산물의 양인지 한계생산물의 가치인지와 관련된 비일관성 (2) 그가 자본의 양에 대해 정의를 내리려는 시도를 하지 않는 것.

축 사이에 자동적인 조정이 일어난다는 점이 인정돼야 한다. … 순이자율이 영보다 크기만 하다면 … 저축은 그것이 유용하게 사용될 가능성이 있는 수준보다 더 많이 이루어지지 않을 것이다." 타우시그 교수(《원리》, 2권, 29쪽)는 먼저 "자본의 한계생산성이 저축의 한계납입분이 납입되도록 하기에 충분한 지점에서 이자율이 자리를 잡는다"(20쪽)라고 진술한 다음에 저축의 공급곡선과 "몇 차례에 걸친 자본납입분의 체감하는 생산성"을 보여주는 수요곡선을 그려 보인다.[3] 발라(영어식 발음으로는 왈라스—옮긴이)는 그의 《순수경제학 요론》 가운데 '저축과 새로운 자본의 교환'을 다룬 부록 I(III)에서 성립될 수 있는 이자율 각각에 대응해 개인들이 저축하게 되는 총액과 그들이 새로운 자본자산에 투자하게 되는 총액이 있고, 이 두 가지 총액은 서로 일치하는 경향이 있으며, 이자율은 그 두 가지 총액을 일치하게 만드는 변수라고, 따라서 이자율은 새로운 자본의 공급을 나타내는 저축이 그것에 대한 수요와 같아지는 지점에서 정해진다고 명시적으로 주장한다. 그러므로 그는 분명히 고전파 전통에 속한다.

보통사람들(은행가, 공무원, 정치가)은 이와 같은 전통이론을 토대로 길러졌고, 훈련된 경제학자들도 어느 개인이 저축이라는 행위를 한 경우에는 언제나 그 개인이 자동적으로 이자율을 끌어내리게 되는 무엇인가를 한 것

---

3 이런 문제에 대한 아주 최근의 한 논의(1932년 8월에 〈이코노미카〉에 실린 나이트(F. H. Knight) 교수의 글 '자본, 시간, 이자율')는 자본의 본질에 대한 흥미롭고도 심도 있는 관찰결과를 많이 담고 있고 뵘—바베르크식 분석의 무용성과 관련해 마셜적 전통의 건전성을 확인해주고 있는데, 이 논의에서는 이자에 대한 이론이 정확하게 전통적이고 고전적인 형태로 제시된다. 나이트 교수에 따르면 자본생산이라는 영역에서 균형이 갖는 의미는 "저축을 사용하는 대가로 저축자들에게 지급되는 것과 똑같은 수준의 순수익률을 낳아주는 투자로 저축이 흘러드는 시간율 내지 속도와 저축이 시장으로 흘러드는 시간율 내지 속도를 정확하게 일치시켜주는 이자율"에 있다는 것이다.

이고, 그것은 자동적으로 자본이 생산되는 양을 증가시키며, 이자율은 저축의 증가분과 같은 정도로 자본이 생산되는 양을 증가시키는 데 정확하게 필요한 정도만큼 하락한다는 관념, 그리고 더 나아가 그러한 과정은 통화당국의 어떤 특별한 개입이나 시시콜콜한 관리를 필요로 하지 않고 일어나는 자율적인 조정의 과정이라는 관념을 그동안 갖고 있었다. 이와 비슷하면서 훨씬 더 보편적인 믿음은 추가적인 투자를 하는 행위 하나하나는 저축을 하려는 의사의 변화에 의해 상쇄되지 않는 한 필연적으로 이자율을 끌어올리게 된다는 것이었고, 이런 믿음은 오늘날에도 보편적으로 존재하고 있다.

그런데 앞의 여러 장에 걸쳐 전개한 분석을 적용하면 이 문제에 대한 위와 같은 설명은 잘못된 것이 틀림없음이 분명하게 밝혀질 것이다. 그러나 의견의 차이를 초래한 원인을 추적하기 위해 우선 의견이 같은 문제에서부터 논의를 시작해보자.

저축과 투자가 실제로는 일치하지 않을 수 있다고 믿는 신고전파와 달리 원래의 고전파는 저축과 투자가 일치한다는 견해를 받아들였다. 예를 들어 마셜은 총저축과 총투자가 반드시 일치한다고 명시적으로 말하지는 않았지만 그렇다고 믿은 게 분명하다. 사실 고전파에 속하는 사람들은 대다수가 이런 믿음을 너무 멀리까지 끌고나갔다. 왜냐하면 그들은 저축을 늘리는 개인의 행동은 모두 그에 대응해 투자를 늘리는 행동이 반드시 생겨나게 한다고 생각했기 때문이다. 게다가 내가 제시하는 자본의 한계효율표 또는 투자수요표와 위에 인용된 고전파 저작자들 가운데 일부가 상정한 자본에 대한 수요곡선 사이에는 위와 같은 맥락에서 관련성이 있는 큰 차이는 전혀 없다. 그런데 소비성향 및 그것으로부터 당연히 도출되는 저축성향과 관련해서는 그들이 저축성향에 대한 이자율의 영향을 강조하는 탓에 우리가 의견을 달리하는 쪽으로 나아가게 된다. 그러나 그들은 아마도 소득수준도 저축되는 금액에 중요한 영향을 끼친다는 점을 부정하고자 하지는 않을 것이다. 그리고 나로서는 일정하게 주어진 소득에서 저축되는 금액이 얼마가 될 지에는 이자율이 아마도 일정한 영향(어쩌면 그들이 상정하는 종류의 영향은 아닐 수도 있지만)을 미칠 수 있음을 부정하려고 하지 않을 것이다. 의견이 같은 이 모든 점은 고전파도 받아들이고 나도 반박하지 않을 하나의 명제로 요약할 수 있다. 즉 소득수준이 주어졌다고 가정하면 상이한 이자율들에 대응하는 자본에 대한 수요곡선이 상이한 이자율들에 대응해 주어진 소득으로부터 저축되는 금액의 곡선과 교차하는 지점에 이자율이 위치하게 된다고 우리는 추론할 수 있다.

그러나 여기가 바로 고전파의 이론에 분명한 오류가 끼어드는 지점이다. 만약 고전파의 이론이 위와 같은 논의로부터 '자본에 대한 수요곡선이 주어지고 이자율의 변화가 일정한 소득으로부터 저축을 하려는 의사에 미치는 영향도 주어졌다면 소득수준과 이자율은 일의적인 상관관계를 가질 수밖에 없다' 는 명제만을 도출했다면 다투어야 할 것이 없었을 것이다. 게다가 이런 명제는 중요한 진리를 담고 있는 또 하나의 명제, 즉 자본에 대한 수요곡선이 주어지고 이자율이 일정한 소득으로부터 저축을 하려는 의사에 미치는 영향도 주어진 상태에서 이자율까지 주어졌다면 소득수준은 저축되는 금액을 투자되는 금액과 일치시키는 요인일 수밖에 없다는 명제로 자연스럽게 이어졌을 것이다. 그러나 실제로는 고전파의 이론이 소득수준 변화의 영향을 무시했을 뿐만 아니라 형식상의 오류도 내포하고 있다.

위에 인용된 구절들에서 볼 수 있듯이 고전파의 이론은 저축의 원천인 소득의 금액이 일정하게 주어졌다는 가정을 완화하거나 수정하지 않고도 예를 들어 자본에 대한 수요곡선의 이동이 이자율에 미치는 영향을 검토하는 작업으로 나아갈 수 있다고 가정한다. 이자율에 대한 고전파의 이론에서 독립변수는 '자본에 대한 수요곡선'과 '일정하게 주어진 소득으로부터 저축되는 금액에 대한 이자율의 영향'이다. 그래서 이 이론에 따르면 예를 들어 자본에 대한 수요곡선이 이동하면 새로운 이자율은 '자본에 대한 새로운 수요곡선'과 '주어진 소득으로부터 저축되는 금액에 이자율을 관련시키는 곡선'이 교차하는 지점에 의해 주어진다. 고전파의 이자율 이론은 자본에 대한 수요곡선이 이동하거나, 주어진 소득으로부터 저축되는 금액에 이자율을 관련시키는 곡선이 이동하거나, 이 두 개의 곡선이 다 이동하거나 하면 새로운 이자율은 이 두 개의 곡선이 새로운 위치에서 교차하는 지점에 의해 주어진다는 생각을 반영한 것으로 보인다. 그러나 이것은 얼토당토않은 이론이다. 왜냐하면 소득이 불변이라는 가정은 이 두 개의 곡선이 서로 독립적으로 이동할 수 있다는 가정에 부합하지 않기 때문이다. 두 개의 곡선 가운데 어느 하나가 이동하면 그때에는 일반적으로 소득에 변화가 일어날 것이고, 그 결과로 소득이 일정하게 주어졌다는 가정에 토대를 둔 이론체계 전체가 무너진다. 그러한 입장은 생산이 이전과 똑같은 수준에서 유지되도록 하기 위한 어떤 복잡한 가정을 하는 것에 의해서만 구제될 수 있을 것이다. 그리고 그 가정은 유동성 선호에 대한 영향이라는 측면에서 위와 같은 곡선의 이동을 정확하게 상쇄시키는 이자율이 수립되게 하는 데 꼭 알맞은 금액만큼 임금단위에 자동적인 변화가 일어난다는 것이어야 한다. 사실 위에서 언급한 저작자들에게서는 이러한 가정이 필요하다는 점에 대한 그 어떤 암시도 발견할 수 없다. 그와 같은 가정은 기껏해야 장기균형과 관련해서만 설정될 수 있을 뿐 단기이론의 토대가 되지는 못할 것이고, 장기에서도 그것이 성립한다고 상정하게 할 근거는 존재하지 않는다고 간주된다. 진실을 말하면, 고전파의 이론은 그동안 소득수

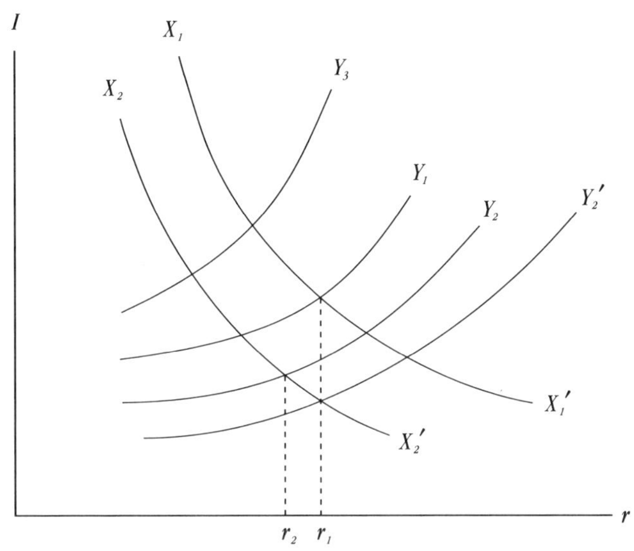

준 변화의 관련성이나 소득수준이 실제로 투자율의 함수일 가능성에 대해 신경을 쓰지 않았다.

이상의 논의는 위와 같이[1] 그려 보일 수 있다.

위 그림에서 투자(또는 저축)의 금액 I는 수직으로 측정되고, 이자율 r는 수평으로 측정된다. $X_1 X_1'$는 투자수요표 곡선의 첫 번째 위치이고, $X_2 X_2'$는 이 곡선의 두 번째 위치다. 곡선 Y_1은 소득 Y_1으로부터 저축되는

---

1 이 그림은 해러드(R. F. Harrod) 씨가 나에게 제안해준 것이다. 또한 1934년 12월에 〈이코노믹 저널〉에 실린 글(652쪽)에서 로버트슨(D. H. Robertson) 씨가 이와 부분적으로 유사한 도식을 제시한 바 있으니 그것도 참조하라.

금액을 이자율의 다양한 수준에 연관시키고 곡선 Y_2, 곡선 Y_3 등은 Y_2, Y_3 등의 소득수준에 각각 대응하는 곡선이다. 곡선 Y_1을 투자수요표 X_1X_1' 및 이자율 r_1에 대응하는 Y 곡선이라고 하자. 그러면 투자수요표가 X_1X_1'에서 X_2X_2'로 이동할 경우에 일반적으로 소득의 위치도 이동할 것이다. 그러나 위의 그림은 그 새로운 값이 어떻게 될지를 우리에게 말해주기에 충분한 정보를 내포하고 있지 않고, 따라서 우리는 어떤 것이 새로운 상황에 들어맞는 Y 곡선인지를 알지 못하므로 어느 지점에서 새로운 투자수요표가 그 곡선과 교차하게 될지를 알 수가 없다. 그러나 만약 우리가 유동성 선호의 상태와 화폐의 양을 도입하고, 이 두 가지가 서로 작용해 이자율이 r_2임을 우리에게 말해준다면 모든 위치가 결정된다. 왜냐하면 r_2에서 수직으로 위에 있는 지점에서 X_2X_2'와 교차하는 Y 곡선, 즉 곡선 Y_2 가 새로운 상황에 들어맞는 Y 곡선이 될 것이기 때문이다. 이처럼 X 곡선과 몇 개의 Y 곡선 그 자체는 이자율에 대해 우리에게 아무것도 말해주지 않는다. 이들 곡선은 우리가 어떤 다른 데서 얻은 정보를 토대로 이자율이 얼마인지를 말할 수 있어야만 소득이 얼마가 될지를 우리에게 말해줄 수 있을 뿐이다. 유동성 선호의 상태와 화폐의 양에 아무 일도 일어나지 않아 이자율이 불변이라면 곡선 Y_1이 기존의 투자수요표와 교차하는 지점으로부터 수직으로 아래쪽에서 새로운 투자수요표와 교차하는 곡선 Y_1'가 새로운 상황에 들어맞는 Y 곡선이 될 것이고, Y_1'가 새로운 소득수준이 될 것이다.

따라서 고전파의 이론이 사용하는 함수적 관계들, 즉 투자가 이자율의 변화에 대해 보이는 반응과 주어진 소득으로부터 저축되는 금액이 이자율의 변화에 대해 보이는 반응은 이자율 이론에 재료가 될 만한 것을 공급해 주지 않는다. 그러나 어떤 다른 원천에서 나온 정보에 의해 이자율이 주어진다면 그런 함수적 관계들이 소득수준이 어떻게 될지를, 뒤집어 말하면 소득수준이 어떤 주어진 수치로(예를 들어 완전고용에 상응하는 수준으로) 유지되려면 이자율이 얼마가 돼야 하는지를 우리에게 말해주도록 하는 데 이용될 수 있을 것이다.

오류는 이자율을 화폐를 퇴장하지 않는 데 대한 보상으로 간주하지 않고 기다림에 대한 보상으로 간주하는 데서 비롯된다. 이자율을 화폐를 퇴장하지 않는 데 대한 보상으로 간주해야 하는 것은 위험의 정도가 상이한 각각의 대부나 투자의 수익률을 기다림 그 자체에 대한 보상이 아니라 위험을 부담하는 데 대한 보상으로 간주하는 것이 전적으로 타당한 것과 꼭 마찬가지다. 사실 이러한 수익률과 이른바 '순수한' 이자율 사이에 분명한 구분선이 존재하는 것은 아니며, 둘 다 이런저런 종류의 불확실성이라는 위험을 부담하는 데 대한 보수다. 화폐가 오로지 거래를 위해서만 사용되고 가치저장의 수단으로는 결코 사용되지 않는 경우에만 이와 다른 어떤 이론이 들어맞게 될 것이다.[1]

그렇지만 우리에게 익숙하면서도 어쩌면 고전파에게 무언가 잘못됐다는 경고를 해줄 수도 있었던 것이 두 가지 있다. 첫째로, 적어도 카셀 교수의 《이자의 본질과 필연성》이 출판된 뒤로는 이자율이 상승할 때 투자수요표가 하락한다는 데 대해 아무도 의심을 하지 않았지만 이자율이 상승할 때 주어진 소득으로부터 저축되는 금액이 반드시 증가한다는 데 대해서는 확실하지 않다는 합의가 이루어졌다. 그런데 만약 이자율이 상승할 때 Y 곡선과 X 곡선이 둘 다 떨어진다면 주어진 Y 곡선이 주어진 X 곡선과

---

1 뒤에 나오는 17장을 참조하라.

어느 곳에서 교차할 것이라고 장담할 근거가 없다. 이는 곧 이자율을 결정하는 것이 Y곡선과 X곡선만이 아님을 시사한다.

둘째로, 화폐량의 증가는 어쨌든 처음에는, 그리고 단기에는 이자율을 낮추는 경향을 갖고 있다고 가정되는 것이 보통이었다. 그러나 화폐량의 변화가 투자수요표에, 또는 어떤 주어진 소득으로부터 저축을 하려는 의사에 왜 영향을 미치는가 하는 이유는 제시되지 않았다. 그래서 고전파가 가치이론을 다루는 제1권에서 갖고 있는 이자율 이론이 화폐이론을 다루는 제2권에서 갖고 있는 이자율 이론과 아주 달랐던 것이다. 그들은 이러한 모순에도 동요하지 않는 것으로 보였고, 내가 아는 한 그 두 이론 사이에 다리를 놓으려는 시도를 전혀 하지 않았다. 이는 말하자면 본래의 고전파에만 해당되는 이야기다. 왜 그러냐면 최악의 혼선이 그러한 다리를 놓기 위한 신고전파 쪽의 시도에 의해 초래됐기 때문이다. 신고전파는 투자수요표상의 투자수요를 충족시키려면 두 가지 공급의 원천이 있어야 한다고 추론했다. 그 가운데 하나는 본래의 저축 즉 고전파가 저축으로 다룬 것이고, 다른 하나는 화폐의 양이 조금이라도 증가해서 이용할 수 있게 된 금액(이것은 대중에 대한 일종의 부과금 즉 '강제저축'이나 이와 비슷한 호칭으로 불리는 것에 의해 충당된다)이다. 이런 신고전파의 추론은 '자연적'이거나 '중립적'[1]이거나 '균형상태'인 이자율, 다시 말해 '강제저축'으로부터 추가되는 것이 전혀 없는 본래의 고전파적 저축에 투자를 일치시키는 이자율이 존재한다는 관념으로 이어졌고, 마침내는 그들이 처음에

---

1 뒤에 나오는 17장을 참조하라. 오늘날 경제학자들이 말하는 '중립'이자율은 뵘-바베르크의 '자연'이자율과도 다르고, 빅셀의 '자연'이자율과도 다르다.

출발할 때 방향을 올바르게 잡았다고 가정한 상태에서는 가장 당연한 해법인 것, 즉 화폐의 양이 모든 상황에서 불변으로 유지된다고만 한다면 본래의 고전파적 저축보다 투자가 많아지는 경우에 초래된다고 여겨지는 해악이 더 이상 초래되지 않기 때문에 위와 같은 혼선이 전혀 발생하지 않게 될 것이라는 해법으로 이어졌다. 그러나 이 지점에서 우리는 곤경에 빠진다. "야생오리는 바다 속으로 잠수해 내려갈 수 있는 한 가장 깊이 내려가 바닥에 닿자 수초를 비롯해 거기에 있는 것들을 단단히 입에 물었다. 그래서 뒤따라 잠수해 그 야생오리를 건져 올릴 보통 이상으로 영리한 개가 필요하게 됐다."(인용부호로 묶인 이 구절은 노르웨이의 극작가 헨리크 입센의 《야생오리》라는 작품에 나오는 대사를 일부 수정한 것이다. 여기서 케인스는 고전파의 태도를 총에 맞은 야생오리의 행태에 비유하고 있다—옮긴이)

이처럼 전통적인 분석은 체제의 독립변수를 정확하게 분간해내는 데 실패한 탓에 오류에 빠졌다. 저축과 투자는 체제에 의해 결정되는 요인이지 그 자체가 결정요인인 것이 아니다. 저축과 투자는 체제의 결정요인들, 즉 소비성향, 자본의 한계효율표, 이자율이 만들어내는 쌍둥이 결과다. 이런 결정요인들은 그것들 자체가 복잡한 게 사실이고, 그 각각이 다른 것들의 예상된 변화로부터 영향을 받을 수 있다. 그러나 그것들의 값이 서로 다른 것으로부터 도출될 수 없다는 의미에서 그것들은 독립적인 상태로 유지된다. 전통적인 분석은 저축이 소득에 의존한다는 점을 의식하긴 했지만, 투자가 변화하면 저축의 변화를 투자의 변화와 같게 만드는 데 필요한 정도에 꼭 맞게 소득이 반드시 변화하는 방식으로 소득이 투자에 의존한다는 사실을 간과했다.

이자율을 '자본의 한계효율'에 의존하게 만들려고 시도하는 이론들도 결코 더 성공적이지 못하다. 균형의 상태에서는 이자율이 자본의 한계효율과 같게 된다는 것은 사실이다. 그렇게 같게 되는 지점에 이르기까지는 투자의 규모를 늘리는 것(또는 줄이는 것)이 수익성이 있기 때문이다. 그러나 이런 사실을 이자율 이론으로 만드는 것, 또는 이런 사실로부터 이자율을 도출하는 것은 마셜이 그런 방식으로 이자율을 설명하는 길을 절반쯤 걸어 들어간 뒤에 알아차린 바와 같이 순환논증을 내포하고 있다.[1] 왜냐하면 '자본의 한계효율'은 투자의 규모에 부분적으로 의존하는데, 투자의 규모가 어떠한지를 계산할 수 있으려면 그 전에 우리가 이미 이자율을 알고 있어야 할 것이기 때문이다. 여기서 얻어지는 의미 있는 결론은 자본의 한계효율이 이자율과 같아지는 지점까지는 새로운 투자가 계속 생겨나리라는 것이다. 그리고 자본의 한계효율표가 우리에게 말해주는 것은 이자율이 얼마냐가 아니라 이자율이 주어졌을 때 새로운 투자의 발생이 어느 지점까지 계속될 것이냐다.

여기서 논의된 문제가 가장 근본적인 이론적 의미를 갖고 있는 문제이자 압도적인 실천적 중요성을 갖고 있는 문제임을 독자는 곧바로 이해할 것이다. 왜냐하면 경제학자들이 실천적 조언을 할 때 거의 변함없이 그 토대로 삼은 경제학적 원리는 결국 다른 조건이 같다면 소비지출의 감소는 이자율을 하락시키는 경향이 있고 투자의 증가는 이자율을 상승시키는 경향이 있다는 가정을 전제한 것이었기 때문이다. 그러나 이 두 가지 양에 의해 결정되는 것은 이자율이 아니라 고용의 총규모라고 본다면 경제체제의 메커니즘에 대한 우리의 관점은 크게 달라질 것이다. 소비지출을 하려

226

는 의사의 감소를 다른 조건이 같다면 투자를 증가시키는 요인이라고 생각하는 대신에 다른 조건이 같다면 고용을 감소시키는 요인이라고 생각한다면, 소비지출을 하려는 의사의 감소를 아주 다른 시각에서 볼 수 있게 될 것이다.

14장의 추가논의
마셜의《경제학의 원리》,
리카도의《정치경제학의 원리》 등에서는
이자율이 어떻게 다루어졌는가

I

마셜, 에지워스, 또는 피구 교수의 저작에는 이자율에 대해 일관되게 이어지는 논의가 없다. 몇 군데에서 덧붙여 하는 말만 씌어져 있을 뿐이다. 앞 (172~173쪽)에서 이미 인용한 구절을 제외하면 이자율에 대한 마셜의 입장을 알게 해주는 중요한 단서는 그의《경제학의 원리》(6판)의 6부 중 534쪽과 593쪽에서만 발견되며, 그 핵심은 다음 인용구절에서 드러난다.

어떤 시장에서든 자본을 사용하는 대가로 지불되는 가격인 이자는 균형수준으로, 즉 자본에 대한 그 시장의 총수요가 그 이자율에서 그 시장에 나오는 총자본량[1]과 일치하는 균형수준으로 나아가는 경향이 있다. 만약 우리가 검토

---

[1] 마셜이 '화폐'가 아닌 '자본'이라는 낱말을 사용하고 '대부(loan)'가 아닌 '자본량(stock)'이라는 낱말을 사용하며, 그럼에도 불구하고 그의 글에서 이자는 화폐를 빌리는 대가로 지급되는 것

하고 있는 시장이 작은 시장(예를 들어 발전하는 나라 안의 어느 한 도시나 어느 한 업종)이라면 거기서 늘어나는 자본에 대한 수요는 그 시장을 둘러싸고 있는 주위의 다른 지역이나 업종으로부터 더 많은 자본이 유입되어 공급됨으로써 곧바로 충족될 것이다. 그러나 만약 우리가 자본에 대한 단일한 시장으로서 세계 전체를 검토하는 경우라면, 또는 그러한 단일한 시장으로서 하나의 큰 나라 전체를 검토하는 경우에도 우리는 자본의 총공급이 이자율의 변화에 의해 신속하게, 그리고 상당한 정도로 변화될 것이라고 생각할 수 없다. 왜냐하면 총자본량 전체는 노동과 기다림의 산물이고, 이자율의 상승이 유인으로 작용해서 생겨나는 추가적인 노동[2]과 추가적인 기다림은 기존의 총자본량을 결과로 낳은 노동과 기다림에 비하면 신속하게 많은 양이 되지는 못할 것이기 때문이다. 그러므로 자본에 대한 전반적인 수요의 폭넓은 증가는 한동안 공급의 증가에 의해 대응되기보다는 이자율의 상승에 의해 대응될 것이

이고 이런 맥락에서 '자본에 대한 수요'는 '특정한 양의 자본재를 구매하려는 목적에 따른 화폐의 대부에 대한 수요'를 의미한다는 점에 주목해야 한다. 그러나 공급되는 자본재의 양과 수요되는 자본재의 양이 같아지는 것은 이자율에 의해서보다는 자본재의 가격에 의해 이루어질 것이다. 이자율에 의해 이루어지는 것은 화폐의 대부에 대한 수요와 그 공급, 즉 빚에 대한 수요와 그 공급이 같아지는 것이다.

2 여기서 추가적인 노동이 생겨난다고 한 것은 소득이 불변이 아니라고 가정한 결과다. 그러나 이자율의 상승이 어떤 방식으로 '추가적인 노동'을 가져오는지는 분명하게 설명돼있지 않다. 이자율의 상승은 저축을 하기 위해 일하는 것의 매력을 증대시키기 때문에 생산요소로 하여금 더 낮은 임금에도 일하도록 유도하는 일종의 실질임금 상승이 된다고 간주해야 한다는 것일까? 내 생각에는 이것이 바로 비슷한 맥락에서 로버트슨 씨가 염두에 둔 것이다. 이것은 분명히 "신속하게 많은 양이 되지는 못할 것"이고, 이 요인을 가지고 투자의 양에 실제로 일어나는 변동을 설명하려는 시도는 설득력이 매우 낮을 뿐 아니라 사실 터무니없는 일일 것이다. 이 문장의 뒤쪽 절반을 내가 바꿔 쓴다면 다음과 같을 것이다. "만약 자본의 한계효율표의 상승에 기인하는 자본 일반에 대한 수요의 폭넓은 증가가 이자율의 상승에 의해 상쇄되지 않는다면 자본재 생산이 증가한 결과로 나타날 추가적인 고용과 더 높은 수준의 소득은 화폐로 측정한 자본재의 당기 증가분이 갖는 가치와 정확하게 같은 양의 추가적인 기다림을 가져올 것이고, 따라서 정확하게 그러한 자본재의 당기 증가분이 공급되도록 할 것이다."

고,[1] 이로 인해 자본이 그 한계효용이 가장 낮은 용도로부터 일부 철수하게 될 것이다. 이자율의 상승은 단지 천천히, 그리고 점진적으로만 총자본량을 증가시킬 것이다."(534쪽)

"기존의 자본투자 대상물에 대해서는 '이자율'이라는 용어가 매우 제한된 의미에서만 사용될 수 있음은 아무리 반복해서 말해도 지나치다 할 수 없다."[2] 예를 들어 우리는 아마도 이 나라의 상이한 업종들에 약 3퍼센트의 순이자율로 70억 파운드가량의 실업자본이 투자돼있다고 추정할 수도 있을 것이다. 그러나 이렇게 말하는 방법은 여러 가지 목적을 위해 편리하며 정당화될 수 있을지는 몰라도 정확하지는 않다. 어떻게 말해야 하느냐면, 그러한 업종의 각각에서 새로운 자본의 투자(즉 한계투자)에 대한 순이자율이 약 3퍼센트라고 할 때 다양한 업종들에 투자돼있는 실업자본 전체에 의해 창출되는 총순소득은 33년간 거두게 될 수익금을 자본화한다면(즉 3퍼센트의 이자율에 근거해 자본화한다면) 결과적으로 70억 파운드가량이 될 것이라고 말해야 한다. 왜냐하면 토지를 개량하거나 건물을 짓는 데, 또는 철도를 부설하거나 기계를 제작하는 데 이미 투자된

---

1 자본재의 공급가격 상승에 의해 대응될 수도 있는 것 아닌가? 예를 들어 '자본에 대한 전반적인 수요의 폭넓은 증가'가 이자율의 하락 때문이라고 가정하자. 그러면 나는 이 문장을 다음과 같이 바꿔 써야 한다고 제의할 것이다. "그러므로 자본재에 대한 수요의 폭넓은 증가가 총자본량의 증가에 의해 즉각적으로 대응되지 못한다면 그것은 투자의 규모에 중요한 변화가 없는 가운데 자본의 한계효율이 이자율과 균형된 상태를 유지하기에 충분할 정도로 자본재의 공급가격이 상승하는 것에 의해 당분간 억제될 수밖에 없을 것이다. 그리고 그 사이에는 언제나 그렇듯이 자본재의 생산에 적용되는 생산요소들이 새로운 여건 아래서 한계효율이 가장 높은 자본재를 생산하는 데 사용될 것이다."

2 사실 우리는 이런 식으로 이자율을 말할 수 없다. 새로운 것이든 기존의 것이든 자본투자 대상물을 구매할 목적으로(또는 그 어떤 다른 목적을 위해서라도) 차입된 돈에 대해서만 이자율을 말하는 것이 옳다.

자본의 가치는 그 추정되는 미래 순소득(또는 준지대)의 총할인가치이고, 만약 그러한 자본의 예상되는 미래 소득창출력이 감소한다면 그에 따라 그 가치가 떨어질 것이며, 감가상각을 고려하면 그만큼 더 적은 소득을 자본화한 가치가 곧 그러한 자본의 가치일 것이기 때문이다."(593쪽)

피구 교수는 그의 저서 《후생의 경제학》(3판)의 163쪽에 이렇게 썼다.

"'기다림'의 기여라는 것의 본질에 대해 그동안 많은 오해가 있었다. 그것이 때로는 화폐를 공급하는 데 있다고, 때로는 시간을 제공하는 데 있다고 가정돼왔고, 이러한 두 가지 가정에 근거해 분배분에는 그것이 아무런 기여도 하지 않는다고 주장돼왔다. 두 가지 가정 다 옳지 않다. '기다림'은 개인이 즉각적으로 누릴 힘을 갖고 있는 소비를 연기함으로써 파괴될 수도 있었던 자원이 생산도구의 형태를 취할 수 있도록 허용하는 것을 의미할 뿐이다.[3] … 그러므로 '기다림'의 단위는 일정한 시간 동안에 이루어지는 일정한 양의 자원(예를 들어 노동이나 기계)의 사용이다.[4] … 보다 일반적인 용어로 말한다면 기다림의 단위는 일종의 연간 가치단위라고 할 수 있고, 또는 이보다 덜 정확하기는 하지만 더 간단한 카셀 박사의 용어를 빌리면 일종의 연간 파운드라고 할 수 있다. … 어떤

---

3 여기서 소비의 연기가 필연적으로 그런 효과를 가지고 온다고 우리가 추론해야 한다는 것인지, 아니면 소비의 연기는 단지 자원을 자유롭게 풀어줄 뿐이고 그 자원이 상황에 따라 사용되지 않거나 투자를 위해 사용되는 것은 그 다음의 일이라는 것인지에 대해서는 말이 애매하다.

4 소득의 수취자가 소비에 지출할 수도 있지만 실제로는 지출하지 않은 화폐의 금액이 기다림의 단위가 아니라는 점에 주목하라. 그렇다면 기다림에 대한 보수는 이자가 아니라 준지대. 이 문장은 자유롭게 풀려난 자원은 필연적으로 사용된다는 뜻을 내포하고 있는 것으로 보인다. 왜냐하면 자유롭게 풀려난 자원이 사용되지 않는 상태로 방치된다면 도대체 무엇이 기다림에 대한 보수가 되느냐는 의문을 갖게 되기 때문이다.

해에 축적된 자본의 양이 반드시 그 해에 이루어진 '저축'의 양과 같다는 통상적인 견해에 대해 경계하라는 말을 덧붙여야 할지도 모르겠다. 이런 통상적인 견해는 옳지 않다. 저축이 순저축을 의미하는 것으로 해석되고 그리하여 어느 한 사람의 저축이 다른 사람에게 대부되어 그의 소비를 늘리게 되는 경우에는 그 저축이 제거된다고 본다고 해도 그런 통상적인 견해는 옳지 않고, 저축의 활용에 대한 미사용 청구권이 은행화폐의 형태로 일시적으로 축적되는 것을 무시한다고 해도 그것은 옳지 않다. 왜냐하면 자본이 되는 것으로 상정됐던 저축 가운데 많은 부분이 실제로는 낭비적인 사용으로 방향을 잘못 잡음으로써 그 목적을 달성하는 데 실패하기 때문이다.[1]

무엇이 이자율을 결정하는가에 대한 피구 교수의 유일하게 유의미한 언급은 내가 보기에 그의 저서인 《산업변동》(1판)의 251~253쪽에서 발견된다. 거기서 그는 이자율은 실물자본 수요공급의 전반적 조건에 의해 결정되므로 중앙은행을 비롯한 그 어떤 은행의 통제에서도 벗어나 있다는 견해를 논박한다. 그는 그런 견해에 반대해 다음과 같이 주장한다.

은행가들이 사업가들을 위해 더 많은 신용을 창출할 때에는 1부의 13장[2]에서 설명한 대로 은행가들이 그들 자신의 이익을 위해 대중으로부터 강제로 실질적

---

1 우리가 방향이 잘못된 투자를 무시하되 "저축의 활용에 대한 미사용 청구권이 은행화폐의 형태로 일시적으로 축적되는 것"을 고려한다면 순저축이 자본의 증가분과 같게 될 것인지, 아니면 그렇게 되지 않을 것인지에 대해서는 이 구절이 우리에게 말해주는 것이 없다. 그러나 《산업변동》(22쪽)에서 피구 교수는 그러한 축적은 그가 '실물저축'이라고 부르는 것에는 아무런 영향도 미치지 않는다고 분명히 말하고 있다.

2 지목된 곳(《산업변동》 129~134쪽)에는 은행에 의한 새로운 신용창출이 기업가들이 이용할 수 있는 실물자본의 흐름을 얼마나 증가시키는가에 대한 피구 교수의 견해가 담겨 있다. 요컨대 그는

인 징수를 하는 것이며, 이렇게 해서 사업가들이 이용할 수 있는 실물자본의 흐름을 증가시키고 장기대부에 대한 실질이자율과 단기대부에 대한 실질이자율을 동시에 떨어뜨린다. 간단히 말해 화폐에 대해 은행가들이 부과하는 이자율은 장기대부에 대한 실질이자율과 기계적으로 연결된다는 말은 옳지만, 장기대부에 대한 실질이자율이 은행가들의 통제를 전혀 받지 않는 조건들에 의해 결정된다는 말은 옳지 않다.

위의 구절들에 대한 나의 논평은 이미 보았겠지만 그때그때 각주로 달아 놓았다. 마셜의 설명에서 내가 발견한 혼선은 내가 생각하기에는 근본적으로 화폐경제에 속하는 '이자'라는 개념이 화폐를 고려하지 않고 있는 논문에 끼어든 데서 비롯됐다. 마셜의《경제학의 원리》에는 사실 '이자'가 등장할 이유가 없다. 그것은 그 책과는 다른 분야에 속하는 것이다.《후생의 경제학》에서 피구 교수는 자신이 암묵적으로 설정한 다른 가정들에 부합하는 태도로, 기다림의 단위는 당기 투자의 단위와 같고 기다림에 대한 보수는 준지대라고 추론하도록 우리를 이끌면서 이자는 사실상 전혀 언급하지 않는다. 이것은 당연히 그래야 하는 일이다. 그러나 그를 비롯해 위에

"신용창출을 통해 사업가들에게 건네지는 유동적 신용으로부터 은행이 없었다면 다른 방법으로 공급됐을 유동적 자본을 차감"하고자 했다. 이런 차감이 이루어진 뒤에는 논의가 매우 모호해진다. 우선 이자생활자들의 소득이 1500인데 그들은 그 가운데 500을 소비하고 1000을 저축한다. 신용창출 행위는 그들의 소득을 1300으로 감소시키고, 그들은 그 가운데 $500-x$를 소비하고 $800+x$를 저축한다. 그러면 x는 신용창출 행위가 만들어낸 사용가능한 자본의 순증가분을 나타낸다는 게 피구 교수의 결론이다. 기업가들이 은행으로부터 차입한 금액만큼 기업가들의 소득이 불어나는 것일까(위와 같은 차감을 한 뒤에)? 아니면 이자생활자들의 소득이 줄어든 금액만큼 기업가들의 소득이 불어나는 것일까? 두 경우 모두에서 기업가들은 불어난 소득의 전부를 저축하는 것일까? 투자의 증가액은 신용창출에서 위와 같은 차감분을 뺀 것과 같을까? 아니면 그것은 x와 같을까? 논의가 시작돼야 할 지점에서 논의가 멈춘 것으로 보인다.

서 언급한 저작자들이 비화폐경제(그러한 것이 존재한다면)를 다루고 있는 것은 아니다. 그들은 화폐가 사용되고 있고 은행제도가 존재한다고 아주 분명하게 전제한다. 게다가 피구 교수의 《후생의 경제학》에 비해 그의 《산업변동》(이것은 주로 자본의 한계효율의 변동에 대한 연구다)이나 그의 《실업의 이론》(이것은 주로 비자발적 실업이 존재하지 않는다고 가정할 때 무엇이 고용규모의 변화를 결정하느냐에 대한 연구다)에서 이자율이 더 큰 역할을 하는 바도 거의 없다.

‖

리카도의 《정치경제학의 원리》(511쪽)에서 가져온 다음 구절은 그가 제시한 이자율 이론의 요점을 잘 보여준다.

화폐의 이자는 은행이 대부를 할 때 적용하는 이자율이 5퍼센트이든 3퍼센트이든 2퍼센트이든 그것에 의해 규율되는 것이 아니라 자본이 이용되는 것을 통해 실현되는 이윤율, 즉 화폐의 양이나 그 가치와는 완전히 독립적인 이윤율에 의해 규율된다. 은행이 100만 파운드를 대부하든 1000만 파운드를 대부하든 1억 파운드를 대부하든 그렇게 대부된 돈이 시장이자율을 영구적으로 변경시키지는 않을 것이다. 대부된 돈이 변경시킬 수 있는 것은 오로지 그렇게 해서 발행되는 화폐의 가치뿐이다. 똑같은 사업을 실행하는 데도 다른 경우들에 비해 어느 한 경우에 열 배나 스무 배의 돈이 필요할 수 있다. 그렇다면 은행에 대부를 신청할 것인지의 여부는 대부되는 돈을 사용해서 실현할 수 있는 이윤율과 은행으로 하여금 기꺼이 대부하게 할 만한 이자율을 비교한 결과에 의존한다. 은행이 만약 시장이자율보다 낮은 이자율을 부과한다면 대부되지 못하고 남아있게 될

234

돈은 전혀 없을 것이다. 은행이 만약 시장이자율보다 높은 이자율을 부과한다면 낭비벽을 갖고 있거나 방탕한 사람들 외에는 차입을 해갈 사람을 전혀 발견하지 못할 것이다.

이 구절은 워낙 명쾌하므로 후대의 저작자들이 쓴 그 어떤 구절보다 논의의 출발점으로 삼기에 더 낫다. 여기서 후대의 저작자들이라 함은 리카도 이론의 핵심에서 진정으로 벗어나지는 못하면서도 리카도 이론에 대해 매우 불편한 느낌을 갖게 되면서 모호한 논리에서 피난처를 찾은 사람들을 가리킨다. 물론 위에 인용한 구절은 리카도의 경우에 항상 그렇듯이 그 구절의 중간에 있는 '영구적'이라는 낱말에 강조점이 찍힌 장기이론으로 해석돼야 한다. 그리고 그것이 타당한 것으로 입증되기 위해 요구되는 가정들을 검토해보는 것은 흥미로운 일이다.

고전파가 통상적으로 전제해온 가정, 즉 언제나 완전고용이 존재한다는 가정이 여기서도 또 다시 요구된다. 이런 가정을 해야 생산물로 측정한 노동의 공급곡선에 변화가 없다고 할 때 장기균형에서 단 하나의 고용수준만 존재하게 되는 것이다. 이런 가정에 다른 조건들은 동일하다는 통상적인 가정, 즉 화폐량의 변화로부터 생겨나는 변화를 제외하고는 심리적 성향이나 예상에 아무런 변화가 없다는 가정을 더한다면, 이러한 두 가지 가정 위에서 장기에 완전고용과 양립할 수 있는 이자율은 단 하나밖에 없다는 의미에서 리카도의 이론이 타당하다. 리카도와 그의 뒤를 이은 사람들은 장기에서도 고용의 규모가 반드시 완전고용의 수준에 있는 것이 아니라 변동할 수 있고, 모든 은행정책의 각각에 대해 상이한 장기 고용수준이 대응하므로 통화당국 쪽에서 생각해낼 수 있는 상이한 이자정책들에 대응하는 다수의 장기균형 위치들이 존재한다는 사실을 간과했다.

만약에 리카도가 통화당국에 의해 창출된 일정량의 화폐에 대해서만 적용되는 것으로 자신의 논의를 제시하는 데 만족했다면 그의 논의가 신축적인 화폐임금이라는 가정 위에서 계속 옳았을 것이다. 다시 말해 만약에 리카도가 화폐의 양이 통화당국에 의해 1000만 파운드로 정해지느냐 1억 파운드로 정해지느냐 하는 것은 이자율에 영구적인 변화를 가져오지 않을 것이라고 주장했다면 그의 결론은 타당했을 것이다. 그러나 만약에 통화당국의 정책이라는 말로 우리가 가리키는 것이 화폐의 양을 늘리거나 줄이는 데 기준이 되는 조건, 즉 통화당국이 재할인 규모의 변경에 의해서든 공개시장조작에 의해서든 그 자신의 자산을 늘리거나 줄일 때 기준으로 삼는 이자율(위의 인용구절에서 리카도가 명시적으로 가리킨 것은 바로 이것이다)이라면 통화당국의 정책은 소용이 없다는 말도 옳지 않고, 오직 하나의 정책만이 장기균형과 양립할 수 있다는 말도 옳지 않다. 다만, 비자발적 실업이 존재하는 상황에서 실업상태의 노동자들이 고용되기 위해 무익한 경쟁을 벌임으로써 화폐임금이 한없이 떨어진다고 가정된 극단적인 경우에는 오직 두 가지 장기위치만이 존재하게 되리라는 것은 사실이다. 그 가운데 하나는 완전고용이고, 다른 하나는 유동성 선호가 무한하게 되게 하는 이자율에 대응하는 고용수준(완전고용에 미달하는 경우)이다. 신축적인 화폐임금을 가정하면 화폐의 양 그 자체는 사실 장기에는 아무런 의미도 없다. 그러나 통화당국이 화폐의 양을 변화시킬 때 기준이 되는 조건이 경제학적 이론구조에 실질적인 결정요인으로 끼어든다.

위에 인용된 구절 가운데 결론에 해당하는 몇 개의 문장은 리카도가 투자된 금액에 따라 자본의 한계효율이 달라질 수 있다는 점을 간과했음을 보여준다는 점을 덧붙여 말해둘 가치가 있겠다. 그러나 이 점은 그의 뒤를 이은 사람들에 비해 그가 내적 일관성을 더 많이 갖고 있었음을 보여주는 또 하나의 예로도 해석될 수 있다. 왜냐하면 고용의 양과 공동체의 심리적 성향이 주어졌다고 가정하면 자본의 축적률은 사실상 단 하나만 존재할 수 있고, 따라서 자본의 한계효율의 값도 단 하나만 존재할 수 있기 때문이다. 리카도는 경험으로부터 멀리 떨어진 가설적인 세계를 마치 그것이 경험의 세계인 것처럼 채택하고는 일관되게 그 안에 거주하는 탁월한 지적 성취(보다 약한 정신의 소유자들로서는 이룰 수 없는)를 이루었음을 우리에게 보여준다. 그의 뒤를 이은 사람들 대부분의 경우에는 상식이 끼어들지 않을 수 없었고, 그러다보니 그들의 논리적 일관성이 손상을 입었다.

III

특이한 이자율 이론이 폰 미제스 교수에 의해 주창됐고, 하이에크 교수는 물론이고 내가 생각하기에 로빈스 교수도 그의 이자율 이론을 받아들였다. 그것은 곧 이자율의 변화는 소비재와 자본재의 상대적 가격수준에 일어나는 변화와 같다고 볼 수 있다는 것이다.[1] 이런 결론에 어떻게 이르게 됐는지는 분명하지 않다. 그러나 그 논증은 다음과 같이 전개된 것으로 보인다. 다소 심하게 단순화해서 자본의 한계효율은 새로운 생산재의 공급가격에 대한 새로운 소비재의 공급가격의 비율에 의해 측정된다고 가정된다.[2] 그

---

1 《화폐와 신용의 이론(The Theory of Money and Credit)》, 339쪽과 여기저기, 특히 363쪽을 보라.
2 우리가 만약 장기균형에 있다면 이것을 정당화하는 데 근거가 될 특별한 가정을 만들어낼 수 있다. 그러나 여기서 논의되는 가격들이 불황의 상황에서 나타나는 것이라고 한다면, 기업가가 그의 예상을 형성함에 있어서 그러한 가격들을 영구적인 것으로 간주한다고 가정하는 단순화는 오류를 초래할 것이 틀림없다. 게다가 기업가가 그렇게 간주한다면 기존 생산재 재고의 가격이 소비재의 가격과 같은 비율로 하락할 것이다.

런 다음에 이 비율이 이자율과 동일시된다. 그리고 이자율의 하락은 투자에 유리하다는 사실이 주목된다. 그러므로 생산재의 가격에 대한 소비재의 가격의 비율이 하락하는 것은 투자에 유리하다는 것이다.

이런 식으로 해서 개인에 의한 저축의 증가와 총투자의 증가 사이에 연결고리가 만들어졌다. 왜냐하면 개인에 의한 저축의 증가는 소비재 가격의 하락을 초래할 것이고, 그 하락은 생산재 가격의 하락보다 더 클 가능성이 매우 높다는 것이 일반적인 생각이기 때문이다. 따라서 위의 추론에 따르면 개인에 의한 저축의 증가는 투자를 자극할 이자율의 하락을 의미하게 된다. 그러나 물론 특정한 자본자산들의 한계효율이 하락하는 것은, 따라서 자본 전체의 한계효율표가 하락하는 것도 위의 논증이 가정하는 효과와 정반대되는 효과를 낸다. 왜냐하면 투자는 한계효율표의 상승에 의해서도 자극되고, 이자율의 하락에 의해서도 자극되기 때문이다. 자본의 한계효율을 이자율과 혼동한 결과로 폰 미제스 교수와 그의 제자들은 완전히 잘못된 방향의 결론을 얻었다. 이런 식의 혼동을 가장 잘 보여주는 예는 앨빈 핸슨 교수가 쓴 다음 구절[1]이다. "지출이 축소되는 것의 순효과는 그렇지 않은 경우에 비해 소비재의 가격수준이 더 낮아지는 것이고, 그 결과로 고정자본 투자에 대한 자극이 최소화되는 경향이 있을 것이라는 견해가 일부 경제학자들에 의해 제시돼왔다. 그러나 이런 견해는 옳지 않다. 그것은 ① 소비재의 더 높거나 더 낮은 가격이 자본형성에 미치는 효과와 ② 이자율의 변화가 자본형성에 미치는 효과의 혼동에 그 근거를 두고 있다. 지출이 감소하고 저축이 증가하면 그 결과로 소비재의 가격이 생산재의 가격에 비

---

[1] 《경제재건(Economic Reconstruction)》, 233쪽.

해 상대적으로 낮아지리라는 말은 옳다. 그러나 이 말은 결국 이자율이 더 낮아진다는 의미이고, 더 낮아진 이자율은 그보다 더 높은 이자율에서는 수익성이 없었을 분야에서 자본투자의 확대를 가져온다."

15장

유동성을 선호하게 하는 심리적 유인과 사업적 유인

I

이제 우리는 13장에서 예비적으로 도입했던 유동성 선호의 동기에 대해 보다 자세한 분석을 전개해야 한다. 이 주제는 그동안 화폐에 대한 수요라는 제목 아래 때때로 논의되곤 했던 것과 실질적으로 같다. 이것은 또한 화폐의 소득속도라고 불리는 것과도 밀접하게 관련된다. 왜냐하면 화폐의 소득속도는 단지 대중이 그들의 소득 가운데 얼마만큼을 현금으로 보유하기를 선택하는지를 측정한 것일 따름이며, 따라서 화폐의 소득속도의 상승은 유동성 선호의 하락을 말해주는 하나의 징후일 수 있기 때문이다. 그러나 그 둘이 같은 것은 아니다. 왜냐하면 개인이 유동성과 비유동성에 대해 자신의 선택권을 행사할 수 있는 것은 그의 소득과 관련해서가 아니라 그의 축적된 저축과 관련해서이기 때문이다. 그리고 어쨌든 '화폐의 소득속도' 라는 용어는 화폐에 대한 수요 전체가 소득에 비례하거나 소득과 어떤 확정적인 관계를 갖고 있다는 가정을 하도록 우리를 유도할 소지를 갖고 있다. 그러나 그와 같은 가정은 앞으로 우리가 보게 되겠지만 대중의 현금보유 가운데 일부에 대해서만 적용돼야 한다. 그런데 그와 같은 가정을 하도록 유도되는 탓에 이자율이 수행하는 역할이 간과될 수 있다.

나는 《화폐론》에서 소득예치, 사업예치, 저축예치라는 이름 아래 화폐에 대한 총수요를 연구한 바 있으며, 그 책의 3장에서 내가 제시한 분석을 여기서 반복해 제시할 필요를 느끼지 않는다. 화폐는 그 세 가지 목적 각각을 위해 보유되지만, 그럼에도 불구하고 그렇게 보유되는 화폐 전체가 단일의 저수지를 이룬다. 또한 화폐의 보유자는 그 저수지를 완전하게 서로 격리된 세 부분으로 나눌 필요가 전혀 없다. 왜냐하면 보유자의 마음속에서조차 그 세 부분은 명확하게 구분돼야 할 이유가 없고, 동일한 금액의 화폐가 우선적으로는 어느 한 목적을 위해, 부차적으로는 그와 다른 목적을 위해 보유되기 때문이다. 따라서 여러 가지 주어진 상황에서 형성되는 화폐에 대한 개인의 총수요는 다수의 상이한 동기들이 복합적으로 작용한 결과로 내려지는 결정이기는 하더라도 단일의 결정이라고 우리는 간주할 수 있을 것이고, 화폐에 대한 개인의 총수요를 다루는 데는 이렇게 하는 것이 동기별로 구분하는 것과 같은 정도로, 또는 더 우월한 정도로 효과적일 것이다.

그러나 동기들 자체를 분석하는 데 있어서는 그것들을 몇 가지 항목으로 분류하는 것이 여전히 편리하다. 그 가운데 첫 번째 동기는 나의 예전 분류항목 중 소득예치나 사업예치와 대체로 부합하고, 나머지 두 개의 동기는 나의 예전 분류항목 중 저축예치와 대체로 부합한다. 이러한 세 가지 동기를 나는 앞의 13장에서 거래적 동기, 예비적 동기, 투기적 동기라는 항목 아래 간략하게나마 도입했고, 그 가운데 거래적 동기는 소득동기와 사업동기로 세분될 수 있다.

(i) 소득동기: 현금을 보유하려는 이유 가운데 하나로 소득의 수취와 지출 사이의 시간적 간격을 메우려는 것이 있다. 일정한 현금의 총액을 보

유하기로 결정하도록 유도하는 이 동기의 세기는 소득의 크기 및 그 수취와 지출 사이의 시간적 간격이 통상적으로 갖는 길이에 주로 의존할 것이다. 화폐의 소득속도라는 개념이 엄밀하게 들어맞는 것은 바로 이런 맥락에서다.

(ii) **사업동기**: 소득동기의 경우와 비슷하게 사업비용이 발생하는 시점과 판매수입을 수취하는 시점 사이의 시간적 간격을 메우기 위해서도 현금이 보유된다. 중매상인이 구매와 판매 사이의 시간적 간격을 메우기 위해 보유하는 현금도 이 항목에 속한다. 이 동기에 따른 수요의 세기는 주로 당기 생산물의 가치에도(따라서 당기 소득에도) 의존하고, 생산물이 유통되는 단계의 수에도 의존한다.

(iii) **예비적 동기**: 갑작스럽게 지출을 요구하는 만일의 사태와 예상하지 못한 유리한 구매의 기회에 대비하는 것과 화폐 기준으로 고정된 채무를 나중에 이행하기 위해 화폐 기준으로 고정된 가치를 가진 자산을 보유하는 것도 현금을 보유하려는 추가적인 동기다.

이들 세 가지 유형의 동기 모두의 세기는 필요할 경우에 어떤 형태의 일시적 차입, 특히 당좌대월이나 이에 준하는 것을 통해 현금을 획득하는 방법이 얼마나 비용상 저렴하고 신뢰할 수 있는가에 부분적으로 의존할 것이다. 왜냐하면 현금이 실제로 필요한 시점에 어려움 없이 현금을 획득할 수 있다면 시간적 간격을 메우기 위해 유휴현금을 보유해야 할 필요가 없기 때문이다. 그 세기는 또한 우리가 현금보유의 상대적 비용이라고 부를 수 있는 것에도 의존할 것이다. 만약 현금이 수익성 있는 자산의 구매를 포기하는 것을 통해서만 보유될 수 있다면 그렇게 하는 것은 비용을 증가시킬 것이고, 따라서 일정량의 현금을 보유하려는 동기를 상대적으로 약화시킬 것이다. 만약 현금을 보유함으로써 예금이자를 벌고 있거나 은행에 의한 부과금을 피하고 있다면 이는 비용을 감소시키고 현금보유의 동기를 강화시킬 것이다. 그러나 이런 점은 현금보유의 비용이 크게 변화하는 것이 문제가 되는 경우를 제외하고는 사소한 요인일 가능성이 높다고 할 수 있다.

(iv) **투기적 동기**가 남아 있다. 이것에 대해서는 다른 동기들에 비해 더 자세히 살펴볼 필요가 있다. 그 이유는 이 동기가 덜 이해되고 있기 때문이기도 하고, 화폐의 양에 일어나는 변화의 효과가 전파되는 데서 이 동기가 특히 중요하기 때문이기도 하다.

통상적인 상황에서는 거래적 동기와 예비적 동기를 충족시키는 데 필요한 화폐의 양이 주로 경제체제의 전반적인 활동과 화폐소득 수준의 결과로 정해진다. 그러나 통화관리(통화관리가 없을 경우에는 화폐의 양에 우연하게 일어나는 변화)가 경제체제에 영향을 미치게 되는 것은 투기적 동기에 대한 작용을 통해서다. 왜 이렇게 말할 수 있느냐면, 앞의 두 가지 동기를 충족시키기 위한 화폐수요는 전반적인 경제활동과 소득수준에 실제로 일어나는 변화를 제외하고는 그 어떤 변화에도 대체로 반응하지 않는 반면에 투기적 동기를 충족시키기 위한 화폐수요의 총량은 보통 이자율의 점진적인 변화에 대해 연속적으로 반응한다는 것을 경험이 알려주기 때문이다. 이는 곧 투기적 동기를 충족시키기 위한 화폐수요의 변화와 만기가 다양한 갖가지 채권의 가격변화로 표시되는 이자율의 변화를 연관시켜주는 연속적인 곡선이 존재한다는 뜻이다.

사실 그렇지 않다면 '공개시장조작'은 실시될 수 없을 것이다. 통상적인 상황에서는 은행제도가 사실상 언제나 시장에서 적당히 작은 금액만큼만 채권에 대한 호가를 올리는(또는 내리는) 것을 통해 현금으로 채권을 매입(또는 매각)할 수 있다는 점에서, 그리고 은행제도가 채권을 매입(또는 매각)하는 것을 통해 창출(또는 제거)하려고 하는 현금의 양이 크면 클수록 이자율의 하락폭(또는 상승폭)이 더 커진다는 점에서 위에서 말한 연속적인 관계가 존재함을 경험이 알려준다고 앞에서 이미 이야기한 바 있다. 그러나 공개시장조작이 만기가 아주 짧은 단기증권의 매입에 한정되는 경우(예를 들어 1933~1934년의 미국)에는 물론 그 영향이 매우 짧은 기간의 단기이자율에만 주로 한정되고, 이보다 훨씬 더 중요한 이자율인 장기이자율에 대한 그 영향은 미미하다.

그러나 투기적 동기를 다룰 때에는 유동성 함수에는 아무런 변화도 없는 가운데 투기적 동기를 충족시키는 데 이용될 수 있는 화폐의 공급에 일어나는 변화에 기인하는 이자율의 변화와 유동성 함수 그 자체에 영향을 미치는 예상의 변화에 주로 기인하는 이자율의 변화를 구분하는 것이 중요하다. 사실 공개시장조작은 이 두 가지 경로 모두를 통해 이자율에 영향을 미칠 수 있다. 왜냐하면 공개시장조작은 화폐의 양에 영향을 미칠 수 있을 뿐만 아니라 중앙은행이나 정부가 미래에 취할 정책에 대한 예상의 변화도 불러올 수 있기 때문이다. 예상의 수정을 초래하는 정보의 변화에 기인하는 유동성 함수 그 자체의 변화는 흔히 비연속적일 것이고, 따라서 이자율에 그에 상응하는 비연속성을 발생시킬 것이다. 사실 정보의 변화가 상이한 개인들에 의해 상이하게 해석되거나 개인별 이해관계에 상이한 영향을 미치는 경우에만 채권시장의 거래활동이 조금이라도 늘어날 여지가 있을 것이다. 정보의 변화가 모든 사람의 판단과 요구에 정확하게 똑같은 방식으로 영향을 미친다면 그 어떤 시장거래도 필요 없이 이자율(갖가지 채권의 가격으로 드러나는)이 곧바로 새로운 상황에 맞게 조정될 것이다.

따라서 모든 사람이 서로 비슷하거나 비슷한 위치에 있는 가장 단순한 경우에는 상황이나 예상의 변화가 그 어떤 화폐의 위치이동도 초래할 수 없을 것이고, 단지 이전의 이자율에서 각 개인이 새로운 상황이나 예상에 대응해 자신의 현금보유를 변화시켜야 한다고 느낀 바를 상쇄시켜 없애는 데 필요한 이자율 변화의 정도가 어느 만큼이든 꼭 그만큼 이자율을 변화시킬 것이다. 그리고 모든 사람이 각자 자신으로 하여금 그와 같은 정도만큼 현금보유를 실제로 변경하게 하려면 이자율이 어느 수준이어야 하는가에 대한 자신의 생각을 바꿀 것이기 때문에 아무런 거래도 일어나지 않을 것이다. 상황과 예상의 집합 각각에 그에 맞는 이자율이 대응할 것이고, 누군가가 그 자신의 통상적인 현금보유를 변경한다는 문제는 결코 발생하지 않을 것이다.

그러나 일반적으로는 상황이나 예상의 변화가 개인들의 화폐보유에 어느 정도의 조정을 초래할 것이다. 왜냐하면 그러한 변화는 부분적으로는 화폐가 보유되는 이유와 환경의 차이 때문에, 그리고 부분적으로는 새로운 상황에 대한 지식과 해석의 차이 때문에 상이한 개인들에게 실제로 상이한 영향을 미칠 것이기 때문이다. 따라서 새로운 균형이자율은 어떤 재배분된 화폐보유 상태와 연결될 것이다. 그럼에도 불구하고 우리가 주로 주목해야 할 것은 현금의 재배분이 아니라 이자율의 변화다. 현금의 재배분은 개인별 차이에 따라 다르게 일어난다. 그러나 가장 단순한 경우에 일어나는 현상이 본질적인 현상이다. 게다가 일반적인 경우에도 이자율의 변동은 통상 새로운 정보의 변화에 대한 반응 가운데 가장 두드러지는 부분이다. 채권가격의 움직임은 신문들이 습관처럼 말하는 대로 "거래활동의 변동을 훨씬 능가한다." 이는 개인들이 새로운 정보에 대한 반응에서 서로 다르기보다는 서로 유사한 경우가 훨씬 더 많다는 점을 감안하면 당연한 현상이다.

$$\text{II}$$

한 개인이 거래적 동기와 예비적 동기를 충족시키기 위해 보유하기로 결정하는 현금의 양은 그가 투기적 동기를 충족시키기 위해 보유하는 현금의 양과 완전히 독립적이지는 않다. 그러나 이 두 가지 부류에 각각 속하는 현금보유의 양이 대체로 서로 독립적이라고 간주하는 것이 첫 번째 접근으로는 무방하다. 그러므로 우리의 분석을 더 진전시킨다는 목적을 위해 우리의 문제를 다음과 같이 분해해보자. 거래적 동기와 예비적 동기를 충족시키기 위해 보유되는 현금의 양을 M_1, 투기적 동기를 충족시키기 위해 보유되는 현금의 양을 M_2라고 하자. 그러면 이 두 부분의 현금에 대응해 우리는 L_1과 L_2라는 두 개의 유동성 함수를 갖게 된다. L_1은 소득의 수준에 주로 의존하고, L_2는 현재의 이자율과 예상의 상태 사이의 관계에 주로 의존한다. 따라서 다음과 같이 된다.

$$M = M_1 + M_2 = L_1(Y) + L_2(r)$$

여기서 L_1은 소득 Y에 대응하는 유동성 함수로 M_1을 결정하고, L_2는 이자율 r에 대응하는 유동성 함수로 M_2를 결정한다. 따라서 탐구해야 할 문제는 세 가지다. 그것은 (i) M의 변화가 Y와 r에 대해 어떠한 관계를 갖는가 (ii) 무엇이 L_1의 형태를 결정하는가 (iii) 무엇이 L_2의 형태를 결정하는가다.

(i) M의 변화가 Y와 r에 대해 갖는 관계는 우선 M의 변화가 일어나는 방식에 의존한다. M이 금화로 구성돼있고, M의 변화는 우리가 검토하는 경제체제에 속하는 금광업자들이 활동해 얻는 추가수익에 의해서만 일어날 수 있다고 가정하자. 이 경우에 M의 변화는 무엇보다 먼저 Y의 변화와

직접 연관된다. 왜냐하면 새로 캐낸 금은 누군가의 소득이 되기 때문이다. M의 변화가 정부의 경상지출을 충족시키기 위한 돈을 정부에서 찍어내는 데서 비롯된 경우에도 정확하게 똑같은 상황이 성립한다. 즉 이 경우에도 새로 찍어낸 돈은 누군가의 소득이 된다. 그러나 소득의 새로운 수준은 M_1이 M의 증가 전부를 흡수하기 위해 요구되는 만큼 충분히 높은 수준을 계속 유지하지 못할 것이다. 증가된 화폐 가운데 일부는 증권이나 그 밖의 다른 자산을 사는 데서 배출구를 찾게 될 것이고, 이런 움직임은 r가 떨어져 M_2의 규모를 확대시키는 동시에 Y의 증가를 자극해서 새로이 추가된 화폐가 M_2에 흡수되거나 r의 하락에 의해 초래된 Y의 증가에 대응하는 M_1에 흡수되게 할 것이다. 따라서 이런 경우는 은행제도가 신용조건을 완화해 사람들로 하여금 보유하고 있던 채무증서나 채권을 은행에 팔고 현금을 받아가도록 유도하는 것에 의해서만 새로운 화폐가 발행될 수 있는 또 다른 경우와 거의 같게 된다.

그렇다면 우리는 뒤의 경우를 전형적인 경우로 간주해도 무방할 것이다. M의 변화는 r를 변화시키는 것에 의해 일어나는 것으로 가정하고, r의 변화는 부분적으로는 M_2를 변화시킴으로써, 그리고 부분적으로는 Y를, 따라서 M_1을 변화시킴으로써 새로운 균형을 가져올 것이라고 가정할 수 있다. 새로운 균형의 위치에서 현금의 증가분이 M_1과 M_2로 어떻게 나누어지는가는 이자율의 하락에 대한 투자의 반응과 투자의 증가에 대한 소득의 반응에 의존할 것이다.[1] Y는 부분적으로 r에 의존하므로 어떤 주어진 M의

---

[1] 새로운 균형의 성격을 결정하는 것이 무엇인가 하는 문제에 대한 우리의 논의는 5부로 미루어야겠다.

변화는 그로 인한 r의 변화가 가져오는 M_1의 변화와 M_2의 변화를 더하면 M의 변화와 같아지게 하기에 충분한 변화를 r에 초래해야만 한다는 결론이 도출된다.

(ii) 화폐의 소득속도가 M에 대한 Y의 비율로 정의되는지, 아니면 M_1에 대한 Y의 비율로 정의되는지가 언제나 분명하게 규정되지는 않았다. 그러나 나는 그것을 뒤의 의미로 볼 것을 제안한다. 그렇다면 V가 화폐의 소득속도라고 할 때 다음과 같이 된다.

$$L_2(Y) = \frac{Y}{V} = M_1$$

물론 V가 불변이라고 상정할 이유는 전혀 없다. 그 값은 은행조직과 산업조직의 성격, 사회적 습관, 상이한 계급들 사이의 소득분배, 유휴현금 보유의 유효비용에 의존할 것이다. 그러나 그럼에도 불구하고 만약 우리가 어떤 짧은 기간을 염두에 두고 있고 방금 말한 요인들이 그다지 변화하지 않는다고 가정해도 무방하다면 우리는 V를 거의 변화하지 않는 상수로 다룰 수 있다.

(iii) 마지막으로 M_2와 r의 관계라는 문제가 있다. 우리는 13장에서 현금 M_2를 보유하게 하는 유형의 유동선 선호인 L_2에 대해 유일하게 이해할 수 있게 설명해주는 요인은 미래의 이자율 변화에 관한 불확실성임을 보았다. 그렇다면 어떤 주어진 M_2가 어떤 주어진 이자율 r와 어떤 확정적인 양적 관계를 갖지는 않을 것이다. 중요한 것은 r의 절대적인 수준이 아니라 믿을 만한 확률계산을 고려할 때 꽤 안전하다고 여겨지는 수준으로부터 r가 괴리된 정도다. 그렇지만 어떠한 예상의 상태가 주어졌어도 r의 하락이 M_2의 증가와 연관될 것이라고 예상하게 하는 두 가지 이유가 있다. 먼저 r

의 안전한 수준이라는 것에 대한 일반적인 견해에 변화가 없다고 한다면 r 의 하락은 언제나 그 '안전한' 이자율에 대비한 시장이자율의 상대적인 수준을 떨어뜨리고, 따라서 비유동적 자산의 위험을 증가시킨다. 그리고 둘째로 r의 하락은 언제나 자본계정에 손실을 입을 위험을 상쇄시키기 위한 일종의 보험료로 삼을 수 있는 비유동적 자산으로부터의 경상수익을 기존 이자율의 제곱과 새로운 이자율의 제곱의 차이와 같은 금액만큼 감소시킨다. 예를 들어 장기채권에 대한 이자율이 4퍼센트라고 한다면 여러 확률들을 종합해볼 때 장기이자율이 연간 그 자신의 4퍼센트보다 빠르게, 즉 연간 0.16퍼센트보다 큰 폭으로 상승할 수 있다고 우려되지 않는 한 유동성을 희생시키는 것이 낫다. 그러나 만약 이자율이 이미 2퍼센트일 정도로 낮다면 장기채권의 수익은 장기이자율의 상승 가운데 연간 0.04퍼센트라는 미미한 정도만을 상쇄시킬 것이다. 사실 이 점이 아마도 이자율이 매우 낮은 수준으로 하락하는 것을 가로막는 주된 장해요인일 것이다. 미래의 경험이 과거의 경험과 크게 다르게 될 이유가 있다고 믿어지지 않는 한 예를 들어 2퍼센트라는 장기이자율은 희망보다는 두려움을 초래할 소지를 더 많이 갖고 있고, 이와 동시에 두려움 가운데 매우 작은 일부만을 상쇄시키기에 충분한 정도의 경상수익만을 가져다준다.

그렇다면 이자율은 고도로 심리적인 현상임이 명백하다. 사실 우리는 5부에서 이자율이 완전고용에 대응하는 수준보다 낮은 위치에서는 균형의 상태에 있을 수 없음을 알게 될 것이다. 왜냐하면 그러한 수준에서는 진성 인플레이션의 상태가 빚어질 것이고, 그 결과로 M_1이 점점 더 많은 양의 현금을 흡수할 것이기 때문이다. 그러나 완전고용에 대응하는 수준보다 높은 위치에서는 장기 시장이자율이 통화당국이 그때 실행하고 있는 정책에만 의존하는 것이 아니라 미래의 정책에 대한 시장의 예상에도 의존한다. 단기이자율은 통화당국에 의해 쉽게 통제된다. 왜냐하면 통화당국의 정책이 아주 가까운 미래에는 크게 바뀌지 않을 것이라는 확신을 조성하는 것은 어려운 일이 아니기 때문이기도 하고, 발생할 수 있는 손실이 경상수익(이것이 소멸하는 지점에 다가가고 있지 않은 한)에 비해 작기 때문이기도 하다. 그러나 장기이자율은 과거의 경험과 미래의 통화정책에 대한 현재의 예상을 근거로 하고 볼 때 '불안전'하다고 대표적인 견해에 의해 간주되는 수준까지 떨어지고 난 뒤에는 쉽게 통제되지 않을 수 있다. 예를 들어 국제 금본위제에 연결된 나라의 이자율이 다른 나라들에서 지배적인 이자율 수준보다 낮다면 그 나라의 낮은 이자율은 당연한 일이지만 의문의 시선을 받게 될 것이다. 그렇지만 국제체제에 속하는 다른 나라들에서 지배적인 이자율들 가운데 가장 높은(위험을 감안한 뒤에 가장 높은) 이자율과 같은 수준으로 국내 이자율을 끌어올린다면 그때의 이자율은 국내의 완전고용에 부합하는 수준보다 훨씬 높을 수 있다.

따라서 성격상 시험적인 것이거나 쉽게 바뀔 수 있는 것으로 여론에 비쳐지는 통화정책은 장기이자율을 크게 낮추고자 하는 목적을 달성하는 데 실패할 수 있다. 왜냐하면 r가 어떤 특정한 숫자 아래로 떨어지는 데 대응해 M_2가 거의 무한히 증가하는 경향을 보일 수 있기 때문이다. 반면에 똑같은 통화정책이라도 합리적인 동시에 실행이 가능하고, 공중의 이익에 부합하며, 강한 신념에 근거를 두고 있을 뿐 아니라 교체될 것 같지 않은 당국에 의해 추진되는 것으로 여론에 비쳐지면서 호소력을 발휘한다면 성공할 수 있음이 쉽게 판명될 것이다.

이자율은 고도로 심리적인 현상이라기보다 고도로 관습적인 현상이라고 말하는 것이 어쩌면 더 정확할지도 모르겠다. 왜냐하면 이자율의 실제 값은 그 값이 어떠할 것으로 예상되는지에 대한 보편적인 견해에 의해 크게 지배되기 때문이다. 지속성이 있을 것 같다고 여론이 충분한 확신을 가지고 받아들이는 이자율이라면 그것이 어떤 수준이든 지속성이 있을 것이다. 물론 계속 변화하는 사회에서라면 온갖 종류의 이유로 인해 이자율이 예상되는 정상치를 중심으로 해서 위아래로 변동하게 될 것이다. 특히 M_1이 M보다 빠르게 늘어날 때에는 이자율이 상승할 것이고, 그 역도 성립한다. 그러나 이자율이 변동하더라도 완전고용이 실현되기에는 만성적으로 너무 높은 수준에 수십 년 동안 갇혀있을 수도 있다. 특히 이자율이 자동으로 조정된다는 것이 지배적인 여론이어서 관습에 의해 수립된 이자율의 수준이 관습보다도 훨씬 더 강력한 객관적인 토대에 근거하고 있다고 여겨지는 상황이라면 고용이 최적의 수준에 도달하지 못하는 것이 대중의 마음속에서나 당국자들의 마음속에서나 이자율이 전반적으로 부적절한 범위에 있다는 생각과는 결코 연결되지 않을 것이다.

관습적이고 꽤 안정적인 장기이자율이 고도로 불안정한 자본의 한계효율과 결합되면 완전고용을 실현하기에 충분할 정도로 높은 수준의 유효수요를 유지하는 것을 가로막는 난관이 생겨나는데, 이런 난관이 이제는 독자에게 분명하게 보일 것이다.

우리가 보다 고무적인 생각을 함으로써 정당하게 얻을 수 있는 위안이 있다면 그것은 관습이라는 것이 확고한 지식에 근거를 두고 있는 것이 아니며, 바로 이런 이유에서 관습은 통화당국의 의도가 조금이라도 지속성과 일관성을 갖고 있다면 그러한 통화당국의 의도에 대해서는 언제나 과도하게 저항하기만 하지는 않을 것이라는 기대에서 나올 수밖에 없다. 여론은 이자율의 소폭 하락에도 꽤 신속하게 적응할 수 있고, 그에 따라 미래에 대한 관습적인 예상이 수정될 수 있다. 이렇게 해서 어느 정도까지는 이자율이 더 움직일 수 있는 여지가 생겨난다. 영국이 금본위제에서 이탈한 뒤에 이 나라의 장기이자율이 하락한 것이 이런 점을 보여주는 흥미로운 사례다. 대중의 유동성 함수가 연속적인 이자율의 하락에 그때그때 적응하게 되면서 뉴스나 당국의 정책에서 어떤 새로운 유인이 나타나면 그것에 반응할 태세를 갖춤에 따라 일련의 비연속적인 변동이 일어나는 형태로 이자율의 주된 움직임이 이어졌다.

Ⅲ

우리는 주어진 예상의 상태가 어떠하든 간에 대중의 마음속에는 거래적 동기나 예비적 동기가 요구하는 수준 이상으로 현금을 보유하는 쪽으로 나아가려는 어떤 잠재력(이것은 실제의 현금보유로 실현되는데 이렇게 실현되는 정도는 통화당국으로 하여금 현금을 창출할 의사를 갖게 하는 조건에 의존한다)이 존재한다는 명제로 위의 논의를 요약할 수 있다. 바로 이 잠재력이 유동성 함수 L_2에 요약돼있다.

그러므로 다른 조건이 같다면 통화당국이 창출하는 화폐의 양에 대응해 어떤 확정적인 이자율, 또는 보다 엄밀하게 말하면 상이한 만기를 가진 채권들에 대한 여러 이자율들로 이루어진 어떤 확정적인 이자율 복합체가 존재할 것이다. 그러나 경제체제의 다른 어떠한 요인에 대해서도 그것만을 별도로 떼어놓고 본다면 똑같은 말이 타당하게 적용될 것이다. 따라서 여기서 제시되는 특수한 분석은 화폐량의 변화와 이자율의 변화 사이에 어떤 직접적인 관련성 또는 어떤 의도가 내재된 관련성이 특별하게 존재하는 경우에만 유용하고 유의미할 것이다. 그러한 특별한 관련성이 존재한다고 우리가 가정해야 하는 이유는 대체적으로 말해 은행제도와 통화당국이 화폐와 채권은 거래하지만 자산이나 소비재는 거래하지 않는다는 사실에서 생겨난다.

만약 통화당국이 특정한 조건 아래 모든 만기의 채권을 다 양방향으로 거래할 자세가 돼있다면 이자율 복합체와 화폐량 사이의 관계가 직접적일 것이고, 만약 통화당국이 다양한 위험도를 가진 채권을 두루 거래할 자세가 돼있다면 그러한 관계가 훨씬 더 직접적일 것이다. 이자율 복합체는 은행제도로 하여금 채권을 취득하거나 처분할 자세를 갖게 하는 조건의 표현일 뿐일 것이다. 그리고 시장이자율을 통해 드러나는 조건으로 유동적인 현금을 처분하고 그 대신 채권을 획득하기보다 유동적인 현금에 대한 통제권을 보유하기를 선호(관련이 있는 모든 상황을 다 고려한 뒤에)하는 개인들의 수중에서 안식처를 찾게 되는 금액이 바로 화폐량이 될 것이다. 은행들이 단기채권에 대해 단일의 이자율을 적용하는 대신에 중앙은행이 온갖 만기의 우량채권에 대해 정해진 가격으로 매수하거나 매도하겠다는 복합적인 주문을 내게 하는 것이 아마도 통화관리 기법에서 이룰 수 있는 가장 중요하고도 실천적인 개선일 것이다.

그러나 실제의 관행을 보면, 오늘날 은행제도에 의해 정해지는 채권의 가격이 그 실제의 시장가격을 지배한다는 의미에서 시장에서 '유효'한 정도가 체제에 따라 다르다. 때로는 그러한 가격이 어느 한 방향으로 더 유효하다. 즉 공개시장조작의 도움을 받으면 그러한 가격이 양방향으로 유효하게 되지 못할 이유가 없지만, 은행제도가 채권을 어떤 특정한 가격으로 산 뒤에 그것을 팔 때 반드시 중매자의 몫을 초과하는 가격차이가 생겨나지 않도록 산 가격에 충분히 근접한 가격으로 팔아야 하는 것은 아니다. 또한 통화당국이 일반적으로 모든 만기의 채권에 대해 동등한 거래의사를 갖고 있는 중매자는 아니라는 점으로부터 생겨나는 보다 중요한 제약조건도 있다. 통화당국은 실제로는 흔히 단기채권에만 주의를 집중하고 장기채권

가격은 단기채권 가격의 뒤늦고 불완전한 작용에 의해 영향을 받도록 놔두는 경향이 있다. 여기서 또다시 통화당국이 그래야 할 필요가 있을 이유가 없음에도 불구하고 그러는 것이다. 이런 제약조건이 작용하는 곳에서는 이자율과 화폐량 사이의 관계의 직접성은 그에 따라 수정된다. 영국에서는 의도적인 통제의 영역이 확대되고 있는 것으로 보인다. 그러나 이런 이론을 특수한 경우에 적용할 때에는 통화당국이 실제로 채용하는 방법의 특별한 성격을 감안해야 한다. 통화당국이 단기채권만을 거래한다면 우리는 단기채권의 실제 가격이든 예상되는 미래의 가격이든 그 가격이 보다 만기가 긴 채권에 미치는 영향을 고려해야 한다.

따라서 상이한 만기와 위험도를 가진 채권들에 대한 이자율들로 이루어지는 특정한 이자율 복합체를 특정한 상태로 수립하는 통화당국의 능력에는 어떤 제약들이 존재하며, 그 제약들이 무엇인지는 다음과 같이 요약될 수 있다.

(1) 어떤 특정한 유형의 채권만으로 거래를 한정하는 통화당국 자신의 관행에서 생겨나는 제약들이 있다.

(2) 이자율이 어떤 특정한 수준으로 떨어진 뒤에는 앞에서 논의된 이유들 때문에 거의 모든 사람이 아주 낮은 수준의 이자만을 낳아주는 채권을 보유하기보다는 현금을 보유하기를 선호한다는 의미에서 유동성 선호가 사실상 무제한적이 될 가능성이 존재한다. 이런 경우에는 통화당국이 이자율에 대한 유효한 통제력을 이미 잃어버렸을 것이다. 그러나 이런 극단적인 경우가 미래에 실제로 중요해질 수는 있을지 모르지만 아직까지는 그러한 경우의 실제 사례로 내가 알고 있는 것이 없다. 사실 대부분의 통화당국이 장기채권을 과감하게 거래할 의사를 갖고 있지 않기 때문에 그동안 검증의 기회가 그리 많지 않았다. 게다가 만약 위와 같은 상황이 실제로 발

생한다면 그것은 공적 당국 자체가 은행제도를 통해 아주 낮은 명목만의 이자율로 무제한적인 차입을 할 수 있게 됨을 의미할 것이다.

(3) 유동성 함수가 어느 한 방향으로 평탄해지는 탓에 이자율의 안정성이 완전히 붕괴하는 경우의 가장 두드러진 사례들은 그동안 매우 비정상적인 상황에서 생겨났다. 전쟁이 끝난 뒤에 러시아와 중앙유럽에서는 사람들이 화폐공황이라고도 하고 화폐로부터의 도피라고도 하는 것을 경험했고, 그때에는 어떤 조건으로도 화폐나 채권을 보유하게끔 유도될 수 있는 사람이 없었다. 그리고 화폐의 가치가 점점 더 크게 떨어질 것이라는 예상의 영향을 받는 상태였으므로 이미 높은 수준에서 계속 더 상승하는 이자율도 자본(특히 유동적인 재화의 재고)의 한계효율과 보조를 맞추기가 불가능했다. 그런가 하면 미국에서는 1932년의 일부 기간에 이와 반대되는 종류의 공황이 발생했다. 그것은 금융공황 또는 파산공황이라고 불리는 것이었고, 그때에는 그 어떤 합리적인 조건으로도 보유하고 있는 화폐를 내놓도록 유도될 수 있는 사람이 거의 없었다.

(4) 마지막으로 11장의 4절(178~179쪽)에서 논의된 난관, 즉 유효이자율을 어떤 특정한 수준 아래로 떨어뜨리는 것을 가로막는 난관이 있는데, 저이자율의 시대에는 이것이 중요한 것이 될 수 있다. 방금 말한 난관이란 차입자와 궁극적인 대부자를 만나게 하는 데 드는 중개비용과 대부자가 순수한 이자율 외에 그 이상으로 요구하는 위험에 대한 할증, 특히 도덕적 위험(거래상대방의 부당한 행동 등에 기인하는 위험―옮긴이)에 대한 할증이다. 순수한 이자율이 하락한다고 해서 비용과 위험에 대한 할증이 그에 보조를 맞추어 줄어드는 것이 아니다. 따라서 평균적인 차입자가 부담해야 하는 이자율은 순수한 이자율보다 더 느리게 떨어질 수 있고, 기존의 은행조직 또는 금융조직의 방법에 의해서는 어떤 특정한 숫자 밑으로는 그것

을 끌어내리지 못할 수 있다. 이 점은 특히 도덕적 위험에 대한 추정치가 상당히 클 때 중요하다. 왜냐하면 그 위험이 차입자의 성실성에 대한 대부자의 마음속 의심에서 기인한 것이라면 그 결과로 더 높게 부과되는 이자율의 부담을 상쇄시킬 것이 불성실하려는 의도를 갖고 있지 않은 차입자의 마음속에서 찾아질 수 없기 때문이다. 많은 비용이 수반되는 단기대부(예를 들어 은행대부)의 경우에도 이런 점이 중요하다. 그래서 대부자에게는 순수한 이자율이 영이라고 하더라도 은행은 자신의 고객에게 1.5퍼센트 내지 2퍼센트의 이자율을 부과해야만 할 수도 있다.

IV

뒤에 나오는 21장에서 주제로 삼는 것이 더 적절한 것을 미리 거론하게 된다는 문제점을 감수하고서라도 이 단계에서 위에서 전개한 논의와 화폐수량설의 관계를 간단하게 말해두는 것이 흥미로울 수 있다.

정체상태의 사회 또는 미래의 이자율에 대해 누구도 다른 어떠한 이유로도 불확실성을 전혀 느끼지 않는 사회에서는 유동성 함수 L_2 또는 퇴장성향(우리는 L_2를 이렇게 부를 수도 있다)이 균형의 상태에서는 언제나 영일 것이다. 그러므로 균형의 상태에서는 $M_2 = 0$이니 $M = M_1$이 되며, 따라서 M에 변화가 일어나면 그 변화는 언제나 M_1의 변화가 그렇게 가정된

---

1 만약 우리가 V를 $\dfrac{Y}{M_1}$와 같다고 정의하지 않고 $\dfrac{Y}{M}$와 같다고 정의한다면 물론 화폐수량설이 모든 상황에서 성립하는 자명한 진리가 되겠지만, 그렇다면 그것은 아무런 의미도 갖지 못하게 된다.
2 뒤의 21장에서 이 점에 대해 더 진전된 논의가 이루어질 것이다.

256

M의 변화와 같아지는 수준에 소득이 도달할 때까지 이자율을 변동하게 할 것이다. 이제 V가 앞에서 정의한 대로 화폐의 소득속도이고 Y가 총소득이라고 하면 $M_1V = Y$가 된다. 따라서 당기 생산물의 양 O와 그 가격 P를 측정하는 것이 가능하다면 우리는 $Y = OP$, 그러므로 $MV = OP$를 얻게 된다. 이것은 전통적인 형태의 화폐수량설과 거의 같다.[1]

현실 세계의 목적과 관련해서는 생산량 변화의 함수인 가격의 변화와 임금단위 변화의 함수인 가격의 변화를 구분하지 않는 것이 화폐수량설의 커다란 결함이다.[2] 이런 구분을 누락시킨 데 대한 설명은 아마도 퇴장성향이라는 것은 존재하지 않고 언제나 완전고용 상태에 있다는 가정에서 찾아야 할 것이다. 왜냐하면 그런 가정을 하는 경우에는 O가 불변이고 M_2가 0이라면 우리가 V도 불변이라고 간주할 수 있다고 할 때 임금단위와 가격수준 둘 다가 화폐의 양과 정비례할 것이라는 결론이 도출되기 때문이다.

16장
자본의 본성에 관한 여러 가지 관찰

I

개인의 저축이라는 행위는 이를테면 오늘 저녁식사를 하지 않겠다고 결정하는 것을 의미한다. 그러나 그 행위가 일주일 뒤 또는 일년 뒤에 저녁식사를 하거나 부츠 한 켤레를 사겠다는 결정을 필요로 하거나 어떤 특정한 날에 어떤 특정한 것을 소비하겠다는 결정을 필요로 하지는 않는다. 따라서 그것은 어떤 미래의 소비행위를 위해 준비하는 일을 더 하게 하지 않으면서 오늘의 저녁식사를 위해 준비하는 일을 덜 하게 한다. 그것은 현재의 소비수요를 미래의 소비수요로 대체하는 것이 아니다. 그것은 그러한 수요의 순감소다. 게다가 미래소비에 대한 예상은 현재소비의 경험에 크게 근거하므로 현재소비의 경험이 감소하는 것은 미래소비에 대한 예상을 낮추게 할 가능성이 높고, 그 결과로 저축행위가 소비재의 가격만 억누르고 기존 자본의 한계효율은 그대로 놔두는 것이 아니라 실제로는 기존 자본의 한계효율도 억누르는 경향을 나타낼 수 있다. 이런 경우에는 저축행위가 현재의 소비수요뿐만 아니라 현재의 투자수요도 축소시킬 수 있다.

만약 저축이 현재소비를 삼가는 것만으로 이루어지는 것이 아니라 동시에 미래소비에 대해 특정한 주문을 하기도 하는 것이라면 그 효과는 크게 달라질 수 있다. 왜냐하면 이런 경우에는 투자로부터 얻게 될 미래수익의 일부에 대한 예상이 개선될 것이고, 현재소비를 준비하는 데서 풀려나는 자원이 미래소비를 준비하는 데로 돌려질 수 있기 때문이다. 그렇다고 해서 이런 경우에 반드시 풀려나는 자원의 양과 동일한 규모로 그렇게 된다는 것은 아니다. 왜냐하면 원하는 소비지연의 시간적 간격이 현재의 이자율에 비추어 효율성이 상당히 떨어지게 할 정도로 불편한 '우회적' 생산방법을 요구할 수 있고, 그 결과로 소비에 대한 선도주문이 고용에 미치는 이로운 영향이 즉각적으로 나타나지 않고 어느 정도의 시간이 지난 다음에 나타나는 탓에 저축의 효과가 당분간은 고용에 불리하게 작용할 수 있기 때문이다. 그러나 어쨌든 간에 실제의 사실을 보면 저축을 하겠다는 개인의 결정은 소비에 대한 어떤 특정한 선도주문을 한다는 뜻은 갖고 있지 않고, 단지 현재의 주문을 취소한다는 뜻만 갖고 있을 뿐이다. 따라서 소비에 대한 예상이 고용이 이루어지게 하는 유일한 이유임을 감안하면 소비성향의 감소는 다른 조건이 같다고 할 때 고용을 억누르는 효과를 낸다는 결론에 모순되는 것은 전혀 없다고 해야 할 것이다.

그러므로 문제가 발생하는 것은 현재소비가 어떤 특정한 추가적인 소비로 대체된다(그 추가적인 소비를 위한 준비에는 현재 저축되는 금액과 같은 가치에 해당하는 현재소비가 이루어진다면 그것이 요구할 만큼의 경제활동을 당장에 요구한다)는 의미가 저축행위에 내포돼있기 때문이 아니라 '부' 그 자체에 대한 욕구, 즉 불특정한 시점에 불특정한 품목을 소비할 수 있는 잠재능력에 대한 욕구가 저축행위에 내포돼있기 때문이다. 개인이 저축을 하는 행위는 개인이 소비를 하는 행위와 같은 정도로 유효수요에 이롭다는 생각이 거의 보편화돼있지만 이는 터무니없는 생각이다. 이런 생각은 그로부터 도출되는 결론에 비해서는 겉보기에 훨씬 더 그럴듯하다. 하지만 그것은 잘못된 관념, 즉 부를 보유하고자 하는 욕구의 증가(이는 투자대상물을 보유하고자 하는 욕구의 증가와 거의 같은 것이다)는 투자대상물에 대한 수요를 증가시킴으로써 투자대상물의 생산에 자극이 되며 따라서 개인의 저축에 의해 현재의 소비가 감소하는 것과 같은 정도로 현재의 투자가 촉진된다는 잘못된 관념에 의해 조장돼온 것이다.

사람들의 마음에서 벗겨내기가 가장 어려운 것이 이런 잘못된 관념이다. 이런 잘못된 관념은 부의 소유자가 자본자산 그 자체를 욕구한다고 믿는 데서 비롯된 것이다. 하지만 부의 소유자가 정말로 욕구하는 것은 자본자산의 예상수익이다. 그런데 예상수익은 미래 공급조건과의 관련성 속에서 미래 유효수요에 대해 어떻게 예상하느냐에 전적으로 의존한다. 그러므로 저축행위가 예상수익을 개선하는 바가 전혀 없다면 그것은 투자를 전혀 자극하지 않는다. 게다가 저축을 하는 개인이 부를 소유하겠다는 소기의 목표를 달성할 수 있기 위해 그를 만족시킬 새로운 자본자산이 생산돼야 할 필요가 있는 것은 아니다. 한 개인이 저축을 하는 행위 그 자체는 앞에서 우리가 보였듯이 양면을 갖고 있어서 어떤 다른 개인으로 하여금 저축을 하는 개인에게 기존의 부에 속하는 것이든 새로운 부에 속하는 것이든 어떤 품목을 이전시키도록 강요한다. 모든 저축행위는 저축자에게로 부가 불가피하게 '강제로' 이전되는 현상을 수반한다(그 저축자도 다른 사람들의 저축 때문에 똑같은 일을 당하긴 하지만). 이러한 부의 이전이 새로운 부의 창출을 필요로 하는 것은 아니다. 사실 우리가 이미 보았듯이 이러한 부의 이전은 새로운 부의 창출을 오히려 적극적으로 저지할 수 있다. 새로운 부의 창출은 그 새로운 부의 예상수익이 현재의 이자율에 의해 설정되는 기준을 충족시키는가에 전적으로 의존한다. 새로운 투자의 한계분의 예상수익은 누군가가 자신의 부를 늘리기를 원한다는 사실에 의해 증가되는 것이 아니다. 왜냐하면 새로운 투자의 한계분의 예상수익은 특정한 시점에 특정한 품목에 대해 존재하게 될 수요에 대한 예상에 의존하기 때문이다.

부의 소유자가 원하는 것은 어떤 일정한 예상수익이 아니라 가능한 최고의 예상수익이므로 부를 소유하려는 욕구의 증가는 새로운 투자대상물의 생산자들이 만족하고 받아들여야 하는 예상수익을 감소시킨다고 주장한다고 해서 우리가 위와 같은 결론을 피해 갈 수 있는 것은 아니다. 왜냐하면 그와 같은 주장은 실물 자본자산 소유에 대한 대안, 즉 화폐와 채권 소유라는 대안이 언제나 존재하며, 따라서 새로운 투자대상물의 생산자들이 만족하고 받아들여야 하는 예상수익이 현재의 이자율에 의해 설정되는 기준 아래로 떨어질 수 없다는 사실을 간과한 것이기 때문이다. 그리고 현재의 이자율은 우리가 이미 보았듯이 부를 보유하려는 욕구의 세기에 의존하는 것이 아니라 부를 유동적인 형태와 비유동적인 형태 두 가지로 보유하려는 욕구 각각의 세기와 이 두 가지 형태 가운데 어느 하나에 비해 다른 하나의 형태로 부가 공급되는 상대적인 양에 의존한다. 만약 독자가 아직도 생각이 정리되지 않아 혼란스러운 상태라면, 화폐의 양이 불변이라고 할 때 새로운 저축행위가 기존의 이자율에서 사람들이 유동적인 형태로 보유하기를 원하는 금액을 감소시키게 되는 이유가 무엇인지를 스스로에게 물어보라.

우리가 이유나 원인을 더욱 깊게 탐색하려고 할 때 생겨날 수 있는 혼란스러운 점 몇 가지에 대한 검토는 다음 장에서 이루어질 것이다.

II

자본을 가리켜 '생산적이다'라고 말하려고 한다면 그보다는 '그 수명의 기간에 걸쳐 그 원래의 비용을 초과하는 수익을 내준다'고 말하는 게 훨씬 낫다. 왜냐하면 어떤 자산이 그 수명의 기간 동안에 그 애초의 공급가격보다 더 큰 총가치에 해당하는 기여를 해줄 것이라는 전망을 제시해주는 단 하나의 이유는 그것이 희소하기 때문이고, 그것이 희소한 상태로 유지되는 것은 그것이 화폐에 대한 이자율과 경쟁을 해야 하기 때문이다. 자본이 덜 희소해진다면 적어도 물리적인 의미에서는 그것이 덜 생산적이게 되지 않았어도 초과수익은 감소하게 될 것이다.

그러므로 나는 과거에는 공예로 불리곤 했지만 이제는 기술로 불리는 것의 도움을 받는 노동에 의해, 희소함 또는 풍부함에 따라 지대라는 비용을 물리거나 공짜인 자연자원에 의해, 그리고 자산에 체현돼있고 역시 희소함 또는 풍부함에 따라 가격이 매겨지는 과거노동의 결과에 의해 모든 것이 생산된다는 고전파 이전의 이론에 공감한다. 기업가들과 기업가를 보조하는 사람들의 개인적인 기여도 물론 포함해 노동을 일정하게 주어진 기술, 자연자원, 자본설비, 유효수요의 환경 속에서 작동하는 유일한 생산요소로 간주하는 것이 바람직하다. 이렇게 하면 왜 우리가 우리의 경제체계에서 필요로 하는 물리적 단위로 화폐단위와 시간단위를 제외하고는 유일하게 노동단위를 채택할 수 있었는지가 부분적으로 설명된다.

어떤 길거나 우회하는 과정이 물리적으로 효율적이라는 말은 옳다. 그러나 어떤 짧은 과정에 대해서도 똑같은 말을 할 수 있다. 긴 과정은 길기 때문에 물리적으로 효율적인 것이 아니다. 긴 과정 가운데 어떤 것들은, 아마도 그 대부분은 물리적으로 매우 비효율적일 것이다. 왜냐하면 시간이 흐르면서 손상되거나 소모되는 것들이 있기 때문이다.[1] 노동력이 일정하게 주어졌다고 하면 유익하게 이용될 수 있는 우회적 과정에 흡수되는 노동의 양에는 어떤 분명한 한계가 있다. 다른 고려사항들을 제쳐놓는다면 기계를 제조하는 데 고용되는 노동의 양과 그 기계를 사용하는 데 고용될 노동의 양 사이에는 어떤 적절한 비율이 존재하는 게 틀림없다. 채택되는 과정이 점점 더 우회적인 것이 돼간다고 할 때 비록 그 물리적 효율성은 계속 높아지고 있더라도 고용되는 노동의 양에 견주어 상대적으로 볼 때 가치의 궁극적인 양이 무한정 증대하지는 않을 것이다. 완전고용이 실현되려면 자본의 한계효율이 음수가 돼야 할 정도로 큰 규모의 투자가 요구되는 상황을 빚어내기에 충분할 정도로 소비를 연기시키려는 욕구가 강한 경우에만 어떤 과정이 길다는 이유만으로 유리한 것이 될 것이다. 이런 경우에는 물리적으로 비효율적인 과정이라 하더라도 생산물의 출하를 지연시켜줌으로써 낳아주는 이득이 그 비효율성을 능가하기에 충분할 정도로 긴 과정이라면 우리는 그 과정을 채택해야 할 것이다. 우리는 짧은 과정의 물리적 효율성이 그 제품이 일찍 출하되는 것의 불이익을 능가하게 하기 위해서는 짧은 과정을 희소한 상태로 유지해야 할 상황에 처하게 된다. 그러므로 올바른 이론은 양수인 이자율에도 부응하고 음수인 이자율에도 부응하게끔 자본의 한계효율이 변화할 수 있는 여지를 내포할 만큼 가역적이어야 한다. 그리고 이렇게 될 수 있는 이론은 위에서 개략적으로 서술한 희소성 이론뿐이라고 나는 생각한다.

게다가 많은 종류의 용역과 설비가 희소하고, 그래서 그것에 결합되는

---

[1] 뵘-바베르크에 대한 마셜의 논평을 참조하라. 《원리》, 593쪽.

노동량에 비해 상대적으로 그 가격이 비싼데, 이렇게 되는 데는 갖가지 이유가 있다. 예를 들어 악취가 나는 과정에 대한 보수는 더 높은데, 이렇게 되는 것은 그렇지 않다면 사람들이 그 과정을 떠맡지 않으려고 하기 때문이다. 위험한 과정도 마찬가지다. 그러나 우리는 악취가 나거나 위험한 과정 그 자체의 생산성 이론을 만들어내려는 것이 아니다. 간단히 말해 모든 노동이 동등하게 쾌적한 부수상황 속에서 이루어지는 것은 아니다. 그리고 균형의 조건이 요구하는 바에 따르면 덜 쾌적한 부수상황(악취가 나거나, 위험하거나, 시간이 많이 걸린다는 특징을 가진)에서 생산된 품목의 가격이 더 높으려면 그 품목이 충분히 희소한 상태로 유지돼야 한다. 또한 얼마든지 가능한 경우이자 많은 개인들에게 이미 해당되는 경우이지만, 만약 시간이 많이 걸린다는 것이 하나의 쾌적한 부수상황이라면 위에서 이미 내가 이야기했듯이 충분히 희소한 상태로 유지돼야 할 것은 짧은 과정이다.

적절한 우회도가 어느 정도인지가 주어졌다면 물론 요구되는 우회도에 도달하기 전에는 우리가 발견해낼 수 있는 가장 효율적인 우회과정을 선택해야 한다. 그러나 적절한 우회도 그 자체는 소비자들의 수요 가운데 지금은 소비자들이 나중으로 미루고자 하는 부분에 대해 적절한 시점에 부응하도록 준비를 해놓을 수 있는 것이어야 한다. 말하자면 최적의 상태에서라면 소비자들의 수요가 실행으로 옮겨질 것으로 예상되는 시점에 생산물이 인도될 수 있게 해주는 방식들 가운데 가장 효율적인 방식으로 생산이 이루어지게끔 생산이 조직돼야 한다. 인도일을 변경하면 물적 생산을 늘릴 수 있다고 하더라도 위와 같은 시점이 아닌 다른 때에 인도가 되도록 생산을 하는 것은 아무 소용이 없다. 다만 저녁식사 시간을 앞당기거나 늦추면 더 푸짐한 식사를 할 수 있을 것이라는 전망이 소비자로 하여금 그렇게 하도록 유도하는 경우를 제외하고는 그렇다는 말이다. 만약 소비자가 저녁 식사 시간을 다른 시간으로 정하는 경우에 먹을 수 있는 음식의 세부적인 내용에 대해 완전히 다 들은 뒤에 저녁 8시를 식사시간으로 선호하는 결정을 내릴 것으로 예상된다면 요리사로서는 바로 그 시간에 자신이 제공할 수 있는 최선의 저녁식사를 준비하는 것이 임무일 것이다. 저녁식사를 준비하는 데 걸리는 시간은 길어지든 짧아지든 문제가 되지 않고 다만 절대적으로 최선의 저녁식사를 준비하는 것이 요리사의 유일한 임무라고 할 경우에 요리사의 입장에서 가장 알맞은 저녁식사 시간이 7시 30분이냐, 8시냐, 8시 30분이냐 하는 문제는 이 경우에는 아무런 상관이 없다. 어떤 단계의 사회에서는 우리가 지금 저녁식사를 하는 시간보다 더 늦게 저녁식사를 하면 물질적으로 더 나은 식사를 할 수도 있을 것이다. 그러나 이와 다른 단계의 사회에서는 우리가 보다 일찍 저녁식사를 하면 더 나은 식사를 할 수 있는 경우도 있다고 생각해볼 수 있다. 위에서 내가 이야기한 대로 우리의 이론은 이 두 가지 경우 모두에 적용될 수 있어야 한다.

이자율이 영이라고 할 때 어떤 품목에 대해서도 평균적인 투입일과 소비일 사이의 시간간격 가운데 노동비용이 최소가 되는 최적의 시간간격이 존재할 것이다. 이보다 더 짧은 생산과정은 기술적으로 덜 효율적일 것이고, 더 긴 과정도 보관비용과 퇴화로 인해 덜 효율적일 것이다. 그러나 이자율이 영보다 크다면 과정이 길어짐에 따라 증가하는 비용의 요소가 하나 더 추가되는 셈이고, 따라서 최적의 시간간격은 짧아지며, 해당 품목의 궁극적인 인도를 준비하기 위한 경상투입은 증가하는 비용(부과되는 이자와 더 짧은 생산방법의 낮은 효율성 둘 다로 인해 비용이 증가한다)을 메우기에 충분할 정도로 예상가격이 상승할 때까지는 감축돼야 할 것이다. 반면에 이자율이 영 아래로 떨어진다면(이렇게 되는 것이 기술적으로 가능하다고 가정할 때) 그 반대가 될 것이다. 즉 소비자들의 수요에 대한 예상이 주어졌다고 한다면 오늘의 경상투입은 말하자면 나중에 투입을 시작한다는 대안과 경쟁을 벌여야 하고, 따라서 기술적 효율성의 증대나 예상되는 가격변화 때문에 생산을 지금 하기보다 나중에 하는 것이 비용이 적게 드는 정도가 음수의 이자율 때문에 수익이 감소하는 정도를 상쇄하기에 충분하지 않을 때에만 현재의 투입이 가치가 있게 될 것이다. 대부분의 품목의 경우에는 그 예상되는 미래의 소비시점까지 아주 적절한 길이의 시간보다 더 많은 시간을 두고 일찍 투입을 시작하는 것은 커다란 기술적 비효율성을 수반하게 될 것이다. 따라서 이자율이 영이라고 하더라도 예상되는 소비자의 수요 가운데 미리 공급을 준비하기 시작하는 것이 수지가 맞는 부분의 비율에는 엄격한 제약이 존재한다. 그리고 이자율이 상승함에 따라 예상되는 소비자의 수요 가운데 오늘 생산하는 것이 수지가 맞는 부분의 비율은 그에 보조를 맞추어 낮아진다.

III

우리는 자본의 수명과 같은 기간 동안에 심리적, 제도적 조건에 의해 결정되는 이자율과 적어도 동등한 자본의 한계효율을 갖기 위해서는 자본이 장기적으로 충분히 희소한 상태로 유지돼야 함을 보았다. 자본을 매우 잘 갖추고 있어서 자본의 한계효율이 영이며 조금이라도 추가적인 투자가 이루어지면 자본의 한계효율이 음수가 될 사회, 그러면서도 화폐가 '그 가치를 잘 유지'할 뿐 아니라 화폐를 보관하고 안전하게 간수하는 데 드는 비용도 무시할 만한 정도인 화폐제도를 갖추고 있어서 그 결과로 이자율이 실제로 음수가 될 수는 없으며 완전고용의 상태에서는 저축이 이루어지는 경향이 있는 사회에 대해 위와 같은 점이 갖고 있는 의미는 무엇일까?

만약 그러한 상황에서 우리가 완전고용의 위치로부터 시작한다고 할 때 기업가들이 축적된 기존의 자본을 전부 다 이용해야 할 규모로 고용을 계속 제공한다면 그들은 필연적으로 손실을 입게 될 것이다. 그러므로 공동체가 빈곤해져서 일부 개인들이나 집단들에 의한 양의 저축이 다른 개인들이나 집단들에 의한 음의 저축에 의해 상쇄되어 저축의 총액이 영이 될 때까지 축적된 자본의 양과 고용의 수준이 축소돼야만 한다. 따라서 우리가 상정한 사회의 경우에는 자유방임의 조건 아래에서라면 저축이 영이 되도록 하기에 충분할 정도로 고용수준이 낮고 생활수준이 곤궁한 지점이 균형의 위치가 될 것이다. 보다 개연성 있는 상황은 이런 균형의 위치를 중심으로 순환적 변동이 이어지는 것이다. 왜냐하면 미래와 관련해 불확실성의 여지가 계속 존재한다면 자본의 한계효율이 어떤 때에는 영보다 높은 수준으로 올라가 '호황'을 가져올 것이고, 그에 이어지는 '불황' 때에는 축적된 자본의 양이 장기적인 자본의 한계효율을 영이 되게 하는 수준보다 아래에 일정 기간 떨어져 있을 수 있기 때문이다. 예측이 올바르다고 가정한다면 한계효율이 정확하게 영이 되게 하는 균형 자본량은 가용한 노동의 완전고용에 상응하는 자본량보다 당연히 적을 것이다. 왜냐하면 그 균형 자본량은 확실하게 저축이 영이 되게 하는 실업률에 대응하는 설비의 규모일 것이기 때문이다.

유일하게 이와 다른 또 하나의 균형의 위치는 한계효율이 영이 되게 하기에 충분한 크기의 자본량이 이자라는 형태의 추가수입을 얻을 수 없는 상황에서 미래에 대비하려는(완전고용의 상태임에도 불구하고) 대중의 욕구 전체를 완전히 다 충족시키기에 충분한 크기의 부의 양이기도 한 상황에 의해 주어질 것이다. 그러나 완전고용의 상태에서 한계효율이 영이 되는 수준에 자본량이 이른 지점 바로 거기에서 저축성향이 충족된다는 것은 있기 어려운 우연의 일치일 것이다. 그러므로 만약 보다 이로운 그러한 가능성이 구조의 손길을 내밀어주게 된다면 그런 일은 아마도 이자율이 영이 되는 지점에 가서가 아니라 그 전에 이자율이 점진적으로 하락하는 동안의 어떤 지점에서 일어날 것이다.

지금까지 우리는 이자율이 음수가 되는 것을 가로막는 제도적 요인을 가정했고, 그것은 보유비용이 무시힐 만한 징도인 화폐라는 형태의 요인이었다. 그러나 사실 이자율이 실제로 하락하는 데 영보다 훨씬 높은 한계를 설정하는 제도적, 심리적 요인들이 존재한다. 앞에서 우리는 차입자와 대부자를 서로 만나게 하는 데 드는 비용과 이자율의 미래에 관한 불확실성을 살펴보았는데, 특히 이런 것들이 이자율에 일종의 하한선을 설정한다. 지금의 상황에서는 그 하한선이 장기이자율을 기준으로 할 때 아마도 2퍼센트 내지 2.5퍼센트 정도는 될 것이다. 이런 추정이 옳은 것으로 입증된다면 자유방임 아래서 이자율이 더 이상 떨어지지 못하는 상황에서 부의 축적량이 증가한다는 자연스럽지 않은 가능성이 우리가 실제로 경험할 수 있도록 머지않아 실현될지도 모른다. 게다가 이자율을 실제로 끌어내릴 수 있는 최저수준이 영보다 상당히 높다고 한다면 이자율이 그 최저수준에 도달하기 전에 부를 축적하려는 욕구 전체가 충족될 가능성은 낮아진다.

사실 전쟁이 끝난 뒤 영국과 미국의 경험은 지배적인 제도적, 심리적 요인들에 비추어 이자율이 떨어질 수 있는 속도보다 더 빠르게 한계효율이 떨어지게 할 정도로 규모가 큰 부의 축적이 주로 자유방임의 조건 아래서 어떻게 적당한 고용수준을 방해하고, 생산의 기술적 조건이 제공할 수 있는 생활수준을 방해할 수 있는지를 보여준 실제 사례다.

똑같은 기술을 갖고 있지만 축적된 자본량은 서로 다른 두 개의 공동체

를 놓고 보면 자본량이 적은 공동체가 자본량이 많은 공동체에 비해 당분
간은 더 높은 생활수준을 누릴 수 있다고 할 수 있다. 그러나 가난한 공동
체가 부유한 공동체를 따라잡게 된다면(이런 일이 아마도 결국에는 일어
날 것이다) 그때에는 두 공동체가 다 미다스(그리스 신화에 나오는 왕의 이
름. 미다스는 자기 손에 닿는 것은 무엇이든 다 황금으로 변하게 해달라고
신에게 빌어 그런 능력을 갖게 됐으나, 이로 인해 자기 딸마저 황금으로 변
하게 한다—옮긴이)의 운명을 맞게 될 것이다. 이런 불편한 결론은 물론
소비성향과 투자율이 사회적 이익에 맞게 계획적으로 통제되는 것이 아니
라 주로 자유방임의 영향에 방치된다는 가정에 의존한다.

만약 공동체가 완전고용의 상태에서 자본의 한계효율과 같은 수준의 이
자율에서 저축하기로 선택할 금액에 상응하는 축적률 아래서 자본의 한계
효율이 떨어지는 만큼 빠르게 이자율이 떨어지지 못한다면(무슨 이유에서
건), 그때에는 부를 보유하고자 하는 욕구가 사실상 아무런 경제적 과실도
낳아주지 않을 자산을 보유하는 쪽으로 전환되는 것이 그 공동체의 경제적
복리를 증대시킬 것이다. 백만장자들이 살아있는 동안에 자신의 몸이 들
어가 있을 웅장한 저택과 죽은 뒤에 자신의 몸이 안치될 피라미드를 짓는
데서, 또는 자신의 죄를 뉘우쳐서 성당을 짓고 수도원이나 해외선교 단체
에 재산을 기부하는 데서 만족감을 얻고자 한다면 자본의 풍요가 생산의
풍요를 방해하게 되는 날이 늦추어질 수 있다. 저축으로부터 대가가 지급
되는 '땅에 구멍 파기'는 고용뿐만 아니라 유용한 재화와 용역의 실질적인
국민분배분도 증가시킬 것이다. 그러나 우리가 유효수요를 좌우하는 여러
가지 영향을 이해한다면, 이성적인 공동체가 그러한 우발적이고 흔히 낭비
적인 문제완화 방식에 계속 의존하는 데 만족하리라는 생각은 합리적이라
고 할 수 없다.

이자율이 완전고용에 대응하는 투자율과 부합하도록 보장하는 조치가 취해진다고 가정하자. 그리고 더 나아가 자본설비가 현재 세대의 생활수준에 과도한 부담을 가하지 않는 속도로 증가해 포만지점에 다가가게 하는 균형화 요인으로서 국가의 행동이 개입한다고 가정하자.

이러한 가정 위에서는 인구가 급속하게 늘어나지 않는 가운데 현대의 기술적 자원을 갖추고 있으며 적절하게 운영되는 공동체는 단지 한 세대 안에 균형상태에서의 자본의 한계효율을 영 가까이로 떨어뜨릴 수 있을 게 틀림없다고 나는 추측한다. 그렇게 되면 우리는 변화와 진보가 오로지 기술, 취향, 인구, 제도가 변화한 결과로만 일어나는 준정상상태의 공동체가 실현될 조건을 갖추게 된다. 그리고 그때 자본비용은 무시해도 좋을 정도로만 들어가는 소비재의 가격을 지배하는 원리와 똑같은 원리에 따라 자본의 생산물이 그 안에 구현된 노동 등에 비례하는 가격으로 팔릴 것이다.

나는 자본의 한계효율이 영이 될 정도로 자본재가 풍부해지게 하기란 비교적 쉬운 일이라는 생각을 갖고 있는데 만약 나의 이런 생각이 옳다면 그렇게 하는 것이 자본주의의 반대할 만한 특징 가운데 많은 것들을 점진적으로 제거하는 가장 합리적인 방법일 수 있다. 왜냐하면 조금만 생각해 보면 축적된 부의 수익률이 점진적으로 낮아져 영이 되면 그 결과로 얼마나 거대한 사회적 변화가 일어날 것인지를 알 수 있기 때문이다. 그래도 여전히 개인은 자신이 번 소득을 나중에 지출할 의도로 축적하고자 한다면 자유로이 그렇게 하게 될 것이다. 그러나 그가 축적한 것이 늘어나지는 않을 것이다. 그는 그야말로 포프(18세기 전반의 영국 시인인 알렉산더 포프를 가리킴―옮긴이)의 아버지와 같은 입장이 될 것이다. 포프의 아버지는 사업을 하다가 은퇴할 때 금화 한 궤짝을 들고 트웍커넘에 있는 자신의 별장주택으로 가서 여생을 거기서 살면서 집안의 지출을 그 금화로 댔다.

이자생활자가 사라지더라도 예상수익에 대한 견해는 엇갈릴 수 있으므로 예상수익을 추정하는 데서 기획력과 기량이 작용할 여지가 여전히 남아 있을 것이다. 왜냐하면 위의 논의는 위험과 관련된 수익까지 포함한 자산의 총수익과 관련된 것이 아니라 위험 등에 대한 고려는 일체 배제한 순수이자율과 주로 관련된 것이기 때문이다. 따라서 순수이자율이 음수로 유지되지 않는 한, 예상수익이 의문시되는 개별 자산에 대한 능숙한 투자에는 여전히 영보다 큰 순수익이 돌아갈 것이다. 또한 위험을 감수하지 않으려고 하는 태도가 상당한 수준으로 존재한다면 일정한 기간 동안 그러한 자산들 전체로부터 영보다 큰 순수익이 생겨날 수 있다. 그러나 그러한 상황에서 예상수익이 의문시되는 투자대상물로부터 수익을 얻으려는 열망이 워낙 강한 탓에 그와 같은 투자대상물 전체가 음의 순수익을 시현하게 될 가능성도 없지는 않다.

17장
이자와 화폐의 기본적 속성

I

그렇다면 화폐에 대한 이자율은 고용의 수준에 일정한 한계가 설정되게 하는 데서 특이한 역할을 하는 것으로 여겨진다. 왜냐하면 어떤 자본자산이 새로이 생산되려면 그 자본자산의 한계효율이 달성해야 하는 기준을 이자율이 설정하기 때문이다. 이렇게 돼야 한다는 사실이 첫눈에 보기에는 당혹스럽다. 그렇다면 다른 자산들과는 다른 화폐만의 특이성은 어디서 찾아야 하는지, 이자율을 갖는 것이 오직 화폐뿐인지, 그리고 비화폐경제에서는 어떤 일이 일어날 것인지를 묻게 되는 것이 당연하다. 우리가 이런 질문에 대답을 하기 전에는 우리의 이론이 지닌 의미의 전부가 분명하게 드러나지 않을 것이다.

화폐이자율이라는 것은 예를 들어 일 년 뒤의 미래에 인도하기로 계약된 화폐의 금액 가운데 그 '현물'가격 또는 현금가격이라고 우리가 부를 수 있는 것을 초과하는 부분이 차지하는 비율을 퍼센트로 나타낸 것에 불과함을 독자에게 상기시킬 수 있다. 그렇다면 화폐에 대한 이자율과 유사한 것이 모든 종류의 자본자산에 대해서도 존재해야 할 것으로 여겨진다. 왜냐하면 일 년 뒤에 인도될 밀을 예로 든다면 오늘 '현물'로 인도되는 밀 100쿼터와 같은 교환가치를 가진 그러한 밀의 특정한 양이 존재하기 때문이다. 그 양이 105쿼터라면 우리는 밀이자율이 연 5퍼센트라고 말할 수 있고, 그 양이 95쿼터라면 우리는 밀이자율이 마이너스 5퍼센트라고 말할 수 있다. 이와 같이 모든 내구적 상품에 대해 그 각각의 상품으로 표현되는 이자율이 있다. 그것을 밀이자율, 구리이자율, 주택이자율이라고 부를 수 있고, 심지어는 철강공장이자율도 생각해볼 수 있다.

예를 들어 시장에서 시세가 정해지는 밀이라는 상품에 대한 '선물' 계약과 '현물' 계약의 차이는 밀이자율과 어떤 분명한 관계를 갖지만, 이와 동시에 화폐이자율도 끌어들인다. 왜냐하면 선물계약은 현물로 인도되는 밀을 기준으로 시세가 정해지는 것이 아니라 미래에 인도되는 밀의 화폐가액을 기준으로 시세가 정해지기 때문이다. 그 정확한 관계는 다음과 같다.

밀의 현물가격은 100쿼터당 100파운드이고, 일 년 뒤에 인도되는 밀에 대한 '선물' 계약의 가격은 100쿼터당 107파운드이며, 화폐이자율은 5퍼센트라고 가정하자. 그렇다면 밀이자율은 얼마일까? 100파운드어치의 현물계약으로 살 수 있는 선물계약은 105파운드어치일 것이고, 그 105파운드어치의 선물계약으로 살 수 있는 선물의 양은 $\frac{105}{107} \times 100 \, (=98)$쿼터일 것이다. 이렇게 하지 않고 100파운드어치의 현물계약으로 현물 밀 100쿼터를 살 수도 있다. 따라서 100쿼터의 현물 밀로 살 수 있는 선물 밀의 양은 98쿼터다. 결국 밀이자율은 연 마이너스 2퍼센트라는 이야기가 된다.[1]

---

1 이런 관계는 스라파(Sraffa) 씨에 의해 처음으로 지적됐다. 〈이코노믹 저널〉, 1932년 3월, 50쪽.

그렇다면 상이한 상품들에 대한 이자율이 같아야 할 이유가 없다고 말할 수 있다. 밀이자율이 구리이자율과 같아야 할 이유가 없는 것이다. 왜냐하면 시장에서 시세가 정해지는 ‘현물’계약과 ‘선물’계약의 관계가 상품별로 뚜렷하게 다르기 때문이다. 바로 이 점이 우리가 찾고 있는 실마리로 우리를 이끌어줌을 곧 알게 된다. 왜 그러냐면, 지배적인 영향력을 발휘하는 것은 상품별 자체이자율(상이한 상품들 각각에 대한 이자율을 우리는 이렇게 부를 수 있다) 가운데 가장 높은 것일 수 있고(그 이유는 어떤 자본자산이 새로 생산되려면 그 자본자산의 한계효율이 자체이자율들 가운데 가장 높은 것에 도달해야 한다는 데 있다), 그 가장 높은 자체이자율은 화폐이자율인 경우가 많게 되는 이유가 존재하기 때문이다(그 이유는 우리가 곧 알게 되겠지만 다른 자산들에 대해서는 자체이자율을 떨어뜨리는 작용을 하는 특정한 힘들이 화폐에 대해서는 그런 작용을 하지 않는다는 데 있다).

언제나 상이한 여러 상품이자율들이 존재하는 것과 마찬가지로 두 개의 상이한 화폐가 각각 표시기준이 되는 경우 사이에도, 예를 들어 파운드로 표시되는 경우와 달러로 표시되는 경우 사이에도 이자율이 똑같지 않다는 사실을 외환딜러들은 잘 알고 있다는 말을 덧붙일 수 있겠다. 왜냐하면 이 때에도 외국화폐에 대한 파운드 표시의 ‘현물’계약과 ‘선물’계약의 차이가 상이한 외국화폐들에 대해 일반적으로 동일하지 않기 때문이다.

그런데 자본의 한계효율을 측정하는 데 기준으로 사용하기에는 위와 같은 상품들 모두가 화폐와 같은 정도로 편리하다. 왜냐하면 우리는 원하는 대로 어떤 상품이든 기준으로 선택할 수 있기 때문이다. 예를 들어 우리가 밀을 선택한다면 어떤 자본자산에 대해서든 그 예상수익의 밀가치를 계산할 수 있고, 이렇게 계산한 밀연금 시계열의 현재가치를 밀로 표시된 그 자본자산의 현재 공급가격과 같게 만드는 할인율을 구하면 그것이 우리에게 밀로 표시된 그 자본자산의 한계효율을 알려준다. 우리가 채택할 수 있는 두 개의 기준 사이의 상대적 가치에 변화가 없을 것으로 예상된다면 어느 한 자본자산의 한계효율은 두 개의 기준 가운데 어느 것으로 측정해도 동일할 것이다. 왜냐하면 한계효율의 계산식인 분수의 분자와 분모가 같은 비율로 변화할 것이기 때문이다. 반면에 우리가 채택할 수 있는 두 개의 기준 가운데 어느 하나가 다른 하나 표시로 볼 때 그 가치가 변화할 것으로 예상된다면 어느 자본자산의 경우에도 그 자본자산의 한계효율이 두 개의 기준 가운데 어느 것에 의해 측정되는지에 따라 같은 비율만큼 달라질 것이다. 이런 논의를 예시하기 위해 우리가 채택할 수 있는 두 개의 기준 가운데 하나가 밀이고, 밀의 가치가 화폐 표시로 볼 경우에 1년에 a퍼센트씩 꾸준한 속도로 상승할 것으로 예상되는 가장 간단한 경우를 예로 들어보자. 어느 한 자산의 한계효율이 화폐 표시로 x퍼센트라면 밀 표시로는 $x-a$퍼센트가 될 것이다. 이때 모든 자본자산의 한계효율들이 같은 폭만큼 수정될 것이므로 그 한계효율들의 크기 순서는 두 개의 기준 가운데 어느 것이 채택되는가와 무관하게 동일할 것이다.

엄밀하게 말해 대표로 간주될 수 있는 어떤 복합상품이 존재한다면 우리는 그 복합상품으로 표시된 이자율과 그 복합상품으로 표시된 자본의 한계효율을 어떤 의미에서 유일한 이자율과 유일한 자본의 한계효율로 간주할 수 있을 것이다. 그러나 물론 유일한 가치의 기준을 수립하는 데 존재하는 장해물과 똑같은 장해물이 이렇게 하는 데도 존재한다.

그러므로 여기까지는 화폐이자율이 다른 이자율들과 비교해 독특한 점을 전혀 갖고 있지 않고, 다른 이자율들과 정확하게 같은 위상을 갖고 있다. 그렇다면 앞의 여러 장에서 우리가 화폐이자율에 부여한 압도적인 현실적 중요성을 화폐이자율이 실제로 갖게 만드는 화폐이자율의 특이성은 어디에 있는 것일까? 생산과 고용의 규모가 밀이자율이나 주택이자율보다 화폐이자율과 더 긴밀하게 연관되는 이유는 무엇일까?

II

예를 들어 일 년이라는 일정한 기간에 상이한 유형의 자산들에 대한 다양한 상품이자율들이 어떠할 것인지를 검토해보자. 우리는 상품들을 하나씩 차례로 기준으로 삼을 것이므로 각 상품의 수익은 이런 맥락에서 그 자체 표시로 측정된다고 봐야 한다.

상이한 유형의 자산들이 상이한 정도로 갖는 세 가지 속성이 있다. 그것은 다음과 같다.

(i) 일부 자산들은 어떤 생산과정을 지원하거나 어떤 소비자에게 쓰임새를 제공함으로써 그 자체 표시로 q만큼의 수익을 창출하거나 그만큼의 생산물을 만들어낸다.

(ii) 화폐를 제외한 대부분의 자산들은 수익을 창출하도록 사용되는지의 여부와 상관없이 단지 시간의 경과에 따라 어느 정도 손모되거나 어느 정도 비용을 초래한다(자산들의 상대적 가치에 일어나는 그 어떠한 변화와도 별개로). 즉 그러한 자산들은 그 자체 표시로 c만큼의 보유비용을 초래한다. 우리가 q를 계산하기 전에 차감해야 할 비용과 c에 포함시켜야 할 비용을 구분하는 선을 정확하게 어디에 그어야 하는지는 우리의 현재 목적과 관련해서는 중요하지 않다. 왜냐하면 우리는 아래에서 오로지 $q-c$에만 관심을 가질 것이기 때문이다.

(iii) 마지막으로 일정한 기간 동안 특정한 자산에 대해 처분권을 갖는 것

276

은 잠재적으로 편리함이나 안전함을 누릴 수 있게 해준다. 다만 상이한 종류의 자산들이 해당 기간이 시작되는 기초에 똑같은 가치를 갖고 있었다고 하더라도 그러한 상이한 자산들 각각에 대해 처분권을 갖는 것이 누릴 수 있게 해주는 잠재적인 편리함이나 안전함의 정도는 같지 않고 서로 다르다. 말하자면 기말에 생산물의 형태로 보여주는 성과가 전혀 없다고 하더라도 그러한 처분권에 대해 사람들은 무엇인가를 기꺼이 지급하려고 한다. 사람들이 그러한 처분권을 갖는 것에 의해 주어지는 잠재적 편리함이나 안전함(자산에 수반되는 수익이나 보유비용은 배제하고 볼 때)을 얻기 위해 기꺼이 지급하려고 하는 것의 양(그 자체 표시로 측정된)을 우리는 유동성할증 l 이라고 부르겠다.

그렇다면 특정한 기간 동안 어떤 자산을 소유하는 것으로부터 얻게 될 것으로 예상되는 총수익은 그 자산의 수익에서 그것의 유지비용을 빼고 그것의 유동성할증을 더한 것, 즉 $q-c+l$ 과 같게 된다. 말하자면 어떤 상품에 대해서든 $q,\ c,\ l$ 을 그 상품 자체를 기준으로 해서 측정한다면 $q-c+l$ 이 그 상품의 자체이자율이다.

사용되고 있는 도구자본(예컨대 기계)이나 소비자본(예컨대 주택)의 특징은 수익이 유지비용보다 보통 더 크고 유동성할증은 아마도 무시할 만한 정도일 것이라는 점이다. 유동재화의 재고 또는 유휴상태에 있는 잉여의 도구자본이나 소비자본의 특징은 유지비용(그 자체로 표시된)을 발생시키지만 그 비용을 상쇄시킬 수익은 낳아주지 않으며, 이 경우의 유동성할증은 특별한 상황에서는 유의미한 수준이 될 수도 있지만 보통은 재고가 적정한 수준을 초과하기만 하면 그 즉시 무시할 만한 것이 된다는 점에 있다. 그리고 화폐의 특징은 수익을 전혀 낳아주지 않고, 보유비용은 무시할 만한 정도인 반면에 유동성할증은 상당히 크다는 점에 있다. 상이한 상품들

은 상이한 정도의 유동성할증을 가질 수 있고, 화폐도 예를 들면 안전한 보
관을 위해 소요되는 보유비용을 어느 정도는 유발할 수 있는 게 사실이다.
그러나 화폐의 경우에는 유동성할증이 보유비용보다 훨씬 큰 반면에 그 밖
의 다른 자산들의 경우에는 보유비용이 유동성할증보다 훨씬 크다는 것이
화폐와 그 밖의 모든(또는 대부분의) 다른 자산들 사이에 존재하는 본질적
차이다. 예를 들어 설명하기 위해 다음과 같이 가정하자. 주택의 경우는 수
익이 q_1이고 보유비용과 유동성할증은 무시할 만한 수준이며, 밀의 경우는
보유비용이 c_2이고 수익과 유동성할증은 무시할 만한 수준이며, 화폐의 경
우는 유동성할증이 l_3이고 수익과 보유비용은 무시할 만한 수준이라고 하
자. 그러면 q_1은 주택이자율, $-c_2$는 밀이자율, l_3는 화폐이자율이 된다.

　균형과 부합하는 상이한 유형의 자산별 예상수익들 사이의 관계를 판별
하기 위해서는 우리가 그 해에 예상되는 상대적 가치의 변화가 어떠한지도
알아야 한다. 화폐를 우리의 측정기준으로 채택하고(이런 목적을 위해서
는 화폐가 계산단위로서의 화폐이기만 하면 되며, 우리는 마찬가지로 밀도
우리의 측정기준으로 얼마든지 채택할 수 있다), 화폐 기준으로 예상되는
가치상승(또는 가치하락)의 비율이 주택은 a_1, 밀은 a_2라고 하자. q_1, $-c_2$,
l_3를 우리는 그 자체를 가치의 기준으로 해서 측정한 주택, 밀, 화폐의 자체
이자율이라고 불렀다. 즉 q_1은 주택으로 표시된 주택이자율, $-c_2$는 밀로
표시된 밀이자율, l_3는 화폐로 표시된 화폐이자율이다. 화폐를 가치의 기
준으로 해서 이 세 가지 양을 환산한 값인 a_1+q_1, a_2-c_2, l_3를 각각 주택
의 화폐이자율, 밀의 화폐이자율, 화폐의 화폐이자율이라고 부르는 것이
유용할 수 있다. 이런 기호를 이용하면 a_1+q_1, a_2-c_2, l_3 가운데 어느 것
이 가장 큰가에 따라 부 소유자의 수요가 향하는 대상이 주택이 되거나 밀
이 되거나 화폐가 된다는 점을 쉽게 알 수 있다. 따라서 균형상태에서는 어

278

느 것을 선택해도 이익이라는 면에서는 더 나을 것이 없게 되도록 화폐로 측정한 주택의 수요가격과 밀의 수요가격이 조정돼있을 것이다. 즉 a_1+q_1, a_2-c_2, l_3가 서로 같을 것이다. 가치의 기준으로 어느 것을 선택해도 이런 결과는 전혀 달라지지 않을 것이다. 왜냐하면 기준을 어느 하나에서 다른 하나로 바꾸는 것은 모든 항목을 똑같이 변화시킬 것이기 때문이다. 즉 모든 항목이 기존의 기준 표시로 볼 때 새로운 기준에 일어날 것으로 예상되는 가치상승률(또는 가치하락률)과 같은 비율만큼 변화할 것이다.

그런데 정상적인 공급가격이 수요가격보다 낮은 자산은 새로이 생산될 것이다. 그리고 그런 자산이 어떤 것이냐 하면 정상적인 공급가격에서 한계효율이 이자율보다 높은 자산일 것이다(한계효율과 이자율 둘 다를 어떤 가치의 기준이든 동일한 기준으로 측정할 경우에). 축적된 자산이 처음에는 이자율보다 높거나 적어도 이자율과 같은 한계효율을 갖고 있었다고 하더라도 그 양이 증가함에 따라 한계효율이 감소하는 경향을 나타내게 된다(이미 앞에서 제시한 충분히 명백한 이유들로 인해). 따라서 이자율이 보조를 맞추어 같이 떨어지지 않는 한 자산을 생산하는 것이 더 이상 수지가 맞지 않는 지점에 이를 것이다. 모든 자산의 한계효율이 이자율보다 낮아지게 되면 자본자산의 추가적인 생산이 정지될 것이다.

자체이자율이 고정된 어떤 자산(또는 생산이 증가함에 따라 다른 어떠한 상품보다 자체이자율이 느리게 하락하는 상품), 예컨대 화폐와 같은 것이 존재한다고 가정하자(이는 논증의 지금 단계에서는 단지 하나의 가설일 뿐이다). 그러면 위치가 어떻게 조정될까? a_1+q_1, a_2-c_2, l_3가 필연적으로 같으므로, 그리고 가정에 의해 l_3가 고정돼있거나 q_1이나 $-c_2$보다 느리게 하락하므로 결국 a_1과 a_2가 상승할 것이라는 결론이 도출된다. 돌려 말하면, 화폐를 제외한 모든 상품은 그 현재의 화폐가격이 예상되는 미래의 가격에 비해 상대적으로 낮아지는 경향이 있다. 따라서 q_1과 $-c_2$가 계속 하락하다 보면 지금 생산되는 것을 가격이 더 높아질 것으로 예상되는 미래까지 보유하는 데 수반되는 비용을 능가할 만큼 현재의 생산비용에 비해 미래의 생산비용이 더 커질 것으로 예상되지 않는 한 어느 상품이라도 생산하는 것이 수익성이 없게 되는 지점이 닥칠 것이다.

생산이 증가하는 정도에 한계를 설정하는 것은 화폐이자율이라는 취지로 앞에서 우리가 한 진술은 엄밀하게는 옳지 않음이 이제는 분명하다. 방금 말한 대로 현재의 생산비용과 예상되는 미래의 생산비용 사이에 특별한 관계가 있는 상황인 경우를 제외하면 축적된 자산의 양이 전반적으로 증가할 때 이자율이 가장 천천히 하락하는 자산의 이자율이 궁극적으로 다른 모든 자산들 각각의 수익성 있는 생산을 소멸시킨다고 말했어야 했다. 생산이 증가함에 따라 자산들의 자체이자율이 잇달아 수익성 있는 생산의 기준에 밑도는 수준으로 떨어진다. 그러다가 결국에는 하나 또는 둘 정도의 자체이자율만 다른 모든 자산의 한계효율을 넘는 수준에 남아있게 된다.

화폐라는 말로 우리가 가리키는 것이 가치의 기준이라면 난점을 발생시키는 것이 반드시 화폐이자율인 것은 아님이 분명하다. 일부 사람들이 생각해왔듯이 금이나 파운드 대신에 밀이나 주택이 가치의 기준이 돼야 한다고 선포하는 것만으로 우리가 우리의 난점에서 벗어날 수는 없을 것이다. 왜냐하면 생산이 증가하는데도 자체이자율이 좀처럼 하락하지 않는 자산이 무엇이든 계속 존재하고 있다면 똑같은 난점이 발생하게 될 것이 이제는 분명하기 때문이다. 예를 들어 불환지폐 본위제로 전환한 나라에서는 금이 이런 역할을 계속 수행하게 될 것이라고 말할 수 있다.

그러므로 우리가 그동안 화폐이자율에 특이한 의미를 부여했다는 것은 다음과 같은 의미를 갖는다. 즉 축적된 자산의 양이 전반적으로 증가하는 과정에서 우리에게 익숙한 종류의 화폐는 그 자체를 기준으로 해서 표시되는 자체이자율이 각각 스스로를 기준으로 해서 표시되는 다른 자산들의 자체이자율보다 잘 떨어지지 않게 만드는 어떤 특별한 성격을 갖고 있다고 암묵적으로 가정한 것이다. 이런 가정은 정당화될 수 있는가? 생각을 해보면 우리가 알고 있는 화폐의 공통적인 특징인 다음과 같은 특이한 속성들이 그런 가정을 정당화할 수 있음을 알게 될 것이라고 나는 생각한다. 기존의 가치기준이 그러한 특이한 속성들을 갖고 있는 한 중요한 의미가 있는 이 자율은 화폐이자율이라는 결론적 진술이 타당하게 성립될 것이다.

(i) 위와 같은 결론을 내리게 하는 경향이 있는 첫 번째 특징은 통화당국은 별도로 하고 사적 기업에 관한 한 화폐는 장기에도 단기에도 영 또는 어쨌든 매우 낮은 생산의 탄력성을 갖는다는 사실에 있다. 여기서 생산의 탄력성[1]은 화폐 한 단위가 통제하는 노동량의 증가에 대해 화폐를 생산하는 데 투입되는 노동량이 반응하는 정도를 가리킨다. 다시 말해 화폐는 쉽게 생산될 수 있는 것이 아니다. 화폐의 가격이 임금단위로 볼 때 상승한다고 해서 기업가들이 화폐의 생산량을 늘리기 위해 마음대로 노동을 더 많이 투입할 수 있는 것이 아니다. 불환 관리통화의 경우에는 이 조건이 엄밀하게 충족된다. 그리고 금본위 통화의 경우에도 금채굴이 주요 산업인 나라

---

1 20장을 보라.

를 제외한다면 그렇게 고용될 수 있는 노동량에 추가될 수 있는 노동량의 최대 비율이 매우 낮다는 의미에서 근사적으로 위 조건이 충족된다.

그런데 일정한 생산의 탄력성을 갖고 있는 자산들의 경우에 우리가 그런 자산들의 자체이자율이 하락한다고 가정한 이유는 더 높은 비율의 생산 증가의 결과로 그런 자산들의 축적된 양이 늘어난다고 가정한 데 있었다. 그러나 화폐의 경우에는 우리가 임금단위 인하의 효과나 통화당국에 의한 의도적인 화폐공급 확대의 효과를 고려하는 일을 잠시 미룬다면 그 공급이 고정된다고 볼 수 있다. 따라서 노동에 의해 쉽게 생산될 수 있는 것이 아니라는 화폐의 특징은 그 자체이자율이 상대적으로 잘 하락하지 않을 것이라는 견해에 대해 어느 정도 그럴 듯해 보이는 근거를 일단 제공한다. 반면에 만약 화폐가 농작물처럼 재배되거나 자동차처럼 제조될 수 있다면 불황이 회피되거나 경감될 수 있을 것이다. 왜냐하면 다른 자산들의 가격이 화폐 표시로 볼 때 하락하는 경향이 있다면 더 많은 노동이 화폐를 생산하는 쪽으로 옮겨질 것이기 때문이다. 금을 채굴하는 국가들에서 바로 이런 현상을 볼 수 있다. 그러나 세계 전체를 놓고 보면 이런 식으로 옮겨지는 노동은 최대량으로 봐도 거의 무시할 만한 수준이다.

(ii) 그러나 위의 조건은 화폐에 의해서만이 아니라 생산이 완전히 비탄력적인 순수한 지대요소 가운데 어느 것에 의해서도 충족된다. 그러므로 화폐를 다른 지대요소들과 구분하기 위해 두 번째 조건이 요구된다.

화폐의 두 번째 종차적 특징은 그것이 영과 같거나 거의 같은 대체의 탄력성을 갖고 있다는 점에 있다. 이는 곧 화폐의 교환가치가 상승함에 따라 그것이 어떤 다른 요소로 대체되는 경향이 존재하지 않는다는 뜻이다(아마도 화폐로 사용되는 상품이 어떤 미미한 정도로는 제조업이나 공예에도 사용되는 곳을 제외하고는 그럴 것이라는 말이다). 이런 특징은 효용이 오직 교환가치로부터만 나온다는 화폐의 특이성에서 비롯되는 것이고, 따라서 화폐의 효용과 교환가치는 보조를 맞추어 같이 오르거나 같이 내리며, 그 결과로 화폐의 교환가치가 상승해도 다른 지대요소들의 경우와 달리 화폐가 어떤 다른 요소로 대체되게 하는 동기나 그렇게 대체되는 경향이 존재하지 않는다.

따라서 화폐의 노동가격이 상승할 때 화폐를 생산하는 쪽으로 더 많은 노동을 옮기기란 불가능할 뿐 아니라 화폐에 대한 수요가 증가하는 경우에는 화폐가 구매력을 흡수하는 밑 빠진 독이 된다. 왜냐하면 다른 지대요소들의 경우와 달리 화폐의 경우에는 그것이 어떤 가치를 갖게 되면 그것에 대한 수요가 방향을 돌려 다른 것들에 대한 수요가 돼버리는 일이 일어나지 않기 때문이다.

이에 대한 유일한 제약조건은 화폐의 가치가 상승할 때 그러한 상승이 미래에도 유지될 것인지에 관한 불확실성이 초래되는 경우에만 생겨난다. 이런 경우에는 a_1과 a_2가 상승하는데 이는 상품의 화폐이자율이 상승하는 것과 마찬가지이고, 따라서 다른 자산들의 생산을 자극하게 된다.

(iii) 셋째로, 화폐를 생산하는 데로 노동이 옮겨지는 것에 의해 화폐의 양이 늘어날 수는 없다고 하더라도 화폐의 유효공급이 엄격하게 고정된다는 가정은 옳지 않으리라는 사실이 위와 같은 여러 결론을 교란시키게 되는지의 여부를 검토해야 한다. 특히 임금단위의 하락은 유동성 동기를 충족시키기 위해 필요한 현금을 다른 용도로부터 풀려나게 하리라는 점을 고려해야 하고, 이에 더해 화폐의 가치가 하락하면 화폐의 양은 공동체의 총부에 대해 더 높은 비율을 갖게 되리라는 점도 고려해야 한다.

이런 반응이 화폐이자율의 적절한 하락을 가능하게 할 수 있음을 순수한 이론적 근거에서 논박하기란 불가능하다. 그러나 우리에게 익숙한 유형의 경제에서는 종종 화폐이자율이 좀처럼 적절하게 떨어지지 않으려고 할 가능성을 매우 높게 만드는 이유가 몇 가지 존재하며, 그런 이유들은 모두 결합시켜 놓고 보면 강력한 힘을 갖고 있음을 알 수 있다.

(a) 우리는 무엇보다 먼저 임금단위의 하락이 화폐로 측정된 다른 자산들의 한계효율에 미치는 영향을 감안해야 한다. 왜냐하면 우리가 관심을 갖는 것은 바로 이런 한계효율과 화폐이자율 사이의 차이이기 때문이다. 임금단위가 하락하는 것의 효과가 나중에 임금단위가 다시 상승할 것이라는 예상을 만들어내는 것이라면 그 결과는 전적으로 이로울 것이다. 반대로 그 효과가 임금단위가 더 하락하리라는 예상을 만들어내는 것이라면 자본의 한계효율에 대한 영향이 이자율의 하락을 상쇄시킬 수 있다.[1]

(b) 임금이 화폐 표시로 볼 때 경직적인 경향이 있어 화폐임금이 실질임금보다 더 안정적이라는 사실이 화폐 표시의 임금단위가 하락할 수 있는 정도를 제한하는 경향이 있다. 게다가 만약 그렇지 않다면 상황이 더 나아지기보다는 나빠질 수 있다. 왜냐하면 만약 화폐임금이 쉽게 떨어진다면 바로 그런 점이 화폐임금이 더 하락할 것이라는 예상을 만들어내는 경향이 흔히 있을 수 있고, 이런 예상은 자본의 한계효율에 불리한 반응을 일으킬 것이기 때문이다. 게다가 만약 임금이 어떤 다른 상품, 예를 들어 밀을 기준으로 정해진다면 임금이 계속 경직적일 수가 없다. 임금이 화폐로 정해지는 경우에 경직적인 경향을 보이는 것은 화폐의 다른 특징들, 특히 화폐를 유동적인 것으로 만드는 특징들 때문이다.[2]

---

1 이 점은 뒤의 19장에서 훨씬 더 자세히 검토될 것이다.

2 만약 임금이(그리고 계약이) 밀을 기준으로 정해진다면 밀이 화폐가 갖는 유동성할증 가운데 일부를 얻게 될 것이다. 우리는 뒤의 IV절에서 이 문제를 다시 다루게 될 것이다.

(c) 셋째로, 우리는 위와 같은 맥락에서 가장 근본적으로 고려해야 할 사항, 즉 유동성 선호를 충족시키는 화폐의 특징을 살펴볼 때가 됐다. 왜냐하면 종종 발생하는 종류의 특정한 상황에서는 바로 이런 화폐의 특징으로 인해 다른 형태의 부들에 비해 상대적으로 화폐의 양이 상당히 증가하는 것에도 이자율이 둔감하게 되고, 특히 특정한 수치 이하에서 그렇게 되기 때문이다.[3] 달리 말해 어떤 특정한 지점을 넘으면 화폐의 양이 증가하는 것에 반응해 유동성으로부터 나오는 화폐의 수익이 줄어드는 정도가 다른 유형의 자산들의 양이 상대적으로 증가할 때 그런 자산들로부터 나오는 수익이 줄어드는 정도에는 전혀 근접하지 못할 정도가 될 것이다.

이와 관련해 화폐의 보유비용이 낮다는 점(또는 무시할 만하다는 점)이 핵심적인 역할을 한다. 왜냐하면 만약 화폐의 보유비용이 상당히 크다면 그 비용이 화폐의 미래가치에 대한 예상의 효과를 상쇄시킬 것이기 때문이다. 대중이 비교적 작은 자극에도 반응해 그들이 보유하는 화폐의 양을 곧바로 증가시키려고 하는 태도는 유동성의 이득(실제의 이득이든 가정된 이득이든 간에)이 시간의 경과에 따라 가파르게 증가하는 보유비용이라는 형태의 상쇄요인과 경합하지 않아도 된다는 장점을 갖고 있다는 점에 기인하는 것이다. 화폐가 아닌 다른 상품의 경우에는 적당한 양의 재고가 그 상품을 이용하는 사람에게 어느 정도의 편리함을 줄 수 있다. 그러나 보다 많은 양이라면, 가치가 안정적이어서 부의 저장수단으로서 어느 정도의 매력을 가질 수 있을지는 모르지만 이런 매력은 보관비용과 손모 등의 형태로 나타나는 보유비용에 의해 상쇄될 것이다. 그러므로 특정한 지점에 도달

---

3 앞의 211쪽을 보라.

한 뒤에는 더 많은 양을 보유하면 필연적으로 손실이 따른다.

그러나 화폐의 경우에는 우리가 이미 보았듯이 그렇지 않으며, 이는 다양한 이유들, 즉 대중이 평가하기에 화폐가 탁월하게 '유동적'인 것이 되게 하는 이유들 때문이다. 따라서 법정통화가 화폐로서의 품질을 유지하게 하기 위해 주기적으로 일정하게 정해진 비용을 들여 법정통화에 검인을 받도록 요구하는 장치 또는 이와 유사한 방식으로 화폐의 보유비용을 인위적으로 창출하는 것에서 치유책을 찾는 개혁가들은 궤도를 올바르게 잡은 것이다. 그리고 그들의 제안이 갖고 있는 실천적 가치는 존중할 만하다.

그러므로 화폐이자율의 중요성은 화폐의 양과 화폐로 측정된 다른 형태의 여러 가지 부 사이의 비율에 일어나는 변화에 대해 화폐이자율이 반응하는 정도가 유동성 동기의 작용으로 인해 낮을 수 있다는 특징과 화폐는 그 생산의 탄력성과 대체의 탄력성 둘 다가 영이거나 무시할 만한 수치라는(또는 영이거나 무시할 만한 수치일 수 있다는) 특징이 결합되는 데서 비롯된다. 이 가운데 첫 번째 조건은 수요가 압도적으로 화폐로 향할 수 있다는 의미이고, 두 번째 조건은 수요가 그렇게 되어도 노동이 화폐를 더 많이 생산하는 데 고용될 수 없다는 의미이며, 세 번째 조건은 어떤 다른 요소가 충분히 저렴하다면 그것이 화폐의 의무를 화폐와 마찬가지로 잘 수행할 수 있다는 것을 통해 문제가 완화되는 일은 어느 지점에서도 일어나지 않는다는 뜻이다. 자본의 한계효율에 일어나는 변화를 제외하면 유일한 구조의 손길은 화폐량의 증가로부터만(유동성을 선호하는 성향이 불변이라면), 또는 형식적으로 같은 것이지만 주어진 양의 화폐가 화폐의 기능을 더 많이 제공할 수 있게 하는 화폐의 가치상승으로부터만 올 수 있다.

따라서 화폐이자율의 상승은 화폐의 생산을 자극하지 못하면서도(화폐의 생산은 가정에 의해 완전히 비탄력적이라고 본다), 생산이 탄력적인 모든 것의 생산을 저지한다. 화폐이자율은 다른 모든 상품이자율에 대해 기준이 되는 역할을 하는 것을 통해, 화폐의 생산을 위한 투자는 당연히 자극하지 못하는 가운데(화폐는 생산되지 못하는 것으로 가정됐다) 다른 상품들의 생산에 대한 투자를 위축시킨다. 게다가 채권과 관련해 유동적 현금에 대한 수요의 탄력성이 높아서 유동적 현금에 대한 수요를 좌우하는 조건에 일어나는 작은 변화는 화폐이자율을 그리 많이 변화시키지 않을 수있고, 공식적인 당국의 조치를 배제하고 본다면 화폐의 생산은 비탄력적이므로 자연스러운 힘이 공급측면에 영향을 미치는 것에 의해 화폐이자율을 끌어내리는 일도 실제로 일어날 것 같지 않다. 보통의 상품의 경우에는 그 유동적 재고에 대한 수요의 비탄력성으로 인해 수요 측면의 작은 변화도 그 상품의 이자율을 급하게 끌어올리거나 끌어내릴 수 있을 것이고, 그 공급의 탄력성은 선물인도에 비해 현물인도에 높은 가격할증이 붙는 것을 막는 경향이 있을 것이다. 따라서 다른 상품들을 그냥 놔둔다면 '자연스러운 힘', 즉 시장의 통상적인 힘이 그 상품들의 이자율을 끌어내리는 경향이 있을 것이고, 이런 경향은 완전고용의 실현이 상품들 전반에 우리가 화폐의 정상적인 특징으로 가정한 공급의 비탄력성을 불러일으켜야 중단될 것이다. 그렇다면 화폐가 존재하지 않고, 우리가 상정한 화폐의 특징을 갖고 있는 다른 상품도 전혀 존재하지 않는다면(여기서는 당연히 이런 가정도 추가로 해야 한다) 이자율은 완전고용의 상태에서만 균형에 도달할 것이다.

　　말하자면 사람들이 불가능한 것을 원하기 때문에 실업이 발생하고 늘어나는 것이다. 욕구의 대상물(즉 화폐)은 생산될 수 없는 것인데 그것에 대한 수요가 쉽게 억제되지 않을 때에는 사람들이 고용될 수 없다. 녹색 치즈도 실질적으로 화폐와 같은 것이라고 대중을 설득하고 녹색 치즈 공장(즉 중앙은행)을 대중의 통제 아래 두는 것 외에는 치유책이 없다.

금을 특별히 가치의 기준으로 사용하기에 적합하게 만드는 것으로 전통적으로 생각돼온 금의 특징, 즉 그 공급의 비탄력성은 정확하게 문제의 밑바탕을 이루는 특징인 것으로 확인된다는 점에 주목해보는 것은 흥미롭다.

우리의 결론은 가장 일반적인 형태로는 다음과 같이 진술될 수 있다(소비성향은 주어졌다고 가정한다). 이용할 수 있는 모든 자산의 자체이자율들 가운데 가장 큰 것이 모든 자산의 한계효율들 가운데 가장 큰 것(자체이자율이 가장 큰 자산으로 측정할 때)과 같을 때에는 투자율이 더 상승할 수 없다.

완전고용의 위치에서는 이 조건이 필연적으로 충족된다. 그러나 생산의 탄력성과 대체의 탄력성이 영[1]인(또는 비교적 낮은) 어떤 자산이 존재하고 생산이 증가함에 따라 그 자산으로 측정한 자본자산들의 한계효율이 하락하는 폭보다 이자율이 하락하는 폭이 더 작다면 완전고용에 이르기 전에 그 조건이 충족될 수도 있다.

IV

앞에서 우리는 어느 한 상품이 가치의 기준이 된다는 것이 그 상품의 이자율이 중요한 이자율이 되는 데 충분한 조건이 아님을 밝혔다. 그러나 화폐이자율을 중요한 이자율로 만드는 화폐의 특징으로 우리가 알고 있는 것들

---

[1] 영의 탄력성은 반드시 요구되는 정도보다 더 엄격한 조건이다.

이 통상 채권의 금액과 임금을 정하는 데 사용되는 기준으로서의 화폐와 얼마나 연관성이 있는지를 검토해보는 것은 흥미롭다. 이 문제는 두 가지 측면의 검토를 요구한다.

먼저, 화폐 표시로 계약이 정해지고 화폐로 표시된 임금이 일반적으로 어느 정도 안정적이라는 사실은 화폐에 그토록 높은 유동성할증이 부여되게 하는 데서 의심할 나위 없이 커다란 역할을 한다. 채무의 만기가 미래에 도래할 때 갚아야 할 금액을 알려주는 채무 표시의 기준이나 미래의 생활비용이 비교적 안정적일 것으로 예상하게 해주는 생활비용 표시의 기준과 같은 기준으로 가치가 표시된 자산을 보유하는 것이 편리함은 분명하다. 이와 동시에 만약 생산의 탄력성이 높은 상품이 가치의 기준이라면 미래에 생산물의 화폐원가가 비교적 안정적일 것이라는 예상을 자신 있게 하기란 어려울 것이다. 게다가 우리가 알고 있는 화폐의 낮은 보유비용이 화폐이자율을 중요한 이자율로 만드는 데서 높은 유동성 할증만큼이나 큰 역할을 한다. 왜 그러냐면 문제가 되는 것은 유동성 할증과 보유비용의 차이이고 금, 은, 은행권과 같은 종류의 자산을 제외한 대부분의 상품은 보유비용이 적어도 계약과 임금을 정할 때 사용되는 기준에 통상 부여되는 유동성 할증 정도는 되며, 따라서 지금 예를 들어 파운드화에 부여되고 있는 유동성 할증이 밀로 이전된다고 하더라도 밀이자율이 영 이상으로 오를 가능성은 여전히 낮기 때문이다. 그러므로 계약과 임금이 화폐 기준으로 정해진다는 사실이 화폐이자율의 중요성을 상당히 높이기는 하지만, 그럼에도 불구하고 그러한 상황은 그 자체만으로는 관찰되는 화폐이자율의 특징들을 만들어내기에는 아마도 불충분할 것이라는 사실은 그대로 남는다.

두 번째로 검토해야 할 점은 보다 미묘하다. 생산물의 가치는 화폐가 아닌 다른 어떤 상품으로 측정할 때보다 화폐로 측정할 때 더 안정적일 것이라는 보통의 예상은 물론 임금이 화폐 표시로 정해진다는 점에 근거를 두고 있는 것이 아니라 임금이 화폐 표시로 볼 때 상대적으로 경직적이라는 점에 근거를 두고 있다. 그렇다면 만약 임금이 화폐로 표시되는 경우보다 화폐가 아닌 어떤 다른 하나 또는 둘 이상의 상품으로 표시되는 경우에 더 경직적(즉 더 안정적)일 것으로 예상된다면 상황이 어떻게 될까? 그러한 예상은 그렇게 표시기준이 되는 상품의 원가가 단기와 장기 둘 다에서 생산규모의 크기와는 관계없이 임금단위 표시로 볼 때 상대적으로 불변일 것으로 예상돼야 한다는 것만 요구하는 것이 아니라, 비용가격에서 현재의 수요를 초과하는 잉여가 있다면 모두 비용을 발생시키지 않으면서 재고에 편입될 수 있어야 한다는 것, 즉 그 유동성 할증이 그 보유비용보다 커야 한다는 것도 요구한다(그렇지 않다면 나중에 더 높은 가격으로부터 이윤을 얻게 될 것이라는 희망이 없으므로 재고의 유지에 필연적으로 손실이 수반될 것이 틀림없기 때문에). 이런 조건들을 충족시키는 상품이 발견될 수만 있다면 그때에는 장담컨대 그 상품이 화폐의 경쟁상대로 내세워질 수 있을 것이다. 따라서 생산물의 가치를 화폐 표시로 볼 때보다 그것 표시로 볼 때 더 안정적일 것으로 예상하게 하는 상품이 존재하는 것이 논리적으로 불가능하지는 않다. 그러나 그러한 상품이 실제로 존재할 가능성은 없는 것 같다.

그러므로 나는 임금을 가장 경직적으로 예상하게 하는 표시기준으로서의 상품은 그 생산의 탄력성이 가장 낮은 것이 아닐 수가 없고, 그것의 보유비용 가운데 유동성 할증을 초과하는 부분이 가장 작은 것이 아닐 수가 없다는 결론을 내린다. 달리 말해 화폐 표시로 볼 때 임금이 상대적으로 경직적으로 예상되는 것은 유동성 할증 가운데 보유비용을 초과하는 부분이 다른 어떤 자산보다 화폐의 경우에 더 크다는 사실에서 당연히 도출되는 결과다.

따라서 우리는 서로 결합해 화폐이자율을 중요한 것으로 만드는 다양한 특징들이 누적적인 방식으로 상호작용한다는 것을 알 수 있다. 화폐가 낮은 생산의 탄력성과 대체의 탄력성, 그리고 낮은 보유비용을 갖고 있다는 사실은 화폐임금이 비교적 안정적이리라는 예상을 강화시키는 경향이 있다. 그리고 이런 예상은 화폐의 유동성 할증을 증대시키는 한편, 화폐이자율로부터 그 힘을 빼앗아가는 다른 자산이 만약 존재할 수 있다면 그 다른 자산의 한계효율과 화폐이자율 사이에 예외적인 상관관계가 성립되는 것을 가로막는다.

피구 교수는(다른 사람들과 함께) 화폐임금보다 실질임금이 더 안정적이라고 봐야 하는 근거가 존재한다고 가정하곤 했다. 그러나 이런 가정은 고용이 안정적이라고 봐야 하는 근거가 전제돼야만 성립할 수 있을 것이다. 게다가 임금재는 높은 보유비용을 수반한다는 난점도 존재한다. 사실 임금재를 표시기준으로 해서 임금을 정함으로써 실질임금을 안정화시키려는 어떤 시도가 이루어진다면 그 효과는 화폐물가의 격심한 변동을 초래하는 것뿐일 수 있다. 왜냐하면 소비성향과 투자유인에 일어나는 그 어떠한 작은 변동도 화폐물가로 하여금 격렬하게 영과 무한대 사이를 오가게 만들 것이기 때문이다. 실질임금보다 화폐임금이 더 안정적이어야 한다는 것은 경제체제가 내적 안정성을 갖기 위한 하나의 조건이다.

따라서 실질임금이 상대적으로 안정성을 갖는다고 보는 것은 사실과 경험에서만 오류인 것이 아니다. 만약에 우리가 염두에 두고 있는 체제가 소비성향과 투자유인에 일어나는 작은 변화는 물가에 격렬한 변동을 일으키지 않는다는 의미에서 안정적이라고 가정하는 것이라면, 그것은 논리에서도 오류다.

V

이상의 논의에 대한 일종의 주석으로, 위에서 이미 진술된 점, 즉 '유동성'과 '보유비용'은 둘 다 정도의 문제라는 점, 그리고 '화폐'의 특이성을 구성하는 것은 오로지 유동성이 보유비용보다 상대적으로 크다는 것일 뿐이라는 점은 강조해둘 만하다.

예를 들어 유동성 할증이 보유비용을 언제나 초과하는 자산이 존재하지 않는 경제를 생각해보자(이것이 이른바 '비화폐' 경제에 대해 내가 제시할 수 있는 최선의 정의다). 말하자면 특정한 소비가능 재화들과 특정한 자본설비들만 존재하고, 소요기간에는 차이가 있을 수 있으나 자본설비들이 소비가능 재화들을 생산할 수 있거나 소비가능 재화들의 생산에 도움이 되며, 그 특정한 자본설비들은 소비가능 재화들의 성격에 따라 어느 정도 차별화돼있다고 하자. 그리고 소비가능 재화들은 모두 재고로 보관된다면 현금과 달리 그 품질이 저하되면서 그것들에 부여될 수 있는 그 어떤 유동성 할증도 초과하는 가치만큼 비용지출을 수반한다고 하자.

그러한 경제에서는 자본설비들이 다음과 같은 세 가지 점에서 서로 다를 것이다. 즉 (a) 자본설비의 도움을 받아 생산될 수 있는 소비가능 재화의 다양성에서 (b) 생산물 가치의 안정성에서(시간이 흐르는 동안에 새로운 유행물의 가치보다는 빵의 가치가 더 안정적이라는 의미에서) (c) 자본설비에 구현된 부가 '유동화' 될 수 있는 속도에서(원하는 경우에 완전히 다른 형태로 재구현될 수 있는 수익을 낳아주는 생산물을 만들어낸다는 의미에서) 서로 다를 것이다.

그렇다면 부 소유자들은 상이한 자본설비들 각각의 위험감안 후 예상수익에 대한 최선의 가용한 보험통계학적 추정치에 견주어 부 보유의 수단으로서 상이한 자본설비들 각각이 위와 같은 의미의 '유동성' 을 얼마나 결여하고 있는지를 저울질할 것이다. 유동성 할증은 부분적으로는 위험 할증과 유사하지만 부분적으로는 다르다는 점에 주목해야 한다. 그리고 그 차이는 확률에 대해 우리가 내릴 수 있는 최선의 추정과 우리가 그러한 추정을 할 때 갖는 신뢰도의 차이에 대응한다.[1] 앞의 여러 장에서 우리가 예상 수익에 대한 추정을 다룰 때에는 추정이 어떻게 이루어지는가에 관한 세부 사항에는 들어가지 않았다. 또한 우리는 논증을 복잡하게 만들지 않기 위해 유동성의 차이와 위험 그 자체의 차이를 구분하지 않았다. 그러나 자체 이자율을 계산할 때에는 우리가 그 두 가지를 다 감안해야 하는 게 틀림없다.

분명한 점은 '유동성'에 대한 절대적인 기준은 존재하지 않고, 다만 유동성의 정도만 존재한다는 것이다. 그 정도는 상이한 여러 가지 형태로 부를 보유하는 것의 상대적인 매력도를 추정할 때 그 사용에 따른 수익과 보유비용 외에 추가로 고려해야 하는 여러 가지 할증이다. '유동성'에 기여하는 것이 무엇이냐 하는 관념은 부분적으로는 모호한 것으로서 시기에 따라 변화하고, 사회적 관습과 제도에 따라 달라진다. 그러나 어떤 주어진 시기에 부 소유자들이 유동성에 대해 자신들이 느끼는 바를 보여주는 그들의 마음속 선호의 순서는 확정적이며, 경제체제의 행태에 대한 우리의 분석을 위해 우리가 필요로 하는 것은 그것이 전부다.

어떤 역사적 환경에서는 토지를 보유하는 것이 부 소유자들의 마음속에서 높은 유동성 할증이라는 특징을 가진 보유방식으로 여겨졌을 수 있다.

---

1 182쪽의 각주를 참조하라.

그리고 토지는 그 생산의 탄력성과 대체의 탄력성이 매우 낮을 수 있다[1]는 점에서 화폐와 닮은 것이기 때문에 이자율을 과도하게 높은 수준으로 유지시키는 데서 최근의 시대에 화폐가 해온 역할과 똑같은 역할을 토지보유 욕구가 한 경우들을 역사에서 찾을 수 있을 것이라고 생각된다. 이런 영향을 양적으로 추적하는 것은 화폐채권에 대한 이자율에 정확하게 대응하는 토지 그 자체로 표시된 토지의 선물가격이 존재하지 않는 탓에 어렵다. 그러나 우리는 매우 유사한 것을 때때로 갖게 되는데, 그것은 저당채무에 대한 높은 이자율[2]이라는 형태로 나타난다. 토지를 담보로 한 저당채무의 높은 이자율이 그 토지를 경작해 얻을 수 있는 순수익을 초과하는 경우가 흔히 있었고, 이는 많은 농업경제가 지닌 하나의 익숙한 특징이었다. 고리대금 금지법은 주로 이러한 성격의 채무부담을 겨냥한 것이었다. 그리고 그렇게 하는 것이 옳았다. 왜냐하면 현대적인 의미의 장기채권이 존재하지 않았던 과거의 사회조직에서는 새로이 생산되는 자본자산에 대해 그때그때 투자가 이루어짐으로써 실현되는 부의 성장을 저지하는 데서 저당채무에 대한 높은 이자율이 초래하는 효과가 보다 최근의 시기에 장기채권에

---

1 '유동성'이라는 속성은 결코 이런 두 가지 특징의 존재와 무관하지 않다. 왜냐하면 어떤 자산의 공급이 쉽게 증가될 수 있거나 그 자산에 대한 수요가 상대가격의 변화에 의해 쉽게 다른 데로 돌려질 수 있다면 그 자산은 부 소유자들의 마음속에서 '유동성'이라는 속성을 가진 것으로 여겨질 것 같지 않기 때문이다. 화폐 그 자체도 만약 그 미래의 공급이 급격한 변화를 겪을 것으로 예상된다면 '유동성'이라는 속성을 금세 잃고 만다.

2 저당채무와 그에 대한 이자는 사실 화폐 표시로 정해진다. 그러나 저당채무자는 채무를 해소하고자 할 때 토지를 넘겨주는 선택지를 갖고 있고, 만약 그가 요구가 있을 때 바로 화폐를 내줄 수 없다면 토지를 그렇게 넘겨주어야 한다는 사실로 인해 저당제도가 현물인도를 담보로 한 선물인도에 관한 토지계약에 가까운 경우가 흔히 있다. 토지의 임차인이 설정한 저당권에 따라 토지가 임차인에게 매각되는 경우가 종종 있었는데, 이런 것은 실제로 그와 같은 성격의 거래에 매우 가까운 것이다.

대한 높은 이자율이 초래하는 효과와 같았을 수 있기 때문이다.

개인저축이 몇천 년 동안이나 꾸준히 이어진 뒤의 세계가 지금과 같이 축적된 자본자산으로 볼 때 매우 가난하다는 사실은 내 의견으로는 앞날을 생각하지 않는 인류의 성향을 가지고 설명하거나 전쟁으로 인한 파괴를 가지고 설명해서는 안 되며, 이보다 과거에는 토지의 소유에 부여됐고 지금은 화폐에 부여되는 높은 유동성 할증을 가지고 설명해야 한다. 이 점에서 나는 마셜이 그의 저서 《경제학의 원리》의 581쪽에서 이례적으로 독단적인 태도를 강하게 보이며 밝힌 바 있는 다음과 같은 구식의 견해와 다른 견해를 갖고 있다.

> 인류의 대다수가 욕구충족을 늦추기보다 지금 당장 욕구충족을 하기를 선호하는 것에 의해, 달리 말해 인류의 대다수가 '기다리기'를 하려고 하지 않는 것에 의해 부의 축적이 억제되고 이자율이 지금까지 떠받쳐지고 있음은 모든 사람이 다 알고 있다.

VI

《화폐론》에서 나는 고유한 이자율이라고 알려진 것에 대해 정의를 내렸다. 나는 그것을 자연이자율이라고 불렀는데, 《화폐론》의 용어로 말하면 그것은 곧 저축률(거기서 정의된)과 투자율이 같은 상태를 유지시키는 이자율이라는 뜻이다. 이는 빅셀의 '자연이자율' 개념을 발전시키면서 명확하게 한 것이라고 나는 믿는다. 빅셀에 따르면 그가 말한 자연이자율은 아주 분명하게 특정되지는 않은 어떤 수준에서 물가의 안정을 유지시키는 이자율이다.

그러나 그때에는 내가 위와 같은 정의에 입각하면 그 어떤 사회에서도 가설적인 고용수준 각각에 대해 상이한 자연이자율이 존재하게 된다는 사실을 간과했다. 그리고 이런 사실과 비슷하게 모든 이자율 각각에 대해 그 이자율이 '자연'이자율인 고용수준이 존재하게 된다(그 이자율과 그 고용수준에서 체제가 균형상태에 있게 된다는 의미에서). 따라서 고유하게 존재하는 자연이자율을 이야기한 것이나 위와 같은 정의가 고용수준과는 무관하게 이자율에 대한 고유한 값을 낳아줄 것이라는 생각을 밝힌 것은 오류였다. 그때에는 내가 어떤 조건 아래서는 체제가 완전고용에 미달하는 균형수준에 있을 수 있다는 점을 이해하지 못했다.

'자연'이자율이라는 개념이 이전에는 내게 매우 유망한 것으로 여겨졌지만, 이제는 그것이 우리의 분석에 기여해줄 매우 유용하거나 유의미한 어떤 내용을 갖고 있다는 의견을 나는 더 이상 갖고 있지 않다. 그것은 기존의 상태를 유지시키는 이자율일 뿐이고, 일반적으로 말해 우리는 기존의 상태 그 자체에 대해서는 압도적인 흥미를 전혀 갖고 있지 않다.

고유하고 유의미한 이자율이라는 것이 존재한다면 그것은 우리가 중립이자율[1]이라고 부를 수 있는 이자율일 수밖에 없다. 즉 그것은 위와 같은 의미의 자연이자율이긴 하지만 체제의 다른 변수들이 일정하다고 할 때 완전고용에 부합하는 이자율일 것이며, 따라서 그것을 최적이자율이라고 부르는 것이 아마도 더 나을 것이다.

---

[1] 이런 정의는 중립화폐에 대해 최근의 저작자들이 제시한 다양한 정의 가운데 그 어느 것에도 부합하지 않는다. 그러나 이런 정의는 아마도 최근의 저작자들이 염두에 두고 있었던 것과 어느 정도 관계가 있을 것이다.

[2] 뒤의 20장을 참조하라.

보다 엄격하게 말하면, 중립이자율이란 생산과 고용이 균형상태, 즉 고용 전체의 탄력성이 영이 되게 하는 수준에 있을 때 성립하는 이자율이라고 정의할 수 있다.[2]

이상의 논의는 고전파의 이자율 이론을 납득하기 위해 어떠한 암묵적인 가정이 요구되는지에 관한 질문에 대해 또 다시 우리에게 대답을 해준다. 고전파의 이자율 이론은 실제의 이자율이 우리가 방금 정의한 의미의 중립 이자율과 언제나 같다고 가정하고 있거나, 실제의 이자율이 고용을 어떤 특정한 불변의 수준으로 유지시키는 이자율과 언제나 같다고 가정하고 있다. 전통적인 이론을 이렇게 해석한다면 그 실천적인 결론 가운데 우리가 이의를 제기해야 할 필요가 있는 것은 별로 없거나 전혀 없다. 고전파의 이론은 은행당국이나 어떤 자연스러운 힘이 시장이자율로 하여금 위와 같은 조건 가운데 이런저런 것을 충족시키게 만든다고 가정하고, 이런 가정 위에서 공동체가 갖고 있는 생산적 자원의 사용이나 그것이 가져다주는 보상을 좌우하게 되는 법칙을 탐구한다. 이런 제한이 적용된다면 생산의 규모가 오로지 현재의 설비 및 기술과의 관련 아래 일정불변하다고 가정된 고용수준에만 의존하게 된다. 그렇다면 우리는 리카도의 세계에 안주해도 무방하다.

18장
고용의 일반이론 재정리

I

우리는 이제 우리가 전개해온 여러 갈래의 논의를 하나로 모을 수 있는 지점에 이르렀다. 먼저 우리가 통상 주어진 것으로 간주하는 경제체제의 요인들 가운데 우리 경제체제의 독립변수인 것과 종속변수인 것이 어떤 것들인지를 분명히 하는 것이 유익할 수 있다.

우리는 기존의 숙련도와 가용노동의 양, 가용설비의 질과 양의 기존 상태, 기존의 기술, 경쟁의 정도, 소비자의 취향과 습관, 상이한 강도별 노동의 비효용과 감독활동 및 조직활동의 비효용은 물론이고 국민소득의 분배를 결정하는 것으로 우리가 아래에서 서술하게 될 변수들을 제외한 여러 가지 힘을 포함하는 사회구조도 주어진 것으로 간주한다. 이는 우리가 그런 요인들을 불변의 상수로 가정한다는 의미가 아니라 단지 지금 우리의 위치와 맥락에서는 그런 요인들의 변화가 초래하는 효과와 결과를 검토하거나 고려하지 않는다는 의미일 뿐이다.

우리의 독립변수로는 우선 소비성향, 자본의 한계효율표, 그리고 이자율이 있다. 물론 이것들에 대해서는 앞에서 이미 보았듯이 우리가 더 많은 분석을 할 수도 있지만 여기서는 독립변수로 본다.

우리의 종속변수로는 고용의 규모와 임금단위로 측정한 국민소득(또는 국민분배분)이 있다.

우리가 주어진 것으로 간주하는 요인들은 우리의 독립변수에 영향을 미치지만, 우리의 독립변수를 완전하게 결정하지는 않는다. 예를 들어 자본의 한계효율표는 부분적으로는 주어진 요인 가운데 하나인 기존의 설비량에 의존하지만, 부분적으로는 주어진 요인들로부터 도출될 수 없는 장기 예상의 상태에도 의존한다. 그러나 주어진 요인들에 의해 완전히 결정되는 어떤 다른 요소들이 존재하며, 우리는 이런 이차적인 것들에 대해서는 그 자체를 주어진 것으로 다룰 수 있다. 그러면 예를 들어 주어진 요인들이 우리로 하여금 임금단위로 측정한 국민소득의 어떠한 수준이 어떠한 고용 수준에 대응할 것인지를 추론할 수 있게 해주고, 따라서 우리가 주어진 것으로 간주하는 경제의 틀 속에서 국민소득은 고용의 규모, 즉 그때그때 생산에 투입되는 노력의 양에 의존하게 된다(그 둘 사이에 일의적인 상관관계가 존재한다는 의미에서).[1] 더 나아가 주어진 요인들은 우리로 하여금 상이한 유형의 생산물별 총공급함수들(이는 공급의 물적 조건을 반영한다)의 형태를 도출할 수 있게 해준다. 다시 말해 임금단위로 측정한 유효수요의 수준이 어떻게 주어지더라도 그 수준에 대응해 생산에 투입될 고용의 양을 우리는 알아낼 수 있다. 마지막으로 주어진 요인들은 우리에게

---

1 우리는 이 단계에서는 고려대상이 되는 고용의 범위 안에서 상이한 생산물별 고용함수들이 서로 다른 곡선의 모양을 취할 때 생겨나는 어떤 복잡성은 무시하고 있다. 뒤의 20장을 보라.

노동(또는 노력)의 공급함수를 제공해주며, 따라서 무엇보다도 노동 전체에 대한 고용함수[1]가 어느 지점에서 탄력성을 잃게 될 것인지를 우리에게 말해준다.

그러나 자본의 한계효율표는 부분적으로는 주어진 요인들에 의존하고 부분적으로는 상이한 종류별 자본자산의 예상수익에 의존하지만, 이자율은 부분적으로는 유동성 선호의 상태(또는 유동성 함수)에 의존하고 부분적으로는 임금단위로 측정한 화폐의 양에 의존한다. 따라서 우리는 때로는 다음 세 가지가 우리의 궁극적인 독립변수가 된다고 간주할 수 있다. (1) 근본적인 심리적 요인 세 가지, 즉 소비에 대한 심리적인 성향, 유동성에 대한 심리적인 태도, 자본자산에서 나올 미래수익에 대한 심리적인 예상 (2) 고용주들과 피고용자들 사이에 이루어지는 협상의 결과에 의해 결정되는 임금단위 (3) 중앙은행의 행동에 의해 결정되는 화폐의 양. 따라서 우리가 위에서 말한 요인들을 주어진 것으로 간주한다면 바로 이 세 가지 변수가 국민소득(또는 국민분배분)과 고용의 양을 결정한다. 그러나 이것들은 또 다시 더 자세한 분석의 대상이 될 수 있을 것이고, 따라서 말하자면 우리가 궁극적으로 원자적인 독립요소로 봐야 할 것은 아니다.

경제체제의 결정요인을 주어진 요인과 독립변수라는 두 개의 집단으로 구분하는 것은 물론 그 어떤 절대적인 관점에서 본다면 아주 자의적일 것이다. 그러한 구분은 전적으로 경험을 토대로 해서 한편으로는 그 변화가 느리거나 관련성이 거의 없어 우리가 알고자 하는 것에 단지 작고 상대적으로 무시할 만한 정도의 단기적 영향만을 미치는 요인은 주어진 요인으로

---

1 이는 뒤의 20장에서 정의된다.

분류하고, 다른 한편으로 그 변화가 우리가 알고자 하는 것에 실제로 지배적인 영향을 미치는 것으로 관찰된 요인은 독립변수로 분류하는 방식으로 이루어져야 한다. 지금 우리의 목적은 어느 시점에서든 주어진 경제체제의 국민소득과 고용의 양(이것도 국민소득과 거의 같은 것이기는 하지만)을 결정하는 것이 무엇인지를 찾아내는 것이다. 이는 곧 완전히 정확한 일반화를 할 수 있다고 기대하기 어려운 경제학과 같은 복잡한 학문분야의 연구에서 우리가 찾아내야 하는 요인은 그 변화가 우리가 알고자 하는 것을 주로 결정하는 것이어야 한다는 뜻이다. 우리의 최종적인 과제는 우리가 실제로 살아가고 있는 종류의 경제체제에서 중앙의 당국이 의도적으로 통제하거나 관리할 수 있는 변수들을 가려내는 것이라고 말할 수도 있다.

$$\text{II}$$

이제 앞의 여러 장에 걸쳐 전개한 논의를 요약해보자. 다만 우리가 도입한 요인들을 우리가 앞에서 도입한 순서와는 반대의 순서로 들면서 요약해보자.

자본자산의 유형별로 각각의 공급가격이 그 예상수익과의 연관 아래 특정한 금액(즉 자본 전체의 한계효율을 이자율과 거의 같게 만드는 수준의 금액)이 되게 하는 지점까지 새로운 투자율을 끌어올리는 유인이 존재할 것이다. 말하자면 자본재 산업의 물적 공급조건, 예상수익에 대한 신뢰의 상태, 유동성에 대한 심리적인 태도, 화폐의 양(무엇보다 임금단위 기준으로 계산된)이 상호작용해 새로운 투자율을 결정한다.

그러나 투자율의 상승(또는 하락)은 소비율의 상승(또는 하락)을 수반하지 않을 수 없을 것이다. 왜냐하면 대중의 행동은 일반적으로 그들의 소득이 증가(또는 감소)하고 있을 때 그들의 소득과 그들의 소비 사이의 격차만을 넓히고자(또는 좁히고자) 하는 성격을 갖고 있기 때문이다. 말하자면 소비율의 변화는 일반적으로 소득률의 변화와 같은 방향(금액으로는 소비의 변화가 소득의 변화보다 작기는 하지만)이다. 일정한 저축의 증가분과 동시에 발생하는 소비의 증가분과 소득의 증가분 사이의 관계는 한계소비성향에 의해 주어진다. 이렇게 해서 투자의 증가분과 그에 대응하는 총소득의 증가분(둘 다 임금단위로 측정한다) 사이에 결정되는 비율이 투자승수다.

마지막으로 만약 고용승수가 투자승수와 같다고 가정(첫 번째 접근으로서)하면 우리는 앞에서 말한 요인들에 의해 초래된 투자의 증가분(또는 감소분)에 그 승수를 적용하는 것을 통해 고용의 증가분을 알아낼 수 있다.

그러나 고용의 증가분(또는 감소분)은 유동성 선호표를 끌어올리는(또는 끌어내리는) 작용을 하기 쉽다. 고용의 증가가 화폐에 대한 수요를 증가시키는 경향을 갖게 되는 방식에는 세 가지가 있다. 우선 임금단위와 물가(임금단위로 측정된)가 불변이라고 해도 고용이 증가하면 생산물의 가치가 증대할 것이기 때문이다. 그러나 이뿐만 아니라 고용이 개선되면 그에 따라 임금단위 자체가 상승하는 경향을 보일 것이고, 생산이 증가하면 단기에 비용이 늘어나는 탓에 물가(임금단위로 측정된)의 상승도 수반될 것이다.

따라서 균형의 위치는 이런 파급영향들에 의해 좌우될 것이고, 그 밖의 다른 파급영향들도 존재한다. 게다가 위와 같은 요인들 가운데 예고도 별로 없이 변화하기 쉽지 않거나, 때로는 상당한 정도로 변화하기 쉽지 않은 것은 하나도 없다. 그래서 실제의 상황전개가 대단히 복잡하게 된다. 그렇지만 그 요인들을 하나씩 따로 떼어내어 살펴보는 것이 유용하고도 편리할 것으로 여겨진다. 현실의 어떠한 문제라도 위와 같은 논의의 구조에 비추어 살펴본다면 우리는 그 문제를 다루기가 쉬워짐을 확인하게 될 것이고, 또한 우리의 실천적 직관(이것은 일반적 원리의 수준에서 다루어질 수 있는 것에 비해 더 복잡하게 얽힌 세세한 사실들을 감안할 수 있다)은 분석하기에 덜 까다로운 자료를 제공받게 될 것이다.

III

이상이 일반이론의 요약이다. 그러나 경제체제의 실제 현상은 소비성향, 자본의 한계효율표, 이자율 등 세 가지의 어떤 특수한 성격에 의해 채색돼 있기도 한데, 이에 대해서는 우리가 경험을 가지고 일반화를 해도 무방하긴 하지만 그렇게 하는 것이 논리적으로 필요한 것은 아니다.

특히 우리가 살고 있는 경제체제는 생산과 고용의 측면에서 심각한 변동을 겪기는 하지만 격렬하다고 할 정도로 불안정하지는 않다는 것이 그 두드러진 특징이다. 사실 그 경제체제는 회복으로 나아가거나 완전한 붕괴로 나아가는 방향의 눈에 띄는 경향은 전혀 나타내지 않는 가운데 상당한 기간 동안 정상적인 수준 이하의 활동이 만성적으로 유지되는 상태에 머물러 있을 수 있는 것으로 보인다. 게다가 실제의 증거들을 보면 완전고용은 물론이고 완전고용에 가까운 고용도 드물게만 일어나거나 짧게만 지속되는 상태임을 말해준다. 변동은 기세 좋게 시작될 수 있지만 그러고 나서는 심각한 극단으로 발전하기 전에 스스로 약해지는 것으로 보이며, 절망적이지도 않고 만족스럽지도 않은 중간의 상태가 통상적인 우리의 처지다. 국면전환의 규칙성을 갖고 있는 경기순환 이론은 바로 이처럼 변동이 극단에 이르기 전에 스스로 약해지다가 결국은 반대방향으로 돌아서는 경향이 있다는 사실에 근거하고 있다. 물가에 대해서도 똑같은 말을 할 수 있다. 물가는 교란을 시동시키는 원인에 반응하다가도 꽤 안정적인 상태를 당분간 유지할 수 있는 수준을 스스로 찾아낼 줄 아는 것처럼 보인다.

그런데 이런 경험적 사실들이 논리적 필연성을 가지고 일어나지는 않으므로 우리는 현대 세계의 환경과 심리적 성향이 그러한 결과를 낳는 성격을 갖고 있어야 한다고 생각해야 한다. 그렇다면 어떤 가설적인 심리적 성향들이 안정적인 경제체제를 가져오는지를 검토하고, 그런 다음에 현대인의 본성에 대한 우리의 일반적인 지식에 근거해서 볼 때 우리가 살고 있는 세계 속에 그런 심리적 성향들을 낳는 원인이 존재한다고 볼 수 있는지를 검토하는 것이 유용할 것이다.

앞의 분석이 관찰되는 결과를 설명해줄 수 있는 요인으로 우리에게 제시해주는 안정성의 조건들은 다음과 같다.

(i) 한계소비성향은 주어진 공동체의 자본설비에 고용이 더 많이(또는 더 적게) 적용되는 결과로 그 공동체의 생산이 증가(또는 감소)하는 경우에 고용과 생산을 연관시키는 승수가 1보다 크되 아주 크게 되지는 않게 하는 수준이다.

(ii) 자본의 한계효율표는 자본의 예상수익이나 이자율에 변화가 있을 경우에 그러한 변화에 비해 새로운 투자의 변화가 크게 불균형하게 되지는 않게 하는 수준이다. 즉 자본의 예상수익이나 이자율에 일어나는 소폭의 변화가 투자율에 일어나는 매우 큰 폭의 변화와 결부되지는 않을 것이다.

(iii) 고용에 변화가 있을 때 화폐임금은 고용의 변화와 같은 방향으로 변화하되 변화율의 차이가 크지는 않은 경향이 있다. 즉 고용에 일어나는 소폭의 변화가 화폐임금에 일어나는 매우 큰 폭의 변화와 결부되지는 않는

다. 이것은 고용의 안정성을 위한 조건이라기보다는 물가의 안정성을 위한 조건이다.

(iv) 우리는 경제체제의 안정성을 뒷받침한다기보다는 어느 한 방향으로의 변동이 때가 되면 스스로 반대방향으로 돌아서는 경향을 뒷받침한다고 볼 수 있는 네 번째 조건을 추가할 수 있다. 그것은 곧 이전에 지배적이었던 수준보다 높은(또는 낮은) 투자율이 햇수로 볼 때 그리 길지 않은 기간 동안이라도 지속되면 자본의 한계효율에 불리한(또는 유리한) 작용을 미치기 시작한다는 것이다.

(i) 우리의 첫 번째 안정성의 조건, 즉 승수는 1보다 크되 아주 크지는 않다는 조건은 인간 본성의 심리적 특징으로서 개연성이 매우 높다. 실질소득이 증가하면 당장의 필수수요가 초래하는 압력이 줄어드는 동시에 실질소득이 이미 자리를 잡은 기존의 생활수준을 초과하는 폭이 커지고, 실질소득이 감소하면 이와 반대되는 일이 벌어진다. 따라서 어쨌든 공동체의 평균으로 보아 고용이 증가할 때에는 그 시기의 소비가 늘어나지만 실질소득의 증가분 전체보다는 적게만 늘어나고, 고용이 감소할 때에는 그 시기의 소비가 감소하지만 실질소득의 감소분 전체보다는 적게만 감소한다. 게다가 개인들의 경우에 평균적으로 들어맞는 것은 정부의 경우에도 들어맞을 것 같고, 실업의 누적적인 증가가 대체로 국가로 하여금 차입자금으로 구호를 제공하도록 강요하게 되는 시대에는 특히 그럴 것 같다.

그런데 이런 심리적 법칙이 독자에게 선험적으로 개연성이 있는 것으로 받아들여지느냐 그렇지 않느냐와는 무관하게 실제의 경험 자체가 그 법칙이 성립하지 않는 경우의 상태와 극단적으로 다를 것이 분명하다. 왜냐하면 그 법칙이 성립하지 않는 경우라면 투자의 증가는 그것이 아무리 작더라도 완전고용의 위치에 이를 때까지 유효수요를 누적적으로 증가시킬 것이고, 투자의 감소는 고용돼있는 사람이 아무도 없게 될 때까지 유효수요를 누적적으로 감소시킬 것이기 때문이다. 그러나 경험은 우리가 일반적으로 어떤 중간의 위치에 있음을 보여준다. 불안정성이 실제로 지배하는 어떤 범위가 있을 수 있다고 말하는 것이 불가능하지는 않다. 그러나 만약 그렇다면 그것은 아마도 좁은 범위일 것이고, 어느 방향으로든 그 범위에서 벗어난 곳에서는 우리의 심리적 법칙이 의심할 나위 없이 들어맞을 수밖에 없다. 게다가 승수는 1보다 크지만 정상적인 상황에서는 1보다 대단히 크지는 않다는 것도 자명한 사실이다. 왜냐하면 만약에 승수가 1보다 대단히 크다면 일정한 투자율의 변화가 소비율의 커다란 변화(오직 완전고용이나 제로고용에 의해서만 제약을 받는)를 가져올 것이기 때문이다.

(ii) 우리의 첫 번째 조건은 투자율에 일어나는 소폭의 변화가 소비재에 대한 수요에 무한히 큰 변화를 초래하지는 않는다고 말해주는 데 비해, 우리의 두 번째 조건은 자본자산의 예상수익이나 이자율에 일어나는 소폭의 변화가 투자율에 무한히 큰 변화를 초래하지는 않는다고 말해준다. 이렇게 되는 것은 기존의 설비로 훨씬 더 많은 생산물을 만들어내게 되면 더 많은 비용이 들기 때문일 것 같다. 사실 우리가 만약 자본자산을 생산하는 데 사용할 수 있는 잉여자원이 매우 많은 위치에서 출발한다면 일정한 범위 안에서는 상당한 불안정성이 있을 수 있다. 그러나 그러한 잉여자원이 대부분 사용되고 나면 곧바로 그런 상태는 종식될 것이다. 게다가 이 조건은 사업심리의 급격한 변동이나 획기적인 발명(이는 아마도 하향보다는 상향의 효과를 낼 가능성이 높지만)으로 인해 자본자산의 예상수익에 급속한 변화가 일어난 결과로 초래되는 불안정성에 일정한 한계를 설정한다.

(iii) 우리의 세 번째 조건은 인간 본성에 대한 우리의 경험과 부합한다.

왜냐하면 화폐임금에 관한 투쟁은 우리가 위에서 지적했듯이 기본적으로
는 상대적 임금을 높은 수준으로 유지하기 위한 투쟁이지만, 그 강도가 투
쟁이 벌어질 때마다 높아질 가능성이 있기 때문이다. 그 이유는 고용이 증
가하면 그에 따라 노동자의 교섭상 지위가 개선된다는 점과 노동자에게 임
금의 한계효용이 감소하고 노동자의 가계재정상 여유가 확대되는 것이 노
동자로 하여금 위험을 더 적극적으로 무릅쓰게 한다는 점에 있다. 그러나
어쨌든 간에 이런 동기들은 일정한 한계 안에서 작용할 것이다. 따라서 노
동자들은 고용이 개선될 때 훨씬 더 많은 화폐임금을 요구하지는 않을 것
이고, 실업을 조금이라도 겪기보다는 매우 큰 폭의 화폐임금 인하를 허용
하려고도 하지 않을 것이다.

그러나 여기서 또다시 위와 같은 결론이 선험적으로 개연성이 있느냐
없느냐와는 무관하게 그러한 어떤 심리적 법칙이 실제로 작용함을 경험이
밝혀준다. 왜 이렇게 말할 수 있느냐면, 만약 실업상태에 있는 노동자들 사
이의 경쟁이 언제나 화폐임금의 매우 대폭적인 인하로 이어진다면 물가수
준에 격심한 불안정성이 존재할 것이기 때문이다. 게다가 완전고용과 부
합하는 상황인 경우를 제외하고는 안정적인 균형의 위치가 존재하지 않을
수 있다. 왜냐하면 임금단위 표시로 볼 때 화폐가 풍부하다는 사실이 이자
율에 미치는 영향이 완전고용의 수준을 회복시키기에 충분한 지점에 이르
기까지 임금단위가 한없이 떨어져야 할 수 있기 때문이다. 그 지점에 이르
기 전에는 임금단위가 안착할 위치가 있을 수 없다.[1]

(iv) 우리의 네 번째 조건은 안정성의 조건이라기보다는 불황과 경기회

---

1 임금단위의 변화가 낳는 효과는 19장에서 자세히 검토할 것이다.

복이 교대되게 하는 조건이라고 할 수 있으며, 그것이 근거하는 전제는 자본자산이 사용된 햇수가 다양하게 구성돼있고, 시간이 흐르면서 손모되며, 그 모두가 매우 긴 수명을 갖고 있지는 않다는 것뿐이다. 따라서 투자율이 어떤 특정한 최저수준보다 아래로 떨어지면 투자를 그 최저수준 이상으로 회복시키기에 충분할 정도로 자본의 한계효율이 상승하는 것은 시간문제일 뿐이다(다른 요인들에 큰 변동이 없다면). 그리고 물론 이와 유사하게 만약 투자율이 이전보다 더 높은 수치로 상승한다면 다른 요인들에서 상쇄효과를 내는 변화가 일어나지 않는 한 경기침체를 불러오기에 충분할 정도로 자본의 한계효율이 떨어지는 것도 시간문제일 뿐이다.

이런 이유에서 다른 안정성의 조건들에 의해 설정된 한계 안에서 일어날 수 있는 정도의 경기회복과 불황도 만약 그것이 충분히 긴 시간 동안 지속되고 다른 요인들의 변화가 간섭하지 않는다면 반대방향으로 돌아가는 움직임을 초래할 가능성이 높고, 그러한 움직임은 이전과 똑같은 힘들이 방향을 다시 돌릴 때까지 계속될 것이다.

따라서 우리의 네 가지 조건을 한데 모아놓고 보면 그 조건들은 우리의 실제 경험이 두드러지게 갖고 있는 특징을 적절하게 설명해준다. 그것은 곧 우리가 고용과 물가가 양방향으로 매우 심하게 변동하는 상황을 피해가는 가운데 고용이 완전고용에는 상당히 못 미치지만 사람들의 생활이 위태로워지게 되기 직전의 최저고용보다는 상당히 웃도는 어떤 중간위치를 중심으로 오르락내리락한다는 한다는 것이다.

그러나 우리는 이렇게 '자연스러운' 경향들에 의해, 즉 꾸준히 지속될 가능성이 높은 경향들에 의해 결정되는(그러한 경향들을 교정하는 것을 명시적인 목적으로 하는 조치가 취해지지 않는다고 할 때) 중간위치가 바로 그렇기 때문에 필연의 법칙에 의해 수립된다는 결론을 내려서는 안 된다. 위와 같은 조건들이 방해를 받지 않고 지배력을 발휘하는 것은 있는 그대로의, 또는 그동안 있었던 그대로의 세계와 관련해 관찰된 사실이지 변화될 수 없는 어떤 필연적 원리가 아니다.

5부

화폐임금과 물가

19장
화폐임금의 변화

I

화폐임금의 변화가 낳는 효과가 앞의 어느 한 장에서 논의될 수 있었다면 유익했을 것이다. 왜냐하면 고전파의 이론은 이른바 경제체제의 자기조정적 성격이라는 것의 근거를 화폐임금의 신축성이라는 가정에 두곤 했고, 경직성이 있을 때에는 그 탓으로 조정이 제대로 이루어지지 않는다고 주장했기 때문이다.

그러나 앞에서는 우리 자신의 이론이 완전히 전개되기 전이었으므로 이 문제를 완전하게 논의하는 것이 가능하지 않았다. 왜냐하면 화폐임금의 변화가 초래하는 결과는 복잡하기 때문이다. 화폐임금의 인하는 고전파의 이론이 상정하는 대로 특정한 상황에서는 생산에 자극을 줄 수 있는 게 분명하다. 내 이론이 그 이론과 다른 점은 주로 분석상의 차이에 있다. 따라서 독자가 나 자신의 방법을 알게 되기 전에는 그 다른 점이 명료하게 서술될 수 없었다.

일반적으로 받아들여진 설명은 내가 이해하는 한 아주 간단한 것이다.

그것은 우리가 뒤에서 논의하게 되는 것과 같은 우회적 파급영향에 의존하지 않는다. 그것의 논증은 단지 화폐임금의 인하는 다른 조건들이 동일하다면 완성된 생산물의 가격을 떨어뜨림으로써 수요를 자극하게 되고, 따라서 노동이 수용하기로 동의한 화폐임금의 인하가 생산(어떤 주어진 설비로부터의)의 증가에 따른 노동의 한계효율성 감소에 의해 정확하게 상쇄되는 지점까지 생산과 고용을 증가시키게 된다는 것뿐이다.

이런 논증은 그 가장 거친 형태로 볼 때 화폐임금의 인하가 수요에는 아무런 영향도 미치지 않는다고 가정하는 것과 같다. 수요가 영향을 받아야 할 이유가 없다고 주장할 경제학자들이 일부 있을 수 있다. 그들은 총수요는 화폐의 양에 화폐의 소득속도를 곱한 결과에 의존하고, 화폐임금의 인하가 화폐의 양이나 그 소득속도를 감소시킬 명백한 이유가 없다고 주장할 것이다. 또는 임금이 인하된다면 그로 인해 이윤은 필연적으로 증가할 것이라고까지 그들이 주장할지도 모른다. 그러나 내가 보기에 보다 일반적으로는 그들이 화폐임금의 인하는 노동자들 가운데 일부의 구매력을 감소시키는 것을 통해 총수요에 어느 정도 영향을 미칠 수 있다는 생각에, 그리고 화폐소득이 줄어들지 않은 다른 요소들의 실질수요가 물가의 하락에 의해 자극될 것이며 화폐임금의 변화에 대한 노동수요의 탄력성이 1보다 작지 않은 한 고용의 규모가 증가한 결과로 노동자들 자신의 총수요가 증가할 가능성이 상당히 높다는 생각에 동조할 것이다. 그렇다면 실제로는 아마도 아무런 현실성도 없을 어떤 이례적으로 제한적인 경우를 제외하면 그러한 새로운 균형에서는 균형이 아닌 상황에 비해 더 많은 고용이 있게 될 것이다.

내가 근본적으로 생각을 달리하는 것은 바로 이런 유형의 분석에 대해서다. 어쩌면 위와 같은 관찰의견의 배후에 보이지 않게 깔려 있는 것으로 보이는 분석에 대해 근본적으로 생각을 달리한다고 말하는 게 나을지도 모르겠다. 왜 이렇게 말하느냐 하면, 내 생각에 위와 같은 관찰의견은 많은 경제학자들이 말하고 쓰는 방식을 꽤 잘 보여주지만 그 밑바탕에 깔려있는 분석은 자세히 씌어진 적이 거의 없기 때문이다.

그러나 그러한 사고에 이른 것은 아마도 다음과 같은 과정을 거친 결과인 것으로 보인다. 그 어떤 주어진 산업에서도 우리는 제시되는 가격과 그 가격에 팔릴 수 있는 생산물의 양을 연관시켜주는 하나의 생산물 수요표를 갖고 있고, 다양한 비용의 토대 위에서 만들어진 생산물의 상이한 판매량을 그것에 대해 요구될 가격에 연관시켜주는 다수의 생산물 공급표를 갖고 있다. 그리고 이런 표들이 서로 작용해 또 하나의 표를 만들어내는데 그 표는 다른 비용들이 불변(생산의 변화의 결과로 일어나는 비용의 변화를 제외하고)이라는 가정 위에서 그 산업의 노동에 대한 수요표를 우리에게 제시해주고, 그 표는 임금의 상이한 수준에 고용의 양을 연관시켜주며, 그 곡선의 형태는 어느 지점에서든 노동에 대한 수요의 탄력성을 제공해준다. 이런 관념은 그 다음에 별다른 수정 없이 산업 전체로 이전되고, 똑같은 추론에 의해 우리가 상이한 임금의 수준에 고용의 양을 연관시켜주는 산업 전체에 대한 수요표를 갖게 된다고 가정된다. 화폐임금 표시로 보느냐, 실질임금 표시로 보느냐는 이러한 논증에 의미 있는 차이를 전혀 발생시키지 않는다고 간주된다. 우리가 만약 화폐임금 표시로 생각을 하고 있다면 물론 화폐의 가치에 일어나는 변화를 감안해 조정을 해야 하지만, 그렇게 한다고 해도 물가가 화폐임금의 변화에 정비례해 변화하는 것은 아닌 게 틀림없으므로 위와 같은 논증의 일반적 경향에는 아무런 변화도 생기지 않는다.

이것이 위에서 소개한 논증의 토대라면(그렇지 않다면 그 토대가 무엇인지를 나는 알지 못한다) 그것은 오류임이 분명하다. 왜냐하면 특정한 산업의 수요표는 다른 산업들의 수요표와 공급표의 성격 및 총유효수요의 양을 일정하게 고정시키는 가정 위에서만 구축될 수 있기 때문이다. 그러므로 우리가 총유효수요가 고정돼있다는 가정도 이전시키지 않는 한 그 논증을 산업 전체로 이전시키는 것은 타당하지 않다. 그러나 이러한 가정을 하는 것은 그 논증을 논점이탈의 오류에 빠뜨린다. 왜냐하면 총유효수요에 변화를 가져오지 않는 화폐임금의 인하는 고용의 증가를 가져올 것이라는 명제를 부인하고자 할 사람은 아무도 없겠지만, 논점은 바로 화폐 표시로 볼 때 화폐임금의 인하에도 불구하고 총유효수요에 변화가 없을 것인지의 여부, 또는 어쨌든 화폐임금의 인하에 정비례하는 정도로 줄어들지는 않은 (즉 임금단위로 측정하면 다소 더 큰) 총유효수요가 수반될 것인지의 여부에 있기 때문이다. 그러나 만약 고전파의 이론이 특정한 하나의 산업과 관련해 얻은 결론을 유추를 통해 산업 전체로 확장시켜 적용하는 것을 허용받지 못한다면, 화폐임금의 인하가 고용에 어떠한 효과를 미치게 될 것이냐는 질문에 대해 고전파의 이론은 아무런 대답도 할 수 없다. 왜냐하면 고전파의 이론은 이 문제를 다루는 데 사용할 분석방법을 전혀 갖고 있지 않기 때문이다. 피구 교수의 《실업의 이론》은 내가 보기에는 고전파의 이론에서 끄집어낼 수 있는 것은 모두 다 끄집어내어 담고 있는 것으로 보인다. 그 결과로 이 책은 실제 고용 전체의 규모를 결정하는 것이 무엇이냐는 문제에 고전파의 이론을 적용할 때 그 이론이 제시해줄 수 있는 것은 아무것도 없음을 뚜렷하게 보여주는 책이 됐다.[1]

---

1 이 장의 추가논의에서 피구 교수의 《실업의 이론》이 자세하게 비판된다.

II

그렇다면 이 문제에 대해 대답을 하기 위해 우리 자신의 분석방법을 적용해보자. 그것은 두 부분으로 나뉜다. (1) 공동체 전체를 놓고 볼 때 소비성향, 자본의 한계효율표, 이자율이 이전과 똑같다는 의미에서 '다른 조건들이 동일할 때'라는 가정을 채택한다면 이런 가정 아래서 화폐임금의 인하가 직접적으로 고용을 증가시키는 경향을 갖고 있는가? (2) 화폐임금의 인하가 방금 말한 세 가지 요인에 분명하거나 개연성 있는 파급영향을 미치는 것을 통해 특정한 방향으로 고용에 영향을 미치는 어떤 분명하거나 개연성 있는 경향을 갖고 있는가?

첫 번째 질문에 대해서는 우리가 앞의 여러 장에 걸쳐 이미 부정적으로 대답했다. 왜냐하면 고용의 양은 임금단위로 측정한 유효수요의 양과 일의적인 상관관계를 가지며, 소비성향과 자본의 한계효율, 그리고 이자율이 모두 다 불변이라면 유효수요는 예상되는 소비와 예상되는 투자의 합이므로 변화될 수 없음을 우리가 이미 보였기 때문이다. 만약 이런 요인들에 아무런 변화가 없는데도 기업가들이 고용을 전체적으로 증가시킨다면 그들의 판매수입이 필연적으로 그들의 공급가격에 미달하게 될 것이다.

화폐임금의 인하는 "생산비용을 감소시키기 때문에" 고용을 증가시킬 것이라는 거친 결론을 반박하기 위해서는 바로 이런 견해에 가장 유리한 가설, 즉 화폐임금의 인하가 그런 효과를 낼 것이라고 기업가들이 애초부터 예상한다는 가설을 전제하는 경우에 전개될 상황을 추적해보는 것이 아마도 도움이 될 것이다. 사실 자신의 비용이 줄어드는 것을 보게 된 개별 기업가가 자신의 생산물에 대한 수요에 미치게 될 파급영향을 처음에는 간과하고 자신이 이전보다 더 많은 생산물을 이윤을 남기면서 팔 수 있을 것이라는 가정 위에서 행동할 가능성이 없지 않다. 그렇다면 기업가들이 전반적으로 이런 예상에 입각해 행동한다면 실제로 그들 자신의 이윤을 늘리는 데 성공할 것인가? 공동체의 한계소비성향이 정확하게 1이어서 소득의 증가분과 소비의 증가분 사이에 아무런 차이도 없어야만 그렇게 될 것이다. 또는 자본의 한계효율표가 이자율에 비해 상대적으로 상승해야만 일어날 수 있는 투자의 증가가 소득의 증가분과 소비의 증가분 사이의 차이와 같은 정도로 일어나야만 그렇게 될 것이다. 따라서 한계소비성향이 정확하게 1이 아닌 한, 또는 화폐임금의 인하가 이자율에 비해 상대적으로 자본의 한계효율표를 상승시키고 따라서 투자의 양을 증가시키는 효과를 내지 않는 한 증가된 생산물로부터 실현되는 판매수입은 기업가들을 실망시킬 것이고, 고용은 다시 이전의 수치로 떨어질 것이다. 왜냐하면 기업가들이 그들의 생산물을 예상한 가격으로 팔 수 있다고 할 때 대중에게 제공할 고용의 규모에서 대중이 얻게 될 소득으로부터 대중이 그때의 투자보다 더 많은 양의 저축을 한다면 기업가들은 그 차이만큼 손실을 볼 수밖에 없기 때문이다. 그리고 이는 화폐임금의 수준과는 관계없이 절대적으로 성립하는 사실일 것이다. 기껏해야 운전자본을 늘리는 그들 자신의 투자가 그와 같은 차이를 메우는 기간 동안만 그들의 실망이 늦춰질 수 있을 뿐이다.

따라서 화폐임금의 인하는 그것이 공동체 전체의 소비성향이나 자본의 한계효율표 또는 이자율에 미치는 파급영향 때문에 고용을 증가시키게 되는 부분을 제외하고는 고용을 증가시키는 경향을 지속적으로 갖지 못할 것이다. 화폐임금의 인하가 이 세 가지 요인에 미칠 수 있는 영향을 추적해보는 것을 제외하고는 화폐임금 인하의 효과를 분석할 방법이 없다.

이 세 가지 요인에 대한 가장 중요한 파급영향은 실제로는 다음과 같을 가능성이 높다.

(1) 화폐임금의 인하는 물가를 다소 떨어뜨릴 것이다. 그러므로 화폐임금이 인하되면 (a) 임금소득자들로부터 한계주요비용에는 들어가지만 보수는 줄어들지 않은 다른 요소들로, 그리고 (b) 기업가들로부터 화폐 표시로 일정하게 정해진 소득을 보장받은 이자생활자들로 실질소득이 일부 재분배될 것이다.

이러한 재분배는 공동체 전체의 소비성향에 어떤 영향을 미칠까? 임금소득자들로부터 다른 요소들로 실질소득이 이전되는 것은 소비성향을 감소시킬 가능성이 높다. 기업가들로부터 이자생활자들로 실질소득이 이전되는 것의 효과는 앞의 경우에 비해 의문의 여지가 더 크다. 그러나 만약 이자생활자들이 전체적으로 보아 공동체 가운데 상대적으로 더 부유한 부분과 생활수준의 신축성이 가장 낮은 사람들을 대표한다면 이 경우에도 실질소득 이전의 효과가 소비성향을 감소시키는 쪽일 것이다. 모든 고려를 다 한 뒤의 최종결과가 어떠할지에 대해서는 우리는 단지 추측만 할 수 있을 뿐이다. 아마도 그것은 소비성향을 증대시키기보다는 감소시키는 쪽일 가능성이 더 높다.

(2) 만약 우리가 닫혀있지 않은 체제를 다루고 있다면, 그리고 화폐임금의 인하가 국내 화폐임금과 해외 화폐임금을 공통의 단위로 환산해 비교해볼 때 해외 화폐임금에 비해 국내 화폐임금을 상대적으로 더 많이 떨어뜨리는 인하라면 그러한 변화는 무역수지를 개선시키는 경향이 있을 것이므로 투자에 유리할 것이다. 이는 물론 그러한 이점이 관세, 수입할당 등의 변화에 의해 상쇄되지 않는다는 가정 위에서 하는 말이다. 미국과 비교해볼 때 영국에서 고용을 증가시키는 수단으로서 화폐임금 인하의 효력에 대한 믿음이 전통적으로 더 강한 것은 아마도 영국에 비해 상대적으로 미국

이 닫혀있는 체제라는 점에서 그 원인을 찾을 수 있을 것이다.

(3) 닫혀있지 않은 체제의 경우에는 화폐임금의 인하가 무역수지 흑자를 증가시킨다고 하더라도 교역조건을 악화시킬 가능성이 높다. 따라서 새로이 고용된 사람들의 경우를 제외하고는 실질임금의 하락이 있을 것이고, 이는 소비성향을 증대시키는 경향을 나타낼 수 있다.

(4) 만약 화폐임금의 인하가 미래의 화폐임금에 비해 상대적인 인하일 것으로 예상된다면 그러한 변화는 투자에 유리할 것이다. 왜냐하면 우리가 위에서 보았듯이 그러한 화폐임금의 인하는 자본의 한계효율을 상승시킬 것이고, 같은 이유에서 소비에도 유리할 수 있기 때문이다. 다른 한편으로 만약 그러한 화폐임금의 인하가 미래에 추가적인 임금인하로 이어질 것이라는 예상을 유발하거나 더 나아가 그렇게 될 가능성을 심각하게 높인다면 그것은 방금 이야기한 효과와는 정확하게 반대되는 효과를 낼 것이다. 왜냐하면 이런 경우에는 화폐임금의 인하가 자본의 한계효율을 떨어뜨릴 것이고, 투자와 소비 둘 다의 연기도 가져올 것이기 때문이다.

(5) 전반적으로 어느 정도 물가의 하락과 화폐소득의 감소를 수반하게 되는 임금지급액의 축소는 소득동기 및 사업동기와 관련된 목적을 위해 현금을 필요로 하는 수요를 감소시킬 것이고, 따라서 그것은 공동체 전체의 유동성 선호표를 그만큼 감소시킬 것이다. 다른 조건이 같다면 그것은 이자율을 떨어뜨릴 것이고, 따라서 투자에 유리한 것으로 판명될 것이다. 그러나 이 경우에는 미래에 대한 예상의 효과가 방금 (4)에서 검토한 바와는 정반대로 나타나는 경향이 있을 것이다. 왜 그러냐면 나중에 임금과 물가가 다시 오를 것으로 예상된다면 단기대부의 경우에 비해 장기대부의 경우에 임금지급액 축소의 유리한 영향이 나타나는 정도가 훨씬 더 낮을 것이기 때문이다. 게다가 만약 임금인하가 대중적 불만을 불러일으켜 정치적

신뢰를 교란시킨다면 이런 원인에 기인한 유동성 선호의 증대가 활동적 순환에서 현금이 빠져나가는 부분을 상쇄시키고도 남을 수 있다.

(6) 범위가 제한된 화폐임금 인하는 언제나 개별 기업이나 개별 산업에 유리하므로 전반적인 화폐임금 인하도 기업가들의 마음속에 낙관적인 심리적 기조를 만들어낼 수 있다(물론 실제 효과는 이와 다를 수 있다). 그리고 그 심리적 기조가 자본의 한계효율에 대한 과도하게 비관적인 추정의 악순환을 극복해내고 모든 것이 보다 정상적인 예상의 토대 위에서 다시 움직이게 할 수 있다. 다른 한편으로 만약 노동자들이 전반적 임금인하의 효과에 대한 판단에서 그들의 고용주들이 빠진 오류와 똑같은 오류에 빠진다면 노동쟁의가 일어나 그런 유리한 요인을 상쇄시킬 수 있다. 이와 별도로 모든 산업에서 화폐임금이 동시에 일률적으로 인하되도록 보장해주는 수단은 일반적으로 존재하지 않으므로 노동자의 입장에서는 각각 자신의 특수한 경우에서 화폐임금의 인하에 저항하는 것이 이익이 된다. 사실 화폐임금 계약을 하향수정하려는 고용주들의 움직임은 물가상승의 결과로서 일어나는 실질임금의 점진적이고 자동적인 하락보다 훨씬 더 강력한 저항에 직면하게 될 것이다.

(7) 다른 한편으로 기업가들의 채무부담이 커지는 것이 그들을 낙심하게 만드는 영향이 임금의 하락에서 비롯되는 그 어떤 고무적인 영향도 부분적으로 상쇄시킬 수 있다. 사실 임금과 물가의 하락이 과도하게 진행된다면 채무부담이 큰 기업가들의 재정난이 머지않아 파산지경에 이를 수 있고, 그러면 투자에 심각하게 불리한 영향이 초래될 것이다. 게다가 물가수준이 낮아지는 것이 국가채무의 실질부담에 미치는 영향과 그에 따라 조세에 미치는 영향이 사업상의 신뢰에 매우 해로운 것으로 나타날 가능성이 높다.

이것이 복잡한 현실 세계에서 임금의 인하가 초래할 수 있는 영향을 모두 망라한 목록인 것은 아니다. 그러나 위에서 열거한 것들은 내 생각에 통상적으로 가장 중요한 것들은 망라하고 있다.

그러므로 우리의 논의를 닫힌 체제에 국한시키고, 임금의 인하에 따른 실질소득의 새로운 분배가 공동체의 지출성향에 미치는 파급영향에서는 희망을 걸 만한 것이 생겨날 게 전혀 없다고(오히려 실망할 만한 것만 생겨날 것이라고) 할 때, 우리가 화폐임금의 인하에서 고용에 이로운 결과가 생겨날 것이라는 희망을 조금이라도 품으려면 그 희망의 근거를 (4)에서 말한 자본의 한계효율의 증대와 (5)에서 말한 이자율의 하락이라는 두 가지 가운데 어느 하나에서 비롯되는 투자의 개선에서 주로 찾을 수밖에 없다는 결론이 도출된다. 이 두 가지 가능성을 더 자세하게 검토해보자.

자본의 한계효율이 증대하는 데 유리한 상황을 상정해본다면 그것은 화폐임금이 바닥에 이르렀다고 믿어져서 추가적인 변화가 일어난다면 그 변화는 상승하는 방향일 것으로 예상되는 상황일 것이다. 가장 불리한 상황은 화폐임금이 천천히 떨어지고 있고, 임금의 추가적인 하락이 그때마다 미래에 임금이 더 떨어지지 않고 유지될 가능성에 대한 신뢰의 위축에 기여하는 상황이다. 유효수요가 약화되는 시기에 접어들었을 때에는 화폐임금이 아무도 무한정 지속되리라고 믿지 않을 정도로 낮은 수준으로 갑자기 크게 떨어지는 것이 유효수요가 강화되는 데 가장 유리한 경우일 것이다. 그러나 이것은 정부의 행정명령에 의해서만 일어날 수 있는 일인데다가 자유로운 임금교섭 체제 아래서는 실행되기가 거의 불가능한 정책이다. 다른 한편으로 불황에 화폐임금이 점진적으로 하락하는 경향이 수반되어 임금이 추가적으로 소폭 하락하는 것은 이를테면 실업의 규모가 1퍼센트씩 증가할 것임을 예고하는 것으로 여겨지는 것보다는 임금이 경직적으로 고정돼있어 상당한 폭으로 변화하기가 불가능하다고 여겨지는 것이 훨씬 더 나을 것이다. 예를 들어 임금이 내년에 2퍼센트만큼 떨어질 것이라는 예상의 효과는 같은 해인 내년 중에 지급돼야 하는 이자의 규모가 2퍼센트만큼 증가하는 것의 효과와 대체로 같을 것이다. 이런 관찰들은 필요한 수정만 가하면 그대로 호황의 경우에도 적용된다.

현대 세계의 실제 관습과 제도를 고려하면 실업규모의 변화에 그때그때 대응하는 신축적인 화폐임금 정책을 목표로 삼기보다 경직적인 화폐임금 정책을 목표로 삼는 것이 더 편리하다는 결론이 위의 논의로부터 도출된다. 이는 물론 논의의 지금 단계까지는, 다시 말해 자본의 한계효율에 관한 한 그렇다는 말이다. 그러나 우리가 이자율로 눈을 돌린다면 이런 결론이 흔들리는 것이 아닐까?

그렇다면 경제체제의 자기조정적 성격을 믿는 사람들이 그들의 주장을 떠받칠 토대로 삼아야 할 것은 임금수준과 물가수준의 하락이 화폐에 대한 수요에 미치는 영향이다. 그런데 나는 그들이 그렇게 한 적이 있다고 알고 있지 않다. 화폐의 양 그 자체가 임금수준과 물가수준의 함수라고 한다면 사실 이런 방향에서 기대할 것은 아무것도 없다. 그러나 화폐의 양이 사실상 고정돼있다면 임금단위로 측정한 화폐의 양이 화폐임금의 충분한 하락에 의해 무한히 증가될 수 있고, 전반적인 소득에 대비한 상대적인 화폐의 양이 크게 증가될 수 있으며, 이런 증가의 한계는 한계주요비용에 대한 임금비용의 비율과 하락하는 임금단위에 대한 그 밖의 다른 한계주요비용 구성요소들의 반응에 의존하는 것이 분명하다.

그러므로 우리는 적어도 이론적으로는 임금수준을 불변으로 놔두면서 화폐의 양을 증가시키는 것을 통해 이자율에 일으킬 수 있는 효과와 정확하게 똑같은 효과를 화폐의 양을 불변으로 놔두면서 임금을 떨어뜨리는 것을 통해 이자율에 일으킬 수 있다. 그렇다면 완전고용을 확보하는 한 방법으로서 임금의 인하도 화폐의 양을 증가시키는 방법과 똑같은 제약을 받는다. 투자를 최적의 수치로 증가시키는 수단으로서 화폐의 양을 늘리는 것의 효력을 제약하는 이유로 위에서 언급한 것들이 필요한 수정만 가하면 그대로 임금의 인하에도 적용되는 것이다. 화폐의 양이 완만하게 증가하는 것은 장기이자율에 충분한 영향을 미칠 수 없는 반면에 화폐의 양이 완만한 정도 이상으로 크게 증가하는 것은 신뢰에 일으키는 교란효과를 통해 그러한 증가의 다른 이점들을 상쇄시킬 수 있는 것과 꼭 마찬가지로, 화폐임금이 완만하게 인하되는 것은 그 영향에서 불충분한 것으로 확인될 수 있는 반면에 화폐임금이 완만한 정도 이상으로 크게 인하되는 것은 실행될 수는 있다고 하더라도 신뢰를 무너뜨릴 수 있다.

따라서 신축적인 임금정책이 지속적으로 완전고용의 상태를 유지시킬 수 있다는 믿음은 아무런 근거도 갖고 있지 않다. 사실 이런 믿음은 공개시장 통화정책이 다른 도움을 받지 않고도 그와 같은 결과를 달성할 수 있다는 믿음만큼이나 근거가 없다. 이런 식으로는 경제체제로 하여금 자기조정을 하게 할 수가 없다.

만약 고용이 완전고용 수준에 미달할 때에 완전고용에 부합하는 수준으로 이자율이 떨어지게 하려면 화폐를 임금단위에 비해 상대적으로 어느 정도나 풍부한 상태가 되게 해야 하든 간에 그 정도까지 노동자들이 언제나 공동의 행동을 통해 자신들의 화폐수요를 줄일 수 있는 입장이 되려면(그리고 실제로 그렇게 줄이려고 한다면) 사실 은행제도가 통화관리를 하는 제도 대신에 완전고용을 목표로 하는 노동조합이 통화관리를 하는 제도를 우리가 갖고 있어야 한다.

그렇다고는 하나 신축적인 임금정책과 신축적인 화폐정책은 임금단위로 측정한 화폐의 양을 변화시키는 데 양자택일적으로 사용할 수 있는 수단이라는 측면에서 분석적으로 보면 결국 똑같은 것이지만 이와 다른 측면에서는 물론 둘 사이에 커다란 차이가 있다. 나는 독자에게 고려해야 할 중요한 사항 네 가지를 간략하게 환기시키고자 한다.

(i) 임금정책이 명령에 의해 정해지는 사회화된 공동체를 제외하면 그 어디에도 모든 종류의 노동에 대해 획일적인 임금인하가 이루어지도록 보장해주는 수단은 존재하지 않는다. 그러한 결과는 사회적 정의나 경제적 편의의 기준에 근거해서는 정당화될 수 없는 일련의 점진적이고 불규칙한 변화에 의해서만 실현될 수 있고, 그러한 변화는 아마도 교섭에서 가장 약한 위치에 있는 사람들이 그렇지 않은 사람들에 비해 상대적으로 불리한 일을 당하는 가운데 낭비적이고 파멸적인 갈등의 과정을 거친 뒤에야 완료될 것이다. 다른 한편으로 화폐의 양을 변화시키는 것은 이미 대부분의 정부들이 공개시장 정책이나 이와 유사한 다른 조치들을 통해 할 수 있는 것으로 돼있다. 인간의 본성과 우리의 제도를 고려한다면, 신축적인 화폐정책으로부터는 얻을 수 없지만 신축적인 임금정책으로부터는 얻을 수 있는 이점을 지적해낼 수 없는데도 불구하고 신축적인 화폐정책보다 신축적인 임금정책을 선호하는 사람이 있다면 그는 어리석은 자라고 말할 수밖에 없다. 뿐만 아니라 다른 것들이 동일하다면 적용하기가 너무 어려워 실행하기가 불가능할 수 있는 방법보다는 적용하기가 비교적 쉬운 방법이 낫다고 봐야 할 것이다.

(ii) 화폐임금이 비신축적이라면 통상적으로 일어나는 물가의 변화(즉 한계비용 이외의 다른 고려사항에 의해 결정되는 '관리'가격이나 독점가격은 제외한 물가의 변화)는 기존 설비로부터 생산이 증가함에 따라 그 기존 설비의 한계생산성이 감소하는 것에 주로 대응해 일어날 것이다. 그렇다면 보수가 계약에 의해 화폐 표시로 고정된 요소들(특히 이자생활자 계

급 및 기업, 기관, 국가와 같은 영속적인 조직에서 고정적인 급여를 받는 사람들)과 노동 사이에 실현될 수 있는 최고의 공정성이 유지될 것이다. 만약 중요한 계급들이 어떠한 경우에도 화폐 표시로 정해진 보수를 받는다고 한다면, 모든 요소의 보수가 화폐 표시로 볼 때 어느 정도 비신축적일 때 사회적 정의와 사회적 편의가 가장 많이 증진될 것이다. 화폐 표시로 볼 때 소득이 비교적 비신축적인 집단들이 폭넓게 존재한다는 점을 고려하면, 신축적인 화폐정책으로부터는 얻을 수 없지만 신축적인 임금정책으로부터는 얻을 수 있는 이점을 지적해내지 못하면서도 신축적인 화폐정책보다 신축적인 임금정책을 선호하는 사람이 있다면 그는 불공정한 사람이라고 말할 수밖에 없다.

(iii) 임금단위를 하락시키는 것을 통해 임금단위로 측정한 화폐의 양을 증가시키는 방법은 채무의 부담을 비례적으로 증가시키는 반면에, 임금단위를 불변으로 놔두면서 화폐의 양을 증가시킴으로써 같은 결과를 만들어내는 방법은 그와 반대되는 효과를 낸다. 여러 가지 유형의 채무가 부과하는 과도한 부담을 고려하면, 앞쪽의 방법을 선호하는 사람은 세상물정에 어두운 사람이라고 말할 수밖에 없다.

(iv) 이자율의 하락이 임금수준의 인하를 통해서만 실현돼야 한다면 위에서 제시된 이유들로 인해 자본의 한계효율을 억누르는 이중의 힘이 작용하게 되고, 투자를 늦추게 될, 따라서 회복을 지연시키게 될 이중의 이유가 존재하게 된다.

III

그러므로 고용이 점진적으로 감소하는 상황에 대해 노동이 점점 더 낮은 화폐임금만 받고 일을 하는 것으로 대응해야 한다면 이는 일반적으로 실질임금을 떨어뜨리는 효과를 내지 않을 것이고, 심지어는 생산의 양에 부정적인 영향을 미치는 것을 통해 오히려 실질임금을 상승시키는 효과를 낼 수도 있다. 이런 정책의 주된 결과는 물가에 커다란 불안정을 야기하는 것이 될 것이고, 그 불안정은 아마도 우리가 살고 있는 경제사회가 작동하는 방식대로 작동하는 경제사회에서는 사업상의 계산은 해봐야 소용이 없게 될 정도로 격심할 것이다. 전반적으로 자유방임의 체제로 보이는 체제에는 신축적인 임금정책이 올바르고 적절한 보완이 된다는 생각은 진실과 정반대다. 갑작스럽고 상당한 규모에 이르는 포괄적인 변화가 명령으로 실현될 수 있는 고도로 권위주의적인 사회에서만 신축적인 임금정책이 성공적으로 기능할 수 있을 것이다. 이탈리아, 독일, 러시아에서 그런 정책이 작동하는 것은 상상할 수 있지만 프랑스, 미국, 영국에서 그런 정책이 작동하는 것은 상상할 수 없다.

만약 호주에서처럼 입법에 의해 실질임금을 고정시키려는 시도가 이루어진다면 그때에는 그 실질임금 수준에 대응하는 특정한 고용수준이 존재할 것이다. 그리고 닫힌 체제에서 그런 시도가 이루어진다면 투자율이 그 특정한 고용수준과 양립할 수 있는 수준인가, 아니면 그에 못 미치는 수준인가에 따라 실제의 고용수준이 그 특정한 고용수준이 실현된 상태와 고용이 전혀 없는 상태 사이를 격렬하게 진동할 것이다. 그런가 하면 물가는 투자가 임계점에 해당하는 수준일 때에는 불안정한 균형상태에 있겠지만, 투자가 그 이하로 줄어들 때에는 그때마다 영으로 질주하는 반면에 투자가 그 이상으로 늘어날 때에는 그때마다 무한대로 질주할 것이다. 안정의 요소가 발견될 수 있다면 그것은 화폐의 양을 통제하는 요인들 속에서 발견될 수밖에 없을 것이고, 그러한 요인들이 투자를 임계수준에서 유지시킬 이자율과 자본의 한계효율 간 관계를 성립시키는 어떤 화폐임금의 수준이

언제나 실현된 상태에 있도록 화폐의 양을 결정할 것이다. 이 경우에는 그
러한 투자율을 적절한 수치에서 유지시키기에 꼭 알맞게 필요한 정도로 화
폐임금과 물가가 신속하게 변동하는 가운데 고용은 법정 실질임금에 해당
하는 수준에서 불변의 상태를 유지할 것이다. 실제로 호주의 경우에 탈출
구는 부분적으로는 물론 입법의 목적을 달성하는 데서 입법 그 자체의 효
과가 필연적으로 없을 수밖에 없었다는 점에서 찾아졌지만, 부분적으로는
호주가 닫힌 체제가 아니었다는 점에서 찾아졌다. 호주는 닫힌 체제가 아
니기에 화폐임금의 수준 그 자체가 외국인투자의 수준에 대한, 따라서 총
투자의 수준에 대한 하나의 결정요인이었고, 교역조건이 실질임금에 중요
한 영향을 미쳤다.

이런 고려사항들에 비추어 이제 나는 닫힌 체제에 대해서는 화폐임금의
전반적인 수준을 안정되게 유지하는 것이 고려해야 할 모든 것을 다 고려
한 뒤에 가장 권할 만한 정책이며, 열린 체제에 대해서도 환율을 변동시키
는 것을 통해 세계의 다른 모든 나라와 균형을 확보할 수 있다면 똑같은 결
론이 적용될 수 있다는 의견을 갖고 있다. 상대적으로 쇠퇴하는 산업들로
부터 상대적으로 확대되는 산업들로 노동이 원활하게 이전되도록 특정한
산업들의 임금에 어느 정도의 신축성이 있다면 이로울 것이다. 그러나 전
반적인 화폐임금 수준은 가능한 한 안정적으로 유지돼야 하고, 적어도 단
기에는 반드시 그래야 한다.

이런 정책은 상당한 정도로 물가수준이 안정되는 결과를 낳을 것이고,
그 안정성은 적어도 신축적인 임금정책이 실시되는 경우에 비해서는 더 클
것이다. '관리'가격이나 독점가격을 제쳐놓는다면 물가수준은 단기에는
고용의 규모에 일어나는 변화가 한계주요비용에 영향을 미치는 정도에 대
응해서만 변화할 것이고, 장기에는 새로운 기술과 새로운 설비의 도입이나

설비의 증가로 인한 생산비용의 변화에 대응해서만 변화할 것이다.

그럼에도 불구하고 고용이 크게 변동한다면 물가수준이 상당한 폭으로 변동하리라는 것은 사실이다. 그러나 그 변동의 정도는 내가 앞에서 이미 말했듯이 신축적인 임금정책이 실시되는 경우에 비해서는 작을 것이다.

따라서 경직적인 임금정책 아래서는 물가가 안정되는 것이 단기에는 고용의 변동이 회피되는 것과 결합될 것이다. 다른 한편으로 장기에는 여전히 우리가 임금을 안정적으로 유지하는 가운데 기술과 설비의 발전에 따라 물가가 서서히 떨어지게 하는 정책과 물가를 안정적으로 유지하는 가운데 임금이 안정적으로 유지되거나 서서히 오르게 하는 정책 사이에서 선택을 해야 할 것이다. 대체로 나는 뒤쪽의 선택지를 선호한다. 그것은 미래에 임금이 높아질 것이라는 예상을 갖고서 실제의 고용수준을 어떤 주어진 완전고용의 범위 안에 유지하는 것이 미래에 임금이 낮아질 것이라는 예상을 갖고서 그렇게 하는 것보다 더 쉽다는 사실 때문이기도 하고, 또한 채무의 부담이 점점 더 줄어들게 되는 것의 사회적 이점, 사양화하는 산업에서 성장하는 산업으로의 조정이 더 쉬워진다는 점, 화폐임금이 적당하게 오르는 경향으로부터 얻을 수 있는 심리적 고무 때문이기도 하다. 그러나 여기에 원리상 본질적인 점은 관련돼있지 않으며, 양쪽 가운데 어느 쪽의 입장에 서든 논의를 자세히 전개하는 것은 나로 하여금 지금 내가 목적하는 바의 범위를 벗어나게 할 것이다.

피구 교수의 '실업의 이론'

피구 교수는 그의 《실업의 이론》에서 고용의 규모를 두 개의 기본적인 요인, 즉 (1) 노동자들이 요구하는 실질임금률과 (2) 노동에 대한 실질수요 함수의 형태에 의존하게 만들었다. 그의 책에서 중심적인 부분은 노동에 대한 실질수요 함수의 형태를 결정하는 문제와 관련이 있다. 노동자들이 실제로 요구하는 것이 실질임금률이 아니라 화폐임금률이라는 사실이 무시되고 있는 것은 아니지만, 실제의 화폐임금률을 임금재의 물가로 나눈 것을 사실상 노동자들이 요구하는 실질임금률의 척도로 간주할 수 있다고 가정돼있다. 그의 말을 그대로 옮기면 노동에 대한 실질수요 함수에 대해 "탐구의 출발점이 되는" 방정식들은 《실업의 이론》의 90쪽에 제시돼있다. 그의 분석이 적용되는 과정을 지배하는 암묵적인 가정이 그의 논의가 시작되는 곳 근처에서 끼어든다는 사실을 고려해 나는 우선 그 치명적인 지점까지 그가 제시해놓은 문제취급 방식을 요약해보겠다.

피구 교수는 산업을 "국내의 임금재를 만드는 일에 종사하거나, 판매하면 해외의 임금재에 대한 청구권이 창출되는 수출품을 만드는 일에 종사하는" 산업과 "그 밖의" 산업으로 구분한다. 이 두 가지를 각각 임금재산업과 비임금재산업으로 부르는 것이 편리하다. 그는 임금재산업에 x명, 비임금재산업에 y명의 노동자가 고용된다고 가정한다. 그는 x명의 노동자가 만들어내는 임금재 생산물의 가치를 $F(x)$라고 부르고, 일반적인 임금률을 $F'(x)$라고 부른다. 그가 도중에 언급한 바는 아니지만, 이것은 한계임금비용이 한계주요비용과 같다고 가정하는 것과 같다.[1] 더 나아가 그는 $x+y=\phi(x)$, 즉 임금재산업에 고용되는 노동자의 수는 총고용의 함수라고 가정한다. 그런 다음에 그는 전체 노동에 대한 실질수요의 탄력성(이것은 우리가 찾아내려고 하는 것, 즉 노동에 대한 실질수요 함수의 형태를 우리에게 제시해준다)은 다음과 같이 씌어질 수 있음을 보인다.

$$E_r = \frac{\phi'(x)}{\phi(x)} \cdot \frac{F'(x)}{F''(x)}$$

기호 표시에 관한 한 이것과 나 자신의 표현양식 사이에 주목해야 할 차

---

1 한계임금비용과 한계주요비용을 등치시키는 잘못된 관행의 원천은 아마도 한계임금비용의 의미에 존재하는 모호함에서 찾을 수 있을 것이다. 우리가 말하는 한계임금비용은 추가되는 임금비용을 제외하고는 추가로 발생하는 다른 비용이 전혀 없다고 할 때 생산물 한 단위를 더 생산하는 데 소요되는 비용을 의미할 수도 있고, 기존의 설비와 그 밖의 미사용 요소들의 도움을 받아 가장 경제적인 방식으로 생산물 한 단위를 더 생산하는 데 소요되는 추가적인 임금비용을 의미할 수도 있다. 앞의 경우에는 우리가 추가되는 노동에 기업가의 기능이든 운전자본이든 또는 그 밖의 다른 어떤 것이든 노동 이외의 것으로서 추가하면 비용을 증가시키게 될 것을 추가로 결합시키는 것이 애초부터 불가능하다. 또한 추가되는 노동이 그 전에 보다 적은 노동력이 설비를 소모시켰던 속도보다 조금이라도 더 빠르게 설비를 소모시키게 될 가능성도 애초부터 배제된다. 앞의 경우에는 노동비용을 제외하고는 다른 그 어떤 비용의 요소도 한계주요비용에 산입되지 못하므로 당연히 한계임금비용과 한계주요비용이 같게 된다. 그러나 이런 전제 위에서 수행되는 분석은 그것이 근거하는 가정이 실제로는 좀처럼 실현되지 않으므로 현실에는 거의 적용될 수 없다. 왜 이렇게 말할 수 있느냐면, 현실에서 우리는 다른 요소들을 이용할 수 있는 상황인데도 추가되는 노동에 그런 다른 요소들을 적절히 추가로 결합시키기를 거부할 정도로 어리석지는 않으며, 따라서 우리가 노동을 제외한 모든 요소들이 이미 최대한도로 사용되고 있다고 상정하는 경우에만 위와 같은 가정이 적용될 수 있을 것이기 때문이다.

이가 전혀 없다. 우리가 피구 교수의 임금재를 나의 소비재와 같은 것으로 보고, 그의 '그 밖의' 임금재를 나의 투자재와 같은 것으로 볼 수 있다면 그의 $\frac{F(x)}{F'(x)}$는 임금단위를 기준으로 해서 측정한 임금재산업 생산물의 가치이므로 나의 C_w와 같다. 더 나아가 그의 함수 ϕ는 내가 앞에서 고용승수 k'라고 부른 것의 함수다(임금재와 소비재가 같다는 조건 아래서). 왜냐하면

$$\Delta x = k' \Delta y$$

(여기서 k'는 앞(146쪽)에서와 다소 다른 의미로 사용되고 있다 —옮긴이)

이고, 따라서

$$\phi'(x) = 1 + \frac{1}{k'}$$

이기 때문이다.

그러므로 피구 교수의 '전체 노동에 대한 실질수요의 탄력성'은 나 자신의 몇몇 복합개념과 유사한 복합개념이며, 부분적으로는 산업의 물리적, 기술적 조건(그의 함수 F에 의해 주어지는)에 의존하고 부분적으로는 임금재 소비의 성향(그의 함수 ϕ에 의해 주어지는)에 의존한다. 그리고 우리는 언제나 한계노동비용이 한계주요비용과 똑같은 특별한 경우만으로 논의를 국한시킨다고 가정된다.

이어 피구 교수는 고용의 양을 결정하기 위해 그가 말한 '노동에 대한 실질수요'에 노동에 대한 공급함수를 결합시킨다. 그는 이 함수가 오로지 실질임금만의 배타적인 함수라고 가정한다. 그런데 그는 실질임금이 임금

재산업에 고용된 노동자 수 x의 함수라고도 가정했으므로, 이는 결국 기존의 실질임금에서 노동의 총공급은 오직 x만의 배타적인 함수라고 가정하는 것이 된다. 즉 실질임금 $F'(x)$에서 이루어지는 가용노동의 공급이 n이라고 할 때 $n = \chi(x)$가 된다.

따라서 모든 복잡성을 제거하면 피구 교수의 분석은 다음과 같은 두 개의 방정식으로부터 실제 고용의 규모를 알아내려는 시도가 된다.

$$x + y = \phi(x)$$
$$n = \chi(x)$$

그러나 여기서 미지수는 세 개인데 방정식은 두 개뿐이다. 그는 $n = x + y$로 놓음으로써 이런 난점을 우회하고 있는 것이 분명해 보인다. 이는 물론 엄밀한 의미의 비자발적 실업이 존재하지 않는다고 가정하는 것, 즉 기존의 실질임금에서 가용한 노동의 전부가 실제로 고용된다고 가정하는 것과 같다. 이 경우에 x는 다음 방정식을 충족시키는 값을 갖는다.

$$\phi(x) = \chi(x)$$

그리고 우리가 이렇게 해서 x의 값이 예를 들어 n_1임을 알아냈다면 y는 $\chi(n_1) - n_1$과 같아야 하고, 총고용 n은 $\chi(n_1)$과 같아야 한다.

여기서 잠시 멈춰 서서 이것이 내포하고 있는 의미가 무엇인지를 검토해보는 것이 좋겠다. 그 의미는 만약 노동의 공급함수가 변화한다면 어떤 주어진 실질임금에서 더 많은 가용노동이 공급되므로(따라서 이제는 $n_1 + dn_1$이 방정식 $\phi(x) = \chi(x)$를 충족시키는 x의 값이 된다) 비임금재산업의 생산물에 대한 수요는 $\phi(n_1+dn_1)$과 $\chi(n_1+dn_1)$이 똑같은 상태가 유지되도록 하기에 꼭 알맞은 양만큼만 이 산업에서 고용이 증가하게 하는 수준이 된다. 총고용의 변화를 가능하게 하는 다른 방식으로 유일한 것은 y가 증가하되 그에 수반해 x는 더 많이 감소하도록 임금재와 비임금재 각각을 구매하는 성향이 수정되는 것을 통하는 방식이다.

$n=x+y$라는 가정은 물론 노동이 항상 그 자신의 실질임금을 결정하는 위치에 있다는 뜻이다. 이처럼 노동이 그 자신의 실질임금을 결정하는 위치에 있다고 가정하는 것은 비임금재산업의 생산물에 대한 수요가 위와 같은 법칙에 따른다고 보는 것과 같다. 달리 말하면 이자율은 항상 완전고용이 보존되게 하는 방식으로 자본의 한계효율표에 맞춰 스스로 조정된다고 가정하는 것이다. 이런 가정이 없다면 피구 교수의 분석은 무너져버리므로 고용의 규모가 어떻게 될지를 결정할 수단을 전혀 제공해주지 못한다. 사실 피구 교수가 노동의 공급함수의 변화로 인해서가 아니라 예를 들어 신뢰의 상태나 이자율의 변화로 인해서 일어나는 투자율의 변화(즉 비임금재산업 고용의 변화)와 아무런 관계도 없는 실업의 이론을 자신이 제시할 수 있다고 생각했다는 것 자체가 신기한 일이다.

그러므로 '실업의 이론'이라는 그의 책 표제는 다소 잘못된 것이다. 그의 책은 사실 그런 주제와는 관련이 없다. 그것은 노동의 공급함수가 주어졌다면 완전고용의 조건이 충족될 때 얼마나 많은 고용이 이루어질 것이냐에 대한 논의다. 전체 노동에 대한 실질수요의 탄력성이라는 개념의 목적은 노동의 공급함수가 일정하게 이동한다고 할 때 그에 대응해 완전고용에 해당하는 고용의 양이 얼마나 많이 늘어나거나 줄어드는가를 보이는 데 있다. 또는 달리 말하면 우리는 그의 책을 어떤 주어진 고용수준에 어떤 수준의 실질임금이 대응하게 되는지를 결정하는 함수관계에 대한 비인과적 탐

334

구로 간주할 수 있고, 사실 이렇게 말하는 것이 더 나을 것이다. 그러나 그의 책은 고용의 실제 수준을 결정하는 것이 무엇인지는 우리에게 말해주지 못하며, 비자발적 실업이라는 문제와도 직접적인 관련성을 전혀 갖고 있지 않다.

만약 피구 교수가 앞에서 내가 정의한 의미의 비자발적 실업이 존재할 가능성을 부정한다고 하더라도(아마도 그는 부정할 것이다) 그의 분석이 어떻게 적용될 수 있는지를 알기란 여전히 어려울 것이다. 왜냐하면 x와 y의 연관관계, 즉 임금재산업의 고용과 비임금재산업의 고용 사이의 연관관계를 결정하는 것이 무엇인가에 대한 논의를 그가 누락시킨 점은 여전히 치명적인 문제점으로 남기 때문이다.

게다가 그는 어떤 제한범위 안에서는 노동이 실제로 요구하는 것이 특정한 실질임금이 아니라 특정한 화폐임금이라는 데 동의한다. 그러나 이런 경우에는 노동의 공급함수가 $F'(x)$만의 함수가 아니라 임금재의 화폐물가의 함수이기도 하므로 그 결과로 이전의 분석은 무너져 내리고 따라서 새로운 요인이 추가로 도입돼야 하는데, 바로 이 추가적인 미지수를 다루기 위해 필요한 또 하나의 방정식은 그에게 없다. 모든 것을 단일 변수의 함수로 만들고 모든 편미분이 영이 된다는 가정에 의지하지 않고서는 조금도 앞으로 나아갈 수 없는 사이비 수학적 방법의 함정을 이보다 더 잘 보여주는 것은 없다. 왜 이렇게 말할 수 있느냐면, 나중에야 사실은 다른 변수들도 있다고 인정하고 그러면서도 그때까지 쓴 모든 것을 다시 쓰지 않고 그대로 앞으로 나아가는 것은 쓸모가 없기 때문이다. 따라서 만약 노동이 요구하는 것이 화폐임금이라면(어떤 제한범위 안에서) 임금재의 화폐물가를 결정하는 것에 대해 알지 못하는 한 $n = x + y$라고 가정한다고 하더라도 우리는 여전히 불충분한 자료만을 갖고 있게 된다. 왜냐하면 임금재의 화폐물가는 고용의 총량에 의존할 것이기 때문이다. 그러므로 우리는 임금재의 화폐물가를 알지 못하는 한 총고용이 어떻게 될 것인지를 말할 수 없고, 고용의 총량을 알지 못하는 한 임금재의 화폐물가를 알 수 없다. 내가 앞에서 말했듯이 우리에게 방정식이 하나 모자라는 것이다. 그러나 우리의 이론을 사실에 근접시켜주게 되는 잠정적인 가정이 실질임금의 경직성이기보다 화폐임금의 경직성일지도 모른다. 예를 들어 1924년부터 1934년까지 10년 간 격동, 불확실성, 대폭적인 물가변동이 이어지는 동안에 영국에서 화폐임금은 6퍼센트의 변동범위 안에서 안정적이었던 반면에 실질임금은 20퍼센트가 넘는 폭으로 변동했다. 어떤 이론이든 다른 모든 경우에 적용되는 것과 마찬가지로 화폐임금이 고정된 경우(또는 그러한 범위)에도 적용되지 못한다면 일반이론이라고 주장될 수 없다. 정치가는 화폐임금이 고도로 신축적이어야 한다고 호소할 자격이 있지만, 이론가는 양쪽의 상황을 차별 없이 다룰 준비가 돼있어야 한다. 과학적 이론은 자신이 설정한 가정에 사실더러 순응하도록 요구할 수 없다.

피구 교수가 화폐임금 인하의 효과를 명시적으로 다루게 됐을 때에도 그는 또 다시 뚜렷한 태도로(내가 느끼기에) 어떠한 확실한 해답을 얻기에는 너무 적은 자료만을 도입한다. 그는 한계주요비용이 한계임금비용과 똑같다면 화폐임금이 줄어들 때 비임금소득자들의 소득이 임금소득자들의 소득과 같은 비율로 변화할 것이라는 주장은 고용의 양이 불변으로 유지돼야만(이것 자체가 논의의 대상으로 삼아야 하는 것이다) 타당하다는 점을 근거로 그러한 주장을 거부(앞에서 든 책 101쪽)하는 것으로부터 논의를 시작한다. 그러나 그는 다음 쪽(앞에서 든 책 102쪽)에서는 더 나아가 "애초부터 비임금소득자들의 화폐임금에는 아무런 일도 일어나지 않는다"는 것을 자신의 가정으로 채택함으로써 동일한 오류를 범한다. 이런 가정은 그 자신이 바로 앞에서 밝혔듯이 고용이 불변으로 유지되지 않아야만 (이것 자체가 논의의 대상으로 삼아야 하는 것이다) 타당하다. 사실 다른 요인들이 우리의 자료에 추가되지 않는 한 그 어떤 해답도 가능하지 않다.

노동은 실제로 일정한 실질임금을 요구하는 것이 아니라 일정한 화폐임금을 요구한다(실질임금이 어떤 최저수준 밑으로 떨어지지 않는다고 가정할 때)는 사실을 인정하는 것이 분석에 영향을 미치는 방식이 어떠한지는 그런 경우에 실질임금이 더 높아지지 않고는 더 많은 가용노동이 공급되지 않는다는 가정, 즉 피구 교수가 전개한 논의의 대부분에 기본적으로 깔려 있는 가정이 무너진다는 점을 지적하는 것을 통해서도 보일 수 있다. 피구 교수는 예를 들어 실질임금률이 주어졌다고 가정하는 것에 의해, 즉 이미 완전고용 상태에 있고 더 낮은 실질임금에서는 추가적인 노동이 나오지 않는다고 가정하는 것에 의해 승수의 이론을 부정한다(앞에서 든 책 75쪽). 이러한 가정에 입각한다면 물론 그의 논의가 옳다. 그러나 이 구절에서 피구 교수는 현실의 정책과 관련이 있는 어떤 한 제안을 비판하고 있는 것이다. 그렇다면 영국의 통계적 실업자 수가 200만 명을 넘을 때(즉 기존의 화폐임금을 받고 일을 하고 싶어 하는 노동자가 200만 명 이상 존재하고 있을 때) 화폐임금에 비해 상대적으로 생활비용의 상승이 조금이라도 일어난다면 그것이 아무리 작은 폭의 상승이라도 노동시장으로부터 200만 명 이상의 노동자가 철수하는 결과가 초래될 것이라고 가정하는 것은 공상적이라고 해야 할 정도로 실제의 사실과는 거리가 멀다.

피구 교수의 책 전체가 화폐임금에 비해 상대적으로 생활비용의 상승이 조금이라도 일어난다면 그것이 아무리 작은 폭의 상승이라도 노동시장으로부터 기존의 실업자들 전부보다 더 많은 수의 노동자들이 철수하는 사태가 초래될 것이라는 가정에 입각해 씌어졌음을 강조하는 것은 중요하다.

게다가 피구 교수는 그 구절(앞에서 든 책 75쪽)에서 공공사업의 결과로 ‘이차적’ 고용이 이루어진다는 이론을 반박하기 위해 자신이 전개한 논의가 똑같은 가정 위에서 똑같은 정책에 의해 이루어지는 ‘일차적’ 고용에도 똑같이 치명적이라는 데 주목하지 않았다. 그의 논의가 ‘일차적’ 고용에도 치명적인 이유는 만약 임금재산업의 지배적인 실질임금률이 주어졌다면 비임금소득자들이 그들의 임금재 소비를 줄이는 것의 결과로서가 아니고는 그 어떤 고용의 증가도 가능하지 않게 되기 때문이다. 이렇게 되는 이유는 일차적 고용으로 새로 고용된 사람들은 아마도 그들의 임금재 소비를 증가시킬 것이고, 이는 실질임금을 감소시킬 것이며, 따라서 피구 교수의 가정 위에서는 이전에 다른 곳에 고용돼있던 노동의 철수가 초래될 것이라는 데 있다. 그럼에도 피구 교수는 일차적 고용이 증가할 가능성은 인정하고 있는 것이 분명하다. 일차적 고용과 이차적 고용 사이의 구분선은 그의 건전한 상식이 그의 잘못된 이론을 압도하기를 멈추는 심리적 임계점인 것으로 보인다.

위와 같은 가정의 차이와 분석의 차이에서 초래되는 결론의 차이는 피구 교수가 자신의 관점을 요약하고 있는 다음과 같은 중요한 구절에서 드러난다.

노동자들 사이에 완전히 자유로운 경쟁이 존재하고 노동이 완전히 자유로이 이동한다면 그 관계(즉 사람들이 요구하는 실질임금률과 노동에 대한 수요함수의 관계)의 성격은 매우 간단할 것이다. 모든 사람이 고용되게끔 임금률이 수요와 관련되게 하는 강력한 경향이 언제나 작동하게 될 것이다. 그러므로 안정적인 상황에서는 모든 사람이 실제로 고용될 것이다. 이에 내포된 의미는 언제나 존재하는 정도의 실업은 수요조건에 지속적으로 변화가 일어난다는 사실과 마찰

적 저항으로 인해 적절한 임금조정이 즉각적으로 이루어지지 못한다는 사실에 전적으로 기인한다는 것이다.[1]

그는 실업은 노동에 대한 실질수요 함수의 변화에 맞춰 임금정책이 충분히 조정되지 못하는 데 주로 기인해 발생한다는 결론을 내린다(앞에서 든 책 253쪽). 따라서 피구 교수는 장기에는 실업이 임금조정에 의해 치유될 수 있다고 믿는다.[2] 반면에 나는 실질임금(고용의 한계비효용에 의해 설정되는 최저수준에 의해서만 제약을 받는)은 '임금조정'(이것이 파급영향을 미칠 수는 있지만)에 의해 주로 결정되는 것이 아니라 체제의 다른 힘들에 의해 주로 결정된다고 주장하고자 하며, 내 생각이 옳다면 피구 교수는 그런 힘들 가운데 일부(특히 자본의 한계효율표와 이자율의 관계)를 그의 형식적 이론구조에 포함시키지 못한 것이다.

마지막으로 말해두어야 할 것은, '실업의 인과관계'를 다뤄야 하는 지점에 이르러서는 피구 교수가 나와 많이 비슷하게 수요의 상태에 일어나는 변동에 대해 이야기하는 것이 사실이라는 점이다. 그러나 그는 수요의 상태를 노동에 대한 실질수요 함수와 동일시한다. 그 자신이 정의한 노동에 대한 실질수요 함수라는 것이 얼마나 협소한 것인지를 잊어버린 듯한 태도다. 왜 이렇게 말할 수 있느냐 하면, 그의 정의에 따르면 노동에 대한 실질수요 함수는 우리가 앞에서 이미 보았던 대로 오직 두 가지 요인에만 의존하기 때문이다. 그것은 (1) 주어진 환경이 어떠하든 고용되는 노동자들의

---

1 앞에서 든 책, 252쪽.
2 이것이 이자율에 대한 영향을 통해 이루어지게 된다는 암시나 시사는 없다.

총수와 그들이 소비하는 것을 그들에게 공급하기 위해 임금재산업에 고용돼야 하는 노동자들의 수 사이의 관계 (2) 임금재산업에 나타나는 한계생산성의 상태다. 그러나 《실업의 이론》의 5부에서 그는 '노동에 대한 실질수요'의 상태에 일어나는 변동에 중요한 위치를 부여한다. '노동에 대한 실질수요'는 단기에 크게 변동하기 쉬운 요인으로 간주되고 있다(앞에서 든 책 5부 6~12장). 이것이 시사하는 바는 '노동에 대한 실질수요'가 변동하는 것이 그러한 변동에 민감하게 대응하는 데 임금정책이 실패하는 것과 결합되면서 경기순환의 중대한 원인이 된다는 점인 것 같다. 독자에게는 이 모든 것이 처음 들을 때에는 합리적이고 익숙한 것으로 여겨질 것이다. 왜냐하면 '노동에 대한 실질수요의 변동'은 독자가 이 개념의 정의로 돌아가 다시 살펴보지 않는 한 내가 '총수요 상태의 변동'이라는 말로 전달하고자 하는 바와 똑같은 종류의 암시를 독자의 마음속에 전달할 것이기 때문이다. 그러나 우리가 '노동에 대한 실질수요'에 대한 정의로 돌아가 다시 살펴보면 이 모든 것이 개연성을 잃어버린다. 왜냐하면 급격한 단기변동을 겪게 될 가능성이 이 요인보다 낮은 것은 이 세상에 아무것도 없음을 우리는 알게 되기 때문이다.

피구 교수의 '노동에 대한 실질수요'는 정의상 임금재산업의 물리적 생산조건을 나타내는 $F(x)$와 총고용의 그 어떤 수준에도 대응하는 임금재산업의 고용과 총고용 사이의 함수관계를 나타내는 $\phi(x)$에만 의존한다. 이두 가지 함수 가운데 어느 것이든 장기에 걸쳐 점진적으로 변화하는 것을 제외하고는 변화해야 하는 이유를 알기 어렵다. 두 함수가 경기순환의 과정에서 변동할 가능성이 높다고 가정해야 할 이유도 분명히 없을 것 같다. 왜냐하면 $F(x)$는 천천히만 변화할 수 있는데다가 기술적으로 진보하는 공동체에서는 앞으로 나아가는 방향으로만 변화할 수 있으며, $\phi(x)$는 노동

계급 사이에 갑작스럽게 절약을 하는 풍조가 팽배하게 되거나 보다 일반적
으로 말해 소비성향에 갑작스러운 변동이 일어난다고 우리가 상정하지 않
는 한 안정적으로 유지될 것으로 봐야 하기 때문이다. 그러므로 나는 노동
에 대한 실질수요는 경기순환의 과정에서 사실상 불변으로 유지될 것이라
고 예상하는 것이다. 피구 교수는 불안정한 요인, 즉 투자규모의 변동이라
는 요인을 그의 분석에서 완전히 누락시켰다는 사실을 나는 여기서 다시
한 번 말해둔다. 그런데 고용의 변동이라는 현상의 밑바닥에는 바로 이 요
인이 깔려있는 경우가 아주 많다.

내가 피구 교수가 제시한 실업의 이론을 길게 비판한 것은 내가 보기에
고전파의 다른 경제학자들에 비해 그가 비판을 받을 소지를 더 많이 갖고
있는 것 같기 때문이 아니라 실업에 대한 고전파의 이론을 정확하게 기술
하고자 한 시도로서는 그의 이론이 내가 아는 한 유일한 시도이기 때문이
다. 그래서 실업에 대한 고전파의 이론을 가장 강력한 형태로 개진한 그의
이론에 대해 반론을 제기해야 할 의무가 나에게 있었던 것이다.

20장
고용함수 [1]

I

3장(40쪽 이하)에서 우리는 고용 N을 그에 대응하는 생산물의 총공급가격과 연관시켜주는 총공급함수 $Z = \phi(N)$을 정의했다. 고용함수는 사실 총공급함수의 역함수라는 점과 임금단위 표시로 정의된다는 점에서만 총공급함수와 다르다. 고용함수의 목적은 주어진 어느 하나의 기업이나 산업 또는 산업 전체에 대한 유효수요의 양(임금단위로 측정한)을 고용의 양과 연관시켜주는 것이며, 그 고용의 양에 대응하는 생산물의 공급가격은 유효수요의 양과 같게 될 것이다. 따라서 만약 특정한 기업이나 산업에 대한 임금단위 표시의 유효수요의 양 D_{wr}가 그 기업이나 산업에서 고용의 양 N_r를 불러온다고 한다면 고용함수는 $N_r = F_r(D_{wr})$로 주어진다. 또는 보다 일반적으로 말해 만약 D_{wr}가 총유효수요 D_w의 일의적인 함수라고 우리가 가정할 수 있다면 고용함수는 $N_r = F_r(D_w)$로 주어진다. 즉 유효수요가 D_w일 때 산업 r에서 N_r명의 노동자가 고용되리라는 것이다.

---

1 대수학을 싫어하는(당연하게도) 사람들은 이 장의 첫 번째 절을 건너뛰어도 잃을 것은 거의 없을 것이다.

이 장에서는 고용함수의 몇몇 성질들을 논의할 것이다. 그러나 그 성질들이 갖고 있을 수 있는 흥미로운 점을 다 제쳐놓고 말한다면, 보통의 공급곡선을 고용함수로 대체하는 것이 이 책의 방법과 목적에 부합하는 데는 두 가지 이유가 있다. 첫째, 고용함수는 양적인 성격이 모호한 단위는 일체 도입하지 않는 가운데 우리가 관심을 국한시키기로 결정한 단위만으로 관련 사실들을 표현한다. 둘째, 고용함수는 어떤 주어진 환경 속에 있는 어떤 단일한 산업이나 기업의 문제와는 구분되는 산업 전체와 생산물 전체의 문제를 다루는 데 보통의 공급곡선보다 적용하기가 더 쉽다. 그 이유는 다음과 같다.

특정한 상품에 대한 보통의 수요곡선은 대중을 구성하는 사람들의 소득에 대한 가정을 토대로 해서 그려지며, 만약 소득이 변화하면 다시 그려져야 한다. 이와 마찬가지로 특정한 상품에 대한 보통의 공급곡선은 산업 전체의 생산에 대한 가정을 토대로 해서 그려지며, 만약 산업의 총생산이 변화하면 이것도 변화할 가능성이 높다. 그러므로 총고용의 변화에 대한 개별 산업들의 반응을 살펴볼 때는 각 산업에 대한 단일의 공급곡선과 연관시켜 가면서 단일의 수요곡선에 관심을 갖기보다는 총고용에 대한 상이한 가정들에 대응하는 그러한 두 종류의 여러 곡선들에 관심을 가질 수밖에 없다. 그러나 고용함수의 경우에는 고용 전체의 변화를 반영하면서 산업 전체를 대상으로 하는 함수를 찾아낸다는 과제를 수행하기가 보다 쉽다.

우선 우리가 18장에서 주어진 것으로 간주한 다른 요인들은 물론이고 소비성향도 주어졌다고 가정하고 투자율의 변화에 반응해 고용에 일어나는 변화를 검토해보자. 이런 가정에 입각하면 임금단위로 측정한 유효수요의 모든 수준에 각각 대응하는 총고용이 존재할 것이고, 각 수준의 유효수요는 소비와 투자 사이에 확정적인 비율로 나눠질 것이다. 게다가 각 수준의 유효수요는 일정한 소득분배에 대응할 것이다. 그러므로 더 나아가 총유효수요의 어떤 주어진 수준에 대응해 상이한 산업들 사이에 그 총유효수요의 일의적 배분이 존재한다고 가정하는 것은 합리적이다.

이런 생각은 총고용이 일정한 수준으로 주어졌을 때 각 산업에서 어떤 고용의 양이 대응할 것인지를 알게 해준다. 다시 말해 우리는 임금단위로 측정한 총유효수요의 각 수준에 대해 각각의 특정한 산업에서 어떤 고용의 양이 대응할 것인지를 알게 되며, 따라서 산업에 대한 고용함수의 두 번째 형태, 즉 $N_r = F_r(D_w)$가 성립하기 위한 조건이 충족된다. 이런 조건 위에서는 일정하게 주어진 유효수요의 수준에 대응하는 산업 전체의 고용함수가 각각의 개별 산업에 대한 고용함수들의 합이라는 의미에서 개별 고용함수들이 더해질 수 있다는 이점을 우리는 갖게 된다. 즉 다음과 같이 된다.

$$F(D_w) = N = \Sigma N_r = \Sigma F_r(D_w)$$

그 다음으로 고용의 탄력성을 정의하자. 어떤 주어진 산업의 고용의 탄력성은 다음과 같다.

$$e_{er} = \frac{dN_r}{dD_{wr}} \cdot \frac{D_{wr}}{N_r}$$

왜냐하면 고용의 탄력성은 그 산업의 생산물을 구매하는 데 지출될 것으로 예상되는 임금단위 수의 변화에 대한 그 산업에 고용되는 노동단위 수의 반응을 측정하는 것이기 때문이다. 산업 전체의 고용의 탄력성은 다음과 같이 쓸 수 있다.

$$e_e = \frac{dN}{dD_w} \cdot \frac{D_w}{N}$$

우리가 생산물을 측정하기에 충분히 만족스러운 방법을 발견할 수 있다면, 임금단위로 측정한 유효수요 가운데 더 많은 양이 어떤 특정한 산업으로 갈 때 그 산업에서 생산이 어떤 속도로 증가하게 되는지를 나타내는 것, 즉 생산량의 탄력성 또는 생산의 탄력성으로 부를 수 있는 것을 정의하는 것도 유용하다. 즉 다음과 같이 된다.

$$e_{or} = \frac{dO_r}{dD_{wr}} \cdot \frac{D_{wr}}{O_r}$$

가격이 한계주요비용과 같다고 가정할 수 있다면 우리는 다음과 같은 등식을 갖게 된다.[1]

$$\Delta D_{wr} = \frac{1}{1-e_{or}} \cdot \Delta P_r$$

여기서 P_r은 예상이윤이다. 이로부터 만약 $e_{or}=0$, 즉 주어진 산업의 생

---

[1] p_{wr}가 임금단위로 측정한 생산물 한 단위의 예상가격이라면

$$\Delta D_{wr} = \Delta(p_{wr}O_r) = p_{wr}\Delta O_r + O_r\Delta p_{wr}$$
$$= \frac{D_{wr}}{O_r} \cdot \Delta O_r + O_r\Delta p_{wr}$$

이고, 따라서

$$O_r\Delta p_{wr} = \Delta D_{wr}(1-e_{or})$$

또는

$$\Delta D_{wr} = \frac{O_r\Delta p_{wr}}{1-e_{or}}$$

인데

$$O_r\Delta p_{wr} = \Delta D_{wr} - p_{wr}\Delta O_r$$
$$= \Delta D_{wr} - (한계주요비용)\,\Delta O$$
$$= \Delta P$$

이고, 따라서

$$\Delta D_{wr} = \frac{1}{1-e_{or}} \cdot \Delta P_r$$

이 된다.

산이 완전히 비탄력적이라고 한다면 증가된 유효수요(임금단위로 측정한) 전부가 기업가들에게 이윤으로 돌아갈 것으로, 즉 $\Delta D_{wr}=\Delta P_r$가 될 것으로 예상되며, 만약 $e_{or}=1$ 즉 생산의 탄력성이 1이라고 한다면 증가된 유효수요 가운데 이윤으로 돌아갈 것으로 예상되는 부분은 전혀 없고 그 전부가 한계주요비용에 산입되는 요소들에 의해 흡수될 것이라는 결론이 도출된다.

더 나아가 만약 어떤 산업의 생산량이 그 산업에 고용된 노동의 함수 $\phi(N_r)$라면 우리는 다음 등식을 갖게 된다.[1]

$$\frac{1-e_{or}}{e_{er}} = -\frac{N_r \phi''(N_r)}{p_{wr}\{\phi'(N_r)\}^2}$$

여기서 p_{wr}는 임금단위로 측정한 생산물 한 단위의 예상가격이다. 따라서 $e_{or}=1$이라는 조건은 $\phi''(N_r)=0$, 즉 고용의 증가에 대해 수확이 불변이라는 의미다.

그런데 실질임금은 항상 노동의 한계비효용과 같고, 고용이 증가할 때 노동의 한계비효용이 증가하며, 따라서 다른 조건은 동일한 가운데 실질임금이 감소한다면 노동의 공급이 줄어들게 된다고 보는 것이 고전파 이론의 입장이라고 한다면, 그것은 곧 임금단위로 측정한 지출을 증가시키는 것이 불가능하다고 가정하는 것과 같다. 만약 이런 가정이 옳다면 고용의 탄력성이라는 개념은 적용의 대상이 되는 영역을 갖지 못할 것이다. 게다가 이

---

[1] 왜냐하면 $D_{wr}=p_{wr}O_r$이므로 다음과 같이 되기 때문이다.

$$1 = p_{wr} \cdot \frac{dO_r}{dD_{wr}} + O_r \cdot \frac{dp_{wr}}{dD_{wr}}$$
$$= e_{or} - \frac{N_r \phi''(N_r)}{\{\phi'(N_r)\}^2} \cdot \frac{e_{er}}{p_{wr}}$$

런 경우에는 화폐로 측정한 지출을 증가시키는 것에 의해 고용을 늘리는 것도 불가능할 것이다. 왜냐하면 증가된 화폐지출에 비례해 화폐임금이 오를 것이므로 임금단위로 측정한 지출의 증가가 없을 것이며, 따라서 결과적으로 고용의 증가도 없을 것이기 때문이다. 그러나 만약 고전파의 가정이 타당하지 않다면 화폐로 측정한 지출을 증가시키는 것에 의해 고용을 증가시키는 것이 가능할 것이고, 이런 과정은 실질임금이 떨어져 노동의 한계비효용과 같아지는 지점까지 계속되다가 바로 그 지점에서 정의상 완전고용이 실현될 것이다.

물론 통상적으로는 e_{or}이 영과 1 사이의 중간에 해당하는 값을 가질 것이다. 그러므로 화폐지출이 증가할 때 물가(임금단위로 측정한)가 어느 정도나 상승할 것인지, 즉 실질임금이 어느 정도나 하락할 것인지는 임금단위로 측정한 지출에 반응하는 생산의 탄력성에 의존한다.

유효수요 D_{wr}의 변화에 반응하는 예상가격 p_{wr}의 탄력성, 즉 $\dfrac{dp_{wr}}{dD_{wr}} \cdot \dfrac{D_{wr}}{p_{wr}}$ 를 e'_{pr}라고 쓰자.

$O_r \cdot p_{wr} = D_{wr}$이므로 우리는 다음 등식을 얻는다.

$$\frac{dO_r}{dD_{wr}} \cdot \frac{D_{wr}}{O_r} + \frac{dp_{wr}}{dD_{wr}} \cdot \frac{D_{wr}}{p_{wr}} = 1$$

또는

$$e'_{pr} + e_{or} = 1$$

말하자면 유효수요(임금단위로 측정한)의 변화에 반응하는 가격의 탄력성과 생산의 탄력성을 더하면 1이 된다는 것이다. 이 법칙에 따르면 유효수요 가운데 일부는 생산에 영향을 미치면서 소진되고, 일부는 가격에 영향을 미치면서 소진된다.

만약 우리가 산업 전체를 다루고 있다면, 그리고 우리가 생산물 전체를 측정할 수 있게 해주는 단위를 갖고 있다고 가정할 준비가 돼있다면 똑같은 방식의 논의가 적용되므로 $e'_p + e_o = 1$이 된다. 여기서 아래첨자 r가 제거된 탄력성 기호는 산업 전체에 적용되는 것이다.

그렇다면 이번에는 임금단위 대신 화폐를 기준으로 가치를 측정하고, 산업 전체와 관련해 우리가 내린 결론들을 이 경우에도 적용해보자.

W가 노동 한 단위의 화폐임금, p가 생산물 전체 가운데 한 단위의 화폐기준 예상가격을 각각 가리킨다고 하면 우리는 화폐로 측정한 유효수요의 변화에 반응하는 화폐물가의 탄력성을 $e_p(= \frac{Ddp}{pdD})$라고 쓸 수 있고, 화폐로 측정한 유효수요의 변화에 반응하는 화폐임금의 탄력성을 $e_w(= \frac{DdW}{WdD})$라고 쓸 수 있다. 그러면 다음과 같이 된다는 것을 쉽게 보일 수 있다.

$$e_p = 1 = e_o(1 - e_w)^{[1]}$$

---

[1] 왜냐하면 $p = p_w \cdot W$이고 $D = D_w \cdot W$이므로

$$\Delta p = W\Delta p_w + \frac{p}{W}\Delta W$$
$$= W \cdot e'_p \frac{p_w}{D_w}\Delta D_w + \frac{p}{W}\Delta W$$
$$= e'_p \frac{p}{D}(\Delta D - \frac{D}{W}\Delta W) + \frac{p}{W}\Delta W$$
$$= e'_p \frac{p}{D}\Delta D + \Delta W \frac{p}{W}(1 - e'_p)$$

이고, 따라서

$$e_p = \frac{D\Delta p}{p\Delta D} = e'_p + \frac{D}{p\Delta D} \cdot \frac{\Delta W \cdot p}{W}(1 - e'_p)$$
$$= e'_p + e_w(1 - e'_p)$$
$$= 1 - e_o(1 - e_w)$$

이기 때문이다.

우리가 다음 장에서 보게 되겠지만 이 등식은 일반화된 화폐수량설로 가는 첫걸음이다.

만약 $e_o=0$이거나 $e_w=1$이라면 생산은 변화하지 않을 것이고, 물가는 화폐로 측정한 유효수요와 같은 비율로 상승할 것이다. 그렇지 않다면 물가가 유효수요보다 작은 비율로 상승할 것이다.

II

고용함수로 돌아가자. 우리는 앞에서 개별 산업별 생산물들을 대상으로 하는 유효수요의 배분이 총유효수요의 모든 각각의 수준에 일의적으로 대응한다고 상정했다. 그런데 총지출이 변화할 때 총지출에 대응해 어느 한 개별 산업의 생산물에 대해 이루어지는 지출이 일반적으로는 같은 비율로 변화하지 않을 것이다. 그 이유는 부분적으로는 개인들이 자신의 소득이 증가할 때 각 개별 산업의 생산물을 구매하는 양을 같은 비율로 증가시키지는 않을 것이라는 데 있고, 부분적으로는 상품별로 그 상품에 대한 지출의 증가에 반응하는 정도가 다를 것이라는 데 있다.

그렇다면 소득의 증가분이 지출되는 방법이 하나가 아니고 둘 이상임을 인정한다고 하면 우리가 지금까지 탐구의 토대로 삼은 가정, 즉 고용의 변화는 오직 총유효수요(임금단위로 측정한)의 변화에만 의존한다는 가정은 첫 번째 접근 이상의 것이 될 수 없다는 말이 된다. 왜냐하면 총수요의 증가분이 상이한 상품들 사이에 배분되는 방식이라고 우리가 생각하는 것이 고용의 규모에 상당한 영향을 미칠 수 있기 때문이다. 예를 들어 수요의 증가분이 대부분 높은 고용의 탄력성을 가진 생산물들로 향한다면 수요의 증가분이 대부분 낮은 고용의 탄력성을 가진 생산물들로 향한다고 할 경우에 비해 고용의 총증가가 더 클 것이다.

만약 수요의 방향이 상대적으로 낮은 고용의 탄력성을 가진 생산물들 쪽으로 바뀐다면 총수요에 아무런 변화가 없다고 하더라도 똑같은 방식으로 고용이 감소하게 될 수 있다.

우리가 얼마간의 시간을 앞두고 예측하지 못한 상태에서 수요의 양이나 방향에 일어나는 변화라는 의미의 단기적 현상에 관심을 갖고 있다면 위와 같은 고려사항들이 특히 중요하다. 어떤 생산물들은 생산하는 데 시간이 걸리고, 따라서 그 공급을 신속하게 증가시키는 것이 현실적으로 불가능하다. 그렇다면 만약 예고가 충분히 주어졌다고 한다면 그런 생산물들의 고용의 탄력성이 1에 가깝겠지만, 예고도 없이 그런 생산물들로 추가적인 수요가 향한다면 그런 생산물들은 낮은 고용의 탄력성을 보일 것이다.

내가 생산기간이라는 개념의 주된 의미를 발견한 것은 바로 이런 맥락에서다. 어떤 생산물이 그 최대의 고용의 탄력성을 나타내게 되려면 그 생산물에 대한 수요의 변화에 관한 예고가 n시간단위 전에 이루어져야 한다면 그 제품은 생산기간 n을 갖는다고 나는 말하고자 한다.[1] 소비재 전부를 놓고 본다면 소비재가 이런 의미에서 가장 긴 생산기간을 갖는 게 분명하다. 왜냐하면 모든 생산과정에서 소비재가 최종단계를 구성하기 때문이다. 따라서 유효수요의 증가를 향한 첫 충동이 소비의 증가에서 나온다면 그러한 첫 충동이 투자의 증가에서 나오는 경우에 비해 초기에 고용의 탄력성이 그 궁극적인 균형수준보다 낮은 정도가 더 클 것이다. 게다가 만약

---

1 이는 통상적인 정의와는 같지 않지만, 내가 보기에 생산기간이라는 개념에 들어있는 중요한 것들을 반영하고 있다.

늘어난 수요가 상대적으로 낮은 고용의 탄력성을 가진 생산물들로 향한다면 늘어난 수요 가운데 더 많은 부분이 기업가들의 소득을 늘리는 쪽으로 가고, 임금소득자들이나 그 밖의 주요비용 구성요소들의 소득을 늘리는 쪽으로 가는 부분은 상대적으로 적을 것이다. 그 결과로 수요증가의 파급영향이 지출증가에 다소 덜 유리할 수 있는데, 이는 임금소득자들에 비해 기업가들이 자신들의 소득이 늘어난 부분에서 저축을 더 많이 할 가능성 때문이다. 그렇지만 이런 두 가지 경우의 차이를 과장해서는 안 된다. 왜냐하면 반응의 대부분은 두 경우 사이에 거의 같을 것이기 때문이다.[2]

미래의 수요변화에 대한 예고가 기업가들에게 아무리 일찍 주어진다고 해도 생산의 모든 단계에 잉여재고와 잉여생산능력이 존재하지 않는 한 어떤 주어진 투자의 증가에 반응하는 고용의 탄력성이 초기에 그 궁극적인 균형값만큼 크기란 가능하지 않다. 다른 한편으로 잉여재고가 감소한다면 그러한 변화는 투자가 증가하는 양에 대해 상쇄효과를 낼 것이다. 만약 처음에 생산의 모든 단계에 걸쳐 얼마간의 잉여가 존재한다고 가정한다면 고용의 탄력성이 초기에 1에 가까운 수준으로 나타날 수 있다. 그러나 그런 다음에 충격이 흡수되더라도 생산의 앞쪽 단계에서 공급의 증가가 적절한 속도로 이루어지기 전에는 고용의 탄력성이 차츰 하락할 것이며, 그러다가 새로운 균형의 위치가 가까워지면 고용의 탄력성이 다시 1을 향해 오르게 될 것이다. 그러나 고용이 증가할 때 더 많은 지출을 흡수하는 지대요인들이 존재한다면, 또는 이자율이 상승한다면 위와 같은 분석은 일정한 제약조건의 구속을 받게 된다. 이런 이유들로 인해 변화를 겪는 경제에서는 완

---

2 내가 쓴 《화폐론》의 4부에서 이 주제에 대한 더 자세한 논의를 일부 볼 수 있다.

전한 물가안정이 불가능하다. 물론 소비성향에 꼭 알맞은 정도의 일시적 변동만 일어나도록 보장하는 어떤 특별한 메커니즘이 존재하지 않는 한 그렇다는 말이다. 그러나 이런 식으로 초래되는 물가불안정은 잉여생산능력을 발생시키는 경향을 갖고 있는 종류의 이윤자극으로 이어지지 않는다. 왜냐하면 그에 따른 우발이득이 상대적으로 뒤쪽에 속하는 생산단계에서 때마침 생산물을 소유하고 있는 기업가들에게 전부 다 돌아갈 것이고, 꼭 알맞은 종류의 특화된 자원을 갖고 있지 않은 기업가가 그러한 이득을 자기의 것으로 끌어가기 위해 할 수 있는 일이 전혀 없기 때문이다. 따라서 변화가 있을 경우에 불가피하게 발생하는 물가불안정은 기업가들의 행동에 영향을 미칠 수 없고, 단지 사실상의 횡재를 운이 좋은 자들의 품안에 안겨주는 작용을 할 뿐이다(가정된 변화가 반대방향일 때에도 필요한 조정만 가하고 똑같은 말을 할 수 있다). 물가를 안정시킬 것을 목적으로 하는 실제의 정책에 대한 현대의 논의 가운데 일부에서는 이런 사실이 간과돼왔다고 나는 생각한다.

변화를 겪기 쉬운 사회에서는 그러한 정책이 완벽하게 성공을 거둘 수 없는 게 사실이다. 그러나 그렇다고 해서 물가안정으로부터 조금이라도 일시적으로 이탈하는 것이 언제나 누적적인 불균형을 만들어낸다고 말할 수는 없다.

III

우리는 앞에서 유효수요가 모자랄 때에는 기존의 실질임금보다 적은 임금만 받고도 기꺼이 일하고자 하는 사람들이 존재한다는 의미에서 노동의 과소고용이 존재하게 됨을 보였다. 따라서 유효수요가 증가하면 기존의 실질임금에서 가용한 노동의 잉여가 없어지는 지점이 닥치기 전에는, 다시 말해 그 지점 이후로 화폐임금이 물가보다 더 빠르게 오르게 되지 않는 한 가용한 노동자들(또는 노동시간)이 더 이상 없게 되기 전에는 기존의 임금과 같거나 기존의 임금에 미달하는 실질임금에서도 고용이 증가한다. 다음으로 우리가 살펴봐야 할 문제는 바로 그 지점에 이르렀을 때 지출이 여전히 계속 증가한다면 어떤 일이 일어날 것인가다.

그 지점까지는 일정한 자본설비에 더 많은 노동이 투입되는 데 따르는 수확체감이 줄어드는 실질임금을 고분고분하게 받아들이는 노동의 순응에 의해 상쇄된다. 그러나 그 지점부터는 노동 한 단위를 더 투입하려면 생산물 증가분과 맞먹는 유인이 필요한 반면에 노동 한 단위를 더 투입해서 얻는 결과는 생산물 증가분의 축소가 된다. 그러므로 엄밀한 균형의 조건은 임금과 물가가 지출과 같은 비율로 상승하고, 따라서 이윤도 그와 같은 비율로 증가할 것을 요구하지만, 그렇게 된다면 그 결과로 생산과 고용의 양을 포함한 '실질적' 위치는 모든 측면에서 불변으로 유지될 것이다. 이리하여 우리는 말하자면 거친 화폐수량설('유통속도'를 '소득속도'의 뜻으로 해석하는)이 완전히 충족되는 상황에 도달한다. 왜냐하면 이제 생산량은 변화하지 않고 물가는 MV에 정확하게 비례해 상승하게 되기 때문이다.

그러나 이런 결론에는 어떤 현실적인 제약조건들이 있으며, 그 제약조건들은 실제의 경우에 이런 결론을 적용할 때 명심하고 있어야 하는 것들이다.

(1) 적어도 당분간은 상승하는 물가가 기업가들을 현혹해 그들로 하여금 생산물로 측정한 그들의 개별적 이윤을 극대화시켜주는 수준 이상으로 고용을 늘리게 할 수 있다. 왜냐하면 그들은 화폐 표시로 본 판매수입이 증가하는 것은 곧 생산을 늘려야 함을 말해주는 신호라고 생각하는 습관에 너무 젖어버려 그렇게 하는 방책이 사실은 그들에게 최선의 이익이 되기를

중단했는데도 계속 그렇게 할 수 있기 때문이다. 즉 그들은 새로운 물가환경 속에서 그들의 한계사용자비용을 과소하게 추정할 수 있다.

(2) 기업가가 그의 이윤 가운데 이자생활자에게 넘겨주어야 하는 부분은 화폐 표시로 고정되기 때문에 상승하는 물가는 생산량의 변화가 전혀 수반되지 않는다고 해도 기업가에게 유리하고 이자생활자에게 불리하게 소득을 재분배할 것이고, 이런 재분배는 소비성향에 영향을 미칠 수 있다. 그런데 이것은 완전고용이 달성된 뒤에야 비로소 시작되는 과정이 아닐 것이며, 오히려 지출이 증가하는 동안에 계속 진전되는 과정일 것이다. 이자생활자가 기업가보다 지출을 덜 하는 경향이 있다는 가설이 성립된다면, 이와 반대되는 가설이 성립하는 경우와 비교해 볼 때 이자생활자에게서 실질소득을 서서히 빼내는 것이 화폐의 양이 더 적게 늘어나고 이자율이 더 작은 폭으로 떨어져도 완전고용이 달성될 수 있게 할 것이다. 완전고용에 이른 뒤에 추가로 일어나는 물가의 상승은 만약 첫 번째 가설이 계속 성립한다면 물가가 무한정 오르는 것을 막기 위해서는 이자율이 어느 정도 상승해야 함을 의미하는 동시에 화폐량의 증가가 지출의 증가에 비례하는 수준보다 완만할 것임을 의미하겠지만, 만약 두 번째 가설이 성립한다면 이와 반대되는 것을 의미할 것이다. 이자생활자의 실질소득이 감소함에 따라 그가 점점 더 상대적으로 빈곤해지면서 그 결과로 첫 번째 가설에서 두 번째 가설로 전환되는 지점이 올 수 있는데 그 지점은 완전고용이 달성되기 전에 올 수도 있고, 그 뒤에 올 수도 있다.

IV

인플레이션과 디플레이션 사이에 존재하는 것으로 보이는 비대칭성에는 뭔가 조금 헷갈리는 점이 있는 것 같다. 왜 그러냐면 완전고용을 위해 요구되는 수준 이하로 유효수요를 감소시키는 디플레이션은 물가만 떨어뜨리는 게 아니라 고용도 축소시키겠지만, 반면에 그런 수준 이상으로 유효수요를 증가시키는 인플레이션은 단지 물가에만 영향을 미칠 것이기 때문이다. 그러나 이런 비대칭성은 노동이 그러한 고용량의 한계비효용보다 낮은 실질임금을 수반하는 규모로 일하는 것은 언제나 거부할 수 있는 입장인 반면에 그러한 고용량의 한계비효용보다 높지 않은 실질임금을 수반하는 규모로 일자리를 제공받기를 주장할 수 있는 입장은 아니라는 사실을 반영하는 것일 뿐이다.

21장
물가의 이론

|

경제학자들이 가치의 이론이라고 불리는 것에 관심을 두는 단계에서는 흔히 물가가 공급과 수요의 상태에 의해 지배되고, 특히 한계비용의 변화와 단기공급의 탄력성이 두드러진 역할을 한다고 가르치곤 했다. 그러나 그들이 저서의 2부에서, 또는 보다 흔하게는 별도의 논문에서 화폐와 물가의 이론으로 넘어간 뒤에는 우리는 더 이상 이런 상투적이지만 이해하기는 쉬운 개념을 듣지 못하게 되고, 물가가 화폐의 양에 의해, 화폐의 소득속도에 의해, 거래의 규모에 대한 상대적인 순환속도에 의해, 퇴장에 의해, 강제저축에 의해, 인플레이션과 디플레이션에 의해, 그리고 이런 종류의 모든 것에 의해 지배되는 세계로 넘어가게 된다. 그리고 이러한 보다 모호한 말들을 우리가 이전부터 사용해온 공급과 수요의 탄력성이라는 개념과 연결시키려는 시도는 거의 또는 전혀 이루어지지 않는다. 만약 우리가 우리에게 가르쳐지고 있는 것에 대해 깊이 생각해보고 그것을 합리화해보려고 한다면 보다 단순한 논의에서는 공급의 탄력성이 영이 되는 동시에 수요가 화

폐의 양에 정비례해야 하고, 보다 정교한 논의에서는 아무것도 분명하지 않고 모든 것이 가능한 안개 속에서 우리가 길을 잃게 된다. 우리 모두는 깨어있는 삶과 꿈꾸는 삶의 관계와 비슷한 관계를 가진 것으로 보이는 달의 한 쪽과 다른 한 쪽을 어떤 통행로나 여행길이 연결해주는지는 알지도 못하는 상태에서 때로는 이쪽에 때로는 저쪽에 자신이 있음을 알게 되는 데 익숙해졌다.

앞의 여러 장에서 내가 목적으로 삼은 것 가운데 하나는 이런 이중의 삶에서 벗어나 물가의 이론 전체가 가치의 이론과 다시 긴밀하게 연결되도록 하자는 것이었다. 한편에 가치 및 분배의 이론을 놓고 다른 한편에 화폐의 이론을 놓는 식으로 경제학을 나누는 것은 내가 생각하기에 잘못된 구분이다. 경제학을 양분한다면 그 올바른 방식은 한편에 개별 산업이나 개별 기업의 이론과 일정한 양의 자원이 사용되는 상이한 용도들 사이의 보수 및 분배의 이론을 놓고, 다른 한편에는 생산 전체와 고용 전체의 이론을 놓는 것이라고 나는 제안한다. 사용되는 자원의 총량이 불변이라는 가정 위에서, 그리고 잠정적으로 다른 산업들이나 기업들의 여건은 불변이라는 가정 위에서 개별 산업이나 개별 기업에 대한 연구에만 우리의 관심을 국한시킨다면 화폐의 중요한 특징들은 우리의 관심사가 아니게 되는 것이 사실이다. 그러나 생산 전체와 고용 전체를 결정하는 것이 무엇이냐 하는 문제로 넘어가면 그 즉시 우리는 완전한 화폐경제의 이론을 필요로 하게 된다.

또는 우리의 구분선을 어쩌면 정체균형의 이론과 이동균형의 이론 사이에 그어야 할지도 모른다(여기서 이동균형의 이론이라는 말은 미래에 대한 견해의 변화가 현재의 상황에 영향을 미칠 수 있는 체제에 대한 이론이라는 의미다). 왜냐하면 화폐의 중요성은 근본적으로 화폐가 현재와 미래 사이의 연결고리라는 점에서 비롯되기 때문이다. 미래에 대한 우리의 견해가 고정돼있는 가운데 모든 측면에서 믿고 의지할 만한 세계에서 통상적인 경제적 동기의 영향 아래 성립되는 균형에 부합하는 용도간 자원분배란 어떤 것인지를 우리는 검토할 수 있다. 이런 검토를 하고자 한다면 아마도 우리는 변화하지 않는 경제와 변화하기는 하지만 모든 것이 처음부터 예견되는 경제라는 또 하나의 구분을 추가로 해야 할 것이다. 그러나 우리는 이러한 단순한 초보적 단계에서 벗어나 우리의 예상이 좌절되곤 하는 동시에 미래에 대한 예상이 오늘 우리가 하는 행동에 영향을 미치기도 하는 현실세계의 문제로 넘어갈 수 있다. 우리가 이러한 이행을 한 뒤에는 현재와 미래 사이의 연결고리로서 화폐가 갖고 있는 특이한 성질들이 우리의 계산에 들어와야 할 것이다.

그런데 이동균형의 이론은 반드시 화폐경제의 관점에서 탐구돼야 함에도 불구하고 별도의 '화폐의 이론'으로 나아가지 못하고 가치와 분배의 이론으로 남아있다. 화폐는 그 중요한 속성들을 볼 때 무엇보다 현재를 미래에 연결시켜주는 미묘한 장치다. 그러므로 우리는 화폐의 관점에서가 아니고는 예상의 변화가 현재의 활동에 미치는 효과에 대한 논의는 시작할 수도 없다. 우리는 금화와 은화, 그리고 법정화폐를 폐지하는 것을 통해서도 화폐를 제거할 수 없다. 무엇이든 내구적인 자산이 존재한다면 그것이 화폐의 속성을 가질 수 있고,[1] 따라서 그것이 화폐경제 특유의 문제를 불러일으킬 수 있다.

---

1 앞의 17장을 참조하라.

II

단일의 산업을 놓고 보면 그 산업만의 물가수준이 부분적으로는 그 산업의 한계비용에 산입되는 생산요소들의 보수율에 의존하고, 부분적으로는 생산의 규모에 의존한다. 우리가 산업 전체에 대한 논의로 넘어가더라도 이런 결론을 수정할 이유가 없다. 일반적인 물가수준도 부분적으로는 한계비용에 산입되는 생산요소들의 보수율에 의존하고, 부분적으로는 생산 전체의 규모, 즉 고용의 규모(설비와 기술이 주어졌다고 한다면)에 의존한다. 우리가 생산 전체에 대한 논의로 넘어가면 그 어떤 산업에서든 생산비용이 부분적으로 다른 산업들의 생산에 의존하는 것이 사실이다. 그러나 우리가 고려해야 하는 보다 중요한 변화는 수요의 변화가 비용과 규모 둘 다에 미치는 효과다. 우리가 수요 전체가 변화하지 않는다고 가정한 상태에서 단일의 생산물을 따로 떼어내어 그 생산물에 대한 수요를 다루는 일을 더 이상 하지 않고 그 대신 수요 전체를 다루게 된다면 수요 쪽에서 아주 새로운 개념들을 도입해야 한다.

III

만약 우리가 한계비용에 산입되는 상이한 생산요소들의 보수율이 모두 같은 비율로, 구체적으로는 임금단위와 같은 비율로 변화한다고 가정하는 단순화를 해본다면 그때에는 일반적인 물가수준(설비와 기술이 주어졌다고 할 때)이 부분적으로는 임금단위에 의존하고 부분적으로는 고용의 규모에 의존하게 된다고 볼 수 있다. 그렇다면 화폐량의 변화가 물가수준에 미치는 효과는 임금단위에 미치는 효과와 고용에 미치는 효과가 합쳐진 것으로 간주할 수 있다.

이와 관련된 개념들을 자세히 설명하기 위해 우리의 가정을 더 단순화시켜보자. 즉 (1) 사용되고 있지 않은 모든 자원은 욕구의 대상물을 생산하는 효율성에서 동질적이며 서로 대체될 수 있다 (2) 한계비용에 산입되는 생산요소들은 그 가운데 사용되지 않고 잉여로 존재하는 부분이 있는 상황에서는 똑같은 화폐임금에 만족한다고 가정해보자. 이런 경우에는 실업이 조금이라도 존재한다면 우리는 불변의 수확과 경직적인 임금단위를 갖게 된다. 그렇다면 실업이 조금이라도 존재한다면 화폐의 양이 증가하는 것은 물가에 아무런 영향도 미치지 않으며, 화폐의 양이 증가함에 따라 유효수요가 조금이라도 증가하면 유효수요의 증가에 정비례해 고용이 증가하지만, 일단 완전고용에 도달하면 곧바로 그때부터는 유효수요에 정비례해 임금단위와 물가가 상승할 것이라는 말이 된다. 이처럼 실업이 존재하는 동안에는 완전히 탄력적인 공급이 성립하고 완전고용에 도달하면 곧바로 그때부터는 완전히 비탄력적인 공급이 성립한다면, 그리고 유효수요가 화폐의 양에 정비례해 변화한다면 화폐수량설은 다음과 같이 진술될 수 있다. "실업이 존재하는 한 고용은 화폐량과 같은 비율로 변화할 것이고, 완전고용 상태에서는 물가가 화폐량과 같은 비율로 변화할 것이다."

하지만 우리가 화폐수량설을 진술할 수 있게 해주기에 충분한 수의 단순화 가정들을 도입함으로써 전통을 충족시켜보았으니 이제부터는 현실의 상황에 실제로 영향을 미치게 될 복잡화 요인으로 간주할 수 있는 것들을 검토해보자.

(1) 유효수요는 화폐의 양에 정비례해 변화하지 않을 것이다.

(2) 자원이 동질적이지 않으므로 그 고용이나 사용이 점차로 증가함에 따

라 수확불변이 아닌 수확체감이 성립할 것이다.

(3) 자원들은 서로 대체될 수 없으므로 일부 상품들이 비탄력적인 공급의 상태에 도달한 뒤에도 다른 상품들을 생산하기 위해 사용될 수 있는 미사용 자원들이 여전히 존재할 것이다.

(4) 완전고용에 도달하기 전에 임금단위가 상승하는 경향이 있을 것이다.

(5) 한계비용에 산입되는 요소들의 보수가 모두 같은 비율로 변화하지는 않을 것이다.

그렇다면 우리는 화폐의 양에 일어나는 변화가 유효수요의 양에 미치는 효과를 먼저 검토해야 한다. 그런데 일반적으로 유효수요의 증가분 가운데 일부는 고용의 양을 증가시키면서 소진되고, 일부는 물가수준을 상승시키면서 소진된다. 그러므로 우리는 실업의 상황에서 불변의 물가를 보게 되고 완전고용의 상황에서 화폐의 양에 정비례해 상승하는 물가를 보게 되는 게 아니라 사실은 고용이 증가함에 따라 점진적으로 물가가 상승하는 상태 하나만을 보게 된다. 따라서 물가의 이론에 대해 분석하려면, 즉 화폐량의 변화에 반응하는 물가의 탄력성을 알아낼 것을 목적으로 해서 화폐량의 변화와 물가수준의 변화 사이의 관계에 대해 분석하려면 위에 열거된 다섯 가지 복잡화 요인에 초점을 맞춰야 한다.

우리는 그것들을 하나하나 차례로 검토할 것이다. 그러나 이런 절차를 밟는다고 해서 우리가 그것들이 엄밀하게 말해 독립적이라고 가정해서는 안 된다. 예를 들어 유효수요의 증가분이 그 효과로 볼 때 생산을 증가시키는 부분과 물가를 상승시키는 부분으로 나눠지는 비율은 화폐의 양이 유효수요의 양과 연관되는 방식에 영향을 미칠 수 있다. 또 하나의 예를 들자면 상이한 요소들의 보수가 변화하는 비율의 차이는 화폐의 양과 유효수요의 양 사이의 관계에 영향을 미칠 수 있다. 우리가 하는 분석의 목적은 무오류의 해답을 제시해줄 어떤 기계적 장치나 맹목적 조작의 방법을 제공하려는 것이 아니라 우리의 특수한 문제들을 규명하기 위한 조직화되고 질서정연한 방법을 우리 스스로가 갖추려는 것이다. 그리고 복잡화 요인들을 하나씩 분리해내는 것을 통해 어떤 잠정적인 결론에 도달한 뒤에는 원래 우리의 위치로 되돌아와 그 요인들 사이에 일어날 수 있는 상호작용을 우리가 감안할 수 있는 한 최대로 감안해야 한다. 이것이 경제학적 사고의 본질이다. 우리의 형식적 사고원리를 적용하는 다른 그 어떤 방법도 우리를 오류로 이끌 것이다(그러나 물론 그러한 사고원리 자체가 없다면 우리는 숲속에서 길을 잃게 될 것이다). 우리가 이 장의 VI절에서 서술하는 것과 같은 경제분석의 체계를 기호로써 형식화하는 사이비 수학적 방법은 관련된 요인들 사이에 엄격한 독립성을 명시적으로 가정하며, 만약 이런 가정이 부정되면 그 설득력과 권위를 모두 잃어버리게 된다는 점은 그러한 방법의 커다란 결함이다. 반면에 맹목적인 조작을 하기보다 우리가 무엇을 하고 있으며 우리가 하는 말이 무슨 의미인지를 알면서 통상적인 언어로 전개하는 논의에서는 우리가 필요한 유보조건과 제약조건, 그리고 나중에 우리가 해야 하는 조정을 '우리 머릿속의 깊숙한 곳'에 기억해둘 수 있다. 그러나 복잡한 편미분들이 다 영이 된다고 가정한 가운데 몇 페이지에 걸쳐 전개하는 대수학적 서술 '속의 깊숙한 곳'에 그러한 편미분들을 위와 같은 방식으로 보존해둘 수는 없다. 최근의 '수리' 경제학 가운데 너무 많은 부분이 그것이 토대로 삼는 애초의 가정만큼이나 부정확한 조작물일 따름이며, 이로 인해 그 저자는 그럴 듯하게 보이기는 하지만 도움은 안 되는 기호들의 미로 속에 갇힌 채 현실 세계의 복잡성과 상호의존성을 시야에서 놓쳐버리고 만다.

IV

(1) 화폐의 양에 일어나는 변화가 유효수요의 양에 일으키는 일차적 효과는 그것이 이자율에 미치는 영향을 통해 일어난다. 만약 이것이 유일한 영향이라면 그 양적인 영향은 다음 세 가지 요소로부터 나온다고 할 수 있을 것이다. (a) 새로운 화폐가 그것을 보유할 의사를 갖고 있는 사람들에 의해 흡수될 수 있으려면 이자율이 얼마나 많이 떨어져야 하는지를 우리에게 말해주는 유동성 선호표, (b) 어떤 주어진 이자율의 하락이 투자를 얼마나 많이 증가시킬지를 우리에게 말해주는 자본의 한계효율표, (c) 어떤 주어진 투자의 증가가 유효수요 전체를 얼마나 많이 증가시킬지를 우리에게 말해주는 투자승수.

그러나 이러한 분석이 우리의 탐구에 순서와 방법을 도입하는 데 가치가 있다고 하더라도 (a), (b), (c)라는 세 가지 요소 그 자체가 부분적으로는 우리가 아직 검토하지 않은 복잡화 요인인 (2), (3), (4), (5)에 의존한다는 점을 우리가 잊는다면 그 분석이 기만적인 단순성을 드러낼 것이다. 왜냐하면 유동성 선호표 그 자체가 소득 및 산업과 관련된 순환으로 새로운 화폐가 얼마나 많이 흡수되는가에 의존하고, 이런 화폐의 순환은 다시 유효수요가 얼마나 많이 증가하고 그 증가분이 물가의 상승, 임금의 상승, 생산과 고용의 규모 확대에 어떻게 배분되는가에 의존하기 때문이다. 게다가 한계효율표는 화폐의 양의 증가에 수반되는 상황이 미래의 화폐적 전망에 대한 예상에 미치는 영향에 부분적으로 의존할 것이다. 그리고 마지막으로 승수는 증가된 유효수요로부터 생겨나는 새로운 소득이 상이한 부류의 소비자 집단들에 분배되는 방식에 의해 영향을 받을 것이다. 가능한 상호작용을 열거해본 이 목록이 전부 다인 것은 물론 아니다. 그렇지만 우리가 만약 모든 사실을 눈앞에 둔다면 우리에게 확정적인 결과를 가져다주기에 충분한 연립방정식을 갖게 될 것이다. 모든 것이 다 감안된 뒤에 화폐의 양의 증가에 대응하면서 그것과 균형을 이루게 될 유효수요의 양의 증가에는 어떤 확정적인 크기가 존재할 것이다. 뿐만 아니라 매우 예외적인 상황에서만 화폐의 양의 증가가 유효수요의 양의 감소와 연관될 것이다.

유효수요의 양과 화폐의 양 사이의 비율은 흔히 '화폐의 소득속도'라고 불리는 것에 밀접하게 대응한다(다만 유효수요는 실제로 실현된 소득에 대응하는 것이 아니라 생산을 시동시키는 예상소득에 대응하며, 순소득에 대응하는 것이 아니라 총소득에 대응한다). 그러나 '화폐의 소득속도' 그 자체는 아무것도 설명해주지 않는 하나의 이름일 뿐이다. 그것이 불변일 것이라고 예상할 이유는 없다. 왜냐하면 그것은 앞의 논의가 보여주었듯이 복잡하고 가변적인 여러 가지 요인에 의존하기 때문이다. '화폐의 소득속도'라는 용어를 사용하는 것은 내가 생각하기에 인과관계의 실제 성격을 보이지 않게 가리고 혼동만 초래할 뿐이다.

(2) 우리가 앞(61~62쪽)에서 보였듯이 수확체감과 수확불변의 구분은 노동자들이 그들의 효율성에 엄밀하게 비례해 보수를 받는지의 여부에 부분적으로 의존한다. 노동자들이 효율성에 엄밀하게 비례해 보수를 받는다면 고용이 증가할 때 노동비용(임금단위로 측정한)이 불변일 것이다. 그러나 일정한 등급에 속하는 노동자들이 받는 임금이 그들 각 개인의 효율성과 무관하게 획일적이라면 고용이 증가할 때 설비의 효율성과 상관없이 노동비용이 상승할 것이다. 게다가 설비가 동질적이지 않고 그 가운데 일부가 생산물 단위당 주요비용을 더 많이 수반한다면 한계주요비용은 노동비용의 증가로 인해 증가하는 정도보다 더 많이 증가할 것이다.

그러므로 일반적으로 어떤 주어진 설비로부터의 생산이 증가하면 공급가격이 상승할 것이다. 그렇다면 생산의 증가는 임금단위에 어떠한 변화가 일어나는가와 무관하게 물가의 상승과 연관될 것이다.

(3) 앞의 (2)에서 우리는 공급의 탄력성이 불완전할 가능성을 고찰해보았다. 만약 특화된 자원들 사이에 사용되고 있지 않은 부분의 양이라는 측면에서 완전한 균형이 존재한다면 그런 자원들 모두에 걸쳐 동시에 완전사용의 지점이 도달될 것이다. 그러나 일반적으로는 일부 용역이나 상품들은 수요가 더 늘어나면 그 공급이 당분간 완전히 비탄력적이 되는 단계에 이르는 반면에 이와 다른 방면에서는 여전히 사용되지 못하는 자원의 잉여가 상당한 규모로 존재할 것이다. 이런 경우에는 생산이 증가함에 따라 일련의 '병목지점'들이 차례로 닥칠 것이다. 그러한 병목지점에서는 특정 상품의 공급이 탄력적이기를 중단하게 되고, 수요가 다른 방향으로 전환되려면 그 상품의 물가가 어느 수준까지 올라야 할 필요가 있든 간에 그 수준까지 그 상품의 물가가 오를 게 틀림없다.

모든 유형의 효율성 있는 자원들의 사용되지 못하고 있는 부분이 언제든지 사용될 수 있는 상태로 존재하는 동안에는 생산이 증가하는 만큼 일반적인 물가의 수준이 오를 것 같지 않다. 그러나 '병목지점'이 닥치기 시작하게 되기에 충분할 정도로 생산이 증가한다면 곧바로 특정한 상품들의 물가가 급격하게 상승할 가능성이 높다.

그러나 앞의 (2)에서와 마찬가지로 여기 (3)에서도 공급의 탄력성은 시간적 간격에 부분적으로 의존한다. 만약 우리가 설비의 양 그 자체가 변화하기에 충분한 시간적 간격을 가정한다면 궁극적인 공급의 탄력성이 확실히 더 클 것이다. 따라서 광범위한 실업이 존재하는 상황에서 일어나는 유효수요의 완만한 변화는 물가를 상승시키면서 소진되는 일이 거의 없고 주로 고용을 증가시키면서 소진되겠지만, 유효수요의 보다 큰 변화는 그것이 예견되지 않아서 어떤 '병목지점'들이 일시적으로 닥치게 하는 원인이 된다면 고용과는 상관이 없고 물가만 상승시키면서 소진될 것이고 그 정도는 나중보다는 처음에 더 클 것이다.

(4) 완전고용에 도달하기 전에 임금단위가 상승하는 경향이 나타날 수 있다는 점에 대해서는 논평이나 설명이 거의 필요하지 않다. 노동자들의 각 집단은 다른 조건이 동일하다면 그들 자신의 임금상승에 의해 이득을 얻게 되기 때문에 당연히 노동자들의 모든 집단에 걸쳐 이런 방향의 압력이 존재하며, 기업가들은 그들의 사업이 순조로울 때에는 이런 압력에 보다 쉽게 부응할 것이다. 이런 이유에서 유효수요가 조금이라도 증가하면 그 가운데 일부는 임금단위의 상승경향을 충족시키는 데로 흡수될 가능성이 높다.

따라서 화폐로 측정한 유효수요의 증가에 대응해 화폐임금이 임금재 물가의 상승에 완전히 비례해 상승할 수밖에 없는 완전고용 상태로 넘어가는 마지막 임계점이 존재하지만, 그 이전에 유효수요의 증가가 임금재 물가의 상승에 완전히 비례해서는 아닐지라도 화폐임금을 상승시키는 경향이 나타나게 되는 준임계점들도 존재한다. 그리고 유효수요가 감소하는 경우에 대해서도 이와 비슷한 이야기를 할 수 있다. 실제의 경험을 보면 유효수요의 모든 작은 변화에 대응해 화폐로 측정한 임금단위가 연속적으로 변화하는 것이 아니라 불연속적으로 변화한다. 이런 불연속의 지점들이 어디에 있게 되는지는 노동자들의 심리, 그리고 고용주들과 노동조합의 정책에 의해 결정된다. 그런 불연속의 지점들이 닥치는 것이 다른 지역들의 임금비용에 대한 상대적인 변화를 의미하는 열린 체제에서는, 그리고 닫힌 체제라고 하더라도 그런 지점들이 닥치는 것이 예상되는 미래의 임금비용에 대한 상대적인 변화를 의미할 수 있는 경기순환 속에서는 그런 지점들이 상

당한 실천적 중요성을 가질 수 있다. 화폐로 측정한 유효수요의 추가적인
증가가 임금단위의 불연속적인 상승을 초래하기 쉬운 그런 지점들은 어떤
관점에서 보면 완전고용의 상황에서 일어나는 유효수요의 증가에 수반되
는 절대적 인플레이션(뒤의 368쪽 참조)과 다소의 유사성(비록 불완전한
유사성이긴 하지만)을 가진 준인플레이션의 위치로 간주될 수 있다. 게다
가 그런 지점들은 상당한 역사적 중요성도 갖고 있다. 그러나 그런 지점들
을 이론적으로 일반화하기는 쉽지 않다.

　(5) 우리의 첫 번째 단순화는 한계비용에 들어가는 다양한 요소들의 보
수가 모두 같은 비율로 변화한다고 가정하는 것으로 이루어졌다. 그러나
실제로는 화폐로 측정한 다양한 요소들의 보수율은 경직성의 정도가 서로
다를 것이고, 제공되는 화폐보수의 변화에 반응해 그러한 요소들이 보여주
는 공급의 탄력성도 서로 다를 수 있다. 만약 그렇지 않다면 물가수준은 임
금단위와 고용의 양이라는 두 가지 요소로 구성된 것이라고 우리는 말할
수 있을 것이다.

　한계비용의 구성요소들 가운데 가장 중요한 것은 아마도 한계사용자비
용일 것이고, 이것은 임금단위와는 다른 비율로 변화할 가능성이 높고 변
동할 수 있는 진폭도 훨씬 더 넓을 가능성이 높다. 왜냐하면 유효수요의 증
가가 설비의 교체가 필요하게 되는 날에 대한 지배적인 예상에 급격한 변
화를 일으킨다면(아마도 실제로 이렇게 될 것이다) 고용이 개선되기 시작
할 때 한계사용자비용이 급격히 상승할 수 있기 때문이다.

　한계주요비용에 들어가는 모든 요소의 보수가 임금단위와 같은 비율로
변화한다고 가정하는 것이 많은 목적을 위해 매우 유용한 일차적 접근법이
긴 하지만, 한계주요비용에 들어가는 요소들의 보수를 가중평균하고 그 결
과를 비용단위라고 부르는 것이 어쩌면 더 나을 수도 있다. 따라서 비용단

위, 또는 위와 같은 접근법에 따르면 임금단위를 가치의 기본적인 기준으로 간주할 수 있다. 그리고 기술과 설비의 상태가 주어졌다고 하면 물가수준은 부분적으로는 비용단위에 의존하고 부분적으로는 생산의 규모에 의존하며, 생산이 증가하는 경우에 단기에는 수확체감의 원리에 따라 비용단위의 그 어떤 증가보다도 비례 이상으로 상승한다. 생산요소들의 대표적한 단위로부터의 한계수확에 해당하는 생산물을 만들어내기에 충분한 정도의 양으로 생산요소들이 가용한 상태로 존재하는 범위 안에서 그러한 한계수확이 최소의 수치로 감소하는 수준까지 생산이 증가한다면 바로 그 지점에서 완전고용이 실현되게 된다.

V

유효수요의 양이 더 늘어나도 생산은 더 증가하지 않고 유효수요의 증가에 완전히 비례하는 비용단위의 상승만 초래되면서 늘어난 유효수요가 소진된다면 그때 우리는 진성 인플레이션의 상태라고 부르는 게 적절할 수 있는 상태에 도달한 것이다. 그 지점에 이르기 전에는 통화팽창의 효과는 전적으로 정도의 문제이고, 그 지점 이전에는 우리가 분명한 선을 긋고 거기서 인플레이션의 상태가 시작된다고 선언할 수 있는 지점이 존재하지 않는다. 그 지점 이전에 증가된 화폐의 양은 그것이 유효수요를 늘리는 범위 안에서는 부분적으로는 비용단위를 상승시키면서 소진되고, 부분적으로는 생산을 증가시키면서 소진될 것이다.

그러므로 유효수요가 어떤 임계수준을 넘으면 진성 인플레이션이 시작된다고 할 때 그 임계수준의 위아래 양쪽 사이에 일종의 비대칭성이 존재하는 것으로 보인다. 왜냐하면 유효수요가 그 임계수준보다 아래로 감축되는 것은 비용단위로 측정한 유효수요의 양을 감소시키는 반면에 유효수요가 그 임계수준보다 위로 팽창하는 것은 일반적으로 보아 비용단위로 측정한 유효수요의 양을 증가시키는 효과를 내지 않을 것이기 때문이다. 이런 결론은 생산요소들, 특히 노동자들이 화폐보수의 인하에 대해서는 저항하는 경향을 가지고 있지만 화폐보수의 인상에 대해서는 그에 상응하는 저항의 동기가 그들에게 존재하지 않는다는 가정으로부터 도출된 것이다. 그런데 이런 가정은 사실에 충분한 근거를 두고 있는 것이 분명하다. 왜냐하면 포괄적인 변화가 아닌 변화는 그것이 상향의 변화일 때에는 그로부터 영향을 받는 특정한 요소들에게 이롭고 그것이 하향의 변화일 때에는 그런 특정한 요소들에게 해로운 상황이 존재하기 때문이다.

만약 반대로 완전고용에 미달하는 상태로 나아가는 경향이 나타날 때마다 화폐임금이 무제한적으로 떨어지게 된다면 비대칭성은 분명히 사라질 것이다. 그러나 그런 경우에는 이자율이 더 이상 떨어질 수 없게 되거나 임금이 영이 되기 전에는 완전고용에 미달하는 수준에서 상황이 안착하는 지점이 없게 될 것이다. 현실에서는 그 어떤 가치의 안정성이든 가치의 안정성을 우리에게 보장해주는 어떤 요소, 즉 화폐로 측정한 그 가치가 고정되지는 않더라도 적어도 경직적이기는 한 요소를 우리가 화폐제도 안에 갖고 있어야 한다.

화폐의 양이 조금이라도 증가하는 것은 모두 인플레이션적이라는 견해(인플레이션적이라는 말로 우리가 의미하는 것이 단지 물가가 상승한다는 것만이 아니라고 할 때)는 생산요소의 실질보수가 인하되면 생산요소의 공급이 줄어들게 된다는 조건에 우리가 언제나 구속된다는 고전파 이론의 밑바탕에 깔린 가정과 얽혀있는 것이다.

VI

우리는 20장에서 도입한 기호를 이용해 위의 논의에서 핵심적인 부분을 기호화된 형태로 표현하기를 원한다면 그렇게 할 수 있다.

M은 화폐의 양, V는 화폐의 소득속도(이 정의는 위에서 언급한 사소한 측면들에서 통상의 정의와 다르다), D는 유효수요라고 하고 $MV=D$라고 써보자. 그러면 만약 V가 불변이고 $e_p(=\frac{Dpd}{pdD})$가 1이라고 할 때 물가는 화폐의 양과 같은 비율로 변화할 것이다. 이 조건은 $e_o=0$이거나 $e_w=1$이면 충족된다(앞의 348~349쪽을 보라). $e_w=1$이라는 조건은 화폐로 측정한 임금단위가 유효수요와 같은 비율로 상승한다는 의미다. 왜냐하면 $e_w=\frac{DdW}{WdD}$이기 때문이다. 그리고 $e_o=0$이라는 조건은 유효수요의 추가적인 증가에 대해 생산이 더 이상 아무런 반응도 보이지 않는다는 의미다. 왜냐하면 $e_o=\frac{DdO}{OdD}$이기 때문이다. 둘 중 어느 경우에도 생산량은 변화하지 않을 것이다.

그 다음으로 우리는 다음과 같은 또 하나의 탄력성, 즉 화폐량의 변화에 반응하는 유효수요의 탄력성을 도입함으로써 소득속도가 불변이 아닌 경우를 다룰 수 있다.

$$e_d=\frac{MdD}{DdM}$$

이것은 우리에게 다음 등식을 가져다준다.

$$\frac{Mdp}{pdM}=e_p\cdot e_d,\ 단\ e_p=1-e_e\cdot e_o(1-e_w),$$

$$따라서\ e=e_d-(1-e_w)e_d\cdot e_e e_o$$

$$= e_d(1 - e_e e_o + e_e e_o \cdot e_w)$$

아래첨자가 없는 $e(= \dfrac{Mdp}{pdM})$가 여기서 피라미드의 정점과 같은 것이며, 화폐량의 변화에 대한 화폐물가의 반응을 측정하게 해준다.

위 식의 마지막 표현은 화폐량의 변화에 반응해 물가가 보여주는 비례적인 변화를 우리에게 제시해주므로 화폐수량설의 일반화된 진술로 간주될 수 있다. 나 자신은 이런 종류의 수식조작에는 그리 큰 가치를 부여하지 않는다. 그리고 앞에서도 말한 바 있지만 나는 그러한 수식조작은 어떤 변수들이 독립적이라고 간주되는가(편미분은 줄곧 무시된다)에 대해 말로 하는 보통의 논의만큼이나 많은 암묵적 가정을 내포하고 있다는 사실을 또다시 경고하고자 하며, 또한 나는 그러한 수식조작이 말로 하는 보통의 논의가 우리를 데려다주는 곳보다 더 먼 곳까지 우리를 데려다줄 것인지에 대해 의문을 갖고 있다. 그러한 수식조작을 위와 같이 써보는 것이 도움이 되는 최선의 목적은 아마도 우리가 물가와 화폐량 사이의 관계를 형식적인 방식으로 표현하여 그 관계의 극단적인 복잡성을 드러내 보인다는 목적일 것이다. 그러나 화폐량의 변화가 물가에 미치는 영향을 좌우하는 네 개의 항목, 즉 e_d, e_w, e_e, e_o 가운데 e_d는 각각의 상황에서 화폐에 대한 수요를 결정하는 유동성 요인들을 가리키고, e_w는 고용이 증가함에 따라 화폐임금이 인상되는 정도를 결정하는 노동요인들(또는 보다 엄밀하게 말해 주요비용에 들어가는 요인들)을 가리키며, e_e와 e_o는 보다 많은 고용이 기존의 설비에 적용될 때 수확의 체감률을 결정하는 물리적 요인들을 가리킨다는 점은 지적해둘 만한 가치가 있다.

만약 대중이 그들의 소득 가운데 어떤 불변의 비율만큼을 화폐로 보유한다면 $e_d = 1$이고, 화폐임금이 고정된다면 $e_w = 0$이고, 불변의 수익이 줄

곧 유지되어 한계수확이 평균수확과 같다면 $e_e e_o=1$이고, 노동의 완전고용이나 설비의 완전사용이 존재한다면 $e_e e_o=0$이다.

그런데 만약 $e_d=1$이자 $e_w=1$이거나, $e_d=1$이자 $e_w=0$이자 $e_e e_o=0$이거나, $e_d=1$이자 $e_o=0$이면 $e=1$이다. 그리고 $e=1$이 되는 다른 여러 가지 특수한 경우도 존재하는 것이 분명하다. 그러나 일반적으로는 e는 1이 아니고, 현실 세계에 대한 개연성 있는 가정들에 입각하면, 그리고 e_d와 e_w의 값이 커지는 '화폐로부터의 도피'의 경우를 제외하면 e는 일반적으로 1보다 작다고 일반화해도 무방할 것이다.

VII

지금까지 우리는 단기에 화폐량의 변화가 물가에 영향을 미치는 방식에 주로 관심을 기울였다. 그러나 장기에는 어떤 좀 더 간단한 관계가 성립하지 않을까?

이것은 순수한 이론을 구축해야 하는 문제라기보다는 역사적 일반화를 해야 하는 문제다. 만약 유동성 선호의 상태에 장기적으로 보아 획일성으로 나아가는 어떤 경향이 존재한다면 비관의 시기와 낙관의 시기의 양쪽 모두에 걸쳐 평균으로 본 유동성 선호를 충족시키는 화폐의 양과 국민소득 사이에 모종의 대략적인 관계라고 할 만한 것이 있을 수 있다. 예를 들어 이자율이 어떤 심리적 최저치를 넘는다고 가정한다면 사람들이 장기간의 미래 전체를 내다보고 국민소득 가운데 일부를 유휴잔액의 형태로 유지하려고 할 때 그 이상은 유지하려고 하지 않는 어떤 꽤 안정적인 비율이 있을 수 있다. 따라서 만약 활동적인 화폐의 순환을 위해 요구되는 수준을 초과하는 화폐의 양이 국민소득 가운데 이 비율에 해당하는 부분을 초과한다면 조만간 이자율이 바로 그 최저치 근처로 떨어지려는 경향이 존재할 것이다. 그때에는 다른 조건이 같다면 떨어지는 이자율이 유효수요를 증가시킬 것이고, 증가하는 유효수요는 임금단위가 불연속적으로 상승하는 경향을 나타내면서 그에 상응하는 영향을 물가에 미치기 시작하는 하나 또는 둘 이상의 준임계지점에 도달할 것이다. 만약 잉여화폐의 양이 국민소득 가운데서 차지하는 비중이 비정상적으로 작다면 이와 반대되는 경향이 나타나기 시작할 것이다. 따라서 일정한 기간에 걸친 변동의 최종적인 순효과는 화폐량과 국민소득 사이의 비율 가운데 대중의 심리가 조만간 되돌아갈 안정적인 비율에 부합하는 평균치를 수립하는 것이 될 것이다.

이런 경향은 아마도 하향의 방향에서보다는 상향의 방향에서 마찰을 덜 일으키며 작동할 것이다. 그러나 만약 화폐의 양이 오랜 시간 동안 매우 부족한 상태로 유지된다면 임금단위를 강제로 인하하고 그리하여 채무의 부담을 증가시키는 데서 탈출구가 찾아지기보다는 화폐기준이나 화폐제도를 변경하는 데서 탈출구가 찾아지는 것이 보통일 것이다. 따라서 매우 긴 장기에 걸친 물가의 변화방향은 거의 언제나 상향이었다. 왜냐하면 화폐가 상대적으로 풍부할 때에는 임금단위가 상승하고, 화폐가 상대적으로 희소할 때에는 유효한 화폐의 양을 증가시키기 위한 어떤 수단이 찾아지기 때문이다.

19세기에는 인구와 발명의 증가, 새로운 땅의 개척, 신뢰의 상태, 그리고 이를테면 10년에 한 번씩이라고 할 수 있는 평균빈도 이상의 전쟁 발발을 소비성향과 연관시켜 보면 그러한 것들이 그런대로 만족스러운 고용의 평균수준과 부 소유자들에게 심리적으로 수용될 수 있을 만큼 높은 이자율이 양립할 수 있게 해주는 자본의 한계효율표를 수립하기에 충분했던 것으로 보인다. 거의 150년의 기간 동안 주요 금융중심지들에서 평균적인 장기 이자율은 약 5퍼센트, 우량증권의 이자율은 3퍼센트와 3.5퍼센트 사이였고, 이런 이자율들은 감내하기 어려울 정도는 아닌 고용이 평균적으로 유지될 수 있게 해주는 투자율을 유도해내기에 충분할 정도로 낮은 수준이었다. 때로는 임금단위가, 그러나 보다 흔하게는 화폐기준이나 화폐제도(특히 은행화폐의 발전을 통해)가 조정되곤 했고, 그것은 이자율이 위에서 언급된 기준 이자율보다 훨씬 낮은 적이 거의 없었던 상황에서 그러한 이자율에서도 임금단위로 측정한 화폐의 양이 정상적인 유동성 선호를 충족시키기에 충분하게 되도록 보장하기 위한 것이었다. 임금단위가 변화하는 경향은 전체적으로 보아 언제나 그랬듯이 서서히 상향하는 것이었지만, 노동의 효율성도 역시 상승하고 있었다. 따라서 힘의 균형은 상당한 정도의 물가안정을 허용하는 상태였고, 그래서 1820년과 1914년 사이에 소어벡(Sauerbeck) 물가지수의 5개년 평균 중 최고치가 최저치보다 50퍼센트 높았을 뿐이다. 그것은 우연한 일이 아니었다. 그것은 임금단위가 생산의 효율성보다 훨씬 더 빠르게 상승하는 것을 막기에 충분할 정도로 고용주 집단들 각각의 힘이 셌고, 이와 함께 부 소유자들이 자신들의 유동성 선호가 미치는 영향 아래서 기꺼이 받아들일 수 있는 최저수준의 이자율이 평균적으로 유지되도록 해주는 양의 화폐(임금단위로 측정한)를 평균적으로 공급하기에 충분할 정도로 화폐제도가 신축적인 동시에 보수적이기도 했던 시대에 성립된 힘의 균형에 기인한 것이었다고 설명하는 게 옳다. 평균적인 고용수준은 물론 완전고용에 상당히 미달하긴 했지만 감내할 수 없을 정도로 미달해 혁명적인 변화를 불러일으킬 정도는 아니었다.

자본의 한계효율표는 오늘날 여러 가지 이유에서 19세기보다 훨씬 낮으며, 아마도 미래에도 그럴 것 같다. 그러므로 오늘날 우리가 사는 시대의 문제가 보여주는 첨예하고 특이한 성격은 적당한 고용수준을 평균적으로 허용할 만한 이자율의 평균적인 수준이 부 소유자들에게 받아들여질 수 없는 것이기 때문에 단지 화폐의 양을 조작하는 것에만 의존해서는 그러한 수준의 이자율이 쉽게 수립될 수 없을 가능성에서 생겨나고 있다. 이전에는 임금단위로 측정해서 적절한 양의 화폐가 공급되도록 보장하는 것만으로도 감내될 수 있는 고용수준이 10년간, 20년간, 또는 30년간의 평균으로 달성될 수 있었기에 그런 범위 안에서 19세기에 문제해결의 길을 찾아낼 수 있었던 것이다. 만약 이것이 지금 우리의 유일한 문제라면, 즉 충분한 정도로 화폐의 가치가 떨어지는 것이 우리가 필요로 하는 모든 것이라면 오늘날 우리도 문제해결의 길을 찾아낼 수 있을 게 틀림없다.

그러나 오늘날 우리의 경제를 구성하는 요소들 가운데 가장 안정적이고 쉽게 변동하지 않는 것이 바로 부 소유자들이 전반적으로 받아들일 수 있는 최저이자율이며, 이는 그동안에도 그랬지만 미래에도 그런 것으로 나타날 수 있다.[1] 만약 감내할 만한 고용수준이 유지되려면 19세기에 평균적으로 나타났던 이자율보다 훨씬 낮은 이자율이 필요하다고 한다면 그런 이자율이 단지 화폐의 양을 조작하는 것만으로 달성될 수 있을지가 대단히 의심스럽다. 자본의 한계효율표가 차입자로 하여금 어떤 수익률을 올릴 수 있으리라고 예상하게 한다고 할 때 그 수익률에서 (1) 차입자와 대부자를 만나게 하는 비용 (2) 소득세와 부가세 (3) 대부자가 자신의 위험과 불확실성을 감당하기 위해 필요로 하는 충당금 해당액을 뺀 뒤에야 비로소 우리는 부 소유자로 하여금 그의 유동성을 희생시키도록 유인하는 데 이용할

---

1 배저트(Bagehot)가 인용한 바 있는 다음과 같은 19세기 속담을 참고하라. "영국인은 많은 것을 참아낼 수 있지만 2퍼센트는 참아내지 못 한다."

수 있는 순수익에 도달할 수 있다. 만약 감내될 수 있는 고용이 평균적으로 유지되는 상태에서 이런 순수익이 대단히 미미한 것으로 나타난다면 오랜 세월 이어져 내려온 전통적인 방법은 쓸모가 없는 것으로 판명될 것이다.

우리의 주제로 돌아가 이야기한다면, 국민소득과 화폐의 양 사이의 장기적인 관계는 유동성 선호에 의존할 것이다. 그리고 물가의 장기적인 안정이나 불안정은 생산체제의 효율성이 증대하는 속도와 비교해볼 때 임금단위(또는 보다 정확하게 말하면 비용단위)의 상승경향이 얼마나 강한가에 의해 좌우될 것이다.

6부

일반이론이 시사해주는 바에 관한 약간의 설명

22장
경기순환에 대해

우리는 앞의 여러 장에서 어느 때에든 고용의 규모를 결정하는 것이 무엇인지를 밝혔다고 할 수 있으므로 만약 우리의 생각이 옳다면 우리의 이론은 당연히 경기순환이라는 현상을 설명할 수 있어야 한다.

우리가 만약 경기순환의 실제 사례를 그 자세한 내용까지 살펴본다면 경기순환이라는 것은 매우 복잡하며, 그것을 완전히 설명하기 위해서는 우리의 분석에 들어가는 모든 요소가 다 필요함을 알게 될 것이다. 특히 우리는 소비성향, 유동성 선호의 상태, 그리고 자본의 한계효율에 일어나는 변동이 모두 일정한 역할을 해왔음을 발견하게 될 것이다. 그러나 나는 경기순환의 기본적인 성격도 그렇지만 특히 우리가 그것을 '순환'이라고 부르는 것을 정당화해주는 시간적 순서의 규칙성과 지속기간의 규칙성은 주로 자본의 한계효율이 변동하는 방식에 기인한다고 주장하고자 한다. 내가 생각하기에 경기순환은 복합적인 현상이고 경제체제의 다른 중요한 단기변수들에 일어나는 관련된 변화에 의해 심화되는 경우도 종종 있지만, 그래도 자본의 한계효율에 일어나는 순환적 변화에 의해 초래되는 것으로 간주하는 것이 가장 낫다. 이 명제를 충분히 설명하기 위한 논의는 한 장을 채우는 데 그치지 않고 한 권의 책을 다 채울 것이고, 실제의 사실들을 자세히 살펴보는 일을 필요로 할 것이다. 그러나 앞에서 개진된 우리의 이론이 시사해주는 탐구의 방향을 드러내 알리는 데는 다음과 같은 간단한 메모로 충분할 것이다.

I

순환적 운동이라는 말로 우리가 전하고자 하는 의미는 체제가 예를 들어 상승하는 방향으로 나아갈 때 체제를 상승하도록 추동하는 힘들이 처음에는 강해지면서 서로에 대해 누적적인 효과를 내다가 점차 약해져서 결국 어떤 지점에 이르면 반대방향으로 작용하는 힘들에 의해 교체되는 경향이 있다는 것이다. 그 반대방향의 힘들은 다시 한동안 강해지면서 서로를 강화시키지만 그것들도 결국은 최대한으로 발전된 상태에 도달하고 나면 약해져 그들 자신과 반대되는 힘들에 자리를 내준다. 그러나 순환적 운동이라는 말로 우리가 전하고자 하는 의미는 상향의 경향이나 하향의 경향이 시작된 뒤에 같은 방향으로만 영구히 지속될 수는 없고 궁극적으로는 뒤집어진다는 것만이 아니다. 상향의 운동과 하향의 운동의 시간적 순서와 그 지속기간의 규칙성이 어느 정도 감지될 만큼 존재한다는 것도 우리가 그 말로 전하고자 하는 의미다.

그러나 우리가 경기순환이라고 부르는 것의 특징이 또 하나 있는데, 우리의 설명이 적절한 것이 되게 하려면 그것도 빼놓지 않고 다루어야 한다. 그것은 공황이라는 현상이다. 이는 상향의 경향이 하향의 경향으로 바뀔 때에는 그러한 교체가 흔히 갑작스럽고 격렬하게 일어나는 반면에 하향의 경향이 상향의 경향으로 바뀔 때에는 일반적으로 그러한 급격한 전환점이 존재하지 않는다는 사실과 관련이 있다.

소비성향의 상응하는 변화에 의해 상쇄되지 않는 투자의 변동이 조금이라도 일어난다면 그것은 당연히 고용의 변동을 낳을 것이다. 그래서 투자의 규모가 고도로 복잡한 여러 가지 영향을 받기 쉬우므로 투자 그 자체나 자본의 한계효율에 일어나는 모든 변동이 순환적인 성격을 띠게 될 가능성은 매우 낮다. 특히 한 가지 특수한 경우, 즉 농업의 변동과 관련이 있는 경우는 이 장 뒷부분의 절에서 따로 검토될 것이다. 그러나 19세기의 환경 속에서 나타난 전형적인 산업적 경기순환의 경우에는 자본의 한계효율의 변동이 순환적인 성격을 갖게 만든 어떤 명확한 이유들이 있다고 나는 주장하고자 한다. 그 이유들은 그 자체로서나 경기순환을 설명해주는 것으로서나 결코 생소한 것이 아니다. 여기서 나의 유일한 목적은 그 이유들을 앞에서 전개한 이론과 연결시키는 것이다.

Ⅱ

호황의 뒷부분 단계들과 '공황'의 엄습에서부터 논의를 시작하는 것이 내가 말해야 할 것의 서두를 가장 잘 뗄 수 있는 방법이겠다.

우리는 앞에서 자본의 한계효율[1]은 기존 자본재의 풍부함이나 희소함 및 자본재의 현재 생산비용에만 의존하는 것이 아니라 자본재의 미래수익에 대한 현재의 예상에도 의존함을 보았다. 그러므로 내구적 자산의 경우

---

1 오해의 여지가 없는 문맥 속에서는 '자본의 한계효율표'를 지칭하고자 할 때에도 '자본의 한계효율'이라고 쓰는 것이 편리한 경우가 종종 있다.

에는 바람직하다고 여겨지는 새로운 투자의 규모가 결정되는 데서 미래에 대한 예상이 지배적인 역할을 하게 된다고 보는 것이 당연하고도 합리적이다. 그러나 우리가 이미 보았듯이 그러한 예상의 토대는 매우 취약하다. 변화가 심해 믿고 의지하기가 어려운 증거에 토대를 두기 때문에 그러한 예상은 갑작스럽고 격심하게 달라지기 쉽다.

그런데 우리는 '공황'을 설명할 때 거래상의 목적을 위해서든 투기적인 목적을 위해서든 화폐수요가 증가하면 그 영향 아래서 이자율이 상승하는 경향이 있음을 강조하는 것을 관례로 삼아왔다. 때로는 이런 요인이 공황을 더욱 심화시키는 역할을 하고, 아마도 가끔씩은 공황을 시발시키는 역할도 할 수 있는 것이 분명하다. 그러나 나는 공황에 대한 보다 전형적이고, 흔하게는 압도적인 설명요인은 이자율의 상승에서 주로 찾을 것이 아니라 자본의 한계효율의 갑작스러운 붕괴에서 찾아야 한다는 의견을 제시한다.

호황의 뒷부분 단계들은 자본재가 점점 더 풍부해지고 그 생산비용이 상승하는 것을 상쇄시키고 아마도 이자율이 상승하는 것도 상쇄시키기에 충분할 정도로 자본재의 미래수익에 대한 낙관적 예상이 강하다는 특징을 갖고 있다. 자신들이 매입하고 있는 것에 대해 잘 알지 못하는 구매자들과 자본자산의 미래수익에 대해 합리적인 추정을 하기보다 시장정서의 다음 변동을 예측하는 데 더 관심을 기울이는 투기자들의 영향 아래서 과도하게 낙관적이고 과도한 구매가 이루어지는 시장에 환멸이 덮치면 급작스럽게, 심지어는 파국적인 기세를 보이며 무너져 내리는 것이 조직화된 투자시장의 본성이다.[1] 게다가 자본의 한계효율 붕괴에 수반되는 미래에 대한 낙담과 불안감은 당연히 유동성 선호의 급격한 증대를 촉진하고, 따라서 이자율의 상승도 촉진한다. 이처럼 자본의 한계효율 붕괴가 이자율의 상승과 결부되는 경향이 있다는 사실이 투자의 감소를 심화시킬 수 있다. 그러나 그럼에도 불구하고 그러한 상황의 핵심은 자본의 한계효율 붕괴에서 찾아야 하고, 특히 그 전의 단계에 새로운 투자가 과도하게 이루어지는 데 가장 많이 기여한 유형에 속하는 자본의 한계효율 붕괴에서 찾아야 한다. 유동성 선호는 거래와 투기의 증가와 관련해 표출되는 경우를 제외하고는 자본의 한계효율이 붕괴한 뒤가 아니면 증대하지 않는다.

사실 이것이 바로 불황을 그토록 다루기 어려운 것으로 만든다. 나중에는 이자율의 하락이 경기회복에 크게 도움이 될 것이고, 아마도 이것이 경기회복의 필요조건일 것이다. 그러나 당장에는 자본의 한계효율 붕괴가 완전하게 일어나는 탓에 실현될 수 있는 그 어떤 이자율의 인하도 충분하지 않을 수 있다. 만약 이자율의 인하가 그 자체로 유효한 치유책임이 입증될 수 있다면 상당히 긴 시간의 경과를 기다릴 필요도 없이, 그리고 어느 정도는 통화당국이 통제할 수 있는 수단을 통해 경기회복을 달성하는 것이 가능할 수 있을 것이다. 그러나 실제로 보통의 경우에는 이렇게 되지 않으며, 사실 통제하기도 어렵고 순종하지도 않는 업계의 심리에 의해 결정되는 자본의 한계효율을 회복시킨다는 것이 그렇게 쉽지는 않다. 일상적인 언어로 이야기한다면, 개인주의적 자본주의 경제에서 통제가 먹혀들어 신뢰의 회복이 이루어지기란 대단히 어렵다. 이것이 바로 은행가와 사업가들은 옳게 강조해왔지만 '순수하게 화폐적인' 치유책을 신뢰하는 경제학자들

---

1 사적 투자자가 개별적으로 새로운 투자를 직접 책임지고 하는 경우는 거의 없지만, 새로운 투자를 직접 책임지고 하는 기업가는 설령 자신이 시장보다 상황을 더 잘 안다고 하더라도 시장의 생각에 순응하는 것이 재무적으로 유리할 뿐 아니라 흔히 불가피하기도 하다는 사실을 알게 된다는 점을 나는 이미 앞(12장)에서 설명했다.

은 과소평가해온 불황의 한 측면이다.

이런 논의는 나로 하여금 나의 요점을 말할 수 있게 해준다. 경기순환의 시간요소에 대해 설명해주는 요인, 즉 경기회복이 시작되려면 통상 어떤 특정한 정도의 시간이 경과해야 한다는 사실에 대해 설명해주는 요인은 자본의 한계효율이 회복되는 과정을 지배하는 영향들에서 찾아야 한다. 하향 운동의 지속기간이 우연한 것이 아닐 뿐만 아니라 예를 들어 이번에는 일 년, 다음번에는 십 년 하는 식으로 짧아졌다 길어졌다 하지 않고 예를 들어 3년과 5년 사이에서 어떤 습관적인 규칙성을 보여주는 데는 이유가 있으며, 그 이유는 첫째로는 일정한 기간의 정상적인 성장률과 관련이 있는 내구적 자산의 수명의 길이에 의해 주어지고, 둘째로는 잉여재고의 유지비용에 의해 주어진다.

공황 때 어떤 일이 일어나는가 하는 문제로 돌아가자. 호황이 계속되는 동안에는 새로운 투자 가운데 많은 부분이 불만족스럽지 않은 경상수익을 내준다. 환멸이 닥치는 것은 미래 예상수익의 신뢰도에 대해 갑자기 의문이 생기기 때문이며, 이렇게 되는 것은 아마도 새로 생산되는 내구적 재화의 재고가 꾸준히 증가한 결과로 경상수익이 감소할 조짐을 보이게 된 탓일 것이다. 만약 현재의 생산비용이 나중의 생산비용보다 더 크다고 생각된다면 그것은 자본의 한계효율을 하락시키는 또 하나의 이유가 될 것이다. 의심이란 일단 시작되고 나면 급속하게 퍼지기 마련이다. 따라서 불황이 시작된 직후에는 아마도 한계효율이 무시할 만한 수준이 돼있거나 심지어는 음수가 돼있는 자본이 많이 존재할 것이다. 그러나 사용, 퇴화, 진부화로 인한 자본부족의 상태가 충분히 명백한 희소성을 초래해 한계효율을 상승시키기까지 경과돼야 하는 시간간격은 주어진 시기에 자본이 갖고 있는 평균적인 내구성의 다소 안정적인 함수일 수 있다. 만약 그 시기의 특성이 바뀐다면 표준적인 시간간격의 길이가 변할 것이다. 예를 들어 인구가 증가하는 시기에서 인구가 줄어드는 시기로 넘어가는 경우에는 경기순환을 특징짓는 국면의 길이가 늘어날 것이다. 그러나 우리는 앞에서 불황의 지속기간이 내구적 자산의 수명의 길이 및 주어진 시기의 정상적인 성장률과 어떤 확실한 관계를 갖게 하는 상당한 이유가 존재함을 보았다.

두 번째 안정적 시간요인은 매우 짧지도 않고 매우 길지도 않은 특정한 기간 안에 잉여재고가 흡수되도록 압박하는 잉여재고의 유지비용에 기인한다. 공황이 일어난 뒤에 새로운 투자가 갑자기 중단되면 아마도 미완성 재화가 잉여재고로 축적되는 사태가 이어질 것이다. 이런 재고의 유지비용이 연간 10퍼센트보다 밑으로 떨어지는 일은 거의 없을 것이다. 따라서 그 가격의 하락이 예를 들어 길어도 3년 내지 5년의 기간 안에 잉여재고가 흡수되도록 하는 시간적 제한을 성립시키기에 충분한 정도가 돼야 할 필요가 있다. 그런데 재고가 흡수되는 과정은 부의 투자를 나타내고, 이것은 고용에 또 하나의 저지요인이 되지만, 이런 과정이 끝나면 명백히 한시름 놓을 수 있는 상황을 경험하게 될 것이다.

게다가 하향 국면에서 생산의 감소에 필연적으로 수반되는 운전자본의 감소는 또 하나의 투자철회 요인이 되며, 이때 투자철회의 규모가 클 수 있다. 또한 불황이 시작되고 나면 이러한 투자철회가 하향의 방향으로 강력하고 누적적인 영향력을 발휘한다. 전형적인 불황의 초기단계에는 아마도 증가하는 재고의 형태로 투자가 이루어질 것이고 이런 투자는 운전자본의 투자철회를 상쇄시키는 데 도움이 될 것이다. 그 다음의 단계에서는 재고와 운전자본 둘 다에서 짧은 투자철회의 기간이 있을 수 있으며, 최저점을 지난 뒤에는 재고투자의 철회가 늘어나면서 운전자본에 대한 재투자를 부분적으로 상쇄시킬 가능성이 높다. 마지막으로 경기회복이 본격화하면 그 두 가지 요인 모두가 동시에 투자를 늘리는 작용을 하게 될 것이다. 내구적 재화에 대한 투자의 변동이 추가적, 중첩적으로 가져오는 효과는 바로 이런 점을 배경에 놓고 검토해야 한다. 이런 유형의 투자가 감소하는 것이 순환적 변동을 시동시켰을 때에는 순환이 부분적으로 마무리되기 전에는 그러한 투자의 회복을 거의 촉진하지 않을 것이다.[1]

유감스럽게도 자본의 한계효율이 심각하게 하락하는 것이 소비성향에 부정적인 영향을 끼치는 경향도 있다. 왜냐하면 그렇게 되는 것은 주식거래소에 상장된 주식들의 시장가치가 심각하게 하락하는 현상을 수반하기 때문이다. 그런데 이런 현상은 자신들이 사놓은 주식거래소의 투자대상물에 대해 적극적인 관심을 갖고 있는 계급에게, 특히 그들이 차입자금을 사용하고 있다면 당연히 매우 억압적인 영향을 가하게 된다. 이런 사람들은 아마도 지출을 하려는 태도의 측면에서 그들이 버는 소득의 상태보다는 그들이 사놓은 투자대상물의 가치가 상승하느냐 하락하느냐에 의해 훨씬 더 많은 영향을 받을 것이다. 오늘날 미국의 대중과 같이 '주식에 관심이 많은' 대중에게는 주가가 상승하는 주식시장이 만족스러운 소비성향을 갖는 데 거의 필수적인 조건일 수 있고, 이런 상태는 최근까지도 일반적으로는 간과됐지만 자본의 한계효율 하락의 억압적 효과를 더욱 더 심화시키는 데 기여하는 것이 분명하다.

일단 경기회복이 시작된 뒤에는 그것이 스스로를 자양분으로 해서 누적적으로 강해지는 모습이 분명하게 나타난다. 그러나 원재료의 재고와 고정자본이 둘 다 당분간 남아돌고 운전자본이 줄어드는 하향의 단계가 진행

---

1 내가 《화폐론》의 4부에서 전개한 논의 가운데 일부는 여기서 전개한 논의와 관계가 있다.

되는 동안에 자본의 한계효율표가 너무 낮은 수준으로 떨어져서 새로운 투자율을 만족스러운 수준으로 확보하기 위해 자본의 한계효율표를 수정시키는 것이 이자율의 그 어떤 실행가능한 인하에 의해서도 불가능하게 될 수 있다. 그러면 조직화돼있고 상태가 지금과 같은 시장에서는 자본의 한계효율에 대한 시장의 평가가 엄청나게 큰 폭으로 변동하게 되어, 그에 대응하는 이자율의 변동에 의해 충분히 상쇄되지 않을 수 있다. 뿐만 아니라 우리가 이미 앞에서 보았듯이 소비가 가장 필요한 바로 그때에 주식시장에서 그것에 대응하는 움직임들이 소비성향을 억누를 수 있다. 그러므로 자유방임의 상황에서는 투자시장의 심리에 일어나리라고 기대할 이유를 전혀 찾을 수 없는 광범위한 변화가 일어나지 않는 한 고용의 대폭적인 변동을 피하기가 불가능한 것으로 나타날 수 있다. 나는 그때그때의 투자규모를 지시하는 임무를 사적인 부분의 수중에 맡겨두어서는 안심할 수 없다는 결론을 내린다.

Ⅲ

앞의 분석은 과잉투자가 호황의 특징이고, 그 과잉투자를 피하는 것이 후속하는 불황에 대한 유일하게 가능한 치유책이며, 위에서 제시된 이유들로 인해 불황은 낮은 이자율에 의해 방지될 수 없지만 호황은 높은 이자율에 의해 회피될 수 있다는 생각을 갖고 있는 사람들의 견해와 부합하는 것처럼 보일 수 있다. 사실 호황을 막는 데 높은 이자율이 발휘하는 효과가 불황을 막는 데 낮은 이자율이 발휘하는 효과보다 더 크다는 주장은 설득력이 있다.

그러나 앞의 논의로부터 이런 결론을 끌어낸다면 그것은 나의 분석을 잘못 해석하는 것이고, 내가 사고하는 방식에 따르면 그것은 심각한 오류를 초래할 것이다. 왜냐하면 과잉투자라는 용어가 모호하기 때문이다. 과잉투자는 애초에 투자를 하게 만든 기대를 좌절시키게 돼있는 투자 또는 심각한 실업의 상태에서는 아무 소용도 없는 투자를 가리키는 용어일 수도 있고, 모든 종류의 자본재가 워낙 풍부해서 다음과 같은 투자대상물, 즉 심지어는 완전고용의 상태에서도 그 수명이 다할 때까지 자신의 대체비용보다 더 많은 수익을 벌어줄 것으로 예상되는 새로운 투자대상물이 전혀 존재하지 않는 상태를 가리키는 용어일 수도 있다. 엄밀하게 말하면 뒤의 상태만이 그 어떤 추가적인 투자도 순전한 자원의 낭비가 되리라는 의미에서 과잉투자의 하나다.[1] 게다가 이런 의미의 과잉투자가 호황의 정상적인 특징이라고 하더라도 그것에 대한 치유책은 아마도 어떤 유용한 투자를 저지하고 소비성향을 더욱 축소시킬 수 있을 정도로 높은 이자율을 덥석 부과하는 데 있는 것이 아니라 소득을 재분배하거나 그 밖의 다른 방식으로 소비성향을 자극할 정도로 과감한 조치를 취하는 데 있을 것이다.

그러나 나의 분석에 따르면 호황이 과잉투자라는 특징을 갖는다고 말할 수 있는 것은 오로지 앞의 의미에서뿐이다. 내가 전형적이라고 보는 상황은 자본이 워낙 풍부해서 공동체 전체가 더 이상 합리적인 자본의 용도를 갖고 있지 않은 상황이 아니라, 좌절되게 돼있는 기대에 의해 투자가 촉발되기 때문에 불안정해서 지속될 수 없는 여건 속에서 투자가 이루어지는 상황이다.

---

[1] 그러나 소비성향의 시간상 배열에 관한 특정한 가정 위에서는 마이너스 수익을 가져오는 투자가 공동체 전체에 대해서는 만족을 극대화시킨다는 의미에서 유익할 수도 있다.

물론 호황의 환상이 특별한 유형의 자본자산들이 과도한 양으로 풍부하게 생산되게 해서 그 생산물 가운데 일부가 어떠한 기준에 비추어 보더라도 자원의 낭비가 되는 경우가 있을 수 있다. 이런 일은 때때로 일어나며, 심지어는 호황이 아닌 때에도 일어난다는 말을 우리는 덧붙일 수 있다. 말하자면 잘못된 방향으로 투자가 이루어지게 되는 것이다. 그러나 이에 더해 완전고용의 상태에서 예를 들어 실제로는 2퍼센트의 수익을 낳아줄 투자가 이를테면 6퍼센트의 수익을 기대하는 가운데 이루어지고, 그런 기준에 따라 투자의 가치가 평가되는 것도 호황의 한 본질적 특징이다. 환멸이 닥치면 이런 기대는 그와 반대되는 '비관의 오류'로 대체되고, 그 결과로 완전고용의 상태에서 실제로는 2퍼센트의 수익을 낳아줄 투자가 예상으로는 마이너스 수익을 가져올 것으로 전망되는가 하면 이로 인해 초래되는 새로운 투자의 붕괴가 실업의 상태를 초래하고, 완전고용의 여건에서 2퍼센트의 수익을 낳아주었을 투자가 실제로는 마이너스 수익을 가져오게 된다. 주택이 부족하게 됐는데도 기존의 주택에는 들어가 살 만한 형편이 되는 사람이 아무도 없는 상태에 우리가 도달하게 되는 것이다.

그렇다면 호황에 대한 치유책은 더 높은 이자율이 아니라 더 낮은 이자율이어야 한다![2] 왜냐하면 이자율을 더 낮추어야 이른바 호황을 지속시킬 수 있기 때문이다. 경기순환에 대한 올바른 치유책은 호황을 파괴하고 그렇게 해서 우리를 준불황의 상태 속에 영속적으로 있게 하는 데서 찾아야

---

2 이와 반대방향으로 제기될 수 있는 주장에 대해 뒤(394~395쪽)에 나오는 논의를 보라. 내가 그 논의를 하는 것은 만약 우리가 현재 적용하고 있는 방법을 크게 변화시킬 수 없다고 한다면 호황의 기간에 이자율을 상승시키는 것이 상정해볼 수 있는 여러 상황에서 차악의 선택이 될 수 있다는 데 대해 나로서도 동의해야 하기 때문이다.

하는 것이 아니라 불황을 제거하고 그렇게 해서 우리를 준호황의 상태 속에 영속적으로 있게 하는 데서 찾아야 한다.

그러므로 불황으로 끝나게 돼있는 호황이라는 것은 '예상이 정확한 상태라면 완전고용을 실현시키기에 너무 높아 보이는 이자율'과 '그러한 이자율이 실제로 저지력을 발휘하는 것을 가로막는 잘못된 예상의 상태(지속되는 한 바로 그와 같은 역할을 하는)'가 결합되는 데서 초래된다. 호황은 과도한 낙관이 보다 냉정하게 보면 너무 높은 것으로 보이게 될 이자율을 물리치고 승리한 상황이다.

전쟁 때를 제외하면 최근에 우리가 완전고용으로 이어질 만큼 강력한 호황을 경험한 적이 있는가 하는 의문을 나는 갖고 있다. 미국에서는 1928~29년에 고용이 통상적인 기준에서 매우 만족스럽긴 했지만, 그때에도 고도로 전문화된 몇몇 노동자집단의 경우 외에는 노동이 부족했다는 증거를 나는 본 적이 없다. 일부 '병목지점'들이 닥치기는 했지만, 생산량 전체의 추가적인 확대가 여전히 가능했다. 주택의 기준과 시설이 매우 높은 수준이어서, 완전고용 상태였다고 한다면 모든 사람이 '주택의 수명이 다할 때까지 이자는 전혀 고려되지 않고 오로지 대체비용만 충당해줄 수 있을 뿐 그 이상은 아닌 임대료'만 부담하면 주택과 관련해 원하는 것을 모두 다 갖게 됐다는 의미의 과잉투자도 존재하지 않았다. 또한 운수, 공공서비스, 농업의 개선이 더 이상의 추가는 그 대체비용만큼이라도 수익을 가져다줄 것이라고는 합리적으로 예상할 수 없는 지점까지 이루어졌다는 의미의 과잉투자도 없었다. 오히려 정반대였다. 1929년의 미국에 대해 엄밀한 의미의 과잉투자가 있었다고 주장하는 것은 터무니없을 것이다. 실제의 상태는 그와 다른 성격을 갖고 있었다. 그 전의 5년 동안에 새로운 투자가 전체적으로 보아 실로 거대한 규모로 이루어진 탓에 추가적인 투자의

390

예상수익이 냉정하게 보면 급속하게 떨어지고 있었다. 당시에 예상을 정확하게 했다면 자본의 한계효율이 전례 없이 낮은 수치로 떨어지게 될 것이고, 따라서 장기 이자율이 매우 낮은 수준으로 유지되지 않거나 과도한 개발의 위험이 있는 특정한 분야들에 대한 잘못된 투자가 방지되지 않고서는 '호황'이 건전한 토대 위에서 지속되지 못하리라는 사실을 알았을 것이다. 사실 투기적 흥분의 영향을 받는, 그러므로 과도하게 개발될 위험이 특별하게 존재하는 그러한 특정한 분야들을 제외하고는 이자율이 새로운 투자를 저지하기에 충분할 정도로 높았다. 그리고 그러한 투기적 흥분까지 극복하기에 충분할 정도로 이자율이 높아졌다면 그때의 이자율은 그렇게 하는 동시에 모든 종류의 합리적인 새로운 투자도 억제했을 것이다. 이처럼 오랜 기간에 걸쳐 비정상적으로 과도하게 새로운 투자가 이루어지는 데서 초래된 상태에 대한 치유책으로 이자율을 상승시키는 것은 환자를 죽임으로써 질병을 치료하는 종류의 치유책에 속한다.

사실 영국이나 미국과 같이 부유한 나라에서는 완전고용에 근접한 고용이 여러 해에 걸쳐 오랫동안 이어지는 상황은 상당한 규모의 새로운 투자와 관련이 있을 것이고, 그 규모는 기존의 소비성향이 유지된다고 가정한다면 어떤 유형이든 내구적 재화의 생산을 추가로 늘리면 대체비용을 초과하는 총수익을 올릴 수 있으리라는 기대를 합리적인 계산에 근거해서는 더 이상 품을 수 없게 된다는 의미의 완전투자 상태를 궁극적으로 실현시킬 수 있을 정도로 큰 규모일 가능성이 높다. 게다가 이런 상황은 비교적 일찍, 이를테면 25년이나 그에 못 미치는 기간 안에 도달될 수 있다. 내가 엄밀한 의미의 완전투자 상태는 일시적으로도 아직 나타난 적이 없다고 주장한다고 해서 이 점을 부인하는 입장이라고 독자가 생각해서는 안 된다.

게다가 현대의 호황은 엄밀한 의미의 완전투자 또는 과잉투자라는 일시적 상태와 관련되기 쉽다고 우리가 상정한다고 하더라도 더 높은 이자율을 적절한 치유책으로 간주하는 것은 여전히 터무니없을 것이다. 왜냐하면 이 경우에는 그러한 질병의 원인을 과소소비에서 찾는 사람들의 논거가 완전하게 성립될 것이기 때문이다. 치유책은 소득의 재분배 또는 그 밖의 다른 방식으로 소비성향을 증대시키는 데 맞춰진 다양한 조치들에 있을 것이고, 그러한 조치들을 취한다면 일정한 고용수준을 떠받치는 데 필요한 현재의 투자는 더 작은 규모가 될 것이다.

IV

이 지점에서 현대 사회가 보여주는 과소고용으로 나아가는 만성적인 경향의 원인은 과소소비에서, 즉 지나치게 낮은 소비성향을 초래하는 사회적 관습과 부의 분배에서 찾아야 한다고 다양한 관점에서 주장하는 중요한 사상의 유파들에 대해 한마디 말해두는 것이 편리할 수 있다.

투자의 규모가 계획되는 것도 아니고 통제되는 것도 아닌 가운데 그것이 '무지하거나 투기적인 개인들의 사적인 판단에 의해 결정되는 자본의 한계효율'의 변덕에 구속되고, '관례적인 수준 밑으로는 좀처럼 또는 결코 떨어지지 않는 장기이자율'에도 구속되는 현재의 상황(또는 적어도 최근까지 존재했던 상황)에서는 그러한 사상의 유파들이 현실적인 정책에 대한 안내자로서 올바른 입장을 취하고 있는 것이라는 데 의문의 여지가 없다. 왜냐하면 그러한 상황에서는 보다 만족스러운 수준으로 평균 고용수준을 끌어올릴 다른 수단이 존재하지 않기 때문이다. 만약 투자의 증가를 실질적으로 실현시킬 수 없다고 한다면 소비를 증가시키는 것 말고는 더 높은 고용수준을 확보할 수단이 달리 없는 게 분명하다.

실천적인 측면에서는, 나는 그러한 사상의 유파들이 투자를 증가시켜서 얻을 수 있는 사회적 이득이 아직 많이 남아있을 때 소비의 증가를 조금 과도하게 강조하는 것일 수 있다고 생각한다는 점에서만 그들과 의견을 달리할 뿐이다. 그러나 이론적으로 본다면, 그들은 생산을 확대시키는 데 두 가지 방법이 있다는 사실을 무시하고 있다는 비판을 받을 소지를 갖고 있다. 설령 우리가 자본을 더 천천히 증가시키는 대신에 소비를 증가시키는 데 우리의 노력을 집중하는 것이 더 나을 것이라는 판단을 하게 된다고 하더라도 대안을 충분히 검토한 뒤에 눈을 똑바로 뜨고 있는 상태에서 그런 판단을 해야 한다. 나 자신은 자본이 더 이상 희소하지 않게 될 때까지 자본의 축적량을 증가시키는 것이 가져다주는 사회적 이득에 주목하고 있다. 그러나 이것은 실천적인 판단이지 이론적인 필수명제가 아니다.

더 나아가 나는 가장 현명한 경로는 그 두 개의 전선에서 동시에 전진하는 것임을 얼마든지 인정할 것이다. 나는 자본의 한계효율이 점진적으로 하락한다는 점을 염두에 두고 이자율을 사회적으로 통제하는 것을 목적으로 삼는 정책을 지지하는 동시에 소비성향을 증대시키기 위한 모든 종류의 정책도 지지할 것이다. 왜냐하면 우리가 투자와 관련해 무슨 조치를 취하더라도 기존의 소비성향에서는 완전고용이 유지될 수 있을 것 같지 않기 때문이다. 그러므로 양쪽의 정책, 즉 투자를 촉진하는 정책과 소비를 촉진하는(기존의 소비성향에서 늘어나는 투자에 상응하는 수준으로만이 아니라 그보다 더 높은 수준으로) 정책을 동시에 가동시켜볼 여지가 존재한다.

예를 들어 설명할 목적으로 대략적인 숫자를 이용해보겠다. 만약 오늘의 평균적인 생산량 수준이 지속적인 완전고용에 부합하는 수준에 비해 15퍼센트 적고, 이런 생산량 가운데 10퍼센트는 순투자, 90퍼센트는 소비를 나타낸다고 가정하자. 또한 기존의 소비성향에서 완전고용을 확보하기 위해서는 순투자가 50퍼센트 증가해야 하고, 따라서 완전고용에서는 생산량이 100에서 115로, 소비는 90에서 100으로, 순투자는 10에서 15로 증가하게 된다고 가정하자. 그러면 우리는 아마도 완전고용에서 소비가 90에서 103으로, 순투자는 10에서 12로 증가하도록 소비성향을 수정하는 것을 목표로 삼을 수도 있을 것이다.

V

또 다른 사상의 유파는 경기순환에 대한 해법을 소비나 투자를 증가시키는 데서 찾는 게 아니라 고용되기를 원하는 노동의 공급을 감소시키는 데서, 즉 고용이나 생산을 증가시키지 않으면서 기존 규모의 고용을 재배분하는 것을 통해 노동의 공급을 감소시키는 데서 찾는다.

이것은 내게는 성급한 정책으로 보이며, 소비를 증가시키려는 계획보다 훨씬 더 분명하게 성급한 것으로 보인다. 모든 개인이 증가된 여가를 증가된 소득에 견주면서 이득을 저울질하게 되는 시기가 올 것이다. 그러나 현재로서는 대다수 개인들은 여가의 증가보다 소득의 증가를 선호할 것임을 보여주는 증거가 강하고, 더 많은 소득을 선호하는 사람들로 하여금 더 많은 여가를 즐기도록 강제하기에 충분한 이유를 나는 발견할 수 없다.

VI

호황의 초기단계에 더 높은 이자율을 통해 호황을 억제하는 데서 경기순환에 대한 해법을 찾는 사상의 유파가 존재한다는 것이 이상하게 여겨질 수 있다. 이런 정책을 정당화해주는 논거가 조금이라도 있다면 그런 논거를 유일하게 갖고 있다고 할 만한 논의는 로버트슨 씨가 제시한 논의다. 그는 사실상 완전고용은 실현될 수 없는 이상이며, 우리가 바랄 수 있는 최선은 현재보다 훨씬 더 안정적이면서 아마도 평균적으로 조금 더 높은 수준의 고용일 것이라고 상정한다.

만약 우리가 투자에 대한 통제에 영향을 미치거나 소비성향에 영향을 미치는 주요 정책변화를 배제하고 대체로 말해 기존의 상태가 지속된다고 가정한다면, 가장 잘못 유도된 낙관주의자들까지도 주춤거리게 하기에 충분할 정도로 이자율을 높여서 호황의 초기에 어김없이 그 싹을 잘라버리는 금융정책이 평균적으로 보다 이로운 예상의 상태를 불러올 수 있다는 주장은 내가 생각하기에 논란의 여지가 있다. 불황의 특징인 기대의 좌절은 매우 많은 손실과 낭비를 초래할 수 있으므로 기대를 억제시키는 정책이 실시된다면 유익한 투자의 평균수준이 더 높아질 수 있다. 이런 판단이 그 자체의 가정 위에서 옳은지의 여부는 장담하기 어렵고, 이것은 자세한 증거가 없는 상태에서 실천적인 판단을 내려야 하는 문제다. 이것은 전적으로 방향이 잘못된 투자로 판명될 투자에도 수반되는 소비의 증가로부터 발생하는 사회적 이득을 간과하는 것일 수 있고, 따라서 그러한 투자라도 이루어지는 것이 투자가 전혀 이루어지지 않는 것보다는 더 유익할 수 있을지도 모른다. 그렇지만 가장 현대화된 화폐통제 당국도 1929년에 미국에서 일어난 호황과 같은 유형의 호황에 직면하면 그 당시에 연방준비제도가 갖고 있었던 무기 이외의 다른 무기는 전혀 갖고 있지 못한 상태에서 곤경에 처할 수 있고, 그러한 화폐통제 당국의 권한에 속하는 대안들 가운데 어느 것을 실행해도 결과에 큰 차이를 만들어내지 못할 수 있다. 그러나 아무리 그렇다 하더라도 그러한 전망은 내게는 위험할 정도의 불필요한 패배주의로 여겨진다. 그러한 전망은 우리의 기존 경제기구가 갖고 있는 결함을 과장해서 영구적으로 기정사실화하도록 권유하는 것이거나 적어도 그러한 결함을 과장되게 가정하는 것이다.

그럼에도 불구하고 고용의 수준이 어떤 평균, 예를 들어 종전 10년간의 평균을 상당히 웃도는 수준으로 상승하려는 경향이 조금이라도 나타나면 그러한 경향을 곧바로 억제하기 위해 높은 이자율을 채택하고자 하는 내핍주의적인 견해가 정신의 혼란 말고는 아무런 근거도 갖고 있지 못한 주장에 의해 보다 흔히 뒷받침되고 있다. 어떤 경우에는 이런 견해가 '호황 때에는 투자가 저축 이상으로 증가하는 경향이 있는데 이자율의 상승은 한편으로는 투자를 억제하고 다른 한편으로는 저축을 촉진함으로써 균형을 회복시킬 것'이라는 믿음으로부터 흘러나온다. 이런 견해는 저축과 투자가 달라질 수 있다는 뜻을 내포하고 있고, 따라서 이 두 가지 용어가 어떤 특별한 의미로 정의되기 전에는 아무런 의미도 없다. 또는 투자의 증가에 수반되는 저축의 증가는 일반적으로 물가의 상승과도 병행되기 때문에 바람직하지도 않고 정의로운 것도 아니라는 의견이 종종 제시된다. 그러나 만약 그렇다면 생산과 고용이 기존의 수준 이상으로 조금이라도 변동하는 것에 대해서도 반박을 해야 한다. 왜냐하면 물가의 상승은 기본적으로는 투자의 증가 때문에 일어나는 현상이 아니기 때문이다. 물가의 상승은 수확체감이라는 물리적인 사실에 기인하거나, 생산이 증가할 때 화폐로 측정한 비용단위가 상승하는 경향 때문에 단기에는 보통 생산의 증가에 따라 공급가격이 상승한다는 사실에 기인하는 것이다. 공급가격이 불변인 상황이라면 물론 물가가 전혀 상승하지 않겠지만, 그렇더라도 이런 점과는 아무런 상관도 없이 투자의 증가는 저축의 증가를 수반할 것이다. 저축의 증가를 가져오는 것은 생산의 증가이고, 물가의 상승은 단지 생산의 증가가 낳는 부산물일 따름이며, 저축이 증가하지 않더라도 그 대신에 소비성향이 증가

396

한다면 마찬가지로 생산의 증가가 일어날 것이다. 생산이 저조하다는 이유만으로 낮아진 물가로 구매를 할 수 있는 기득권을 정당하게 갖고 있는 사람은 아무도 없다.

또한 만약 투자의 증가가 화폐의 양을 증가시켜 의도적으로 실현시킨 이자율의 하락에 의해 촉진됐다면 해악이 생겨나게 돼있다는 견해도 있다. 그러나 기존의 이자율에 그 어떤 특별한 유익함이 있는 것도 아니고, 새로운 화폐는 그 누구에게도 '강제' 되지 않는다. 새로운 화폐는 더 낮은 이자율 또는 거래의 증가된 규모에 대응해 증가된 유동성 선호를 충족시키기 위해 창출된 것이고, 더 낮은 이자율에서 화폐를 대부하기보다 보유하기를 선호하는 개인들에 의해 보유된다. 그런가 하면 '자본소비'가 호황의 특징이라는 견해도 제시된다. 여기서 자본소비는 아마도 마이너스 순투자를 의미하는 것일 테고, 그렇다면 이러한 견해는 과도한 소비성향이 호황의 특징이라는 말이 된다. 그러나 경기순환이라는 현상이 전후에 유럽의 화폐가 붕괴하는 동안에 일어난 화폐로부터의 도피와 혼동된 것이 아니라면 실제의 증거는 전적으로 그 반대다. 게다가 설사 그렇다고 하더라도 과소투자의 상태에 대해서는 이자율을 인상하는 것보다는 이자율을 인하하는 것이 더 그럴 듯한 치유책일 것이다. 나는 총생산은 변화할 수 없다는 암묵적인 가정을 추가한다면 모를까 그렇지 않고는 이런 사상의 유파들을 전혀 이해할 수 없다. 그러나 불변의 생산을 가정하는 이론은 경기순환을 설명하는 데 그다지 도움이 되지 않을 것이 분명하다.

VII

경기순환에 대한 과거의 연구들, 특히 제번스의 연구는 공업의 현상에서 설명요인을 찾기보다는 계절변화에 기인하는 농업의 변동에서 설명요인을 찾았다. 위에서 언급한 이론의 관점에서는 이렇게 하는 것이 이 문제에 대한 매우 그럴 듯한 접근으로 보인다. 왜냐하면 오늘날에도 어느 한 해와 그 다음 해 사이에 농업 생산물의 재고에 일어나는 변동이 그때의 투자율에 변화를 일으키는 원인이 되는 개별 항목들 가운데 가장 큰 것 중 하나이기 때문이다. 그리고 제번스가 글을 쓸 때에는, 보다 특정해 말하면 그가 실시한 통계작업의 대부분이 대상으로 삼은 기간에는 이 요인이 다른 어떤 요인보다 훨씬 더 비중이 컸던 게 틀림없다.

경기순환이 주로 농작물 수확량의 변동에 기인한다고 본 제번스의 이론은 다음과 같이 재진술될 수 있다. 이례적으로 수확이 많은 해에는 보통 이듬해 이후로 이월되는 재고량에 중요한 추가가 이루어지게 된다. 이렇게 추가된 부분의 판매대금은 농부들의 당해 연도 소득에 추가되고 그들에 의해 소득으로 취급되지만, 이월재고 증가분은 공동체 내 다른 부문들의 소득지출을 흡수하는 것이 아니라 그 소요비용을 저축으로부터 공급받는다. 다시 말해 이월재고에 추가되는 부분은 곧 당해 연도의 투자에 추가되는 부분이다. 이런 결론은 물가가 급격하게 떨어진다고 해도 무효화되지 않는다. 이와 비슷하게 수확이 빈약한 해에는 이월재고에서 그 해의 소비를 위한 인출이 이루어지고, 따라서 소비자들의 소득지출 가운데 그러한 인출에 상응하는 부분은 농부들에게 그 해의 소득을 창출해주지 않는다. 다시 말해 이월재고에서 인출되는 부분은 그 해에 그에 상응하는 투자의 감소를 수반하는 것이다. 따라서 만약 다른 부문들의 투자가 불변이라고 가정한다면 이월재고에 상당한 추가가 이루어진 해와 이월재고에서 상당한 차감이 이루어진 해 사이에 총투자의 차이가 클 수 있고, 농업이 지배적인 산업인 공동체에서는 이러한 차이가 투자변동의 다른 어떤 통상적인 원인에 비해 봐도 압도적으로 클 것이다. 따라서 우리는 당연히 상향의 전환점은 풍부한 수확, 하향의 전환점은 부족한 수확이라는 특징을 각각 갖는다고 볼 수 있다. 여기서 더 나아가 풍작과 흉작의 주기적 순환에는 물리적 원인이 있다고 보는 이론은 물론 다른 문제이며, 여기서 우리는 이런 이론에 대해서는 관심을 갖고 있지 않다.

보다 최근에는 경기에 좋은 것은 풍작이 아니라 흉작이며, 그 이유는 흉작은 사람들로 하여금 보다 적은 실질보수만 받고도 기꺼이 일하려는 태도를 갖게 한다는 데서 찾을 수도 있고 그 결과로 이루어지는 구매력의 재분배가 소비에 이로운 것으로 간주된다는 데서 찾을 수도 있다는 이론이 개진됐다. 경기순환을 설명해주는 요인으로서 수확의 풍작과 흉작 현상에 대해 위와 같이 서술할 때 내가 염두에 둔 것이 이런 이론이 아님은 말할 필요도 없을 것이다.

그러나 현대 세계에서는 경기변동의 농업쪽 원인이 다음 두 가지 이유에서 훨씬 덜 중요해졌다. 첫째로, 농업생산이 총생산에서 차지하는 비중이 훨씬 축소됐다. 그리고 둘째로, 지구의 북반구와 남반구 전체에 걸쳐 대부분의 농업 생산물에 대한 세계시장이 발달함에 따라 농작물 재배에 좋은 계절과 나쁜 계절의 효과를 상쇄시킴으로써 세계 수확량의 변동률이 국가별 수확의 변동률보다 훨씬 작아지게 됐다. 그러나 옛날에는 개별 국가가 자국의 수확에만 주로 의존했으므로 전쟁을 제외하고는 규모의 측면에서 어떤 방식으로든 농업 생산물 이월재고의 변화에 필적할 만한 투자변동의 원인이 될 수 있는 것을 찾기가 어려웠다.

농산물이든 광산물이든 원자재 재고의 변화가 해당 기간의 투자율이 결정되는 데서 수행하는 역할을 자세히 들여다보는 것은 오늘날에도 중요하다. 나는 전환점에 도달한 뒤에 불황으로부터 경기가 회복되는 속도가 늦은 원인을 잉여재고가 정상적인 수준으로 감소하는 과정의 디플레이션적 효과에서 주로 찾는다. 처음에 호황이 꺾인 뒤에 일어나는 재고의 축적은 경기붕괴의 속도를 늦추지만, 우리는 이런 구제의 대가를 나중에 회복의 속도가 억제되는 것으로 갚아야 한다. 사실 때로는 측정될 수 있는 정도의 회복이 조금이라도 감지되려면 그 전에 재고의 감소가 거의 완료돼야 한다고 볼 수도 있다. 왜냐하면 상향의 움직임을 상쇄하는 재고투자의 감소가 진행되고 있지 않을 때에는 상향의 움직임을 만들어내기에 충분한 다른 방면의 어떤 투자율이 그러한 재고투자의 감소가 아직 진행되고 있는 동안에는 그렇게 하기에 매우 불충분할 수 있기 때문이다.

우리는 그 상징적인 예를 미국 '뉴딜'의 초기 단계에서 보았다고 나는 생각한다. 루스벨트 대통령에 의해 상당한 규모의 차입지출이 시작됐을 때에는 특히 농업 생산물의 재고를 포함해 모든 종류의 재고가 여전히 매우 높은 수준이었다. '뉴딜'은 부분적으로는 이런 재고를 줄이려는 시도를 집중적으로 하는 것(생산을 감소시키는 것에 의해, 그리고 그 밖의 모든 종류의 방법을 통해)으로 구성돼있었다. 재고를 정상적인 수준으로 줄이는 것은 필요한 과정이었고, 따라서 이 단계는 감내돼야 하는 것이었다. 그러나 이런 과정이 말하자면 약 2년 동안 계속되는 동안에 다른 방면에서 이루어지는 차입지출에 대해 상당한 상쇄요인이 됐다. 이런 과정이 완료된 뒤에야 비로소 상당한 정도의 경기회복으로 나아갈 수 있는 길이 열렸다.

미국이 최근에 겪은 경험도 '완성재와 미완성재의 재고(stocks)'(점점 더 일반화되고 있는 용어로는 '재고자산(inventories)')에 일어나는 변동이 경기순환의 주된 움직임 속에 작은 진동을 일으키는 데서 수행하는 역할을 보여주는 좋은 예가 돼왔다. 몇 달 뒤에 현실화될 것으로 예상되는 소비의

규모에 대비해 산업을 가동시키는 제조업자들은 일반적으로 실제의 사실
을 조금 앞지르는 방향으로 사소한 계산착오를 저지르기 쉽다. 스스로 실
수를 저질렀음을 알게 되면 그들은 과잉재고가 흡수되도록 단기적으로 생
산규모를 축소시켜야 한다. 그리고 현재 미국에서 입수할 수 있는 탁월하
게 완전한 통계자료에 비추어보면 그렇게 조금 앞서 달리는 것과 뒤로 처
지는 것 사이의 속도차이는 그때그때의 투자율에 미치는 효과의 측면에서
아주 분명하게 관찰되기에 충분한 정도인 것으로 입증된다.

23장
중상주의, 고리대금지법, 검인화폐, 과소소비이론에 대해

I

약 200년 동안 경제이론가들과 실무자들은 양쪽 다 무역수지가 흑자인 나라는 특이한 이득을 얻게 되고, 무역수지가 적자인 나라는 중대한 위험에 처하게 되는데 특히 그 적자가 귀금속의 유출을 초래하면 그렇게 됨을 의심하지 않았다. 그러나 지난 100년 동안에 주목할 만한 견해의 차이가 생겨났다. 대부분의 나라에서 대부분의 정치가와 실무자들은, 그리고 심지어는 반대되는 견해의 본고장인 영국에서도 정치가와 실무자들의 거의 절반은 오래된 교리를 충실하게 신봉하는 태도를 유지했다. 반면에 거의 모든 경제이론가들은 그러한 문제에 대한 걱정은 매우 단기적인 관점에서가 아니라면 절대적으로 근거가 없다고 생각했다. 대외무역의 메커니즘은 자율조정되며, 그것에 간섭하려는 시도는 무익할 뿐만 아니라 국제 노동분업의 이점을 박탈하기 때문에 그러한 시도를 실행하는 나라의 사람들을 크게 빈곤하게 만들기도 한다는 이유에서였다. 전통에 따라 예전의 견해를 중상주의라고 부르고, 보다 새로운 견해를 자유무역주의라고 부르는 것이 편리할 것이다. 다만 이 두 가지 용어는 그 각각이 보다 넓은 의미와 보다 좁은 의미를 동시에 갖고 있기 때문에 맥락에 비추어 해석해야 한다.

대체로 말해 현대의 경제학자들은 일반적으로 국제 노동분업에서 나오는 순이득은 중상주의 정책이 정당하게 제몫으로 주장할 수 있는 이득을 능가하고도 남는다고 주장해왔을 뿐만 아니라 중상주의의 주장은 처음부터 끝까지 지적 혼란에 근거를 두고 있다고도 주장해왔다.

예를 들어 마셜[1]은 비록 중상주의에 대한 그의 언급이 완전히 비동조적인 것은 아니었지만 중상주의자들의 중심적 이론 그 자체는 전혀 존중하지 않았고, 내가 아래에서 살펴보려는 그들의 주장에 담긴 진리의 요소들[2]도 언급하지 않았다. 이와 마찬가지로 예를 들어 유치산업 지원이나 교역조건 개선과 관련된 현대의 논쟁에서 자유무역주의 경제학자들이 이론적으로 기꺼이 용인한 것들도 중상주의 주장의 진정한 내용과는 관계가 없다. 현 세기의 첫 사반기에 재정논쟁이 전개되는 동안에 보호무역이 국내의 고용을 증가시킬 수 있다는 주장에 대해 경제학자들이 조금이라도 용인을 한 적이 있다는 기억이 내게는 없다. 아마도 나 자신이 쓴 글을 하나의 예로 인용하는 것이 가장 공정할 것 같다. 그리 멀지 않은 1923년에 당시로서는 자신이 배운 것을 의심하지 않았을 뿐 아니라 이 문제에 대해 거리끼는 마음을 조금도 갖고 있지 않았던 고전파의 충실한 학생으로서 나는 이렇게

---

1 그의 저서 중 《산업과 무역(Industry and Trade)》의 '부록 D: 화폐, 신용, 상업' (130쪽)과 《경제학의 원리(Principles of Economics)》의 부록 I을 참조하라.

2 이러한 요소들에 대한 그의 견해는 그의 저서 《원리》(1판)의 51쪽에 실려 있는 각주에 잘 요약돼 있다. "화폐가 국부에 대해 갖는 관계에 대한 중세의 견해들에 대해서는 영국과 독일 두 나라에서 많은 연구가 이루어졌다. 전체적으로 보아 그 견해들은 한 나라의 순부의 증가는 그 나라 안에 귀금속의 축적을 늘리는 것에 의해서만 이루어질 수 있다고 의도적으로 가정한 결과로 오류에 빠졌다기보다는 화폐의 기능을 명확하게 이해하지 못해 혼란에 빠졌다고 봐야 한다."

썼다. "보호무역이 할 수 없는 일이 하나 있다면 그것은 실업을 치유하는 일이다. … 생각해볼 수는 있지만 실현될 것 같지는 않은 이득을 보호무역이 확보해줄 수 있다는 논거(이 문제에 대해서는 간단한 해답이 존재하지 않는다)를 토대로 보호무역을 옹호하는 주장이 일부 있다. 그러나 보호무역이 실업을 치유한다는 주장이야말로 보호무역주의의 오류를 가장 저열하고 조잡한 형태로 내포하고 있다."[1] 과거의 중상주의 이론에 대해 지적인 이해를 할 수 있게 해주는 설명은 만날 수 없었고, 우리는 그것이 몰상식보다 나을 게 거의 없다고 믿도록 길러졌다. 고전파의 지배는 그토록 절대적으로 압도적이고 완전했다.

||

먼저 이제는 내게 중상주의 이론에 들어있는 과학적 진리의 요소로 여겨지는 것을 나 자신의 용어로 진술해보겠다. 그런 다음에 우리는 그것을 중상주의자들의 실제 주장과 비교해볼 것이다. 그들이 주장하는 이득이라는 것은 공공연하게 국민적 이득으로 내세워지며, 사실 그것이 세계 전체에 두루 이로울 것 같지는 않다는 점은 전제사항으로 알고 있어야 한다.

어느 한 나라의 부가 다소 급속하게 성장하고 있다고 할 때 여건이 자유방임의 상황이라면 새로운 투자로의 유인이 불충분하다는 점이 그러한 행복한 상태가 더 진전되는 것을 방해하기 쉽다. 사회적, 정치적 환경과 소비성향을 결정하는 국민의 특성이 주어졌다면 발전하는 나라의 복리는 우리

---

1 〈더 네이션 앤드 애시니엄(The Nation and the Athenaeum)〉, 1923년 11월 24일자.

가 앞에서 설명한 이유들로 인해 기본적으로 새로운 투자로의 유인이 충분히 존재하는가의 여부에 의존한다. 새로운 투자로의 유인은 국내투자와 관련해서도 발견될 수 있고 해외투자와 관련해서도 발견될 수 있으며(귀금속의 축적은 해외투자에 포함시킨다), 이 두 가지 투자를 더하면 총투자가 된다. 총투자의 양이 이윤동기에 의해서만 결정되는 상태에서는 국내투자의 기회가 장기적으로 볼 때 국내 이자율에 의해 좌우될 것이고, 해외투자의 규모는 필연적으로 무역수지 흑자의 크기에 의해 결정된다. 따라서 공적 당국의 보호 아래 이루어지는 직접투자가 문제가 되지 않는 사회에서는 그 정부가 마땅히 관심을 집중해야 할 경제정책의 표적은 국내 이자율과 무역수지다.

그런데 만약 임금단위가 어느 정도 안정적이어서 저절로는 상당한 폭으로 변화할 것 같지 않다면(이는 거의 언제나 충족되는 조건이다), 만약 유동성 선호의 상태가 어느 정도 안정적이어서 그 단기변동을 평균화한 결과에 상응하는 수준이라고 볼 수 있다면, 그리고 만약 금융관습도 안정적이라면 이자율은 유동성에 대한 공동체의 욕구를 충족시키는 데 이용될 수 있는 귀금속의 양(임금단위로 측정한)에 의해 좌우되는 경향이 있을 것이다. 이와 동시에 상당한 규모의 해외대부와 해외에 소재하고 있는 부에 대한 직접적인 소유가 거의 실행될 수 없는 시대에는 귀금속의 양이 증가하느냐 감소하느냐가 대체로 무역수지가 흑자인가 적자인가에 의존할 것이다.

따라서 당국이 무역수지 흑자에 집착한 것이 실제로 두 가지 목적에 다 도움이 됐을 뿐만 아니라 사실 그렇게 하는 것이 두 가지 목적의 달성을 촉진하기 위해 사용할 수 있는 유일한 수단이었다. 당국이 국내의 이자율이나 국내투자에 대한 그 밖의 다른 유인수단에 대해 직접적인 통제력을 갖고 있지 못했던 시기에는 무역수지 흑자를 증가시키는 조치를 취하는 것이 해외투자를 증가시키기 위해 당국이 유일하게 사용할 수 있는 직접적 수단이었다. 그리고 이와 동시에 무역수지 흑자가 귀금속을 유입시키는 효과를 내게 하는 것이 국내 이자율을 낮추어 국내투자로의 유인을 증대시키기 위해 당국이 유일하게 사용할 수 있는 간접적 수단이었다.

그러나 이런 정책을 성공시키는 데는 간과해서는 안 될 두 가지 제약이 있다. 만약 임금단위가 상승하기 시작하는 임계지점들 가운데 일부가 돌파될 정도로 고용을 증가시키기에 충분하도록 투자의 규모가 늘어나게 할 만큼 낮은 수준으로 국내 이자율이 떨어진다면 국내 비용수준의 상승이 무역수지에 불리한 영향을 미치기 시작할 것이고, 그러면 무역수지를 증가시키려는 노력이 과도하게 되어 그 효과를 스스로 잠식하는 꼴이 될 것이다. 그런가 하면 만약 국내 이자율이 해외 다른 곳들의 이자율에 비해 상당히 낮은 수준으로 떨어져 무역수지 흑자의 규모와 균형이 맞지 않는 규모로 해외대부가 일어나도록 자극한다면 그 전에 올린 이득을 상쇄시키고도 남을 정도의 귀금속 유출이 뒤따라 일어날 수 있다. 규모가 크고 국제적으로 중요한 나라의 경우에는 이러한 두 가지 제약 가운데 하나가 작동하게 될 위험이 더 크다. 왜냐하면 광산의 귀금속 생산이 비교적 작은 규모로 이루어지는 상태에서는 어느 한 나라로 화폐가 유입되는 것은 곧 다른 나라에서 화폐가 유출되는 것을 의미하며, 따라서 국내에서 상승하는 비용과 하락하는 이자율이 가져오는 부정적인 효과가 해외에서 하락하는 비용과 상승하는 이자율에 의해 더욱 심화될 수 있기 때문이다(만약 중상주의 정책이 과도하게 추진된다면).

15세기 후반과 16세기의 에스파냐 경제사는 귀금속의 과도한 풍부함이 임금단위에 미친 효과로 인해 대외무역이 파괴된 나라의 한 예다. 20세기에 들어와 전쟁이 일어나기 전까지 여러 해 동안의 영국은 해외대부와 해외자산 구매가 너무 쉽게 이루어지게 된 것이 국내의 완전고용을 확보하기 위해 요구되는 국내 이자율의 하락을 종종 가로막은 나라의 한 예다. 인도의 역사는 어느 시대를 보더라도 유동성 선호가 너무 강한 열정이 되어 심지어는 엄청난 규모의 만성적인 귀금속 유입도 실물 부의 성장과 양립할 수 있는 수준으로 이자율을 끌어내리기에 불충분했던 나라의 한 예다.

그렇다고 하더라도 만약 어느 정도 안정적인 임금단위를 갖고 있고, 소비성향과 유동성 선호를 결정하는 국민의 특성을 일정하게 갖고 있으며, 화폐의 양을 귀금속의 재고에 경직적으로 연결시켜주는 화폐제도를 갖고 있는 사회를 우리가 생각해본다면 그런 사회에서는 당국이 무역수지의 상태에 긴밀하게 주의를 기울이는 것이 번영을 유지하는 데 필수적인 일일 것이다. 왜냐하면 무역수지 흑자는 그것이 지나치게 크지 않은 한 경제를 활성화시키는 효과가 대단히 큰 것으로 확인될 것이고, 무역수지 적자는 오래 계속될 불황의 상태를 머지않아 가져올 수 있기 때문이다.

그렇다고 해서 수입에 대해 최대한의 규제를 가하는 것이 최대한의 무역수지 흑자의 실현을 촉진할 것이라고 생각해서는 안 된다. 초기의 중상주의자들은 이 점을 크게 강조했고, 장기적인 관점에서 보면 무역규제가 무역수지 흑자에 부정적으로 작용하기 쉽다는 이유에서 무역규제에 반대하는 모습을 종종 보였다. 사실 19세기 중반의 영국이라는 특수한 상황에서는 거의 완전한 무역의 자유가 무역수지 흑자를 촉진하는 데 가장 도움이 되는 정책이었다고 주장하는 것이 논란의 여지는 있지만 가능하다. 전후 유럽에서 무역규제가 실시된 것과 관련된 현대의 경험은 잘못 강구된 장애물들을 여러 측면에서 보여주는 예다. 그 장애물들은 무역수지를 개선하기 위해 고안된 것이었지만 실제로는 오히려 그 반대방향의 경향을 나타냈다.

우리가 전개해온 논증의 결과로 도출될 수 있는 실제의 정책에 대해 독자가 성급한 결론을 내려서는 안 되는 것은 바로 이런 이유들과 그 밖의 다른 여러 가지 이유들 때문이다. 특수한 근거 위에서 무역규제가 정당화될 수 있는 경우가 아닌 한, 무역규제에 대해 반대하게 하는 일반적인 성격의 강력한 전제조건이 존재한다. 국제 노동분업이 가져다주는 이득은 비록 고전파가 그것을 너무 지나치게 강조하긴 했지만 실제로 존재하며 그 크기도 상당하다. 우리나라가 무역수지 흑자로부터 얻는 이득은 어떤 다른 나라에 그 이득과 같은 크기의 불이익을 초래하기 쉽다는 사실(이는 중상주의자들이 충분히 잘 알고 관심을 기울였던 점이다)은 어느 한 나라가 축적된 귀금속의 재고 가운데 공정하고 합당한 몫보다 더 많이 가져가지 않게 하는 대승적 절제의 실현이 필요하다는 의미만 내포하고 있는 것이 아니며, 무절제한 정책은 모든 나라에 똑같이 해를 끼치는 '무역수지 흑자를 향한 비이성적인 국제경쟁'을 초래할 수 있다는 의미도 내포하고 있다.[1] 그리고 마지막으로 덧붙여 말하자면, 무역규제 정책은 심지어는 그 표면상의 목표를 달성하기 위한 수단으로서도 미덥지 못하다. 왜냐하면 사적인 이해관계, 행정상의 무능력, 과제 자체에 내재하는 난점이 무역규제 정책으로 하여금 의도한 결과와는 정반대되는 결과를 빚어내는 쪽으로 엇나가게 할 수 있기 때문이다.

이처럼 나는 내가 성장하는 데 토대가 됐을 뿐 아니라 내가 여러 해 동안 가르치기도 했던 자유방임이라는 교리의 이론적 토대가 불충분함을 지적

---

1 임금을 인하하는 것을 통해 불황에 대처하기 위해 신축적인 임금단위를 채택하는 치유책도 이와 같은 이유에서 우리의 이웃들을 희생시켜 우리의 이익을 확보하는 수단이 되기 쉽다.

하는 데, 다시 말해 이자율과 투자규모는 최적의 수준이 유지되도록 저절로 조정되므로 무역수지에 집착하는 것은 시간낭비라는 관념을 반박하는데 비판의 무게중심을 두고 있다. 왜냐하면 경제학자들이라는 전문가 집단인 우리가 몇 세기 동안에 걸쳐 실제 국정운영의 주된 목적이었던 것을 유치한 강박관념으로 다루었다는 점에서 주제넘은 오류의 죄를 저질렀음이 판명됐기 때문이다.

이런 잘못된 이론의 영향 아래서 시티(런던의 금융 중심가―옮긴이)는 우리가 상상할 수 있는 범위 안에서 가장 위험한 균형유지의 기법, 즉 경직적인 외환평가와 결합된 재할인율 운용기법을 점차 고안해냈다. 왜 이것이 위험한가 하면 완전고용에 부합하는 국내 이자율을 유지한다는 목적이 완전히 배척됨을 의미하는 것이었기 때문이다. 현실적으로 국제수지를 무시하는 것이 불가능하므로 국제수지를 통제하는 수단이 개발된 셈인데, 그 수단이 국내 이자율을 보호하는 대신에 오히려 맹목적인 힘의 작용에 맡겨버리게 된 것이다. 최근에는 런던의 실무 은행가들이 경험을 통해 많은 것을 배웠고, 그래서 영국에서는 대외수지가 국내에 실업을 초래할 가능성이 있는 상태에서 대외수지를 보호하기 위해 또 다시 재할인율 운용기법이 사용되는 일은 절대로 없을 것이라고 예상하는 것이 거의 가능할 정도가 됐다.

고전파의 이론을 개별 기업에 관한 이론이자 일정한 양의 자원으로 만들어지는 생산물의 분배에 관한 이론으로 간주하고 보면 이 이론은 경제학적 사고에 논박될 수 없는 기여를 했다. 누구라도 이 이론을 자신의 사고장치 가운데 일부로 삼지 않고는 경제학적 주제에 대해 명료하게 사고하는 것이 가능하지 않다. 내가 고전파의 선구자들이 갖고 있었던 가치 있는 것들을 고전파가 무시한 점에 대해 주의를 환기시킨다고 해서 위와 같은 사실에 대해 의문을 제기하는 것이라고 독자가 생각해서는 안 된다. 고전파의 그와 같은 태도에도 불구하고, 국정운영이라는 것이 경제체제 전체와 관련이 있는 동시에 경제체제가 갖고 있는 자원 전부의 최적사용을 확보하는 문제와도 관련이 있다고 할 때 그러한 국정운영에 대한 하나의 기여로서 16세기와 17세기에 경제학적 사고의 길을 연 초기 개척자들이 개발한 방법은 단편적이긴 하지만 실천적인 지혜에 도달했던 것 같다. 그러나 비현실적인 추상화에 입각한 리카도의 이론이 그러한 지혜를 처음에는 망각했고 그 다음에는 제거해버렸다. 고리대금지법(이에 대해서는 이 장의 뒷부분에서 다시 살펴볼 것이다)을 도입하는 것에 의해, 국내의 화폐량을 유지하는 것에 의해, 그리고 임금단위 상승의 기세를 꺾는 것에 의해 이자율을 낮은 수준으로 유지하는 문제에 집중적으로 몰두했다는 점에서 그들은 현명했다. 또한 화폐의 불가피한 해외유출, 임금단위의 상승,[1] 또는 그 밖의 다른 원인으로 화폐가 단순히 부족하게 되는 경우에는 얼마든지 마지막 수단으로 화폐의 평가절하를 통해 화폐의 양을 회복시키려고 했던 그들의 태도도 지혜로운 것이었다.

Ⅲ

경제학적 사고의 초기 개척자들은 실천적인 지혜가 담긴 그들의 여러 공리

---

1 인간 본성에 관한 지식이 우리에게 예상하게 할 만한 점, 즉 오랜 세월에 걸쳐 꾸준히 임금단위가 상승하는 경향이 존재한다는 점과 경제사회가 쇠퇴하거나 해체되는 상황에서만 임금단위가 하락할 수 있다는 점은 적어도 솔론(Solon, 기원전 6세기 초에 아테네의 최고관리인 아르콘에 선출되어 시민의 채무를 탕감하는 등 일련의 개혁조치를 취한 고대 그리스의 정치가—옮긴이)의 시대 이후의 경험이 우리에게 보여주며, 만약 우리가 그 전의 통계도 갖고 있다면 아마도 그 전의 몇 세기에 걸치는 기간의 경험도 마찬가지임을 알게 될 것이다. 따라서 진보와 인구증가를 완전히 배제하고 본다 해도 화폐량의 점진적인 증가는 필수적인 현상임이 입증된다.

를 머리에 떠올렸을 때 그 밑바탕에 깔린 이론적 토대에 대해서는 별로 의식하지 않았을 수도 있다. 그렇다면 우선 그들이 직접 제시했거나 제안한 근거들을 간략하게 살펴보자. 중상주의에 대한 헥셔(Heckscher) 교수의 훌륭한 저작을 참고하면 이런 작업을 보다 쉽게 할 수 있을 것이다. 그의 저작은 일반 경제학 독자들도 두 세기에 걸친 경제학 사상의 기본적 특징들을 처음으로 알게 해주었다. 아래에 인용되는 구절들은 주로 그가 쓴 글에서 가져온 것이다.[2]

(1) 중상주의자들의 사고에서 이자율이 적절한 수준에서 수립되게 하는 자기조정의 경향이 존재한다고 가정된 적이 없다. 오히려 반대로 그들은 과도하게 높은 이자율은 부의 성장에 주된 장애물임을 단호하게 강조했고, 심지어는 이자율이 유동성 선호와 화폐량에 의존한다는 사실도 알고 있었다. 그들은 유동성 선호의 감소와 화폐량의 증가 둘 다에 관심을 갖고 있었고, 그들 가운데 몇몇은 화폐량을 증가시키는 문제에 몰두하는 것은 이자율을 하락시키기를 원하기 때문임을 분명히 밝혔다. 헥셔 교수는 그들의 이론이 갖고 있는 이런 측면을 다음과 같이 요약한다.

다른 많은 측면에서와 마찬가지로 이런 측면에서도 보다 명석한 중상주의자들의 입장은 어떤 한계 안에서는 완전하게 명료했다. 오늘날의 용어를 사용하면

---

2 헥셔 교수 자신이 대체로 고전파 이론의 신봉자인데다가 중상주의 이론에 대해 나보다 훨씬 덜 동조적이므로 그의 글에서 인용하는 구절들은 그만큼 더 나의 목적에 적합하다. 따라서 인용을 위해 선택된 그의 구절들이 중상주의 이론의 지혜를 예시하려는 욕구에 의해 편중됐을 위험은 전혀 없다.

그들에게 화폐는 토지와 같은 지위를 가진 하나의 생산요소였고, 때로는 '자연적' 부와 구분되는 '인공적' 부로 간주되는 것이었으며, 자본에 대한 이자는 화폐를 대여해주는 데 대한 대가로 지급되는 것이어서 토지에 대한 지대와 유사했다. 중상주의자들이 이자율이 보여주는 높이에 대한 객관적인 이유를 찾아내고자 애쓰는 동안에는(그리고 그들은 그 기간 동안 점점 더 그렇게 했다) 총 화폐량에서 그러한 이유를 찾아냈다. 무엇보다 먼저 이런 관념이 얼마나 오래 지속됐으며 얼마나 뿌리가 깊은 동시에 현실에 대한 고려와는 무관했는지를 보이기 위해, 이용할 수 있는 풍부한 자료에서 가장 전형적인 사례들만을 골라 제시해보겠다.

1620년대 초반에 영국에서 화폐정책과 동인도 무역을 놓고 벌어진 논쟁에서 양쪽의 주역들 모두가 이 점에서는 완전히 같은 의견을 갖고 있었다. 제러드 멀린스(Gerard Malynes)는 자신의 주장에 대해 자세한 근거를 제시하면서 "다량의 화폐는 고리대의 가격 즉 이자율을 떨어뜨린다"(《상인법》과 《자유무역의 유지》, 1622년)라고 진술했다. 도발적이며 다소 염치도 없는 그의 논쟁 상대방인 에드워드 미설든(Edward Misselden)은 "고리대에는 다량의 화폐가 치유책일 수 있다"(《자유무역 또는 무역을 번성하게 하는 수단들》, 같은 해)라고 대꾸했다. 반세기 뒤의 주요 저작자들 가운데 동인도회사의 막강한 지도자이자 가장 노련한 동인도회사 옹호자였던 차일드(Child)는 자신이 단호하게 도입하라고 요구한 법정최고 이자율이 영국으로부터 네덜란드인들의 '화폐'를 얼마나 멀리 빠져나가게 하는 결과를 가져오느냐는 문제를 논의했다(1668년). 그는 두려움을 불러일으키는 이러한 불이익에 대한 치유책을 채무증서가 보다 쉽게 양도될 수 있게 하는 데서 찾았다. 채무증서가 통화로 사용되게 한다면 그런 조치가 "이 나라 안에서 우리가 언제든 사용할 수 있는 상태로 갖고 있는 화폐의 적어도 절반에 해당하는 부족분을 분명히 공급"해줄 것이기 때문이라고 그는 말했다. 또 다른 저작자로서 이해관계 충돌의 영향을 전혀 받지 않은 페티(Petty)는 화폐량의 증가에 의해 이자율이 10퍼센트에서 6퍼센트로 '자연스럽게' 하락하는 것에 대해 설명할 때 다른 저작자들과 완전히 같은 의견을 갖고 있었고 (《정치적 산술》, 1676년), 그래서 그는 너무 많은 '주화'를 갖고 있는 나라에 대한 적절한 치유책으로 이자를 붙여 대부를 하게 하는 방안을 권했다(《화폐에 관한 논평》, 1682년).

이런 추론은 너무나 당연하게도 영국에만 국한된 것이 결코 아니었다. 몇십 년 뒤(1701년과 1706년)에 프랑스의 상인과 정치가들은 주화부족의 상태가 만연한 것이 높은 이자율에 원인이 되고 있다고 불평했고, 순환하는 화폐의 양을 증가시키는 것을 통해 고리대의 이자율을 낮추게 되기를 열렬히 원했다.[1]

위대한 인물인 로크(Locke)는 페티와 벌인 논쟁에서 이자율과 화폐량의 관계를 추상적인 용어를 사용해 표현했는데, 이렇게 한 것은 아마도 그가 처음일 것이다.[2] 그는 이자율 상한제에 관한 페티의 제안에 반대했다. "화폐의 자연적 가치는 화폐가 이자에 의한 연간 소득을 그만큼 낳아주는 경향이 있다는 뜻이므로 그것은 영국의 거래 전체(즉 모든 상품의 일반적 배출구)에 비해 그때 순환 중인 영국 내 화폐 전체의 양이 얼마나 되는가에 의존"[3]하며, 따라서 토지에 대해 최고의 지대를 일정하게 정해 부과하는 것이나 마찬가지로 페티의 제안도 실행하기가 불가능하다는 것이 반대의

---

1 헥셔, 《중상주의(Mercantilism)》, 2권, 200쪽과 201쪽. 아주 조금만 축약했다.
2 《이자를 낮추고 화폐의 가치를 올리는 것의 결과에 대한 약간의 검토》. 이 책은 1692년에 발간됐지만 씌어진 것은 그보다 몇 년 전이었다.
3 그는 이렇게 덧붙였다. "화폐의 양만이 아니라 그 순환의 빠르기에도 의존한다."

근거였다. 로크는 화폐가 두 가지 가치를 갖는다고 설명한다. (1) 이자율에 의해 주어지는 사용에서의 가치. 이런 면에서 화폐는 토지와 같은 성질을 갖는다. 토지의 소득은 지대라고 불리고, 화폐의 소득은 사용료[1]라고 불린다. (2) 교환에서의 가치. "이런 면에서 화폐는 상품과 같은 성질을 갖는다." 교환에서의 화폐의 가치는 "상품인 것들의 풍부함이나 부족함에 비해 화폐의 풍부함이나 부족함이 어느 정도인지에만 의존하며 이자가 어떤 수준인가에는 의존하지 않는다." 따라서 로크는 쌍둥이 수량설의 아버지였던 셈이다. 첫째로 그는 이자율은 거래의 총 가치에 대한 화폐량(유통속도를 감안한 뒤의)의 비율에 의존한다고 생각했다. 둘째로 그는 교환에서의 화폐의 가치는 시장에 있는 재화의 총 규모에 대한 화폐량의 비율에 의존한다고 생각했다. 그러나 그는 한 쪽 발은 중상주의 세계에 두고 다른 쪽 발은 고전파 세계에 두고 있었기에[2] 이 두 가지 비율 사이의 관계와 관련해 혼란에 빠졌고, 그래서 그는 유동성 선호가 변동할 가능성을 완전히 간과했다. 그러나 그는 이자율의 하락은 물가수준에 직접적인 영향은 전혀 미치지 않으며 "단지 거래에서 이자의 변화가 화폐나 상품의 유입이나 유출

---

1 여기서 '사용료(Use)'는 물론 '이자'를 가리키는 옛날식 영어 낱말이다.
2 얼마 뒤에 흄은 한 쪽 발과 다른 쪽 발의 절반을 고전파의 세계에 두었다. 왜 이렇게 말할 수 있느냐면, 흄은 우리가 실제로 살아가는 세계는 이행과정 속에 있다는 사실을 간과하지 않기에 충분할 정도로 여전히 중상주의자이긴 했지만 균형위치로 부단히 나아가는 이행보다 균형위치의 중요성을 강조하는 경제학자들의 관행을 시작한 사람이기 때문이다. "화폐취득과 물가상승 사이의 이런 시간적 간격 또는 중간적 상황에서만 금과 은의 양이 증가하는 것이 산업에 이롭다. … 한 나라 안의 행복과 관련해서는 화폐의 양이 더 많은가 더 적은가 하는 것은 결코 중요한 문제가 아니다. 국정책임자가 취할 수 있는 좋은 정책은 가능한 한 화폐량의 지속적인 증가를 유지하는 것뿐이다. 왜냐하면 그는 그러한 수단으로 나라 안에 산업의 기운이 계속 살아있게 하고 모든 진정한 힘과 부를 구성하는 노동의 규모를 증가시키기 때문이다. 화폐가 줄어드는 나라는 그 시점에서 화폐를 더 많이 갖고 있지는 않지만 화폐가 증가하는 추세인 다른 나라에 비해 실제로 더 허약하고 더 곤궁하다." (《화폐에 대하여》라는 소논문, 1752년)

414

을 불러오고, 그래서 시간이 흐르면서 여기 영국에서 화폐나 상품의 상대
적 규모가 예전의 상태와 달라지게 만드는 경우"에만, 다시 말해 이자율의
하락이 현금의 수출이나 생산량의 증가로 이어지는 경우에만 물가에 영향
을 미친다는 점을 열심히 설명하고자 했다. 그러나 그는 결코 진정한 종합
으로 나아가지는 못했다고 나는 생각한다.[3]

중상주의의 생각을 갖고 있는 사람들이 이자율과 자본의 한계효율을 얼
마나 쉽게 구별했는지는 로크가 〈고리대에 관해 한 친구에게 써 보낸 편
지〉(1621년판)라는 글에서 인용했던 다음 구절에 의해 예증된다. "높은 이
자는 거래를 쇠퇴시킨다. 이자로부터의 이득이 거래로부터의 이윤보다 더
크다. 이는 부유한 상인들로 하여금 일손을 놓고 이자를 얻기 위해 자신들
이 축적한 것을 투자하게 하고, 덜 부유한 상인들은 파산하게 만든다." 포
트리(Fortrey)도 부를 증가시키는 수단으로서 낮은 이자율을 강조한 경우
의 예가 되는 사람이다(《영국의 이자와 개선》, 1663년에서).

중상주의자들은 만약 과도한 유동성 선호가 유입되는 귀금속을 퇴장시
키게 된다면 유입되는 귀금속이 이자율에 미치는 이로운 영향이 사라지게
된다는 점을 간과하지 않았다. 그럼에도 불구하고 어떤 경우(예를 들면 먼
(Mun)의 경우)에는 국가의 힘을 증대시킨다는 목적을 위해 국가재보를 축
적해야 한다고 주장하게 했다. 그러나 이런 경우에 해당하는 이들을 제외

---

[3] 충실한 고전파 경제학자인 헥셔 교수가 로크의 이론에 대해 자신이 설명한 내용을 요약하면서
다음과 같이 내린 논평은 이자란 화폐에 대한 이자를 의미한다고 보는 중상주의의 견해(이것은
이제 나에게는 의심할 여지없이 옳다고 여겨지는 견해다)가 얼마나 완전하게 사라졌는지를 잘
보여준다. "만약 이자가 정말로 화폐대부의 가격과 같은 말이라고 한다면 … 로크의 주장은 반
박할 여지가 없을 것이다. 그러나 사실은 그렇지 않으므로 그의 주장은 전혀 현실적 타당성이 없
다." (앞에서 든 책, 2권, 204쪽)

한 다른 사람들은 그와 같은 정책에 대해 터놓고 반대했다.

예를 들어 슈뢰터(Schrötter)는 국가재보가 크게 증가하는 경우에 나라 안의 순환체계가 어떻게 그 자신의 모든 화폐를 빼앗기게 될 것인가에 관한 끔찍한 묘사를 할 때 통상적인 중상주의의 논증을 채용했다. … 그는 또한 수도원에 의한 재보축적과 그로서는 생각해볼 수 있는 상황 가운데 최악의 상황인 귀금속의 수출초과 사이에 완전하게 논리적인 유사성이 있다고 보았다. 대버넌트(Davenant)는 세계의 다른 어느 나라보다도 금과 은을 더 많이 갖고 있다고 사람들이 믿은 동양의 여러 나라들이 극단적인 빈곤에서 헤어나지 못하는 점에 대해 재보가 "군주의 금고 속에 갇혀 꼼짝도 못 한다"는 사실을 가지고 설명했다. … 국가에 의한 퇴장이란 좋게 봐도 의심스러운 은총이고 흔하게는 커다란 위험으로 간주됐다면 사적인 퇴장은 흑사병을 피하듯이 피해야 하는 것이었음은 말할 나위도 없다. 그것은 수많은 중상주의 저작자들이 비난을 퍼부은 경향들 가운데 하나였고, 이의를 제기하는 목소리를 낸 중상주의자를 단 한 명이라도 찾아내는 것이 가능하리라고는 나는 생각하지 않는다.[1]

(2) 중상주의자들은 저렴한 판매의 오류를 알고 있었고, 과도한 경쟁이 교역조건을 나라에 불리하게 바꿀 위험성도 알고 있었다. 그래서 멀린스는 자신의 저서 《상인법》(1622년)에 이렇게 썼다. "거래를 증가시킨다는 구실로 다른 나라들보다 싸게 팔려고 애써서 나라에 해를 끼치지 말라. 왜냐하면 저렴함은 물건의 값을 떨어뜨리는 적은 양의 수요와 화폐의 희소함

1　헥서, 앞에서 든 책, 2권, 210쪽과 211쪽.

에서 생겨나는 것이므로 상품들이 너무 저렴하게 되면 거래가 증가하지 않기 때문이다. 그러므로 화폐가 풍부하게 존재하고 상품들이 수요되면서 더 비싸져야 나라가 거래를 증가시킬 수 있다."[2] 헥셔 교수는 이런 종류의 중상주의 사고를 다음과 같이 요약한다.

한 세기 반에 걸쳐 이런 관점은 다른 나라들에 비해 상대적으로 화폐를 덜 갖고 있는 나라는 "싸게 팔고 비싸게 사야" 한다는 식으로 거듭 정식화됐다. …
심지어는 《공동복리에 관한 논의》의 원래 판본에서, 그러니까 16세기 중반에 이미 이런 태도가 표출됐다. 실제로 헤일스(Hales)는 거기에 이렇게 썼다. "그런데 만약 이방인들이 그들의 제품을 우리에게 팔고 대신 우리의 제품을 사 가는 데 만족한다고 한다면, 우리의 제품이 그들에게 충분히 싼 데도 불구하고 무엇이 그들로 하여금 다른 것들(무엇보다 우리가 그들로부터 사는 제품을 가리킴)의 가격을 올리게 하는 것일까? 이런 경우에 그들은 우리에게 비싸게 팔면서도 우리의 제품은 충분히 싸게 사 가게 되므로 우리는 여전히 손해를 보는 입장인 반면에 그들은 우리에 대해 승리자가 되며, 그 결과로 그들은 스스로는 부유해지면서 우리를 빈곤하게 만든다. 그러니 지금 우리가 하고 있듯이 그들이 자기네 제품의 가격을 올리면 우리 제품의 가격도 올리는 것이 낫다고 나는 생각한다. 이렇게 하면 손해를 보는 사람들이 일부 있겠지만 이렇게 하지 않는 경우에 비하면 그런 사람들이 그다지 많지 않을 것이다." 이 점에 대해 그는 몇 십 년 뒤(1581년)에 그의 책을 편집한 사람들로부터 무조건적인 추인을 받았다. 이런 태도는 17세기에 되살아났고, 그때에도 그것이 의미하는 바에 근본적인

23장 중상주의, 고리대금지법, 검인화폐, 과소소비이론에 대해 **417**

변화가 전혀 없었다. 그래서 멀린스는 그 자신이 무엇보다도 두려워한 것, 즉 영국의 교역품목에 대한 해외의 저평가가 그와 같은 불운한 입장의 원인이라고 믿었던 것이다. … 그 뒤로 똑같은 관념이 끊이지 않고 되살아나곤 했다. 페티는 그의 《현자에게 한마디》(1665년에 씌어지고 1691년에 출판됨)에서 화폐의 양을 증가시키려는 격심한 노력은 "산술적 비율로 보든 기하학적 비율로 보든 우리가 이웃나라들 가운데 그 어느 나라보다도 분명히 더 많은 화폐를 갖게 돼야만(불론 지금만큼 화폐가 적지는 않겠지만)" 중단될 수 있다고 믿었다. 이 저작이 씌어진 시점과 출판된 시점 사이의 기간에 코크(Coke)는 이렇게 선언했다. "만약 우리의 재보가 이웃나라들에 비해 더 많기만 하다면 그것이 우리가 지금 갖고 있는 재보의 5분의 1에 지나지 않는다고 하더라도 나는 괘념치 않겠다."(1675년)[1]

(3) 중상주의자들은 실업의 원인으로서 '재화에 대한 두려움'과 화폐의 희소함이라는 개념을 처음으로 만들어냈다(두 세기 뒤에 고전파는 이에 대해 터무니없는 생각이라고 비난하게 된다).

수입을 금지해야 하는 이유로 실업을 내세우는 논리가 가장 먼저 이용된 사례들 가운데 하나는 1426년의 피렌체에서 발견된다. … 이 문제에 대한 영국의 입법은 적어도 1455년까지 거슬러 올라간다. … 거의 같은 시기인 1466년에 프랑스에서 발령된 칙명은 리옹에 견직물 산업의 토대를 형성했고 칙명 그 자체가 나중에는 아주 유명하게 되지만, 사실 해외의 재화를 받아들이기를 거부하는

---

1 헥서, 앞에서 든 책, 2권, 235쪽.

데 초점이 맞춰진 것이 아니었다는 점에서 관심은 덜 끌었다. 그러나 이 칙명도 수만 명의 남녀 실업자들에게 일자리를 주게 될 가능성을 언급했다. 이런 논리에 입각한 주장이 그 당시에 얼마나 많이 유행했던가를 알 수 있다. …

거의 모든 사회적, 경제적 문제에 대해서도 그렇지만 이 문제에 대해서도 최초의 대논쟁은 영국에서 헨리 8세와 에드워드 6세가 잇달아 통치하던 시기인 16세기 중반 내지 전반에 일어났다. 이와 관련해 우리는 아무리 늦추어 보아도 1530년대에 씌어진 것이 분명한 일련의 저작들을 언급하지 않을 수 없으며, 그 가운데 두 개의 저작은 어쨌든 클레먼트 암스트롱(Clement Armstrong)이 쓴 것으로 믿어진다. … 그는 예를 들어 다음과 같은 말로 이 문제를 정식화한다. "해마다 영국으로 유입되는 대단히 많은 양의 낯선 상품과 제품 때문에 화폐의 부족이 초래됐을 뿐만 아니라 대단히 많은 수의 평민이 먹고 마실 것을 사는 데 지불할 돈을 벌기 위해 가져야 하는 일자리를 제공해주는 수공업도 모두 파괴됐고, 이로 인해 어쩔 수 없이 그들이 놀거나 구걸하거나 도둑질을 해야 한다."[2]

그런 종류의 상태에 대한 전형적으로 중상주의적인 논의에 대해 내가 알고 있는 바에 가장 부합하는 사례는 특히 직물수출 부문을 중심으로 심각한 불황이 시작된 1621년에 영국의 하원에서 일어났던 화폐의 부족에 관한 논쟁이다. 그 상황은 가장 영향력 있는 의원들 가운데 한 사람이었던 에드윈 샌디스 경에 의해 매우 분명하게 묘사됐다. 그는 거의 모든 곳에서 농부와 장인들이 고통을 겪고 있고, 나라에 화폐가 부족해서 직조기들이 멈춰 서있으며, 소작농들이 대지가 낳아주는 과실이 부족해서가 '아니라'(이에 대해서는 신에게 감사를 드려야 한다)

---

2 헥서, 앞에서 든 책, 2권, 122쪽.

화폐가 부족해서 계약의무의 이행을 거부하지 않을 수 없는 처지라고 진술했다. 이런 상황의 결과로 그토록 고통스럽게 느껴질 정도로 화폐가 부족해졌다면 사라진 화폐는 도대체 어디로 가버렸는가에 대한 자세한 조사가 이루어졌다. 귀금속의 수출(수출초과)을 촉진하는 역할을 했거나 나라 안의 상응하는 활동으로 인해 귀금속이 사라지게 되는 데 한몫한 것으로 여겨지는 사람들 모두에게 수많은 공격이 가해졌다.[1]

중상주의자들은 그들의 정책이 헥셔 교수가 표현한 대로 '일석이조'임을 알고 있었다. "한편으로는 실업을 초래하는 원인으로 믿어져 달갑지 않은 재화의 잉여가 나라에서 제거되고, 다른 한편으로는 나라 안에 존재하는 화폐의 총량이 증가하게 된다"[2]는 것이었다. 또한 그 결과로 이자율이 하락하는 이득도 있었다.

중상주의자들이 그들의 실제 경험에 의해 이끌려 갖게 된 관념들을 살펴보다 보면 인류의 역사를 관통해 저축성향이 투자유인보다 더 강한 만성적인 경향이 있었음을 인식하지 않을 수 없다. 어느 시대에나 투자유인이 약하다는 것이 경제문제의 핵심이었다. 오늘날에는 이런 유인이 약한 이유를 설명해주는 요인을 이미 이루어진 축적의 정도에서 주로 찾을 수 있겠지만, 과거에는 온갖 종류의 위험이나 사고의 가능성이 더 큰 이유로 작용했을 수 있다. 그러나 결과는 동일하다. 개인이 소비를 절제해서 자신의 개인적 부를 늘리고자 하는 욕구는 기업가로 하여금 내구적 자산을 만들어내는 일에 노동을 고용해서 국가의 부를 늘리는 역할을 하게 하는 유인보

---

1 헥셔, 앞에서 든 책, 2권, 223쪽.
2 헥셔, 앞에서 든 책, 2권, 178쪽.

다 일반적으로 더 강했다.

(4) 중상주의자들은 그들의 정책이 지닌 내셔널리즘의 성격과 이것이 전쟁을 유발하는 경향에 대해 아무런 환상도 갖고 있지 않았다. 그들 스스로도 인정한 그들의 목표는 자기 나라가 우월한 지위에 오르고 상대적으로 강한 힘을 갖게 하는 것이었다.[3]

우리는 그들이 일종의 국제화폐제도가 불가피하게 초래한 이런 결과를 수용하면서 드러낸 무심한 태도를 탓하며 그들을 비판할 수 있다. 그러나 지적인 측면에서 보면, 오늘날 국제적으로 고정된 금본위제와 국제대부에서의 자유방임주의와 같은 것이야말로 평화를 가장 잘 증진시켜줄 정책이라고 믿고 그러한 정책을 주장하는 사람들의 혼란된 사고보다는 중상주의자들의 현실주의가 더 낫다.

왜냐하면 상당한 기간 동안 어느 정도 고정되는 화폐적 계약과 관습에 구속되는 가운데 전쟁 이전의 영국에서와 같이 국내의 유통화폐량과 국내의 이자율이 주로 국제수지에 의해 결정되는 경제에서는 이웃나라들을 희생시켜 수출초과를 실현하고 화폐로 사용되는 금속이 수입되게 하기 위해 애쓰는 것 말고는 국내의 실업을 물리치게 해줄 정통적인 수단을 당국이 갖게 될 수가 없기 때문이다. 각 나라의 이득을 그 이웃나라들의 이득과 충돌하게 하는 데는 국제금본위제(또는 예전의 국제은본위제)만큼 효과적인

---

3 "나라 안에서는 중상주의가 철저하게 동태적인 목적을 추구했다. 그러나 중요한 것은 중상주의가 세계의 총 경제적 자원이라는 정태적인 개념과 결합돼있었고, 이 때문에 끝없는 상업전쟁을 지속시킨 근본적인 부조화가 초래됐다는 점이다. … 이것이 중상주의의 비극이었다. 보편적인 정태적 이상을 갖고 있었던 중세와 보편적인 동태적 이상을 갖고 있었던 자유방임주의는 둘 다 이러한 결과를 초래하지 않았다." (헥셔, 앞에서 든 책, 2권, 25쪽과 26쪽)

방법이 역사상 고안된 적이 없다. 왜 이렇게 말할 수 있느냐면 국제금본위제는 국내의 번영을 경쟁적인 시장개척 추구와 경쟁적인 귀금속 흡수욕구에 직접적으로 의존하게 만들기 때문이다. 다행스럽게도 우연히 금과 은의 새로운 공급이 비교적 풍부하게 이루어질 때에는 그러한 다툼이 다소 완화될 수 있었다. 그러나 부가 성장하고 한계소비성향이 떨어지면서 그러한 다툼은 점점 더 서로를 죽이는 성격을 띠게 되는 경향이 있었다. 정통 경제학자들의 상식은 그들 자신의 잘못된 논리를 견제하기에 불충분했고, 그래서 그들이 수행하는 역할은 일관되게 재난을 초래하는 방향이었다. 왜 이렇게 말할 수 있느냐면 일부 나라들이 탈출구를 찾기 위해 맹목적으로 애쓰게 되면서 그때까지 나라별로 이자율을 자율적으로 조정하지 못하게 한 국제적 의무를 내던져버렸을 때에도 정통 경제학자들은 이전의 족쇄를 복원하는 것이 전반적인 경기회복으로 나아가는 데 필수적인 첫걸음이라고 가르쳤기 때문이다.

사실은 그 반대가 맞다. 국제적인 일에 대한 집착에 의해 방해받지 않는 가운데 자율적으로 이자율을 조정하는 정책과 국내의 고용을 최적의 수준으로 끌어올려 유지하는 데 맞춰진 국가적 투자계획이야말로 우리 스스로를 돕는 동시에 이웃나라들도 돕는다는 의미에서 두 배의 축복을 가져오는 정책이다. 그리고 우리가 국내 고용의 수준으로 측정하든 국제무역의 규모로 측정하든 국제적으로 경제의 건강과 힘을 회복시킬 수 있는 방법은 모든 나라가 다 함께 이런 정책을 동시에 추구하는 것이다.[1]

---

1 처음에는 알베르 토마(Albert Thomas)가 책임자로 있다가 그 다음에는 버틀러(H. B. Butler) 씨가 책임자가 된 국제노동기구가 이러한 진리에 대해 일관되게 긍정적으로 평가해온 것은 전후에 가동된 많은 국제기구들이 표명해온 입장 가운데서 가장 뚜렷하게 돋보인다.

IV

중상주의자들은 문제를 해결하는 지점까지 그들의 분석을 밀고나가지 못했지만 문제의 존재는 인식했다. 그러나 고전파는 문제가 존재하지 않는 상태를 그들의 전제에 끼워 넣은 탓에 문제 자체를 무시하게 됐고, 그 결과로 경제이론의 결론과 상식의 결론 사이에 균열을 초래했다. 고전파 이론의 비범한 성취는 '몽매한 자연인'의 믿음을 극복한 것이었는데 이는 동시에 오류에 빠진 것이기도 했다. 이 점을 헥서 교수는 다음과 같이 표현한다.

> 그렇다면 만약 화폐와 화폐를 만드는 데 들어가는 원재료에 대한 근본적인 태도가 십자군의 시대와 18세기 사이의 기간에 바뀌지 않았다면 우리는 뿌리가 깊은 관념들을 다루고 있다는 말이 된다. 아마도 똑같은 관념들이 비록 '재화에 대한 두려움'과 거의 같은 정도는 아니었다고 하더라도 방금 말한 기간에 해당되는 500년간을 넘어서도 지속됐다고 봐야 할 것이다. … 자유방임주의의 시대를 제외하면 이런 관념으로부터 자유로웠던 시대는 없었다. 이 점에 관해 '몽매한 자연인'의 믿음을 잠시라도 극복할 수 있었던 것은 자유방임주의 특유의 지적인 끈기뿐이었다.[2]

> 화폐경제에서 '몽매한 자연인'의 가장 자연스러운 태도인 … '재화에 대한 두려움'을 씻어내는 데는 교조적인 자유방임주의에 대한 무조건적인 믿음이 요구된

---

[2] 헥서, 앞에서 든 책, 2권, 176~7쪽.

다. 자유무역주의는 명백해 보이는 요인들의 존재를 부인했고, 그래서 자유방임주의가 그 이데올로기에 얽매인 사람들의 마음을 더 이상 붙잡고 있지 못하게 되자마자 거리의 사람들이 보기에 믿지 못할 것이 돼버릴 수밖에 없었다.[1]

보너 로(Bonar Law, 1910년대에 재무부장관, 1920년대에 총리를 지낸 영국의 보수당 정치인—옮긴이)가 경제학자들과 대면했을 때 그들이 명백한 것을 부인하는 바람에 분노와 당황이 뒤섞인 반응을 보였던 것을 나는 기억한다. 그는 납득이 되는 설명을 듣지 못해 심각한 혼란에 빠졌다. 여기서 우리는 고전파 경제이론의 지배와 특정한 종교들의 지배 사이에 유사성이 있다는 생각을 다시 하게 된다. 왜 그러냐면 깊숙한 곳이나 먼 곳에 있어 보이지 않는 것을 사람들의 통상적인 관념 속에 도입하는 것보다는 명백한 것을 쫓아내는 것이 사상의 힘이 훨씬 더 많이 발휘돼야 하는 일이기 때문이다.

V

이상의 논의와 연결돼있지만 분명히 구분되는 또 하나의 문제가 남아있다. 그 문제와 관련해서는 몇 세기에 걸쳐, 아니 사실은 몇 천 년에 걸쳐 생각이 깨인 사람들의 여론은 확실하고 명백하다고 간주해온 원칙적인 이론을 두고 고전파는 유치하다고 비난했다. 하지만 그 이론은 복권되어 명예를 누릴 자격이 있다. 여기서 내가 말하는 이론은 이자율은 사회적 이익에

---

1 앞에서 든 책, 2권, 335쪽.

가장 알맞은 수준으로 스스로 조정되는 것이 아니라 끊임없이 너무 높은 수준으로 상승하려는 경향이 있으며, 따라서 현명한 정부는 법규와 관습을 통해, 더 나아가서는 도덕법에 의한 제재를 불러일으키는 것을 통해서라도 이자율을 억제하는 데 관심을 둔다는 것이다.

고리대를 금지하는 조치는 우리가 관련된 기록을 갖고 있는 경제적 관행 가운데 가장 오래된 것에 속한다. 고대와 중세의 세계에서는 과도한 유동성 선호에 의해 투자유인이 파괴되는 것이 두드러진 해악이자 부의 성장에 대한 주된 장애물이었다. 경제생활의 위험이나 악운 가운데 어떤 것들은 자본의 한계효율을 감소시키는 작용을 하고 또 어떤 것들은 유동성 선호를 증대시키는 작용을 한다고 보면 그랬던 것도 당연하다. 그러므로 안전하다고 여겨지는 사람이 아무도 없었던 세계에서는 사회가 이용할 수 있는 모든 수단을 다 동원해 이자율을 억제하지 않는 한 투자유인이 적절하게 작용하는 것을 허용하기에는 이자율이 너무 높은 수준으로 오르는 것이 거의 불가피했다.

이자율에 대한 중세 교회의 태도는 본질적으로 터무니없는 것이었으며 화폐대부에 따른 수익을 적극적인 투자에 따른 수익과 구분하는 것을 목적으로 한 미묘한 논의는 어리석은 이론으로부터 벗어나기 위한 실리적인 탈출구를 찾으려는 능청맞은 시도였을 뿐이라고 믿도록 나는 길러졌다. 그러나 지금의 나는 그런 논의는 고전파 이론이 분간할 수 없도록 혼합시켜 버린 두 가지, 즉 이자율과 자본의 한계효율을 구분된 상태로 유지시키기 위한 정직한 지적 노력이었다고 본다. 왜냐하면 중세에 스콜라 학자들이 펼쳤던 논의는 자본의 한계효율표를 높은 수준으로 유지시키되 이자율은 법규와 관습, 그리고 도덕법을 이용해 낮은 수준으로 억제하기 위한 방법을 설명하는 데 초점이 맞춰진 것이었던 게 분명하다고 지금은 여겨지기 때문이다.

애덤 스미스조차 고리대금지법에 대한 태도에서 지극히 온건했다. 그가 왜 그랬느냐 하면, 개인들의 저축은 투자나 채무의 증가에 의해 흡수될 수 있지만 꼭 투자에서 배출구를 찾을 것이라는 보장은 없다는 점을 잘 알고 있었기 때문이다. 그러나 그는 채무의 증가보다는 새로운 투자에서 저축이 배출구를 발견할 가능성을 증대시키는 것으로서 낮은 이자율을 선호했다. 그리고 이 때문에 그는 벤섬으로부터 심한 질책[1]을 받게 되는 이유가 된 구절에서 고리대금지법의 적절한 적용을 옹호했다.[2] 게다가 벤섬의 비판은 애덤 스미스의 스코틀랜드 사람다운 경계심이 '발기자들'에 대해 과도하게 발휘됐다는 점과 이자율 상한제는 정당할 뿐 아니라 사회적으로 권할 만한 위험을 부담하는 데 대한 보상의 여지를 너무 적게 남길 것이라는 점을 주로 근거로 삼았다. 왜 그랬느냐 하면 벤섬은 "부를 추구하는 데서, 또는 그 어떤 다른 목적을 추구하는 데서도 부의 도움을 받아 발명으로 나아가는 길이라면 어느 길에든 뛰어들고자 하는 사람들"이 곧 '발기자들'이라고 이해했는데 "자신이 추구하는 그 어떤 분야에서든 개선이라고 불릴 수 있는 그 어떤 것이라도 목적으로 삼는 그러한 모든 사람에게 … 간단히 말해 창의성이 부의 도움을 필요로 하는 인간 능력의 모든 적용에 그것(이자율 상한제를 가리킴—옮긴이)이 부과돼 짐이 된다"고 생각했기 때문이다. 물론 정당한 위험을 무릅쓰는 것을 가로막는 법률에 대해 항의한 점에서는 벤섬이 옳다. 벤섬은 계속해서 이렇게 말한다. "분별 있는 사람

---

1 벤섬이 자신의 《고리대에 대한 옹호》에 부록으로 실은 〈애덤 스미스에게 보내는 편지〉에서.
2 《국부론》, 2권, 4장.

은 이런 상황에서 나쁜 기획과 좋은 기획을 구분하려고 하지 않을 것이다. 왜냐하면 이런 상황에서는 그가 기획에는 전혀 관여하지 않을 것이기 때문이다."[3]

위와 같은 지적이 애덤 스미스가 그 자신의 말로 전하고자 했던 바와 정확하게 같은가 하는 의문이 어쩌면 제기될 수도 있을 것이다. 또는 지금 우리가 19세기의 영국이 18세기의 영국에게 이야기하는 목소리를 벤섬에게서 듣고 있는 것일까(비록 그가 1787년 3월에 '백러시아의 크리초프'에서 글을 썼다고는 하지만)? 왜 이런 말을 하느냐면 투자유인이 가장 강력했던 그 시대의 대단한 열광이 투자유인이 불충분해질 수 있다는 이론적 가능성을 간과하게 했을 수 있기 때문이다.

VI

낯설기도 하지만 부당하게 무시당해오기도 한 예언자 질비오 게젤(Silvio Gesell, 1862~1930)에 대한 이야기는 이 지점에서 하는 것이 알맞겠다. 그의 저작은 깊은 통찰의 섬광을 여러 곳에 담고 있고, 그는 단지 문제의 본

---

3 이 부분의 맥락에서 이왕 벤섬을 인용한 이상 나로서는 그의 글에서 가장 멋들어진 구절을 독자에게 상기시키지 않을 수 없다. "발기자들의 발걸음을 받아들이는 큰길인 기술공업의 경로는 엄청나게 넓고 아마도 끝도 없이 쭉 뻗은 길이겠지만 쿠르티우스(고대의 전설에 따르면 로마의 광장에 커다란 균열이 생겼을 때 로마에서 가장 귀중한 것을 그 속에 집어넣어야 균열이 메워진다는 신탁을 전해 듣고는 로마에서 가장 귀중한 것은 용기라고 생각해서 무장을 한 채 말을 타고 뛰어들어 자신을 희생시키면서 균열이 메워지게 했다는 고대 로마의 젊은 병사—옮긴이)를 삼켜버린 것과 같은 균열이 여기저기 나있는 길이기도 할 것이다. 그 균열의 하나하나가 메워지려면 각각 한 명씩의 인간이 그 속으로 빠져야 하는 희생이 요구된다. 그러나 일단 균열이 메워진 곳에는 다시는 균열이 생기지 않고, 따라서 나중에 그 길을 가는 사람들에게 그 부분만큼은 안전하다."

질에까지 내려가 닿지만 못했을 뿐이다. 그를 열렬히 지지하는 사람들이 전후의 여러 해에 걸쳐 그가 펴낸 책들을 내게 수없이 보내주었다. 그러나 그의 논의에서 감지된 몇 가지 결함 탓에 나는 그의 저작들이 지닌 장점을 알아차리는 데 완전히 실패했다. 불완전하게만 분석된 직관에 대해서는 흔히 그렇듯이 나는 나 자신의 방식으로 나 자신의 결론에 도달하고 나서야 비로소 그의 저작들이 지닌 중요성을 분명하게 알게 됐다. 그렇게 될 때까지는 학계의 다른 경제학자들과 마찬가지로 나도 그의 대단히 독창적인 노작들을 기껏해야 어느 한 괴짜의 작품에 지나지 않는 것으로 취급했다. 이 책의 독자들 가운데 게젤의 중요성을 잘 알고 있는 사람은 거의 없을 것 같으므로 나는 그렇지 않다면 과도하겠다 싶을 정도의 지면을 그에게 할애하겠다.

게젤은 성공한 독일인[1] 상인으로서 부에노스아이레스에서 살았고, 특히 아르헨티나에서 격심했던 1880년대 후반의 공황이 그를 화폐적인 문제들에 대한 연구로 이끌었다. 그의 첫 저작인 《사회적 국가로 가는 다리로서의 화폐제도 개혁》은 1891년에 부에노스아이레스에서 출판됐다. 화폐에 대한 그의 기본적인 사상은 같은 해에 부에노스아이레스에서 《만물의 신경》이라는 표제의 책으로 발표됐고, 그 뒤에도 그가 쓴 책과 팸플릿들이 잇달아 출판됐다. 이어 그는 1906년에 어느 정도의 재력가로서 은퇴해 스위스로 갔다. 이로써 그는 생계를 위해 돈을 벌어야 하는 처지가 아닌 사람들이 할 수 있는 두 가지 가장 즐거운 일, 즉 저술과 실험적인 농업에 자신의 생애 가운데 남은 20여 년을 바칠 수 있게 됐다.

---

1 독일의 룩셈부르크 쪽 국경 근처에서 독일인인 아버지와 프랑스인인 어머니 사이에서 태어났다.

그의 대표적인 저작의 앞부분은 1906년에 스위스의 레오주네베에서《노동수익의 전부에 대한 권리의 실현》이라는 표제로, 그리고 뒷부분은 1911년에 베를린에서《이자에 대한 새로운 이론》이라는 표제로 각각 출판됐다. 이 두 부분이 합쳐져《자유토지와 자유화폐를 통한 자연적 경제질서》라는 제목으로 전쟁 중(1916년)에 베를린과 스위스에서 출판됐고, 이 책의 판수는 그의 생전에 6판에 이르렀다. 이 책의 영어번역본(필립 파이 씨가 번역)은《자연적 경제질서》라는 표제로 불린다. 게젤은 1919년 4월에 단명했던 바이에른의 소비에트 내각에 재무장관으로 참여했고, 이어 군법회의에서 재판을 받았다. 그는 생애의 마지막 10년 동안에는 베를린과 스위스에서 지내면서 자신의 사상을 널리 알리는 선전활동에 몰두했다. 게젤은 그 전에 헨리 조지를 중심으로 형성된 준종교적 열정을 자기에게로 끌어당기면서 전 세계에 걸쳐 수많은 사도를 거느린 신념집단에서 존경받는 예언자가 됐다. 스위스와 독일의 자유토지-자유화폐 동맹과 많은 나라의 이와 유사한 조직들은 1923년에 바젤에서 처음으로 국제대회를 열었다. 그가 1930년에 사망한 이래 그의 이론과 같은 이론이 불러일으킬 수 있는 특이한 유형의 열정 가운데 많은 부분이 다른 예언자들(내가 보기에는 탁월함에서 그에 못 미치는)에게로 옮겨갔다. 영국에서는 뷔치(Büchi) 박사가 이 운동의 지도자이지만, 이 운동의 문헌은 미국 텍사스 주의 샌안토니오로부터 배포되고 있는 것으로 보인다. 오늘날 이 운동의 주력은 미국에 있지만, 미국 내 학계의 경제학자들 가운데서는 유일하게 어빙 피서 교수만이 그 중요성을 인정해왔다.

게젤의 열렬한 지지자들은 그에게 예언자의 장식물을 씌워주었고, 그의 주된 저서가 일부 사람들이 과학자의 품격에 맞는다고 생각하는 수준보다는 더 열정적이고 더 감정적으로 사회적 정의에 몰입하는 태도로 가득 차

있는 것은 사실이다. 그러나 그럼에도 불구하고 그의 그 주된 저서는 냉정하고 과학적인 언어로 씌어져있다. 헨리 조지로부터 도출된 부분[1]이 이 운동에 중요한 힘의 원천이 된 것은 물론이지만 그것은 완전히 부차적인 흥밋거리일 뿐이다. 그의 저서 전체의 목적은 반마르크스적 사회주의의 수립이라고 말할 수 있다. 그의 주장은 고전파의 가설을 수용하는 대신에 그것을 거부하고, 경쟁을 폐지하는 대신에 그것을 구속에서 풀어주는 것에 이론적 토대를 둔다는 점에서 마르크스의 이론적 토대와는 전적으로 다른 이론적 토대 위에 구축된 '자유방임주의에 대한 반발'이다. 미래는 마르크스의 정신보다는 게젤의 정신으로부터 더 많이 배울 것이라고 나는 믿는다. 《자연적 경제질서》의 머리말은 만약 독자가 그것을 들여다본다면 게젤의 이론이 지닌 교훈적인 면모를 독자에게 보여줄 것이다. 마르크스주의에 대한 대답은 이 머리말의 연장선에서 찾아지게 될 것이라고 나는 생각한다.

화폐와 이자의 이론에 대한 게젤의 구체적인 기여는 다음과 같다. 첫째, 그는 이자율과 자본의 한계효율을 분명하게 구분하고, 실물자본의 성장률에 한계를 설정하는 것은 이자율이라고 주장한다. 그런 다음에 그는 이자율은 순수하게 화폐적인 현상이고, 화폐이자율을 중요한 것으로 만드는 화폐의 특이성은 부를 쌓아두는 수단으로서 화폐를 소유하는 것이 그 소유자에게 초래하는 보유비용이 무시할 만한 수준이라는 사실과 보유비용을 수반하는 상품의 재고와 같은 부의 형태들이 수익을 낳는 것은 사실상 화폐에 의해 설정된 기준 때문이라는 사실에 있다고 지적한다. 그는 이자율의

---

1 게젤은 토지를 국유화할 때 보상을 할 것을 권했다는 점에서 조지와 달랐다.

순수하게 물리적인 특성들이 시대에 따라 변동해온 폭이 실제로 관찰된 이자율의 변동폭보다 비교할 수 없을 정도로 컸던 게 틀림없다는 점에 비추어 이자율은 순수하게 물리적인 특성들에 의해 좌우될 수 없다면서 그 증거로 모든 시대에 걸쳐 이자율이 비교적 안정적이었다는 사실을 든다. 다시 말해(나의 용어로 말하면) 이자율은 불변의 심리적 특성요소들에 의존하면서 안정적인 상태를 유지해온 반면에 큰 폭으로 변동하는 특성요소들(이것은 주로 자본의 한계효율을 결정한다)은 이자율을 결정해온 게 아니라 '어느 정도 일정하게 주어졌다고 볼 수 있는 이자율이 허용하는 실물자본 축적량의 증가속도'를 결정해왔다는 것이다.

그러나 게젤의 이론에는 커다란 결함이 하나 있다. 그는 화폐이자율이 존재해야만 상품의 재고를 대여해서 수익을 올릴 수 있게 되는 이유가 무엇인지를 설명한다. 그가 서술한 로빈슨 크루소와 이방인의 대화[2]는 바로 이 점을 예시하기 위한 경제우화로서 대단히 훌륭하다(그동안 씌어진 이런 종류의 그 어떤 경제우화에도 뒤지지 않을 정도로 훌륭하다). 그러나 그는 왜 화폐이자율은 대부분의 상품이자율과 달리 음수가 될 수 없는지에 대해 그 이유를 제시했지만 화폐이자율이 양수가 되는 이유를 설명해야 할 필요성은 완전히 간과하며, 왜 화폐이자율이 고전파가 주장하듯이 생산적 자본의 수익성에 의해 설정되는 기준의 지배를 받지 않는가를 설명하지 못한다. 이는 그에게 유동성 선호라는 개념이 떠오르지 않았기 때문이다. 그는 이자율의 이론을 절반만 구축한 셈이다.

게젤의 이론이 불완전하다는 점이 학계에서 그의 저작이 무시당한 사

실을 설명해주는 이유가 됨은 틀림없다. 그럼에도 불구하고 그는 자신의 이론이 자신으로 하여금 실천적인 권고를 하도록 하기에 충분할 정도로 자신의 이론을 밀고나갔다. 그의 권고는 그 자신이 내놓은 형태로는 실행될 수 있을 것 같지 않다고 여겨질 수는 있지만 우리에게 필요한 것들의 핵심은 담고 있다고 볼 수 있다. 그는 실물자본의 성장이 화폐이자율에 의해 저지되고 있는데 만약 현대의 세계에서 이런 제동장치가 제거된다면 즉각적으로는 아니더라도 비교적 짧은 시간 안에 영(0)의 화폐이자율을 정당화할 정도로 실물자본의 성장이 빨라질 것이라고 주장한다. 따라서 우리에게 가장 필요한 것은 화폐이자율을 낮추는 것이고, 수익을 낳아주지 않는 다른 재화들의 재고가 보유비용을 수반하는 것과 마찬가지로 화폐도 보유비용을 수반하게 만들면 화폐이자율을 실제로 낮출 수 있다고 그는 지적했다. 이런 생각에서 그는 '검인'화폐라는 유명한 처방을 제시했다. 이 처방은 주로 그의 이름과 연관되어 거론되며, 어빙 피셔 교수로부터 호의적인 승인을 받았다. 이 제안에 따르면 정부화폐는(물론 적어도 은행화폐의 일부 형태들에도 적용될 필요가 있는 것이 분명하지만) 마치 보험카드처럼 달마다 우체국에 가서 돈을 내고 검인을 받아야만 그 가치를 유지하게 된다. 검인을 받는 데 드는 비용은 물론 그 어떠한 적절한 금액으로도 정해질 수 있다. 나의 이론에 따르면 그 비용은 화폐이자율(검인비용은 제외하고) 가운데 완전고용과 양립할 수 있는 새로운 투자율에 상응하는 자본의 한계효율을 초과하는 부분과 얼추 같아야 한다. 게젤이 제안한 실제 비용은 주당 1퍼밀(per mil. 천분율, 즉 비율을 1천 배로 나타낸 수치이며 기호로는 ‰라고 쓴다―옮긴이)인데 이는 연간 5.2퍼센트와 같다. 이것은 현재의 상황에서는 너무 높다고 봐야 할 것이다. 올바른 수치는 수시로 바뀔 것이 틀림없고, 시행착오의 과정을 거쳐서만 도달될 수 있을 것이다.

검인화폐라는 구상에 배경이 된 생각은 건전하다. 실제로 큰 규모가 아닌 어떤 적당한 규모로 검인화폐를 도입하기 위한 수단은 찾아낼 수 있을 것이다. 그러나 게젤이 직시하지 못한 난점이 많이 있다. 특히 유동성 할증을 부여받아 갖고 있는 것에 오직 화폐만 있는 것은 아니며, 화폐는 단지 다른 어떤 품목보다도 더 큰 유동성 할증을 갖기 때문에 중요하게 된 것이니만큼 다른 많은 품목과 차이가 있다면 그것은 정도의 차이일 뿐이다. 따라서 정부화폐가 검인제도에 의해 그 유동성 할증을 박탈당하게 되면 일련의 여러 가지 대체물들이 차례로 지폐의 자리를 대신 차지하게 될 것이다. 이런 대체물이 될 수 있는 것으로는 은행화폐, 당좌채권, 외국화폐, 보석 또는 일반적으로 귀금속 등이 있다. 내가 앞에서 언급한 대로 토지의 수익과는 무관한 토지소유에 대한 열망이 이자율을 끌어올리는 데 기여했다고 볼 수 있는 시기도 있었다. 그러나 게젤의 체제가 실현된다면 그 체제에서는 토지의 국유화에 의해 그렇게 될 가능성이 제거될 것이다.

VII

앞에서 우리가 살펴본 이론들은 그 내용상 투자유인이 충분한지의 여부에 의존하는 유효수요 구성요소에 초점을 맞추고 있다. 그렇다고 해서 실업이라는 해악의 원인을 다른 유효수요 구성요소의 불충분함, 즉 소비성향의 불충분함에 돌리는 것이 새로이 생겨난 태도인 것은 아니다. 하지만 오늘날의 경제적 해악에 대한 이러한 또 하나의 설명은 고전파 경제학자들에게도 인기가 없기는 마찬가지였지만 16세기와 17세기의 사고에서는 훨씬 더 작은 역할만 수행했고, 비교적 최근의 시대에야 힘을 얻게 됐을 뿐이다.

중상주의 사고에서 과소소비를 탓하는 것은 매우 부차적인 측면이었는데도 불구하고 헥셔 교수는 "사치의 효용과 절약의 해악에 대한 뿌리 깊은 믿음"이라고 자신이 부른 것의 사례를 많이 끄집어냈다. "사실 절약은 실업의 원인으로 간주됐고, 그것은 다음 두 가지 이유에서였다. 첫째로 실질소득은 교환에 투입되지 않는 화폐의 양만큼 감소한다고 믿어졌기 때문이고, 둘째로 저축은 화폐를 순환으로부터 빼낸다고 믿어졌기 때문이다."[1] 1598년에 라프마(Laffemas)는 《국가를 번영시키기 위한 재보와 부》라는 저서에서 프랑스산 사치재를 구매하는 사람들은 모두 가난한 사람들에게 생계수단을 창출해주는 반면에 구두쇠들은 가난한 사람들로 하여금 곤궁한 상태로 죽게 만든다는 논리를 토대로 프랑스산 견직물을 사용하는 것에 반대하는 사람들을 비난했다.[2] 1662년에 페티는 "오락, 대규모 행사, 개선문 등"의 비용은 양조업자, 빵집주인, 재봉사, 제화공 등의 호주머니로 흘러들어간다는 논리를 토대로 그러한 것들을 정당화했다. 포트리(Fortrey)는 "옷의 사치"를 정당화했다. 폰 슈뢰터(1686)는 사치를 금지하는 법규를 비난하고, 옷과 같은 것들을 과시하는 행위가 더욱 더 많아지기를 바란다고 단언했다. 바본(Barbon, 1690)은 이렇게 썼다. "낭비하는 것은 인간에게는 해로운 악행이지만 상업에는 해로운 악행이 아니다. … 욕심을 내는 것은 인간과 상업 둘 다에 해로운 악행이다."[3] 1695년에 캐리(Cary)는 만약 모든 사람이 더 많은 지출을 한다면 모든 사람이 더 많은 소

---

1 헥셔, 앞에서 든 책, 2권, 208쪽.
2 앞에서 든 책, 2권, 290쪽.
3 앞에서 든 책, 2권, 291쪽.

434

득을 얻게 되고 "그러면 모든 사람이 더 풍요롭게 살 수 있을 것"이라고 주장했다.[4]

그러나 바본이 갖고 있었던 것과 같은 견해가 대중화된 것은 주로 버나드 맨더빌의 《꿀벌의 우화》에 의해서였다. 1723년에 미들섹스의 대배심에 의해 불법방해의 유죄선고를 받은 이 책은 그 비도덕성으로 인한 명성으로 인해 도덕학의 역사에서 단연 돋보인다. 오직 한 사람, 즉 존슨 박사(18세기 영국의 사전편찬자이자 시인, 비평가인 새뮤얼 존슨을 가리킴—옮긴이)만이 이 책에 대해 호평의 말을 한 것으로 기록돼있다. 그는 이 책이 자신을 혼란스럽게 만들기는커녕 오히려 "현실의 삶에 대해 그야말로 눈을 뜨게" 해주었다고 말했다. 이 책의 사악한 점이라는 게 어떤 성격의 것인가는 《영국 인물전기 사전》에 실린 레슬리 스티븐의 다음과 같은 요약에 의해 가장 잘 전달될 수 있다.

교묘한 역설로 냉소적인 도덕체계를 매력적인 것으로 만든 이 책으로 맨더빌은 사람들을 격분시켰다. … 번영은 저축에 의해 증가된다기보다는 오히려 지출에 의해 증가된다는 그의 이론은 당시에 아직 소멸되지 않고 있었던 여러 가지 잘못된 경제적 사고들[5]에 부합하는 것이었다. 그는 인간의 욕구는 본질적으로 악하고 따라서 '사적 해악'을 초래한다고 금욕주의자들과 마찬가지로 가

---

4 앞에서 든 책, 2권, 209쪽.
5 스티븐은 그의 《18세기 영국 사상사》(297쪽)에서 "맨더빌에 의해 유명하게 된 잘못된 이론"에 대해 이야기하면서 "그것에 대한 완전한 반박은 상품에 대한 수요는 노동에 대한 수요가 아니라는 원리에서 찾을 수 있으며, 이런 원리를 이해하는 사람은 거의 없으므로 이것을 완전히 이해하느냐의 여부가 아마도 경제학자를 평가하는 데 사용할 수 있는 최선의 시금석일 것"이라고 썼다.

정하는 동시에 부는 '공적 이익'이 된다고 보통의 견해와 마찬가지로 가정함으로써 모든 문명화는 사악한 성향의 발달을 수반한다는 주장을 쉽게 할 수 있었다.

'투덜대는 소리가 나는 벌집, 또는 정직해진 악한들'이라는 제목의 풍자시를 담고 있는 《꿀벌의 우화》에는 어느 번영하던 공동체에서 저축을 늘리기 위해 시민들은 모두가 갑자기 사치스러운 삶을 포기하겠다고 마음먹고 국가도 군비지출을 줄이기로 결심한 결과로 그 공동체에 초래된 끔찍한 궁핍의 상황이 묘사돼있다.

이제는 영예로운 지위에 있는 자들은 아무도

지출하며 빚을 지는 삶을 살고자 하지 않는다.

전당포에는 하인의 제복들이 걸린다.

그들은 헐값으로 마차를 처분하고,

빚을 갚기 위해 우람한 말들을 한꺼번에 팔아치우며,

시골저택도 팔아서 빚을 갚는다.

헛된 비용은 도덕적인 사기처럼 기피된다.

그들은 해외에 군사력을 두지 않고,

전쟁으로 얻은 외국인들의 존경을,

그리고 그렇게 얻은 공허한 영광을 비웃는다.

오직 자신들의 나라를 위해서만,

정의와 자유가 위험해지면 싸운다.

도도한 클로에(이 이름이 구체적으로 누구를 지칭하는 것인지는 알 수

없으나 《꿀벌의 우화》의 문맥을 보면 권력자나 고위관리의 아내를 가리키는 것으로 추측된다―옮긴이)도

> 많은 돈을 들이던 식단을 줄이고,
> 거친 옷을 일 년 내내 입는다.

그러면 그 결과는 어떠한가?

> 이제 영광스러운 벌집을 돌아보고,
> 정직과 상업이 어떻게 융합되는지를 보라.
> 겉치레는 사라지거나 빠른 속도로 줄어들고,
> 예전과는 모습이 아주 달라졌다.
> 왜냐하면 매년 엄청난 돈을 썼던 자들만
> 떠난 것이 아니기 때문이다.
> 그들에게 기대어 살던 많은 자들도
> 매일같이 똑같이 떠나도록 강요된다.
> 다른 일터로 가보지만 소용이 없고,
> 그에 따라 모든 일터가 붐빈다.
> 땅과 집의 가격은 떨어지고,
> 테베의 성벽처럼 악기연주 속에 세워진 벽을 가진
> 기적과 같은 궁전들은
> 세를 놓아야 한다.
> 건축업은 완전히 파괴되고,
> 장인들은 고용되지 못하며,

뛰어난 기술로 유명한 화공이나

석공, 조각가 가운데 누구도 부름을 받지 못한다.

그러므로 그 '교훈'은 다음과 같다.

미덕만으로는 국민을 영화롭게 살게 하지 못한다.

황금시대를 되살리려고 하는 사람들은

정직에 대해서나 도토리에 대해서나

똑같이 자유로워야 한다.

이 우화의 뒤에 나오는 논평에서 발췌한 다음 두 구절은 위 인용문의 내용이 이론적 근거가 없지 않음을 보여줄 것이다.

일부 사람들이 저축이라고 부르는 이런 검약하는 경제생활은 사적인 가정에서는 재산을 늘리는 가장 확실한 방법이므로 어떤 사람들은 척박한 나라에서든 비옥한 나라에서든 그와 똑같은 방법이 만약 보편적으로 실행된다면(그들은 이렇게 되는 것이 가능하다고 생각한다) 나라 전체에 대해서도 똑같은 효과를 내줄 것이라고 생각한다. 예를 들어 영국이 일부 이웃나라들처럼 검약을 실천하게 된다면 지금보다 훨씬 더 부유하게 될 것이라고 생각하는 것이다. 이것은 잘못된 관념이라고 나는 생각한다.[1]

---

[1] 이것을 고전파의 선구자인 애덤 스미스가 쓴 다음 문장과 비교해보라. "모든 사적인 가정의 행동에서 분별인 것이 거대한 왕국의 행동에서 어리석음일 리는 거의 없다." 이 문장은 어쩌면 본문에 인용된 맨더빌의 구절과 관련해 씌어진 것일지도 모른다.

맨더빌은 그 반대로 다음과 같은 결론을 내린다.

한 나라의 국민을 행복하게, 우리가 흔히 하는 말로는 번영을 누리게 만드는 큰 책략은 모든 사람에게 고용될 기회를 주는 데 있다. 이를 달성하기 위해서는 정부가 인간의 재능이 무언가를 새로 만들어낼 수 있는 한 최대로 다양하게 제조업, 공예, 수공업이 증진되게 하는 일을 가장 먼저 돌보고, 그 다음으로는 사람들만이 아니라 대지 전체도 제가 갖고 있는 능력을 최대한 발휘하도록 농업과 어업의 모든 분야를 발전시키는 일을 돌보아야 한다. 국민의 위대성과 행복은 헤픔과 검약에 대한 세세한 규제가 아니라 바로 이런 정책으로 실현되리라고 기대해야 한다. 왜냐하면 금과 은의 가치가 아무리 오르거나 내리더라도 그것과 상관없이 모든 사회의 즐거운 삶은 언제나 대지의 과실과 사람의 노동에 의존할 것이기 때문이다. 이 두 가지가 합쳐지면 브라질에서 나는 금이나 포토시에서 나는 은보다 더 확실하고, 더 무진장하며, 더 실질적인 재보가 된다.

이렇게 표명된 괘씸한 의견이 두 세기에 걸쳐 도덕가나 경제학자들의 비난을 불러일으킨 것은 놀랄 일이 아니다. 그들은 엄격한 자신들의 교리를 유지하는 것이 훨씬 더 도덕적으로 건전한 태도라고 느꼈고, 그래서 개인과 국가 둘 다 극단적인 절약에서만 건전한 치유책을 발견할 수 있다고 생각했다. 페티가 말한 "오락, 대규모 행사, 개선문 등"은 푼돈도 아끼는 글래드스턴 정부의 재정정책에 자리를 내주었고, 화려한 음악과 연극은커녕 병원, 광장, 고상한 건물, 심지어는 고대 기념물의 보존도 "허용할 여유가 없는" 국가체제에 자리를 내주었으며, 그러한 것들은 모두 민간 자선단체나 앞날을 생각하지 않는 개인들의 손 큰 씀씀이에 맡겨졌다.

위와 같은 이론은 그 뒤로 한 세기 동안에는 존중할 만한 집단에서는 다

시 등장하지 않다가 맬서스의 후기 저작에서 유효수요의 부족이라는 개념
이 실업에 대한 하나의 과학적 설명으로 확고한 자리를 차지하게 됨으로써
비로소 다시 등장했다. 나는 이미 맬서스에 관한 나의 글[1]에서 이 점에 대해
어느 정도 충분하게 다루었으므로 여기서는 내가 그 글에서 이미 인용한
바 있는 한두 개의 특징적인 구절을 다시 인용하는 것으로 충분할 것이다.

우리는 가동되지 못하는 거대한 생산력이 세계의 모든 곳에 존재하는 것을 보고
있습니다. 이런 현상에 대해 저는 실제로 만들어지는 생산물이 적절하게 분배
되지 않아 지속적인 생산을 위한 적절한 동기가 부여되지 못하고 있다는 말로
설명합니다. … 매우 급속하게 축적을 하려는 시도는 비생산적인 소비의 상당
한 감소를 필연적으로 수반하는 것이므로 일반적인 생산의 동기를 크게 훼손함
으로써 부의 증가를 너무 일찍 억제할 수밖에 없다고 저는 분명히 주장합니다.
… 하지만 만약 매우 급속하게 축적을 하려는 시도가 초래하는 노임과 이윤 사
이의 분배상태가 미래의 축적과 관련된 동기와 여력을 거의 파괴하고 그 결과로
증가하는 인구를 지탱하면서 그들을 고용할 여력을 거의 파괴하는 게 사실이라
면, 정말로 나라에 해로운 것은 그러한 축적의 시도 자체, 다시 말해 너무 많은
저축을 하는 것임을 인정해야 하지 않겠습니까?[2]

문제는 지주와 자본가들이 적절한 정도로 비생산적 소비를 하지 않는 가운데 생
산이 증가하는 데서 초래되는 그러한 자본의 정체와 그에 이어지는 노동에 대한

---

1 《인물평전(Essays in Biography)》, 139~47쪽.
2 맬서스가 리카도에게 1821년 7월 7일자로 보낸 편지.

수요의 정체가 나라에 해를 끼치지 않을 수 있느냐는 것, 다시 말해 지주와 자본가들의 비생산적 소비가 사회의 자연스러운 잉여에 적절하게 비례하는 정도로 이루어짐으로써 생산의 동기를 중단 없이 지속시켜서 우선은 노동에 대한 부자연스러운 수요가 일어나는 것을 막고 그 다음에는 그러한 수요가 필연적으로 갑작스럽게 감소하는 것을 막았다고 가정할 경우에 실현됐을 수준보다 행복과 부 둘 다를 더 낮추지 않을 수 있느냐는 것입니다. 그런데 그렇다고 한다면 절약이 비록 생산자들에게는 해로운 것일 수 있다고 하더라도 국가에는 해로운 것일 수가 없다고, 또는 지주와 자본가들의 비생산적 소비가 늘어나는 것이 때로는 생산의 동기가 작동하지 않게 된 상태에 대한 적절한 치유책이 되지 못할 수 있다고 어떻게 진심으로 말할 수 있겠습니까?[3]

애덤 스미스는 자본은 절약에 의해 증가되고, 절약하는 사람은 모두 공적인 이익을 가져다주는 사람이며, 부의 증가는 생산 가운데 소비를 초과하는 부분에 의존한다고 진술했다. 이런 명제들이 대체로 진실이라는 점에는 의심할 나위가 전혀 없다. … 그러나 그 명제들이 무한정 진실인 것은 아니며, 저축의 원칙을 극단으로 밀어붙이면 그것이 생산의 동기를 파괴하리라는 점은 아주 자명하다. 만약 모든 개인이 가장 소박한 음식, 가장 빈약한 옷, 가장 허름한 집으로 만족한다면 더 나은 다른 종류의 음식, 옷, 주거수단은 존재하지 않게 될 것이 분명하다. … 이는 양쪽 극단임이 분명하며, 이로부터 어떤 중간지점이 존재해야 한다는 결론이 도출된다. 그 중간지점은 비록 정치경제학의 도움만으로는 파악해내지 못할 수도 있지만, 생산력과 소비욕구 둘 다를 감안할 때 부를 증가시키는

---

3 맬서스가 1821년 7월 16일자로 리카도에게 보낸 편지.

자극이 가장 큰 지점이다.[1]

유능하고 독창적인 사람들에 의해 개진되고 그동안 내가 접한 바 있는 모든 견해 가운데 "소비되거나 파괴된 생산물은 막힌 판로"라고 진술한 세(Say) 씨의 견해가 내게는 올바른 이론에 가장 정면으로 배치되는 견해이자 경험에 의해 가장 한결같이 반박되는 견해로 보인다. 그런데 그것은 상품은 소비자와의 관계 속에서가 아니라 상품끼리의 관계 속에서만 검토돼야 한다는 새로운 이론으로부터 직접 도출되는 견해다. 나로서는 만약 빵과 물의 소비를 제외한 모든 소비가 앞으로 반년 동안 중지된다면 상품에 대한 수요는 어떻게 되겠느냐고 묻고 싶다. 얼마나 많은 상품의 축적이 이루어지겠는가! 판로가 얼마나 풍부해지겠는가? 그런 사태가 얼마나 엄청난 시장을 형성해주겠는가?[2]

그러나 리카도는 맬서스가 말하는 것에 대해 완전히 귀를 닫고 있었다. 이 논쟁의 마지막 메아리는 존 스튜어트 밀이 자신의 임금기금 이론에 대해 전개한 논의[3]에서 발견된다. 맬서스의 후기 주장을 둘러싼 논쟁 속에서 성장한 그가 마음속으로 맬서스의 후기 주장을 거부하는 데서 그 자신의 임금기금 이론이 핵심적으로 중요한 역할을 했다. 맬서스의 후기 주장을 거부하는 데서 밀의 뒤를 이은 사람들은 그의 임금기금 이론도 거부했지

---

1 맬서스의 《정치경제학의 원리》의 머리말, 8쪽과 9쪽.

2 맬서스의 《정치경제학의 원리》, 363쪽, 각주.

3 J. S. 밀, 《정치경제학의 원리》, 1권, 5장. 밀의 이론이 지니고 있는 이러한 측면, 특히 "상품에 대한 수요는 노동에 대한 수요가 아니다"라는 그의 이론(마셜은 임금기금 이론에 대한 그의 매우 불만족스러운 논의에서 이 이론을 정당화하려고 애썼다)에 대한 매우 중요하고도 통찰력 있는 논의가 머머리와 홉슨의 저서인 《산업의 생리학》의 38쪽 이하에 실려있다.

만, 맬서스에 대한 밀의 거부가 그 이론에 의거한 것이었다는 사실을 간과했다. 그들의 방법은 이 문제를 해결하기보다는 그것을 언급하지 않는 것에 의해 그것을 경제학의 본체에서 제거하는 것이었다. 이 문제는 논쟁에서 완전히 사라졌다. 케언크로스(Cairncross) 씨가 최근에 덜 유명한 빅토리아 시대 사람들의 저작 속에서 그 흔적을 찾아보려고 했지만[4] 기대에 비해 실제로 찾아낸 것은 훨씬 적었던 것 같다.[5] 과소소비 이론은 동면을 계속하다가 1889년에 홉슨(J. A. Hobson)과 머머리(A. F. Mummery)의 저서 《산업의 생리학》이 등장하면서 비로소 동면에서 깨어났다. 이 책은 홉슨 씨가 불굴의, 그러나 효과는 거의 없었던 열정과 용기를 가지고 거의 50년에 이르는 세월에 걸쳐 정통파의 대열에 맞서면서 그러한 논의를 전개한 여러 권의 저서 가운데 가장 먼저 쓴 것이자 가장 중요한 것이다. 오늘날에는 그야말로 완전하게 잊힌 상태이지만 이 책의 출판은 어떤 의미에서는 경제사상에 하나의 획을 긋는 사건이었다.[6]

《산업의 생리학》은 그가 머머리와 공동으로 저술했다. 홉슨 씨는 어떻게 해서 이 책을 쓰게 됐는가에 대해 다음과 같이 말했다.[7]

1880년대 중반에 이르러서야 비로소 나의 경제학적 이단성이 구체화되기 시작

---

4 '빅토리아 시대의 사람들과 투자', 〈이코노믹 히스토리(Economic History)〉, 1936년.
5 그가 밝힌 참고문헌 가운데 가장 흥미로운 것은 〈통화의 조절에 대해〉(1844)라는 풀라턴 (Fullarton)의 논문이다.
6 1892년에 출판된 로버트슨(J. M. Robertson)의 《저축에 대한 잘못된 이론》은 머머리와 홉슨의 이 단적인 이론을 지지했다. 그러나 이것은 《산업의 생리학》이 갖고 있는 것과 같은 예리한 직관을 전혀 갖고 있지 않으므로 크게 가치가 있거나 중요한 책은 아니다.
7 이 인용문은 1935년 7월 14일 일요일에 콘웨이홀에서 열린 런던윤리협회 총회에서 홉슨 씨가 '경제학 이단자의 고백'이라는 제목으로 한 연설에서 가져온 것이다. 나는 홉슨 씨의 허락을 얻어 그 연설의 일부를 여기에 싣는다.

했습니다. 토지의 시장가치를 거부하는 헨리 조지의 운동과 가시화된 노동계급의 피억압 상태에 대항하는 다양한 사회주의 집단의 초기 선동이 부스(Booth) 씨 부부에 의한 런던의 빈곤 폭로와 더불어 나의 감정에 깊은 인상을 주긴 했지만, 그런 것들이 정치경제학에 대한 나의 신뢰를 파괴하지는 않았습니다. 그런데 바로 그런 파괴가 우연한 만남이라고 할 수 있는 것으로부터 왔습니다. 나는 엑스터에 있는 한 학교에서 교편을 잡고 있던 중에 머머리라는 이름의 한 사업가와 개인적 교분을 맺게 됐습니다. 그는 그 뒤로도 그랬지만 당시에도 마터호른 산을 올라가는 또 하나의 길을 발견한 위대한 등반가로 알려져 있었는데, 1895년에 히말라야 산맥의 유명한 산인 낭가파르바트를 등반하러 갔다가 사망했습니다. 나와 그의 교제가 이런 체력발휘의 차원에서 이루어진 것이 아니었음은 내가 굳이 말할 필요가 거의 없을 것입니다. 그런데 그는 정신적 등반가이기도 했습니다. 그는 자기 나름의 길을 찾아내는 천부적인 안목을 가지고 있었고, 품위 있는 태도로 지적 권위를 무시했습니다. 이 사람이 나로 하여금 과도한 저축에 관한 논쟁에 말려들게 했습니다. 그는 경기가 나쁜 시기에 자본의 사용과 노동의 고용이 과소하게 되는 원인은 과도한 저축에 있다고 생각했습니다. 나는 오랜 시간에 걸쳐 정통적인 경제학의 무기를 이용해 그의 주장을 반박하려고 했습니다. 그러나 결국은 그가 나를 납득시켰고, 나는 그와 함께 1889년에 출판되게 되는 《산업의 생리학》이라는 책에 집어넣을 과잉저축에 관한 논의를 다듬는 일에 착수했습니다. 이것이 나에게는 이단적 경력의 공개적인 첫걸음이었지만, 나는 그 일이 초래할 중대한 결과를 조금도 깨닫지 못했습니다. 왜냐하면 바로 그때 나는 학계의 직책을 포기하고 '대학 공개강연의 경제학 및 문학 담당 강사'로서 새로운 종류의 일을 시작하고 있었기 때문입니다. 최초의 충격은 '런던 공개강연위원회'가 나에게 정치경제학 강연을 불허하는 형태로 왔습니다. 이렇게 된 것은 어떤 경제학 교수의 간섭 때문이었음을 나는 나중에 알게 됐습니다. 그는 내가 쓴 책을 읽어보고 그것이 합리성이라는 측면에서 지구의 평평함을 증명하려고 하는 시도나 마찬가지라고 생각하게 됐다는 것입니다. 저축이란 저축은 모두 다 자본구조를 증대시키고 임금지급을 위한 기금을 증가시키게 되는데 어떻게 해서 유용한 저축의 양에 무슨 제약이든 제약이 있을 수 있다는 말인가 하고 생각했다는 겁니다. 건전한 경제학자들은 모든 산업적 진보에 원천이 되는 것을 억제시키려는 주장을 하는 사람을 두려움을 갖고 바라보지 않을 수 없었던 것입니다.[1] 또 하나의 흥미로운 개인적 경험이 내가 저지른 부정행위의 의미가 무엇인지를 나로 하여금 분명하게 알게 해주었습니다. 나는 런던에서는 경제학에 관한 강연을 하는 것을 금지당했지만, '옥스퍼드대학 공개강연 운동'의 넓은 아량 덕분에 지방에서는 노동계급의 삶과 관련이 있는 현실적인 쟁점에만 한정한다면 청중 앞에서 강연을 할 수 있다는 허락을 받았습니다. 그때 마침 경제적인 주제에 관한 강연을 계획하고 있었던 '자선조직협회'가 나를 초청하면서 강연을 준비해달라고 요청해왔습니다. 나는 기꺼이 그 새로운 강연을 하는 일을 맡겠노라는 뜻을 밝혔습니다. 그런데 갑자기 아무런 설명도 없이 그 초청이 취소됐습니다. 그때까지도 나는 내가 공개적으로 나서서 무제한적인 절약의 미덕에 대해 의문을 제기한 것이 곧 내가 용서받을 수 없는 죄를 저지른 것이라는 점을 거의 깨닫지 못하고 있었습니다.

홉슨 씨는 공동저자와 함께 쓴 이 초기의 저작에서 나중의 저작에서보

---

1 홉슨은 《산업의 생리학》의 26쪽에서 권위를 무시하는 태도로 다음과 같이 썼다. "절약은 국부의 원천이므로 어느 나라든 더 많이 절약하면 할수록 그 나라가 더 부유해진다. 이것이 바로 거의 모든 경제학자들이 공통으로 가르치는 바다. 그들 가운데 다수는 절약의 무한한 가치를 옹호하면서 윤리적 위엄의 어조를 띤다. 그들의 따분한 노래 전체에서 대중의 귀를 끌어당긴 것은 바로 이런 어조뿐이다."

다 더 직접적으로 고전파 경제학(그는 바로 그 속에서 길러졌다)과 관련해 자신의 의견을 밝혔다. 그리고 이런 이유 때문에, 그리고 또한 이 저작이 그의 이론의 첫 번째 표현이기 때문에 나는 이 책의 두 저자가 제시한 비판과 그들이 보여준 직관이 얼마나 중요하며 근거를 잘 갖춘 것이었는지를 보이기 위해 바로 이 저작으로부터 인용을 하겠다. 그들은 이 책의 머리말에서 자신들이 공격대상으로 삼은 결론들의 본질을 다음과 같이 지적한다.

개인과 마찬가지로 공동체도 저축에 의해 부유해지고 지출에 의해 빈곤해진다는 것인데, 일반적으로 정의한다면 이것은 실행으로 옮겨지는 화폐애호가 경제적으로 좋은 것들 모두의 근원이라는 주장이라고 할 수 있다. 저축은 절약을 하는 개인 그 자신을 부유하게 만들어줄 뿐만 아니라 임금을 상승시키고, 실업자들에게 일자리를 제공하며, 모든 방면에 축복을 내린다는 것이다. 일간신문에서부터 최신의 경제학 논문에 이르기까지, 교회의 설교단에서부터 하원에 이르기까지 곳곳에서, 이런 결론을 의문시하는 것이 확실하게 불경하게 여겨지게 될 때까지 그것이 거듭 주장되고 거듭 진술된다. 리카도의 저작이 출판되기 전에는 교육받은 사람들의 세계가 경제학 사상가들 대부분의 뒷받침을 받으면서 그와 같은 교리를 강력하게 부정했다. 그러나 그것이 결국은 수용됐는데, 이렇게 된 것은 이제는 붕괴해버린 임금기금 이론에 대해 당시에는 교육받은 사람들이 대응할 능력을 갖고 있지 않았다는 점에 전적으로 기인한 것이었다. 그것의 결론이 그것이 논리적인 토대로 삼은 논리보다 더 오래 살아남은 것은 그것을 주장했던 사람들의 압도적인 권위 말고는 다른 그 어떤 가설로도 설명되지 않는다. 경제학계의 비판자들이 감히 그 이론을 시시콜콜하게 공격하고 나섰지만 그 주된 결론들을 건드리는 데서는 두려움을 느끼며 몸을 사렸다. 우리의 목적은 그 결론들은 결코 비판으로부터 방어될 수 없음을 증명하는 것, 다시 말해 저축하는 습관의 실행은 과도해질 수 있으며 그러한 과도한 실행은 공동체를 빈곤하게 만들고, 노동자들을 일자리에서 쫓아내고, 임금을 떨어뜨리고, 상업의 불황으로 알려져 있는 우울증과 무기력증을 상업의 세계 전체에 확산시키게 됨을 증명하는 것이다.

생산의 목적은 소비자들에게 '효용과 편의의 수단'를 제공하는 것이고, 그 과정은 원자재를 처음으로 다루는 순간부터 그것이 어떤 효용이나 편의의 수단으로서 마침내 소비되는 순간에 이르기까지 연속되는 과정이다. 자본의 용도는 오로지 이러한 효용과 편의의 수단이 생산되도록 돕는 데 있으므로 사용되는 자본 전체의 양은 필연적으로 효용과 편의의 수단이 매일 또는 매주 얼마나 소비되는가에 따라 달라질 것이다. 그런데 저축은 현재의 자본 총량을 증가시키는 동시에 효용과 편의의 소비량을 감소시킨다. 그러므로 저축하는 습관이 과도하게 실행되는 것은 사용을 위해 요구되는 수준 이상으로 자본의 축적을 초래하고, 이에 따른 자본의 과잉은 일반적인 과잉생산이라는 형태로 나타나게 된다.[1]

이 구절의 마지막 문장에서 홉슨의 오류가 그 뿌리를 드러낸다. 그 뿌리는 요구되는 수준 이상으로 자본이 실제로 축적되게 하는 원인은 저축이 과도하게 이루어지기 쉽다는 점에 있다는 그의 가정이다. 그러나 이런 점은 사실 예측의 오류가 있을 경우에만 생겨나는 부차적인 해악이다. 주된 해악은 저축성향 자체가 완전고용의 상태에서 요구되는 자본의 규모에 상응하는 수준보다 높고, 그래서 예측의 오류가 있을 경우를 제외하고는 늘

---

1 홉슨(Hobson)과 머머리(Mummery), 《산업의 생리학》, 3~5쪽(머리말).

완전고용을 가로막는다는 점이다. 그런데 한두 쪽 뒤에서 그는 내가 보기에 문제의 절반만을 절대적인 정밀성을 유지하면서 설명하고, 이자율과 사업상 신뢰의 상태에 일어나는 변화가 할 수 있는 역할은 여전히 간과한다. 아마도 그는 이 두 가지 요인을 주어진 것으로 간주한 것 같다.

그리하여 우리는 다음과 같은 결론을 내릴 수밖에 없다. 그 결론은 애덤 스미스 이래로 경제학의 모든 가르침이 근거로 삼은 생각, 즉 매해의 생산량은 자연적인 요인들, 자본, 가용한 노동의 총량에 의해 결정된다는 생각은 잘못된 것이며 오히려 반대로, 생산량은 이런 세 가지의 총량이 부과하는 한계를 결코 넘어설 수 없을 뿐만 아니라 과도한 저축과 그 결과로 초래되는 과잉공급의 누적이 생산을 억제함으로써 그러한 최대치에 훨씬 못 미치는 수준으로 감소할 수 있고 실제로도 감소된다는 것이다. 다시 말해 현대의 산업적 공동체가 정상적인 상태에 있다면 그 산업적 공동체에서는 소비가 생산을 제한하지 생산이 소비를 제한하는 게 아니다.[1]

마지막으로 그는 자신의 이론이 정통적인 자유무역주의의 주장이 지닌 타당성과 어떤 관련성이 있는지에 주목한다.

또한 우리는 정통 경제학자들이 우리와 비슷한 미국인들과 그 밖의 다른 미국의 보호무역주의 집단들에 그토록 마구 퍼부어온 상업적 백치의 상태라는 비난이 지금까지 제시된 그 어떤 자유무역주의의 주장에 의해서도 더 이상 유지될 수

---

1 홉슨과 머머리, 《산업의 생리학》, 6쪽(머리말).

없다는 점에도 주목한다. 왜냐하면 자유무역주의의 주장은 모두 과도한 공급은 불가능하다는 가정에 근거하고 있기 때문이다.[2]

그 뒤에 이어지는 논증은 불완전한 것이 분명하다. 그러나 그 논증은 자본이란 저축성향에 의해 생겨나는 것이 아니라 실제의 소비와 예상되는 미래의 소비에서 연유한 수요에 대한 대응에 의해 생겨나는 것이라는 사실을 처음으로 명시적으로 진술한 것이다. 다음의 포괄적인 인용문은 바로 이러한 방향의 사고를 보여준다.

한 공동체의 자본은 상품소비의 증가가 따르지 않는 한 순조롭게 증가할 수 없다는 점이 분명해졌을 것이다. … 모든 저축과 자본의 증가는 그것이 효과적이기 위해서는 가까운 미래의 소비가 그에 상응하는 정도로 증가하는 것을 필요로 한다.[3] … 그리고 우리가 말하는 미래의 소비에서 미래란 10년 뒤, 20년 뒤, 50년 뒤의 미래를 가리키는 것이 아니라 현재와 조금밖에 떨어지지 않은 미래를 가리키는 것이다. … 만약 사람들이 절약을 하거나 조심스러워하는 태도를 갖게 되어 현재에 더 많은 저축을 하게 된다면 미래에는 더 많은 소비를 하는 데 동의해야 한다.[4] … 생산과정의 어느 지점에서든 현재의 소비율에 알맞게 상품이 공급되기 위해 요구되는 수준보다 더 많은 자본은 경제적으로 존재할 수 없다.[5] … 나의 절약은 공동체의 총 경제적 절약에 결코 영향을 미칠 수 없고, 오

---

2 앞에서 든 책, 9쪽(머리말).

3 앞에서 든 책, 27쪽.

4 앞에서 든 책, 50쪽과 51쪽.

5 앞에서 든 책, 69쪽.

직 총 절약의 특정한 일부가 나 자신에 의해 실행되는가, 아니면 누군가 다른 사람에 의해 실행되는가를 결정할 따름인 것이 분명하다. 우리는 공동체 가운데 어느 한 부분에 속하는 사람들의 절약이 다른 부분에 속하는 사람들로 하여금 그들의 소득을 넘어서는 생활을 하도록 강제하는 힘을 어떤 방식으로 갖고 있는지를 설명해야 한다.[1] … 대부분의 현대 경제학자들은 소비가 어떤 방식으로든 불충분하게 될 수 있다는 점을 부정한다. 우리가 공동체로 하여금 이러한 과도한 절약에 빠지도록 부추기는 방향으로 작용하는 어떤 경제적인 힘을 발견할 수 있을까? 그리고 만약 무엇이든 그러한 힘이 존재한다면 상업의 메커니즘이 그것을 효과적으로 억제하는 기능을 하지 않을까? 첫째로는 고도로 조직화된 산업사회라면 어디에서나 자연스럽게 과도한 절약을 유도하는 작용을 하는 힘이 부단히 작동한다는 점이 증명돼야 하고, 둘째로는 상업의 메커니즘이 수행한다고 하는 억제의 기능이 전혀 작동하지 않거나 중대한 상업상의 해악을 막기에 불충분하다는 점이 증명돼야 할 것이다.[2] … 맬서스와 찰머스의 주장에 대해 리카도가 제시한 간단한 답변이 그 뒤의 경제학자들 대부분에 의해 충분한 것으로 받아들여진 것 같다. “생산물은 언제나 생산물이나 용역에 의해 구매되고, 화폐는 단지 교환을 하는 수단일 뿐이다. 따라서 생산의 증가는 언제나 소득능력과 소비능력의 상응하는 증가를 수반하고, 과잉생산의 가능성은 없다.”(리카도, 《정치경제학의 원리》, 362쪽)[3]

이자는 화폐의 사용에 대한 대가로 지불되는 것일 뿐이며 그 밖에는 아

---

1 앞에서 든 책, 113쪽.
2 앞에서 든 책, 100쪽.
3 앞에서 든 책, 101쪽.

무엇도 아님을 홉슨과 머머리는 알고 있었다.[4] 또한 그들은 논쟁의 상대방에 속하는 사람들이 "이자율(또는 이윤)이 하락해 저축을 억제하는 작용을 하고 생산과 소비 사이의 적절한 관계를 회복시킬 깃"이라고 주장하리리는 점을 충분히 잘 알고 있었다.[5] 그들은 이에 대한 답변에서 "만약 이윤의 하락이 사람들로 하여금 저축을 줄이도록 유도한다면 그것은 사람들로 하여금 지출을 늘리도록 유도하거나 생산을 줄이도록 유도하는 두 가지 방식 가운데 어느 하나의 방식으로 작용할 것이 틀림없다"고 지적한다.[6] 앞의 방식과 관련해서 그들은 이렇게 주장한다. 이윤이 떨어질 때에는 공동체의 총소득이 감소하는데, "평균 소득률이 떨어질 때 절약에 대한 보상이 그만큼 줄어든다는 사실로 인해 개인들이 소비율을 높이게 되리라고는 가정할 수 없다." 그런가 하면 두 번째 방식과 관련해서는 그들이 이렇게 주장한다. "과잉공급에 기인한 이윤의 하락이 생산을 억제하게 되리라는 점, 그리고 이런 억제효과의 작용을 인정하는 것이 우리가 펴는 주장의 핵심을 이룬다는 점을 부인하는 것은 우리의 의도와 거리가 아주 멀다."[7] 그렇지만 그들의 이론은 완전하지 않았다. 그 근본적인 이유는 그들이 이자율에 대한 별도의 이론을 갖고 있지 않았다는 데 있다. 그리고 그 결과로 홉슨 씨는 과소소비가 수익을 내주지 못하는 투자라는 의미의 과잉투자를 초래한다는 점을 과도하게 강조했다(특히 그의 후기 저작에서). 그런데 이보다는 상대적으로 약해진 소비성향은 그것을 상쇄시킬 정도의 규모로 새로운

---

4 앞에서 든 책, 79쪽.
5 앞에서 든 책, 117쪽.
6 앞에서 든 책, 130쪽.
7 앞에서 든 책, 131쪽.

투자가 수반될 것을 요구하지만 실제로는 그러한 새로운 투자가 수반되지 않기 때문에 실업을 초래하는 원인이 된다고 설명해야 했다. 그러한 새로운 투자가 때로는 낙관의 오류를 통해 일시적으로 수반될 수 있기는 하지만, 대개는 예상이윤이 이자율에 의해 설정된 기준 아래로 떨어지는 것이 그러한 새로운 투자의 수반을 가로막는다.

전쟁 이후로 이단적인 과소소비 이론이 많이 쏟아져 나왔고, 그 가운데 더글러스 소령의 이론이 가장 유명하다. 물론 더글러스 소령의 주장이 지닌 힘은 그의 파괴적인 비판 가운데 정통파가 타당한 답변을 전혀 갖고 있지 못한 비판이 많다는 점에 크게 의존하는 것이었다. 다른 한편으로는 특히 $A+B$ 공리라고 하는 것을 비롯해 그의 진단에 들어있는 세부내용에는 우리를 어리둥절하게 만드는 것이 많다. 만약 더글러스 소령이 설비의 교체와 갱신을 위한 지출로 그때그때 연결되지 않는 기업가들의 재무적 준비로만 그의 B 항목들을 한정시켰다면 진실에 더 가까웠을 것이다. 그러나 그런 경우에도 그러한 재무적 준비가 소비지출의 증가뿐만 아니라 다른 방면의 새로운 투자에 의해서도 상쇄될 가능성을 고려할 필요가 있다. 더글러스 소령이 비판한 정통파 가운데 일부와 달리 그 자신은 적어도 우리의 경제체제가 안고 있는 두드러진 문제점을 완전히 망각하지 않았다고 주장할 자격이 있다. 그러나 그는 맨더빌, 맬서스, 게젤, 홉슨과 같은 대열에 끼어들 자격(용감한 이단자들의 군대에 아마도 소령이 아닌 사병으로서도)은 그와 같은 정도로는 거의 갖추지 못했다. 맨더빌, 맬서스, 게젤, 홉슨은 그야말로 명확성과 일관성이 유지되는 가운데 이해하기 쉬운 논리에 의해 도달됐지만 실제의 사실과는 어긋나는 가설에 근거를 둔 오류를 주장하기보다는 자기의 직관에 따라 모호하고 불완전하게라도 진리를 바라보기를 선호했다.

24장 마무리하는 글
일반이론이 지향하는 사회철학에 대해

I

우리가 살고 있는 경제사회의 두드러진 결함은 완전고용을 실현하는 데서 실패하고 있다는 점과 부와 소득을 제멋대로 불평등하게 분배한다는 점이다. 지금까지 서술한 이론이 이 두 가지 결함 가운데 앞의 것과 갖고 있는 관계는 자명하다. 그러나 그 이론은 두 번째 결함과 관련이 있는 두 가지 중요한 측면도 갖고 있다.

19세기 말부터 부와 소득의 매우 커다란 격차를 제거하는 방향으로 의미 있는 진전이 특히 영국에서 소득세, 부가세, 상속세와 같은 직접과세 수단을 통해 이루어졌다. 이런 과정이 훨씬 더 많이 진전되는 것을 보게 되기를 원하는 사람들이 많겠지만, 그들도 두 가지 고려사항에 의해 저지당하고 있다. 그 이유는 부분적으로는 교묘한 탈세행위의 가치를 너무 크게 만드는 것 아니냐는 우려와 위험을 감수하게 하는 동기를 지나치게 위축시키지 않겠느냐는 우려에 있을 것이다. 그러나 내가 생각하기에 그 주된 이유는 개인들로 하여금 저축을 하게 하는 동기의 세기에 자본의 성장이 의존한다는 믿음과 부유한 사람들이 그들에게 남아도는 잉여를 가지고 하는 저축에 의존해 우리가 달성하는 자본의 성장이 전체 자본의 성장에서 차지하는 비중이 크다는 믿음에 있다. 우리가 전개한 논의는 이런 두 가지 고려사항 가운데 첫 번째 것에는 영향을 미치지 않지만, 두 번째 것에 대한 우리의 태도는 상당한 정도로 수정할 수 있다. 왜냐하면 우리는 완전고용이 실현되는 지점에 이르기 전에는 자본의 성장이 낮은 소비성향에 의존해 이루어지기는커녕 오히려 반대로 그것에 의해 저지되며, 완전고용의 상태에서만 낮은 소비성향이 자본의 성장에 도움이 된다는 점을 확인했기 때문이다. 게다가 지금과 같은 상황에서는 각종 제도적 기관에 의해 이루어지거나 감채기금을 통해 이루어지는 저축이 적절한 수준보다 많다는 사실과 소비성향을 어느 정도 끌어올릴 가능성이 있는 소득재분배 조치는 자본의 성장에 분명히 이로울 것이라는 사실을 경험이 말해준다.

이런 문제에 대해 대중의 마음속에 존재하는 기존의 혼란을 가장 잘 보여주는 것은 상속세가 자본이라는 형태의 국부를 감소시키는 원인이 된다는 매우 통상적인 믿음이다. 국가가 상속세 수입을 가지고 국가의 통상적인 지출에 충당해서 소득과 소비에 대한 과세가 그만큼 줄어들거나 면제된다고 가정한다면 물론 상속세를 무겁게 매기는 재정정책이 그 공동체의 소비성향을 상승시키는 효과를 내게 되는 것이 사실이다. 그러나 관습적인 소비성향이 상승하는 것이 일반적으로는(즉 완전고용의 상태인 경우를 제외하고는) 투자유인도 동시에 증가시키는 작용을 할 것이라고 본다면 위와 같은 통상적인 추론은 진실과는 정반대다.

따라서 우리의 논의는 오늘날의 상황에서는 부의 성장이 흔히 상정되듯이 부유한 사람들의 절제에 의존해 이루어지기는커녕 오히려 그것에 의해 방해를 받을 가능성이 더 크다는 결론으로 이어지게 된다. 그렇다면 큰 폭의 부의 불평등에 대한 주된 사회적 정당화의 논거들 가운데 하나가 제거된 셈이다. 내가 지금 우리의 이론과 무관하게 어떤 상황에서는 어느 정도의 불평등을 정당화해줄 수 있는 다른 이유들마저 없다고 말하려는 것은 아니다. 그러나 우리가 그동안 조심스럽게 논의를 진행하는 것이 현명하다고 생각한 이유들 가운데 가장 중요한 것을 위와 같은 결론이 제거해주는 것은 사실이다. 이런 점은 특히 상속세에 대한 우리의 태도에 영향을 미친다. 왜냐하면 소득의 불평등은 일정하게 정당화해주지만 상속된 유산의 불평등도 똑같이 정당화해주지는 않는 논거들이 존재하기 때문이다.

나로서는 소득과 부에 상당한 정도의 불평등이 존재하는 것에 대해 사회적, 심리적으로 정당화해줄 근거가 있기는 하지만 오늘날 존재하는 것과 같이 격차가 큰 불평등에 대해서는 그러한 근거를 찾을 수 없다고 믿는다. 가치 있는 인간의 활동 가운데는 완전한 결실을 보려면 돈벌이라는 동기와 사적인 부 소유라는 환경을 필요로 하는 것들이 있다. 뿐만 아니라 돈벌이와 사적인 부 소유의 기회가 존재하는 것이 인간의 위험한 성향을 비교적 무해한 방면으로 유도할 수도 있다. 인간의 위험한 성향이 이런 식으로 충족되지 못한다면 잔혹한 행위, 개인적인 힘과 권위에 대한 무모한 추구, 그리고 그 밖의 다른 여러 가지 형태의 자기과시에서 배출구를 찾게 될 수 있다. 인간 개개인이 동료시민을 함부로 다루는 것보다는 각자 자신의 은행잔액을 함부로 다루는 것이 낫다. 그리고 은행잔액을 함부로 다루는 것에 대해 그것은 동료시민을 함부로 다루는 하나의 수단일 뿐이라고 비난하는 목소리를 때로는 듣게 되지만, 적어도 어떤 때에는 그렇게 하는 것이 하나의 대안이 된다. 그러나 이런 활동들을 자극하고 이런 성향들을 만족시키는 데 지금과 같이 판돈의 규모가 큰 게임이 실행되는 것이 필요하지는 않다. 훨씬 적은 규모의 판돈도 게임 참여자들이 그것에 익숙해지면 곧바로 판돈의 규모가 큰 경우와 마찬가지로 그 목적의 달성에 도움이 될 것이다. 인간의 본성을 변화시킨다는 과제와 인간의 본성을 통제한다는 과제를 혼동해서는 안 된다. 이상적인 국가에서는 사람들이 판돈에 흥미를 갖지 않도록 가르쳐지거나 고무되거나 길러질 수 있을지 모르지만, 설령 그런 경우라고 해도 실제로 보통사람들이 돈벌이에 대한 열정에 심하게 중독돼있거나 적어도 공동체에서 상당한 비중을 차지하는 사람들이 그렇게 돼있다면 규칙과 제약조건의 구속 아래서 게임이 실행되도록 하는 것이 현명하고 분별 있는 국가운영 기법일 것이다.

$$\text{II}$$

그러나 미래의 부의 불평등과 관련이 있는 우리의 논의, 즉 우리의 이자율 이론으로부터 훨씬 더 근본적인 두 번째 추론을 할 수 있다. 그동안 적당하게 높은 이자율을 정당화해주는 논거가 저축의 유인을 충분히 제공해야 할 필요성에서 찾아졌다. 그러나 우리는 실제로 이루어지는 저축의 규모는 필연적으로 투자의 규모에 의해 결정되고, 투자의 규모는 낮은 이자율에 의해 커지게 됨을 증명했다(완전고용에 상응하는 지점을 넘기면서까지 이런 방식으로 투자를 촉진하려고 하지는 않는다는 가정 아래). 따라서 자본의 한계효율표에 비해 상대적인 이자율의 수준을 완전고용이 실현되는 지점까지 낮추는 것이 우리에게 가장 이롭다.

이런 기준은 지금까지 지배적이었던 수준보다 훨씬 더 낮은 수준의 이자율을 지향하는 것이라는 점은 의심할 나위가 없다. 또한 우리가 증가하는 자본의 양에 상응하는 자본의 한계효율표가 어떤 것인지를 추측할 수 있다고 할 때 어느 정도 지속적으로 완전고용의 상태를 유지시키는 것이 실제로 가능하다면 이자율이 꾸준히 떨어질 가능성이 높다. 이는 물론 총소비성향(국가도 포함해)에 과도한 변화가 일어나지 않는 한 그렇다는 말이다.

자본의 한계효율이 어떤 매우 낮은 수치로 떨어지게 되는 지점까지 자본의 양을 늘리는 것은 어렵지 않을 것이라는 의미에서 자본에 대한 수요에는 분명한 한계가 있는 것이 확실하다고 나는 생각한다. 그렇게 되는 것은 자본도구의 사용이 거의 아무런 비용도 초래하지 않게 된다는 의미가 아니라 자본도구로부터의 수익이 손모와 진부화에 의해 소진되는 부분을 메워주고 이에 더해 기술과 판단력을 발휘하고 위험을 감수하는 것에 대해 보상해줄 정도로 다소의 마진을 남겨주는 수준이 된다는 의미다. 간단히 말해 내구적 재화의 수명이 다할 때까지 내구적 재화로부터 얻게 되는 총수익은 수명이 짧은 재화의 경우와 마찬가지로 그것을 생산하는 데 소요되는 노동비용에 위험에 대한 할증과 기술 및 감독의 비용을 더한 금액을 감당하기에 꼭 알맞은 수준이 될 것이다.

그런데 이런 상태는 어느 정도의 개인주의와는 완전히 양립할 수 있겠지만 이자생활자들이 안락사하게 됨을 의미할 것이고, 따라서 자본의 희소가치를 이용해먹기 위해 자본가들이 점점 더 가중시키는 억압의 힘이 안락사하게 됨을 의미할 것이다. 오늘날 이자는 그 어떤 진정한 희생에 대한 보상이 아니며, 이는 토지의 지대가 그런 것과 마찬가지다. 자본의 소유자가 이자를 획득할 수 있는 것은 자본이 희소하기 때문이며, 이는 토지의 소유자가 지대를 획득할 수 있는 것이 토지가 희소하기 때문인 것과 똑같다. 그러나 토지의 희소성에는 내재적인 이유가 있을 수 있는 반면에 자본의 희소성에는 내재적인 이유가 전혀 없다. 자본의 희소성에 대한 내재적인 이유라는 것이 이자라는 형태의 보상을 제공해야만 이끌어낼 수 있는 진정한 희생이라는 의미라고 한다면 그러한 내재적인 이유는 장기적으로 볼 때 오로지 개인의 소비성향이 특정한 성격, 즉 자본이 충분히 풍부해지기 전에 완전고용 상태에서 순저축이 소멸되게 하는 성격을 가진 것으로 드러나는 경우에나 존재할 수 있을 뿐 그 밖의 경우에는 존재하지 않을 것이다. 그러나 그렇다고 하더라도 국가기관을 통한 공동체의 저축은 자본이 희소하기를 중단하는 지점까지 자본의 성장을 허용하는 수준으로 유지되는 것이 여전히 가능할 것이다.

그러므로 나는 자본주의의 이자생활자적 측면은 제가 할 일을 다 한 뒤에는 사라져버릴 하나의 과도적 단계라고 본다. 그리고 그 이자생활자적 측면이 사라지면 자본주의 안에 있는 그 밖의 다른 많은 것들이 큰 변화를 겪게 될 것이다. 게다가 이자생활자와 기능을 상실한 투자자의 안락사는 결코 갑작스럽게 일어나는 일이 아니며 오히려 우리가 최근에 영국에서 보아온 현상의 점진적이지만 오래 이어지는 과정일 뿐일 것이고, 따라서 혁명을 전혀 필요로 하지 않을 것이라는 점은 지금 내가 주장하고 있는 변화 과정의 커다란 이점이 될 것이다.

따라서 실제로 우리는 자본이 희소하기를 중단함으로써 기능을 상실한 투자자가 더 이상 특별배당을 받지 못하게 될 때까지 자본의 양을 증가시키는 것과 금융가와 기업가들, 그리고 이런 종류의 사람들 모두(그들은 자신들의 직업을 아주 좋아하므로 우리는 그들의 노동을 지금보다 훨씬 더 저렴하게 제공받을 수 있을 게 틀림없다)의 지능과 결단력, 그리고 집행기술이 합리적인 보수를 조건으로 공동체에 도움이 되게끔 이용되게 하는 직접세 제도를 도입하는 것을 목표로 삼을 수 있을 것이다(이런 목표 가운데 실제로 달성할 수 없는 것은 없다).

이와 동시에 우리는 국가의 정책으로 구체화되는 공동의 의지가 투자유인을 증가시키고 보충하는 데 얼마나 많이 투입돼야 하는지와 한 세대나 두 세대 안에 자본으로부터 그 희소가치를 제거한다는 우리의 목표를 포기하지 않으면서 평균적인 소비성향을 자극한다면 얼마나 많이 자극할 수 있는지는 경험만이 밝혀줄 수 있다는 점을 인정해야 한다. 소비성향이 이자율 하락의 효과에 의해 쉽게 강화되어 완전고용이 현재보다 별로 더 높지 않은 축적률로도 달성될 수 있는 것으로 드러날 수도 있다. 이런 경우에는 거액의 소득과 상속에 대해 더 높은 세율로 과세를 하는 방안에 대해 그렇게 하면 현재의 수준을 상당히 밑도는 수준으로 낮아진 축적률에서 완전고용이 이루어질 것이라는 반론이 제기될 수 있다. 나는 그러한 결과가 초래될 가능성이나 개연성을 부정할 생각이 없다. 왜냐하면 그러한 문제와 관련해서는 변화된 환경에 대해 보통사람들이 어떻게 반응할 것인지를 예측하는 것은 성급한 태도이기 때문이다. 그러나 만약 지금보다 그리 많이는 높지 않은 축적률로 완전고용에 근접한 고용상태를 무난히 확보할 수 있다면 적어도 해결되지 못하고 남아있던 문제 가운데 하나는 해결되는 셈이 될 것이다. 그리고 시간을 두고 다음 세대를 위해 충분한 투자의 상태가 실현되게 하기 위해 현재 살아있는 세대에게 그들의 소비를 어느 정도의 규모로, 그리고 어떤 방법으로 억제하라고 요구하는 것이 올바르고 합리적인지는 따로 결정해야 할 사안으로 남을 것이다.

III

이와 다른 일부 측면들에서는 앞에서 전개한 이론이 그 함의에서 적당하게 보수적이다. 왜냐하면 그 이론은 현재 주로 개인의 주도에 맡겨져 있는 문제들과 관련해 어떤 중앙통제를 수립하는 것의 핵심적인 중요성을 부각시키지만 그 이론의 영향을 받지 않는 활동분야가 폭넓게 존재하기 때문이다. 국가는 부분적으로는 조세정책을 통해, 부분적으로는 이자율을 정하는 것에 의해, 또한 부분적으로는 아마도 그 밖의 다른 방법에 의해서도 소비성향에 대해 지도적인 영향력을 행사해야 할 것이다. 게다가 은행정책이 이자율에 미치는 영향이 그것만으로 최적의 투자율을 결정하기에 충분할 것 같지 않아 보인다. 그러므로 나는 다소 포괄적인 투자의 사회화가 완전고용에 가까운 상태를 확보하는 유일한 수단임이 입증될 것이라고 생각한다. 물론 이런 투자의 사회화를 위해 공적 당국이 민간부문의 사적 주도요소와 협력하는 데 이용할 수 있는 모든 형태의 타협과 제도적 장치를 배제할 필요는 없다. 그러나 이런 수준을 넘어 공동체 경제생활의 대부분을 포괄하는 국가사회주의 체제를 옹호하게 할 만한 분명한 근거는 없다. 국가가 떠맡는 것이 중요한 것은 생산도구의 소유가 아니다. 만약 국가가 생산도구를 증가시키는 데 투입되는 자원의 총량과 그 자원의 소유자들에 대한 기본적 보수율을 결정할 수 있다면 그것으로 국가는 필요한 모든 일을 다 한 셈일 것이다. 게다가 필요한 사회화의 조치들은 점진적으로, 그리고 사회의 일반적 전통에 균열을 초래하지 않으면서 도입될 수 있다.

널리 수용된 고전파의 경제학 이론에 대한 우리의 비판은 그 이론의 분석에서 논리적인 결함을 찾아내는 것으로 이루어지는 것이 아니라 그 이론의 암묵적인 가정들이 거의 또는 전혀 충족되지 않으며 그 결과로 고전파의 경제학 이론이 현실 세계의 경제적 문제들을 해결하지 못한다는 점을 지적하는 것으로 이루어진다. 그러나 만약 우리의 중앙통제가 완전고용에 상응하는 총 생산규모에 가능한 한 가장 가까운 생산규모를 확보하는 데 성공한다면 그 지점부터는 고전파의 이론이 그 본연의 지위를 회복하게 된

다. 만약 생산규모가 주어진다고 가정한다면, 다시 말해 생산규모가 고전
파 사고체계의 바깥에 있는 힘들에 의해 결정된다고 가정한다면 그때는 구
체적으로 무엇이 생산되는가, 생산을 위해 생산요소들이 어떤 비율로 결합
되는가, 최종생산물의 가치가 생산요소들 사이에 어떻게 분배되는가를 사
적인 이기심이 결정하는 방식에 관한 고전파의 분석에 대해 제기해야 할
반론이 존재하지 않는다. 또한 우리가 절약의 문제를 다르게 다루었더라
도 완전경쟁의 상태와 불완전경쟁의 상태라는 두 경우 각각에 사적인 이득
과 공적인 이득이 융합되는 정도에 대한 현대의 고전파 이론에 대해 제기
해야 할 반론이 존재하지 않는다. 따라서 소비성향과 투자유인 사이에 조
정이 일어나게 하기 위한 중앙통제의 필요성 말고는 경제적 삶을 사회화해
야 할 이유가 이전보다 더 많은 것이 아니다.

요점을 구체적으로 말하면, 나는 기존의 체제가 사용되고 있는 생산요
소들을 심각하게 잘못 사용되게 한다고 가정해야 할 이유를 찾을 수 없다.
물론 예측의 오류는 있지만, 이런 오류는 의사결정의 집중화에 의해 피할
수 있는 것이 아닐 것이다. 일할 의사와 능력을 가지고 있는 1000만 명 가
운데 900만 명이 고용돼있을 때 그 900만 명이 잘못 고용돼있다는 증거는
없다. 현재의 체제에 대한 항변은 그 900만 명이 다른 일에 고용돼야 한다
는 것이 아니라 나머지 100만 명이 할 수 있는 일이 존재해야 한다는 것이
다. 기존의 체제가 붕괴했다는 것은 고용이 실제로 이루어지는 방면을 결
정하는 데서 그랬다는 것이 아니라 고용이 실제로 이루어지는 규모를 결정
하는 데서 그랬다는 것이다.

따라서 나는 고전파의 이론에 존재하는 틈새를 메우는 것이 가져오는
결과는 ‘맨체스터 체제’(이는 공적 당국의 개입이나 무역규제가 없는 가
운데 자율적으로 조정되는 자유시장경제의 모형, 즉 곡물법에 반대한 초기

의 맨체스터 학파가 이상적인 경제체제로 제시한 경제체제의 모형을 가리키는 것으로 보인다—옮긴이)를 폐기하는 것이 아니라 경제적 힘들의 자유로운 작동이 생산의 잠재력 전부를 실현시키려고 할 때 요구하는 환경의 본질을 부각시키는 것이라는 게젤의 의견에 동의한다. 완전고용을 확보하는 데 필요한 중앙통제는 물론 정부의 전통적인 기능이 대폭 확장되는 현상을 수반할 것이다. 게다가 현대의 고전파 이론 자체가 경제적 힘들의 자유로운 작동이 억제되거나 지도돼야 할 필요가 있을 수 있는 다양한 상황들에 주의를 환기시켜왔다. 그러나 그렇더라도 사적인 주도와 책임성이 발휘될 수 있는 영역이 폭넓게 남아있을 것이다. 이런 영역에서는 개인주의의 전통적인 이점이 여전히 효력이 있을 것이다.

여기서 잠깐 멈춰서 개인주의의 그러한 이점이라는 것이 무엇인지를 상기해보자. 그것은 부분적으로는 효율성의 이점이며, 이는 곧 '탈집중화'와 '이기심의 작용'의 이점이다. 결정의 탈집중화와 개인의 책임성이 효율성을 높이는 이점은 아마도 19세기가 상정했던 것보다는 훨씬 더 클 것이고, 이기심에 대한 호소에 반대하는 반응이 지나쳤던 것인지도 모른다. 그러나 무엇보다도 개인주의는 그 결점이 제거되고 그 남용이 배제될 수 있다면 다른 어떤 체제에 견주어도 개인적 선택이 행사될 수 있는 영역을 훨씬 더 넓혀준다는 의미에서 개인적 자유에 대한 최선의 안전장치다. 또한 개인주의는 바로 이렇게 확장된 개인적 선택의 영역으로부터 생겨나는 삶의 다양성에 대한 최선의 안전장치이기도 하며, 이런 삶의 다양성이 상실되는 것이야말로 획일적이거나 전체주의적인 국가가 겪을 수 있는 손실 가운데 가장 큰 손실이다. 왜냐하면 삶의 다양성은 과거 여러 세대의 가장 확실하고 성공적인 선택들이 반영된 전통을 보존하고, 현재의 다각적인 상상으로 현재를 채색하며, 전통과 상상의 시녀일 뿐만 아니라 실험의 시녀이기도 하므로 더 나은 미래를 만드는 데 가장 강력한 수단이기 때문이다.

그러므로 소비성향과 투자유인이 서로 조정되게 한다는 과제에 내포된 정부기능의 확장이 19세기의 평론가나 현대 미국의 금융가에게는 개인주의에 대한 끔찍한 침해로 보이겠지만, 나는 반대로 기존의 경제적 형식들 전체가 파괴되는 것을 피하기 위한 수단 가운데 유일하게 실행이 가능한 것으로서, 그리고 개인의 주도가 성공적으로 기능하기 위한 조건으로서도 그것을 옹호한다.

왜냐하면 만약 유효수요가 부족하다면 낭비되는 자원이 불러일으키는 공중의 분노가 견디기 어려울 정도가 될 뿐 아니라 그러한 자원을 사용하려고 하는 개별 기업가가 불리한 조건 속에서 활동하게 되기도 하기 때문이다. 개별 기업가가 참여하는 운의 게임에는 꽝이 많이 배치돼있고, 따라서 게임 참여자들 모두가 원기왕성하고 좋은 운에 대한 기대를 품고 있어 게임에 전력투구한다면 그들 전체로서는 지게 될 것이다. 지금까지는 세계 부의 증가분이 양의 개인저축 총액에 못 미쳤고, 그 차액은 용기와 주도력은 가지고 있지만 그런 것이 특출한 기술이나 이례적인 행운에 의해 보완되지 못한 사람들의 손실로 메워져왔다. 그러나 만약 유효수요가 적절하다면 평균적인 기술과 평균적인 행운이면 그것으로 충분할 것이다.

오늘날의 권위주의적 국가체제들은 효율성과 자유를 희생시키면서 실업이라는 문제를 풀고 있는 것으로 보인다. 짧은 흥분의 기간들을 제쳐놓는다면 오늘날의 자본주의적 개인주의와 연관된(내 의견으로는 연관되는 것이 불가피한) 실업을 세계가 그리 오래 견뎌내지는 못할 것이 분명하다. 그러나 문제를 올바르게 분석한다면 효율성과 자유를 보존하면서 질병을 치료하는 것이 가능할 수 있다.

IV

나는 옛 체제보다 새로운 체제가 평화에 더 이로울 수 있음을 앞에서 지나가는 김에 언급한 바 있다. 이런 측면을 다시 말하고 강조하는 것은 그렇게 할 만한 가치가 있다.

전쟁에는 몇 가지 원인이 있다. 적어도 기대 속에서는 전쟁에서 즐거운 흥분을 느끼는 독재자들이나 그들과 비슷한 부류인 그 밖의 정치가들은 국민의 선천적 호전성을 활용하기가 쉽다는 것을 안다. 그러나 대중적 열광을 부채질한다는 과제를 그들이 쉽게 달성할 수 있게 해주는 요인으로 이것보다 훨씬 더 강력한 것이 있는데 그것은 바로 전쟁의 경제적 원인들, 즉 인구의 압력과 시장 쟁탈전이다. 지금 우리의 논의와 관련이 있는 역할을 19세기에 압도적으로 수행했고 앞으로도 또 다시 그럴 수 있을 만한 것은 아마도 두 번째 요인일 것이다.

나는 앞 장에서 19세기 후반에 정통적인 것으로 여겨졌던 국내의 자유방임 체제와 국제적인 금본위 제도 아래서는 시장 쟁탈전을 통하지 않고는 국내의 경제적 고난을 완화시키기 위해 정부가 이용할 수 있는 수단이 존재하지 않았다는 점을 지적했다. 왜 그랬느냐 하면 소득계정상 무역수지를 개선하기 위한 조치를 제외하고는 만성적이거나 간헐적인 과소고용의 상태를 치유하는 데 도움이 될 만한 다른 모든 조치가 배척됐기 때문이다.

경제학자들은 기존의 지배적인 국제체제가 국제 노동분업의 과실을 낳아주는 동시에 상이한 나라들의 이익을 조화시켜주기도 한다면서 그 국제체제를 찬양하는 습관을 갖게 됐지만, 위와 같은 점으로 미루어 볼 때 그렇게 이롭지 않은 영향도 가려져 보이지는 않지만 존재한다. 그리고 부유하고 오래된 나라라도 시장 쟁탈전을 소홀히 하면 그 나라의 번영은 약화되다가 무너져 내릴 것이라고 믿은 정치가들은 실제의 사태추이에 대한 정확한 인식과 상식에 의해 움직여졌다고 할 수 있다. 그러나 만약 각 나라의 국민이 자국의 국내정책을 통해 자체적으로 완전고용을 실현하는 방법을 알게 된다면('만약 인구변화 추세에서도 균형을 달성할 수 있게 된다면'이라는 말도 우리는 덧붙여야 한다), 어느 한 나라의 이익을 이웃나라들의 이익과 배치되게 만드는 경제적 힘으로서 중요하다고 봐야 할 것이 존재해야 할 이유가 없다. 국제 노동분업과 국제적 대부가 적절한 상태로 존재할 여지도 여전히 존재할 것이다. 그러나 한 나라가 다른 나라에게 자국의 상품을 강요하거나 이웃나라의 공급을 거부할(이것이 구매하기를 원하는 것에 대한 대금을 지불하기 위해 필요하기 때문에 이루어지는 행동이 아니라 국제수지를 자국에 유리하게 변화시키기 위해 국제수지의 균형을 교란시킨다는 명시적 목표 아래 이루어지는 행동이라고 할 때) 필요가 있게 만드는 절박한 동기는 더 이상 존재하지 않을 것이다. 국제무역은 지금과 같은 형태, 즉 해외시장에서 억지로 판매를 하고 구매를 억제하는 것에 의해 국내의 고용을 유지하기 위해 필사적으로 매달리는 방편이 더 이상 아니게 될 것이다. 사실 이와 같은 방편은 성공한다고 하더라도 싸움에서 패배한 이웃나라에 실업이라는 문제를 전가시킬 뿐일 것이다. 오히려 국제무역은 재화와 용역의 자발적인 동시에 방해를 받지 않는 교환이 서로에게 이득이 되게끔 이루어지는 형태가 될 것이다.

V

이러한 사상의 실현은 공상적인 희망인가? 이러한 사상은 정치사회의 진화를 지배하는 동기들에 불충분하게만 뿌리를 두고 있는가? 이러한 사상이 저지할 이해관계가 이러한 사상이 증진할 이해관계보다 더 강력하고 더 명백한가?

나는 여기서 답변하려고 하지 않겠다. 그러한 사상을 점차로 구현해갈 실천적 조치들을 그 윤곽만이라도 제시하려면 이 책과는 다른 성격을 가진 또 한 권의 책을 써야 할 필요가 있을 것이다. 그러나 만약 그러한 사상이 옳다면(이는 내가 이 책의 저자로서 나 자신이 쓴 것을 떠받쳐주는 토대로 삼을 수밖에 없는 가설이다) 그러한 사상이 일정한 기간에 걸쳐 힘을 발휘할 것임을 의심하는 것은 잘못이 될 것이라고 나는 예상한다. 지금의 시점에는 사람들이 뭔가 보다 근본적인 진단을 이례적으로 기대하고 있고, 그런 진단이 나온다면 그것을 받아들일 태세를 특이하게 갖추고 있으며, 그런 진단이 그럴듯해 보이기만 해도 그것을 실험해보고 싶어 하는 간절한 마음을 가지고 있다. 그러나 이러한 오늘날의 분위기와는 상관없이 경제학자와 정치철학자들의 사상은 그것이 옳을 때에나 틀릴 때에나 일반적으로 알려진 수준보다 더 강력하다. 사실 세계를 지배하는 것은 이것 말고는 별로 없다. 자신은 그 어떤 지적인 영향으로부터도 완전히 벗어나 있다고 믿는 실무가들도 대개는 이미 죽은 어떤 경제학자의 노예다. 하늘의 목소리가 들린다고 하는 권좌의 광인들은 몇 년 전에 졸렬한 글을 써댄 어떤 학자로부터 자신의 광기를 뽑아내고 있는 것이다. 사상의 점진적인 침투에 비해 기득이권의 힘이 엄청나게 과장되고 있다고 나는 확신한다. 사실 사상의 침투는 즉각적으로 이루어지는 것이 아니라 일정한 시간간격을 두고 이루어진다. 왜냐하면 경제철학과 정치철학의 분야에서는 25살이나 30살이 된 뒤에 새로운 이론의 영향을 받는 사람이 많지 않고, 따라서 현재 벌어지고 있는 일에 공무원이나 정치가가 적용하는 사상은 물론이고 심지어는 선동가가 적용하는 사상조차도 가장 새로운 것일 것 같지 않다. 그러나 일찍 드러나든 늦게 드러나든, 좋은 것에 대해서든 나쁜 것에 대해서든 위험한 것은 기득이권이 아니라 사상이다.

2007년 후반부터 전개된 미국발 세계 금융위기와 그에 이어 2008년부터 본격화된 세계각국 경제의 동시불황을 계기로 존 메이너드 케인스가 되살아나고 있다. 이차 세계대전 직전부터 1970년대 초반까지 30여 년 동안 지배적인 경제사상으로 군림했던 케인스주의가 1970년대 후반에 스태그플레이션의 도래와 함께 통화주의와 신자유주의에 의해 밀려나 천덕꾸러기 신세가 된 뒤로 다시 30여 년 만에 복귀하고 있는 것이다. 이는 1930년대에 대공황을 극복하기 위한 처방을 제시하려고 애썼던 케인스의 이론과 사상에서 최근의 불황을 극복하는 데 도움이 될 만한 교훈과 아이디어를 얻고자 하는 노력이 반영된 추세일 것이다.

그런데 여기서 더 나아가 정부가 재정지출을 늘리거나 대규모 건설공사를 벌이는 것에 무작정 케인스의 이름을 갖다 붙이면서 합리화하려는 움직임도 나타났다. 미국에서는 위기에 빠진 대형 금융회사들을 구제하는 데 엄청난 돈을 쏟아 붓는 계획이 케인스주의 정책으로 선전됐고, 한국에서는 타당성 논란과 건설자본 특혜 논란을 불러일으킨 '4대 강 살리기'와 같은 사업을 정부 스스로 '녹색뉴딜'이라고 부르기도 하고 일부 경제학자들이 케인스주의적 경기부양 정책으로 설명하면서 은연중에 케인스의 후광을 입으려고 하는 양상이 나타났다. 이런 움직임은 케인스의 본뜻과 거리가 먼 것이 분명하다. 왜냐하면 케인스는 '이자생활자의 안락사'라는 용어까지 구사해가며 금융자본을 견제했고, 사회적으로 무익하거나 낭비적인 공공사업보다는 소득재분배의 경기부양 효과를 선호하는 견해를 갖고 있었기 때문이다.

옮긴이가 이 책을 다시 들여다보고 새로 번역을 해야겠다고 마음을 먹게 된 것은 이와 같은 상황 때문이었다. 케인스의 대표작인 이 책을 통해 그의 본뜻이 어디에 있었는지를 다시 확인해볼 필요가 있다는 생각이 들었다. 특히 누구든 국민 또는 시민의 한 사람으로서 케인스의 이름과 연관되거나 그의 이름을 연상시키지만 실상은 그와 별로 관계가 없는 주장이나 선전에 속아 넘어가지 않으려면 이번 기회에 이 책을 한번 읽어두는 것이 좋지 않겠는가 하는 생각도 들었다.

이 책은 경제학 전공자들만 읽어야 할 책도 아니고, 경제학 전공자들만 읽을 수 있는 책도 아니다. 이 책은 때때로 불황에 빠지는 자본주의 경제의 취약성 내지 그 문제점에 대해 지은이가 통찰하고 분석한 결과를 담고 있으므로 그러한 불황도 겪어가며 삶을 꾸려갈 수밖에 없는 우리 모두가 삶의 참고서로 삼을 수도 있다고 옮긴이는 생각한다. 또한 지은이는 이 책의 머리말에서 "동료 경제학자들을 대상으로 … 어려운 이론의 문제를 다룰 목적"을 갖고 쓴 것이라고 말하고 있지만 이런 저자의 말에 겁먹을 필요가 전혀 없다. 지은이가 이 책을 쓸 당시에는 그랬는지 몰라도 그 뒤로 지금까지 70년이 넘는 세월에 걸쳐 이 책의 내용, 논리, 개념, 용어 등이 대중화되면서 모든 사람에게 익숙해졌고, 따라서 이 책의 상당부분이 이제는 많이 상식화됐기 때문이다.

옮긴이가 보기에는 우리나라에서 고등학교를 졸업한 정도의 학력이면 누구나 이 책을 읽을 수 있다. 다만 지은이가 자신의 논의를 전개해나가는 과정에서 대중독자를 위해 논의의 기본 맥락을 벗어나면서까지 일일이 친절한 설명을 해주지는 않으므로 정신을 상당히 집중해서 차근차근 읽어야만 이 책의 내용을 제대로 이해할 수 있을 것 같다.

경제학 교과서나 해설서와 같은 이차적 자료를 통해 이 책의 내용을 어느 정도 알고 있는 사람도 많을 것이다. 그러나 이 책의 원전을 직접 읽어보면 그동안 우리가 알고 있었던 케인스와 원래의 케인스 사이에 적지 않은 차이가 있다는 사실을 깨닫게 될 것이라고 옮긴이는 믿는다. 우리 국민은 세계의 어느 나라 국민보다 영어공부를 열심히 하므로 영어로 씌어진 이 책의 원서를 구해 직접 읽을 수도 있겠지만, 읽는 데 소요되는 시간과 노력을 감안하면 보다 읽기 쉽게 우리말로 옮겨진 번역서도 필요하다는 생각이 들었다.

이 책은 우리나라에서 그동안 두 번 번역된 것 같다. 첫 번째는 1955년에 김두희 서울대 교수가 번역한 것이고, 두 번째는 1985년에 조순 서울대 교수가 번역한 것이다. 김두희 교수의 번역은 절판된 지 오래되어 시중에서 구할 수 없지만 조순 교수의 번역은 시중에서 얼마든지 구해 볼 수 있다. 이미 번역서가 나와 있는 책을 옮긴이가 굳이 다시 번역하게 된 것은 위 두 분에 의한 기존의 번역이, 대단히 외람된 말이기는 하지만, 옮긴이의 마음에 들지 않았기 때문이다. '좀 더 읽기 쉽게 번역할 수도 있을 텐데…', '좀 더 정확한 번역을 할 수도 있을 텐데…' 하는 주제넘은 생각이 들었던 것이다.

옮긴이는 출판사를 운영하고 있는 입장에서 몇몇 젊은 경제학 연구자와 번역가에게 이 책을 새로 번역해보지 않겠느냐고 의사타진을 해보았으나

470

기존 번역자의 학문적 권위에 부담을 느껴서인지 긍정적인 답변을 해주는
분이 없었고, 그래서 내친 김에 옮긴이가 직접 만용을 부려보기로 했다. 게
다가 이 책 정도의 고전이라면 길게 잡아도 이삼십 년에 한 번 정도씩은 새
로운 번역이 필요하다는 게 옮긴이의 생각이다. 왜냐하면 이삼십 년 정도
가 지나면 언어사용의 방식이나 습관에 많은 변화가 생기고 일상적인 어휘
나 전문적인 용어도 적잖이 달라지기 때문이다. 이런 생각에서 새로 번역
해 펴내는 이 책에 혹시 잘못된 점이나 더 개선해야 할 점이 있으면 지적해
주시기를 독자에게 바란다.

존 메이너드 케인스(John Maynard Keynes)는 1883년에 영국 케임브리지에서 중산계급 지식인 부모의 맏아들로 태어났다. 아버지는 케임브리지대학의 경제학과 논리학 강사였고, 어머니는 케임브리지대학 출신으로 사회적 약자를 돕는 일에 관심을 가진 진보적 여성이었다. 케인스는 명문 중고등학교인 이튼을 거쳐 케임브리지대학 킹스칼리지에서 수학과 통계학을 전공한 데 이어 같은 대학의 대학원에서 통계학과 함께 철학과 경제학도 공부했다. 23살 때인 1906년부터 식민지 인도를 지배하기 위한 영국 정부의 중앙부서인 인도부에서 근무하다가 2년 뒤인 1908년에 사직하고 케임브리지대학으로 돌아갔다. 이듬해인 1909년에 처음으로 전문적인 경제학 논문을 〈이코노믹 저널〉을 통해 발표했고, 케임브리지대학에서 같은 해에 강사, 이듬해인 1910년에 특별연구원(펠로)이 됐다. 1911년에는 〈이코노믹 저널〉의 편집자로 일하기 시작했고, 1913년에 첫 저서로 《인도의 통화와 재정》을 펴냈다.

1914년에 일차 세계대전이 시작된 뒤에는 영국 재무부의 공무원이 되어 연합국에 대한 차관, 희소통화의 확보 등 전시재정과 관련된 업무를 수행했고, 전쟁이 끝난 뒤 1919년에 열린 파리 강화회의에 영국 재무부 대표단의 일원으로 파견됐다. 그러나 이 강화회의에서 연합국들의 논의가 패전국인 독일에 배상의무를 무겁게 부과하는 쪽으로 귀결되자 그렇게 하는 것은 전후 경제회복에 도움이 되지 않는다는 입장에서 반대하면서 사직했다. 대신 그는 강화회의의 결과에 대한 자신의 의견을 담은《평화의 경제적 결과》(1919)라는 저서를 펴냈다. 이어 그는 1922년에《조약의 수정》이라는 저서를 펴내 독일에 대한 배상의무 부과규모를 축소시킬 것을 거듭 주장했고, 1923년에는《화폐개혁론》이라는 저서를 통해 전후의 디플레이션적 정책을 비판하고 경제회복에 걸림돌이 되는 금본위제도를 종식시킬 것을 주장했다.

1924년부터는 영국에 만연한 고실업 문제에 대한 대책으로 공공사업에 대한 정부지출의 확대를 권고하기 시작했다. 그 뒤로 1920년대의 경험을 토대로 불황을 극복하는 데 필요한 경제학적 사고의 전환과 경제정책이 지향해야 할 방향에 관한 논의를 담은 저서인《화폐론》과《번영으로 가는 수단》을 1930년과 1933년에 각각 펴냈다. 특히《번영으로 가는 수단》은 당시에 뉴딜정책을 추진하고 있었던 미국의 프랭클린 루스벨트 행정부를 비롯한 서구 여러 나라 정부의 정치지도자와 경제정책 담당자들에게 적지 않은 영향을 준 것으로 알려졌다. 그러나 당시만 해도 주류 경제학은 여전히 자유방임 경제의 자동조절 기능을 신뢰하는 반면에 불황을 타개하기 위해 재정지출을 확대하는 방식으로 정부가 경제에 개입하는 정책에는 반대하는 입장이었다. 이런 주류 경제학의 토대인 고전파 경제이론을 비판하고 고용확대와 불황타개를 위한 정부의 적극적인 개입을 주장하는 내용의 대표작《고용, 이자, 화폐의 일반이론》은 1936년에 발간됐다. 이 책은 곧바로 많은 논쟁을 불러일으켰지만 케인스 자신은 1937년에 심장발작을 일으켜 장기요양에 들어가게 되는 바람에 논쟁에 깊이 참여하지는 못했다.

1939년에 건강이 어느 정도 회복되자 케임브리지대학으로 복귀했다. 이 해에 이차 세계대전이 시작됐다. 전쟁 중에는 영국 중앙은행의 이사와 자유당 상원의원을 지냈고, 남작 작위를 부여받기도 했다. 전쟁이 연합국들의 승리로 귀결될 것이 분명해지기 시작하면서부터는 전후의 국제경제질서에 관한 연합국들 사이의 논의에 영국의 대표로 참여했다. 특히 1944년에 미국 뉴햄프셔 주의 브레턴우즈에서 열린 국제회의에 영국 대표단을 이끌고 참여해 가칭 '방코르'라는 세계 공통의 통화단위를 도입하고 세계중앙은행과 국제청산동맹을 설립하는 내용을 뼈대로 한 전후구상을 제안했다. '케인스 안'으로 불리는 이 제안은 전쟁을 통해 세계 최강대국의 지위에 오른 미국이 외환안정화 기금을 설립하고 국제수지 불균형의 책임을 적자국가가 지게 하는 내용으로 내놓은 '화이트 안'에 밀려 극히 부분적으로만 최종 협상결과에 반영됐고, 화이트 안을 토대로 국제통화기금과 국제부흥개발은행이 설립됐다.

케인스는 1945년에 전쟁으로 파탄지경에 이른 영국 정부의 대표로 미국을 여러 차례 방문해 유리한 조건의 차관 도입을 성사시켰다. 그는 1946년 4월에 영국 서섹스 주의 자택에서 심장마비로 사망했다. 그는 경제학자이기 이전에 젊은 시절부터 언론매체를 통해 시사적인 쟁점에 대해 자신의 의견을 적극적으로 발표한 저널리스트이기도 했다. 또한 젊은 시절부터 영국 정치에서 보수당에 맞서 자유주의와 진보주의의 가치를 옹호한 정당인 자유당의 당원이었고, 이 정당의 경제정책에 큰 영향을 주었다. 청년시절에는 작가인 버지니아 울프, 철학자인 조지 에드워드 무어를 비롯한 예술가와 지식인들의 모임인 블룸즈버리그룹의 일원이 되어 그들과 교류했다. 젊었을 때 잠시 동성애적 취향을 드러내기도 했지만, 러시아의 발레리나인 리디아 로포코바와 30대 후반에 만나 마흔두 살에 결혼했다. 주식투자로 큰돈을 벌기도 했고, 예술을 후원하는 일에 적극적이기도 했다. 케인스의 이론과 사상은 거시경제학의 토대를 이루면서 20세기의 경제학과 세계 각국의 경제정책에 커다란 족적을 남겼다.

기업가소득 40, 75
기업가의 위험 178~9
기업가의 총소득 41
기초적 부수비용과 경상적 부수비용 80
꿀벌의 우화 136, 436~9

ㄴ

내발적인 낙관주의 198~9
노동공급 곡선 23
노동단위 60, 262
노동당 정부 199
노동에 대한 동질성의 가정 60~3
노동조합 30, 32, 324
뉴딜 199, 400

ㄷ

단기 공급가격 90~1
단기예상 67~8, 71~2
대부자의 위험 178~9
대승적 절제 408
대중심리 190
도덕적 위험 255~6
도덕적 해이 178
독립변수와 종속변수 298~301
동물적 활기 198~9
동인도회사 412
땅에 구멍 파기 162, 269

ㄹ

런던 증권거래소 196
로빈슨 크루소 경제 38
리카도의 세계 297

리카도의 이자율 이론에 대한 비판 234~7
리카도적 전통 17

ㅁ

마르크스주의 430
마셜의 이자율 이론에 대한 비판 228~31,
  233~4
마찰적 실업 19, 25, 31
맨체스터 체제 461
무역규제 407~8
무역수지 405~8
물가이론의 복잡화 요인 360~1, 363~8
미제스의 이자율 이론에 대한 비판 237~9
밀이자율 273, 278

ㅂ

반마르크스적 사회주의 430
발기자 426
법정통화 286
병목지점 365~6, 390
보험통계적 예상 187
부수비용 78~81, 92~3
부수비용과 우발손실의 구분 79~80
부유한 공동체와 가난한 공동체 48~9, 158
  ~9
부의 분배 141
부의 불평등 455
불로소득 124
불확실성 223
불환지폐 본위제 280
불황 160, 199, 267, 383
비관의 오류 389
비용초과 수익률 173~4

【 인 명 과　저 작 】

성의 가나다순. 저서는 《 》, 논문과 편지 등은 〈 〉로 표시